KB254217

나의 통찰명상 어록

야생 지혜의 정글

THE JUNGLE OF WILD WISDOM

나의 통찰명상 어록
야생 지혜의 정글

초판 · 2009년 9월 3일 | 발행 · 2009년 9월 11일 | 지은이 · 석진오 | 펴낸이 · 김동금
펴낸곳 · 우리출판사 | 주 소 · 서울특별시 서대문구 충정로 3가 1-38호 | 전화 · (02) 313-5047 · 5056
팩스 · (02) 393-9696 | www. wooribooks.co.kr | E-mail · wooribooks@woribooks.com
ⓒ 석진오 2009, Printed in Korea | 등록 · 제9-139호 | ISBN 978-89-7561-290-9 03220
정가 13,000원

＊ 잘못 제작된 책은 교환해 드립니다.

나의 통찰명상 어록

야생 지혜의 정글
THE JUNGLE OF WILD WISDOM

석진오 지음

우리출판사

프 · 롤 · 로 · 그

"어떤 사람이 정말 사상가일까?" 궁금해 하는 청소년들이나 아줌마와 아저씨들에게 대답한다. 내가 바로 사상가다. 내가 바로 저 죽은 자들의 공동묘지인 교과서가 아니라, 바로 지금 여기서 진짜 살아있는 매일 전업적인 사상가다.

사상가란 자기를 정직하게 드러내며 근원적으로 또는 사실 그대로 관찰하는 용기와 기존의 모든 관념을 비판적(근본적)으로 성찰하는 새로운 관념의 창조자를 의미한다.

하지만 나는 새로운 해답을 내놓는 사람이 아니라, 새로운 문제를 제기하는 사람이다."

석진오

차·례

제1부

7 · 불교비판의 비판 그리고 그밖에

제2부

45 · 도교담론 그리고 주역과 사주팔자 해석학

제3부

76 · 예수교 단상과 류영모 비점담론과 함석헌과의 대담

제4부

373 · 서구 사상가들의 명제에 대하여

제1부

불교비판의 비판
그리고 그밖에

&
"정확하게 비판하려면,
비판의 대상을 사랑하는 동시에 어떤 거리를 놓고
대상에서 멀어지는 것이 필요하다.
앙드레 지드(1869–1951)

&
"중요한 것은 비판하는 지성이 아니라 비판하는 지성의 방향이다."
석진오

■ 주자의 불교비판에 대하여

《근사록(제13권)》과 《주자어류(제126권)》의 불교비판을 읽고 나서.

중국 송나라 주자(1130-1200)는 석가모니 불교에 대해 제대로 알지도 못하면서 무슨 비판을 하는가? 주자가 알고 있는 중국제(메이드 인 차이나) 선불교는 석가모니 불교가 아니다.

■ 성리학자들의 불교비판

모르면 모른다고 하든지, 알고 싶으면 알고 싶다고 하든지 이것도 저것도 아닌 오로지 애국심(자신이 속한 공동체로서의 국가를 지원하고 후원하기 위한 지속적인 관심)만 강한 사람들의 불교비판이 소위 성리학자들의 불교비판이다.

■ 주자는 왜 불교에 윤리학이 없다고 비판하는가

석가모니 불교의 정수는 연기무아론이고, 대승불교의 정수는 모든 살아 있는 것을 구제하기 위한 자비(즉, 타인에게 적대적인 경멸천시가 아닌, 전체적이고 상호 화합적인 불교의 사랑)의 윤리학이다.

그런데 주자는 무슨 근거로 "체(體: the primary)는 있으나 용(用: uses)은 없다."고 하면서, 불교에 윤리학이 없다고 비판하는가?

동남아시아(태국, 스리랑카, 베트남, 캄보디아, 라오스, 미얀마 등)의 여러 불교국가들의 정치지도자들과 고승들이 주자의 이 소리를 들으면 무엇이라고 할까?

■ 석가모니 불교의 진면목은 생사윤회설이 아니라 연기무아설이다

생사윤회설이란 석가모니 부처 이전부터 인도에서 설해지고 있었던 인도인들의 전통적인 관념이다. 그런데 주자는 무슨 근거로 생사 윤회하는 인과설과 석가모니 부처의 깨달음을 동일시하고 비판하는가? 석가모니 불교의 진면목은 생사윤회설이 아니라 연기무아설이다.

■ 주자는 무슨 근거로 석가모니 부처가 지옥설을 가지고 사람들을 협박했다고 비난하는가?

내가 알기로는, 석가모니 부처는 지옥설을 가지고 사람들을 협박한 적이 없는데, 주자는 무슨 근거로 석가모니 부처가 지옥설을 주장했다고 비판하는가?

■ 주자는 무슨 근거로 불교인들이 사사로운 자기에 집착한다고 비난하는가?

자기 몸을 사랑하며 놓아버리지 못하는 것으로 말한다면, 유교인들이 훨씬 더 심한데, 주자는 무슨 근거로 불교인들이 사사로운 자기에 집착한다고 비난하는가?

■ 주자 사상의 키워드

주자(1130-1200)는 대승불교와 선불교의 사상과 주역에서 훔쳐간 사상들을 가지고 성리학을 만들어내었다.

그러므로 여래장론(청정무구한 본질에 관한 이론)이나 불성(석가모니처럼 깨

닫는 본성)이나 진여자성론(모든 것이 그렇게 되어 있다는 것, 또는 사실 그대로의
존재와 현상에 관한 이론, 또는 근본적인 본체에 관한 이론, 또는 이 세계의 본질자
체에 관한 이론)과 주자의 본래 하나인 태극론은 동의어다, 라는 관점에서 공
부한다면 양쪽의 관념을 모두 얻게 될 것이다.

■ 선불교는 노자 장자 사상으로부터 발전한 것이고. 성리학은 선불교 사상
으로부터 발전한 것이다

선불교의 영향을 받아 생겨난 "마음이 곧 이치다(心卽理. 또는 心是理 理是
心.)"라는 중국 신유학자들.

정명도의 천리(天理)사상을 계승한 남송시대 육상산의 심즉리(心卽理) 사
상은 나중에 명나라 왕양명의 지행합일(知行合一) 사상으로 발전하였다.

■ 정명도는 말하기를 "불교는 음양과 밤낮과 생사와 고금을 모른다"고 했는
데, 누가 그런 말을 보증해주었는가?

정명도(1032-1085)는 말하기를 "불교는 음양과 밤낮과 생사와 고금을 모
른다"고 했는데, 누가 그런 말을 보증해주었는가?

온갖 존재와 현상(사물과 작용)은 무수한 원인과 조건에 의해 발생하고 소
멸하는 것이니 여기서는 영원히 고정불변하는 독립독존의 실재는 없다.

즉 상호 관계적인 쌍(커플)의 진리에서 음양과 밤낮과 생사와 과거와 현재
가 나오는 것이다. 그런데 정명도는 불교가 무엇을 모른다고 비판하는가?

■ 정이천은 왜 철학이나 종교적 탐구를 애국심으로 하려고 하는가

정이천(1033-1107)이 말하기를 "불교는 유교와 같은 점이 많이 있지만 근본이 옳지 못하니 모두가 잘못된 것이다."라고 했다.

그러나 그가 만약 중국인이 아니라 인도인 불교도였다면 반대로 이야기했을 것이다.

모름지기 창조적 사상이란 애국심이나 당파심으로 하는 것이 아니다. 왜냐하면 진리는 국경, 인종, 민족, 혈족을 넘어서는 보편적인 것이어야 하기 때문이다.

■ 경주 박물관에서 '머리가 없는 부처'를 바라보며

유학적 사고방식이나 관념에 중독된 정치가들이 권세의 이해타산으로 불교를 탄압한 것은 역사적 사실이다.

하지만 오늘날의 은유적인 언어로는, 머리 없는 부처를 무념무상의 상징이라고 상상해도 무방하다.

■ 정이천과 나의 명제

정이천은 《이정집》에서 "화엄경 한 권을 보는 것이, 간괘(艮卦) 하나를 보는 것만 못하다." 라고 썼다.

그러나 나는 "주역의 64괘를 보는 것이, 인연기멸(因緣起滅)의 무아법(無我法) 하나를 깨우치는 것만 못하다." 라고 말해주고 싶다.

■ 장재는 무슨 근거로 불교를 비방하는가?

장재(1020-1077)는 말하기를 "불교는 하늘이 부여한 본성을 제 멋대로 해석했다."고 했는데, 불교는 사물에 본성을 부여하는 하늘(우주세계)조차도 인연기멸(因緣起滅; 무수한 원인과 조건에 의한 발생과 소멸)이라고 통찰한다.

그리고 이러한 통찰은 현대 물리학자들과 양자물리학자들에 의해서도 분명히 증명이 되었는데 장재는 무슨 근거로 불교를 비방하는가?

■ 정이천의 불교비판에 대하여

내가 이해하는 불교란 참선(관념적인 명상)이 아니다.

내가 이해하는 불교란 현실을 도피하자는 은둔사상이 아니다.

내가 이해하는 불교란 대인관계를 절연만 하는 사상이 아니다.

내가 이해하는 불교란 만사를 포기하거나 허무하다고 주장하는 가르침이 아니다.

내가 이해하는 불교란 자연법칙대로 오고 가면서 크게 깨닫는 자의 모든 행주좌와어묵동정(行住坐臥語黙動靜)을 사실(緣起) 그대로 관찰하며 깨닫는 통찰과 관련이 있는 것이다.

■ 궁극의 진리란 본래 그러한 것이다. 장재가 무엇을 알겠는가?

장재가 말하기를 "불교는 우주를 먼지로 보고, 인간세상을 꿈과 환영이라고 본다. 이것을 어떻게 궁리라고 할 수 있겠는가?" 라고 했지만, 궁극의 진리란 본래 그러한 것이다. 그가 무엇을 알겠는가?

실제로 이 우주세계의 모든 태양계에 있는 행성과 운석은 모두 먼지입자와 먼지덩어리들로부터 형성되었다는 것은 오늘날 기본적인 상식이 아닌가!

그리고 50억 년 후에는 태양도 지구도 완전히 소멸하여 없어진다는 것은 과학자들도 깨달은 진리가 아닌가! 백억 년 후에는 이 우주자체도 꺼져 버린다!

그리고 우리 인류도 지구에서 1억 년 전에는 볼 수 없는 것이고, 1억년 후에도 볼 수 없는 것이니, 이것이 한바탕 꿈이 아니고 무엇인가!

■ 장재가 모르는 것

장재는 말하기를 "불교는 시방세계를 먼지로 보고, 모든 유위법을 꿈과 환상과 물거품과 그림자와 같은 것이라고 말한다. 이것은 이치를 궁구하고 본성을 다하지 못한 잘못에서 나왔다"고 하였다.

그러나 참으로 이치를 궁구하고 본성을 다한 연후에만 시방세계가 미세한 먼지로 이루어진 것이요, 일체의 유위법(有爲法)이 몽환(夢幻)임을 깨닫게 되는 것이니 장재가 어떻게 알겠는가?

■ 색즉시공 공즉시색 : 진공묘유의 진리

장재는 말하기를 "불교는 유(有)를 헛된 환상이며, 무(無)는 현묘한 진공이라고 하며 유무(有無)를 나누어 둘로 만들었다. 이 모든 말은 비루한 사람들의 견해이다."라고 했는데, 색이 즉 공이요, 공이 즉 색이라는 불교 반야경전들의 명제는 둘로 나누어 본 적이 없다. 그런데 장재는 무슨 거짓 명제를 만들어 불교를 비판하는가?

만약 현대 물리학자들과 양자물리학자들이 장재의 이 글을 본다면 장재야말로 비루한 견해를 가진 편견의 소유자라고 말할 것이다.

■ 귀신이야기는 유가에 더 많다

장재는 불교의 귀신론을 비난하고 있지만 내가 알기로는 석가모니 부처는 귀신을 가지고 이론을 세운 적은 단 한 번도 없다.

이에 비해 주자어류(3권)에는 귀신에 관한 이야기가 얼마나 많이 수록되어 있는가!

■ 내가 정색하고 말하는 것

장재는 "불교가 인생을 헛된 환상이라고 하니, 어찌 불교가 인간을 안다고 할 수 있겠는가?" 라고 말했다.

하지만 나는 정색하며 말한다. 장재 선생! 사람이 산다는 것은 덧없는 망상을 짓는 것과 같은 것이오!

■ 장재도 철학이나 종교적 탐구를 애국심(중국제일주의라는 관념)으로 하는가?

장재는 불교에 대하여 "괴이한 옷과 이상한 행동에 대하여 선왕(先王)들의 예를 닦지 않는다면 어떻게 거짓됨을 막을 수 있겠는가?"하며 "불교의 사악한 말과 이상한 가르침에 대해서는 유교의 학문으로 그 폐단을 막아야 한다."고 말했다.

나는 웃으며 말한다. 승복이란 것도 따지고 보면 한복과 양복의 차이일 뿐이며, 선왕의 예와 유교라는 것도 사실은 백성을 통치하는 방법과 정치 사회 이념일 뿐이다.

그런데 장재는 철학이나 종교적 탐구를 애국심(중국제일주의라는 관념)으로 하는가?

■ 엽적의 불교비판에 대하여

엽적(1150-1223)은 《습학기언(43권)》에서 "불교는 파괴와 포기를 그 종지로 삼는다. 그러므로 그 도를 행하면 반드시 망하고, 망한다 해도 후회하지 않는다. 이것은 불교의 학설이 본래 그런 것이기 때문이다."라고 비판했다.

하지만 석가모니는 일체개고(一切皆苦; 모든 것은 괴로운 것이다), 제행무상(諸行無常; 모든 것은 변한다는 것)과 제법무아(諸法無我; 모든 존재에는 아트만이 없고, 하나님 또한 없다는 것)의 도리를 깨달은 이후에도 자신의 불교 종단을 창립했고, 그 제자들은 종단을 유지 발전시켰으며, 대승불교는 인도와 중국과 일본의 정치사 경제사 문화사에도 깊이 연관되어 있고, 불교는 오늘날에는 동남 아시아에서 국교로 살아 있다.

그러니까 엽적의 불교비판은 불교의 부정적인 논리의 면만 보았지, 불교의 긍정적인 시설(施設)의 면은 보지 못한 것이라고 여겨진다.

■ 서화담의 불교비판에 대하여

화담 서경덕(1489-1546)은 〈태허설(太虛說)〉에서 "노자는 허무를 말했고, 부처는 적멸을 말했다. 이것은 이기(理氣)의 근원을 모르기 때문이다. 어찌 이들이 도를 알 수 있겠는가?" 라고 말했다.

그러나 노자는 상도(常道)를 설했으니 허무가 결코 아니며, 부처는 인연법을 설했고, 대승불교는 색즉시공(色卽是空) 공즉시색(空卽是色)을 설했으니 결코 적멸이 아니다.

소옹의 선천(先天)과 장재의 태허사상[1]만 아는 서화담이 어찌 도를 알 수 있겠는가?

■ 중독성이 강한 중국제 지적인 마약

내 지적인 경험에 의하면, 중국 송나라의 소옹(1011-1077), 주돈이(1017-1073), 장재(1020-1077), 정명도(1032-1085), 정이천(1033-1107) 주희(1130-1200)의 인생관과 세계관에 대한 공부는 평생 끊을 수 없는 중독성이 너무나 강한 마약이다.

생각건대, S.프로이트의 정신분석학을 예술작품으로 보여준 살바도르 달리는 "내가 바로 마약이기 때문에 나는 마약에 손 댄 적이 없다!"고 공언한 바 있다. 그렇다. 우리의 모든 사고(思考)자체가 마약이다.

---

1) 소옹(1011-1077)은 북송시대 철학자인데, 이연지로부터 선천수학(先天數學)을 이어받았다. 소옹의 사상은 우주의 본원은 태극인데, 이 태극이 드러난 것이 신(神)이고, 이 신은 수(數)이고, 수는 상(象)이고, 상은 기(器: 사물)라고 했다. 그리고 이 기(器)가 변하여 다시 신(神)으로 돌아간다고 했다. 이렇게 천지만물은 선천도(先天圖)에 따라서 변화한다고 하는 것이 소옹의 사상이다. 소옹은 낙양부근에서 30년동안 은둔자로 살면서 부필, 사마광, 장횡거, 정명도 정이천 등과 교우관계를 맺으면서 자기 학문을 펼친 사람이었다. 이러한 소옹의 선천상수학(先天象數學)은 주역과 유교와 도교와 사상을 융합하여 만든 학문으로 매우 유명하다. 장재(1020-1077)는 젊을 때부터 노자의 사상과 선불교와 유교의 주역을 공부한 사람인데, 정명도와 정이천의 역학사상에 감복되어 철저한 유교 사상가로 변신하였다. 정몽(正蒙)은 장재의 유명한 저서이다. 장재의 사상은 "태허(太虛)는 곧 기(氣)이다."라는 것인데, 이 기철학(氣哲學)으로 관념론적인 불교의 공사상과 도교의 허무 사상을 비판하였다. 장재의 기철학은 주자학의 형성에 큰 영향을 주었다.

■ 슈바이처가 모르고 말하는 불교비판

슈바이처(1875-1965)의 불교비판은 이런 것이다.

"불교는 행동하지 않는 무위(無爲; 아무것도 하지 않는 것)의 윤리를 주장하는 것으로 그친다. 불교는 - 특히 대자대비로 중생구제를 주장하는 대승불교는 사상을 주장하는 것에서 그치지 말고, 적극적으로 더 나아가 커리큘럼(curriculum)을 따서 자세하고 구체적으로 '이렇게 해라, 저렇게 해라' 고 지시하는 행위의 윤리가 빈약하다." 고 말했다.

그러나 명나라(1368-1644)의 주굉(1535-1615) 스님은 《자지록(自知錄; The Recording of Self-Knowledge)》에서 행위의 공과(功過)를 구체적으로 이렇게 적고 있다.

예를 들면 "심한 질병에서 회복하도록 도와주는 행위는 10점, 가벼운 질병에서 회복되도록 도와주는 행위는 5점, 아픈 사람에게 약을 주는 행위는 1점, 아픈 사람을 길에서 집으로 돌아가게 도와주는 행위는 20점, 사형 받을 사람을 구해주는 행위는 100점, 죽장을 맞을 사람을 구해주는 행위는 15점, 재생산할 수 있는 동물의 목숨을 구해주는 행위는 20점, 재생산할 수 없는 동물의 목숨을 구해주는 행위는 10점, 작은 동물을 구해주는 1점, 매우 작은 동물 10마리를 구해주는 행위는 1점, 이와 반대로 중한 병에 걸린 사람을 도와주지 않으면 2점 감점, 사람을 죽이면 100점 감점 등등 이러한 공과체계를 믿는 사람들은 매일 저녁 공덕 점수를 계산하여 누계를 내어서 총 1만 점이 되면 모든 소망이 이루어진다."고 가르친 바가 있다.

이러한 공과표는 불교신자들에게 광범위한 호응을 받았다.

그리고 감산 스님은 장자해설에서 "장자는 불교의 성문승이나 연각승의 경지와는 일치하지만, 보살승의 경지에는 이르지 못했다”고 말할 정도로, 불교의 이상적인 인물로 보살을 내세우고 있다.

그러므로 슈바이처의 비판은 반박을 받을 점이 있는 것이다.

■ 칼 힐티의 오해; 예수와 부처의 사주팔자 운명의 비교

함석헌(1901–1989)옹이 매우 존경했던 칼 힐티(1833–1909)는 《고독한 밤의 산책(1월 28일의 글)》에서 “불교가 예수교보다 훨씬 더 불운하고 저열한 것이다.”라고 쓴 바 있다.

하지만 나는 이와 반대로 생각한다. 즉 “예수교가 불교보다 훨씬 더 불운하고 저열한 것이다.” 왜냐하면 예수의 생애와 부처의 생애를 비교해 볼 때, 부처의 생애가 예수의 생애보다 훨씬 더 평온하고 행운이 많았으며, 예수는 30대 초반에 십자가 처형으로 비참한 생을 끝냈기 때문이다.

이와 관련하여 나는 예수와 부처의 생애 운명에 대하여 비교해보기로 한다.

휴 프레이더 목사는 《나 자신을 위한 영적 노트(1998)》에서 “예수의 일생은 매우 좋지 않았다. 그는 경제적으로 성공하지 못했다. 동료들에게 존경받지 못했다. 충성스러운 친구를 두지 못했다. 오래 살지 못했다. 비참하게 죽었다. 인생의 반려자도 만나지 못했다. 그리고 그의 어머니조차 그를 이해하지 못했다.”라고 쓴 바 있다.

이런 사실을 구체적으로 확인하고 싶은 독자는 게리 윌스가 쓴 《예수는 그렇게 말하지 않았다(2007)》라는 책을 참조해보시기 바란다.

예수는 태어날 때부터 고난이 많았고, 아동기때는 부모의 말을 잘 듣지 않은 유별나게 반항적인(독립적인) 아이였다. 한 번은 12세의 어린예수가 아무

런 말이 없이 실종되는 바람에 부모가 3일 동안 애타게 찾아다니다가 겨우 발견한 적도 있다. 그런데도 어린예수는 오히려 부모에게 말대꾸하는 당돌한 아이였다. 예수는 부모뿐만 아니라 형제들과도 사이가 아주 나빴다.(요한복음 제7장5절) 이 뿐만 아니라 예수의 고향마을인 나사렛 주민들조차도 말썽을 일으키는 예수를 정말 미워해서 마을 밖으로 내쫓았을 뿐 아니라 예수를 산벼랑까지 끌고 가서 거기서 밀쳐 떨어뜨리려고 하였다.(누가복음 제 4장 29절) 그래서 예수의 가족들은 예수를 가두어두려고 하기까지 하였다.(마가복음 제3장 21절)

나중에 청년이 된 예수는 자기 어머니에게 "여자여, 그것이 나와 당신에게 무슨 상관이 있습니까?(요한복음 제2장4절)"라고 말할 정도로 자기 어머니에 대해서도 매우 독립적(저항적)이었다.

그리고 예수의 대인(對人)적 설법도 매우 과격했다. "너희들은 내가 이 세상에 평화를 주려고 온 줄로 생각하지 말라. 나는 이 세상에 평화가 아니라 칼을 주려고 왔다. 나는 아들이 자기 아버지를, 딸이 자기 어머니를, 며느리가 자기 시어머니를 거슬러서 갈라서게 하러 왔다. 나보다 부모를 더 사랑하는 자는 내게 적합하지 않고, 나보다 자녀를 더 사랑하는 자도 내게 적합하지 않다. 그리고 또 십자가를 지고 나를 따르지 않는 자도 내게 적합하지 않다. 자기 목숨을 구하는 자는 목숨을 잃을 것이요, 나를 위해 자기 목숨을 바치는 자는 목숨을 얻을 것이다.(마태13장 34~39절)"

예수는 또 "누구든지 내게로 오는 자가 자기 부모와 처자식과 형제와 자매를 미워하지 않는다면, 내 제자가 될 수 없다.(누가복음 제 14장 26절)"고 하면서 오직 "내가 곧 길이요, 진리요, 생명이니 나로 통하지 않고는 아무도 하나님 나라로 갈 수 없다."고 설파했다.

이렇게 극단적이고, 급진적으로 이루어지는 파괴적이고 재창조적인 예수의 대인관계와 사회관계와 그의 종교사상은, 나중에 유대교 성직자들에 의해 국가기관에 고발되어(고발내용은 예수가 자칭 유태인의 왕이라고 선전하고 다닌다는 것이었다. 이로 인해 예수는) 가장 처참한 십자가 처형을 받아 죽음으로써 막을 내렸다.

이러한 예수(B.C.E.4-C.E.29)의 운명과 비교한다면, 석가모니의 운명은 매우 좋은 편이라고 할 수 있다.

더구나 수 천 년이 지난 오늘날에도 석가모니 부처는 정신세계의 왕 같은 명성을 누리고 있으니 반드시 나쁘다고만 할 수는 없다.

예를 들면, 천하의 교만한 지식주의자일지라도 자신의 똑똑함과 천재성을 석가모니 부처의 가르침에 대한 창조적 해설로 삼고, 모든 혼신의 힘을 발휘하고 있을 정도이니 석가모니는 그 얼마나 대단한 존재인가?

또 불교계의 인물로 예를들면, 유마 거사같이 잘난 체 하거나, 용수같이 똑똑한 논사도 부처님 앞에서는 쪽을 못 쓰고 그저 아첨하고 아부하는 찬양만 해대니, 석가모니는 얼마나 대단한 존재인가!

여기서 지식주의자(intellectualist)란 자신이 획득한 지식과 자기 자신을 동일하게 여기는 자아가 강하고 자부심이 지나치게 강한 지식인들을 가리킨다.

■ 예수교와 불교의 윤리사상을 비교적으로 생각하며

선악에 대한 불교의 윤리사상은 실체론이나 결정론이 아니라 연기무아론

(緣起無我論)과 생성론(生成論)이다.

■ 가장 오래된 불교의 가장 새로운 불교의 면

대승불교의 도덕주의는 칸트의 도덕주의와 니체의 비도덕주의의 장단점을 모두 극복해 있는 도덕주의다. 즉, 칸트의 도덕주의는 정언(定言)적이고, 니체의 비도덕주의는 허무적이지만, 대승불교의 도덕주의는 상호의존적인 실용적 도덕주의다.

■ 원조의 원조

현대 해체주의의 원조인 니체사상의 원조는 부처의 사상이다.

■ 저널리스트와 사상가의 세계는 서로 다르다

《신은 위대하지 않다》의 저자 하킨스의 불교비판은 사상비판이 아니라 정치비판적인 저널리즘의 수준을 벗어나지 못하고 있다.

그러면서도 그는 불교사상에 대해 무슨 대단한 지적인 비판적 통찰을 하는 것처럼 자기 글에서 냄새를 풍기고 있다.

사주팔자 해석학의 인물 유형법으로 말하면, 하킨스는 그저 전형적인 상관 유형[2]의 인물일 뿐이다.

■ 과학과 불교

'원인을 알고 싶어 하는 욕망이 과학' 이라고 한다면, 나의 사상 또한 충분히 과학적이다.

'하나의 사실과 다른 사실 사이의 관계에 대한 지식을 과학' 이라고 말한다면, 석가모니의 인연법과 무아법도 충분히 과학적이다.

여기서 인연법이란 모든 것은 연결되어 있다는 뜻이요, 무아법이란 무수한 원인과 조건을 넘어서 있는 영원히 불변하는 독립독존의 자체성(自體性: 이것뿐이라는 절대적인 존재 그 자체, 또는 자체의 본성 그 자체), 본체성, 정체성(定體性), 실체성은 없다라는 뜻이다.

■ 고대 반야경의 명제와 현대과학의 발견

불교에서 주장하는 "색즉시공(色卽是空), 공즉시색(空卽是色)"은 물질과 허공이 불가분의 관계에 있다는 것을 증명하는 명제이다.

즉 색과 공은 동전의 양면과 같고, 상호변환 되는 결국 같은 것이라는 가르침이다. 여기서 색(色)이란 '형태를 가지고 있는 물질' 또는 '우리를 구성하는 물질' 을 의미한다.

■ 서양의 과학사상과 매우 오래된 불교의 사상

질량이 에너지의 한 형태라는 사실을 주장한 아인슈타인의 《특수상대성이론》이 발표되기 2천 년 전에, 동양에서 제작된 대승불교 반야부 계통의

---

2) 여기서 상관(傷官)이란 사주팔자 해석학의 전문용어로 비판적 언론에 강한 천성을 의미한다. 그리고 참고로 《격치고(1893)》와 《동의수세보원(1894)》의 저자로 유명한 동무 이제마(1837-1900)선생의 사상의학(四象醫學) 용어로 표기한다면, 상관(傷官)은 소양인 성향이 강한 자라고 할 수 있다. 권도원(1922-) 박사의 사람체질 분류학 용어로는 수양체질 또는 금양체질의 사람이라고 표기할 수 있겠다. 그리고 또 에니어그램의 9가지 성격유형학으로 말하면, 상관은 에니어그램 제 1번 개혁자 유형에 속하는 사람이라고 할 수 있다.

경전들에 "색즉시공(즉, 질량은 에너지가 응축된 형태이다.)" 또는 "공즉시색(즉, 에너지에서 물질을 만들어낼 수 있다.)"이라는 명제가 나온다.

그리고 양자이론에서 관찰자가 곧 관찰대상이라는 진리를 발표하기 전에 이미 오래된 불교에서는 일체유심조(一切唯心造; 모든 것을 의미론적으로 창조하는 마음) 또는 만법유식(萬法唯識; 모든 진리를 아는 의식)이라는 명제가 기록되어 있다.

석가모니는 "모든 것은 무(Nothing, 즉 살아있는 무, 또는 통일장)에서 생겨난 것이므로 아트만(Atman; 영원한 생명 또는 그 불멸의 본체성)은 없다"는 것을 가르쳤다.

그리고 대승불교 반야 계통의 경전들도 "모든 것이 무(Nothing; 역동적인 무, 또는 통일장)에서 생겨났다"는 것을 일관되게 체계적으로 주장한다.

■ 대승불교의 반야바라밀과 양자물리학의 지혜

대승불교의 반야바라밀(지혜의 완성, 지식을 완성한다는 것)은 현대 우주학과 물리학과 양자학이 일반상식인 시대에서는 새로운 종류의 앎이 아니다.

하지만 나는 반야바라밀(완전한 지혜)의 철학을 양자역학적 지혜로 변형시킴으로써 현대적 반야바라밀(완벽한 인식, 또는 모든 존재와 현상을 제대로 통찰하는 능력)을 만들어낸다.

■ 불교의 의식학에 대하여

거친 차원의 의식이든, 미세한 차원의 의식이든, 극도로 미세한 차원의 의식이든, 자유로운 순수의식이든 나는 이 모든 의식을 공성(空性; openn ess, 텅 비어있는 것, 또는 통일장)으로 이해하는 사람이다.

■ 석가모니와 아인슈타인

석가모니 부처는 "물리적인 공간은 다만 이름뿐이요, 사유의 형상이요, 일상적인 관용어요, 피상적인 실재들에 불과하다."고 말했다.

아슈바고샤도 "공간이란 단지 분별화(分別化)를 나타내는 방식에 불과한 것이라고 쓴 바 있다.

그런데 A.아인슈타인(1879-1955)도 똑같은 말을 하고 있다. "시간과 공간은 불변의 구조가 아니다. 이 안에 있는 질량과 에너지의 분포에 따라 그것은 여러 가지 모습으로 계속 변한다."

■ 부처와 아인슈타인

아인슈타인의 관계론(Relationalism)과 석가모니 부처의 인연기멸론(因緣起滅論; 직접적인 원인과 간접적인 조건에 의해 생성하거나 소멸하는 모든 것에 관한 이론)은 똑같은 진리 파악이다.

그러나 아인슈타인은 입자적(粒子的)인 사고방식을 넘어서지 못했다.

이에 비해 석가모니 불교는 입자적(粒子的)인 것이 아니라 양자적(量子的)이라는 점에서 아인슈타인보다 더 현대적이고 진보적이다.

■ 불교와 스토아 학파의 유사성과 차이성에 대하여

불교와 스토아 학파의 유사성은 자연주의, 도덕윤리주의, 허무주의, 예언 점술 부정, 생사초월이다.

불교와 스토아학파의 차이성은 신에 대한 신앙, 섭리, 영혼, 이성론과 신을 배제한 종교성, 윤회와 무아이다.

■ 서구 유럽철학자들의 해체논리와 불교의 공사상

서구 유럽철학자들의 해체논리는 불교의 연기무아(緣起無我; 조건에 의한 발생이기에 영원불변의 독립독존적인 실체성이 없다는 것), 제법개공(諸法皆空; 모든 존재는 진공의 산물이거나, 진공 그 자체라는 것)의 사상과 똑같은 것이다.

■ 수학자가 성찰한 진리와 불교의 진리

프랑스의 수학자인 푸앙카레(1854-1912)가 "완전히 독립적인 실재는 불가능하다." 라고 썼을 때, 이 명제는 석가모니가 주장한 일체 연기무아론(一切緣起無我論; 모든 것은 조건에 의해 생성한 것이기에 고정불변의 실체성은 없다는 것)과 정확하게 부합한다.

■ 게리 쥬커브와 불교

게리 쥬커브가 《춤추는 물리》에서 "우리가 관점을 지니지 않을 수 있다는 관점도 하나의 관점이다. 양자역학에 의하면 객관성 같은 것은 없다." "양자이론은 물리적 실체는 근본적으로 비실체라는 가정 위에서 전개된 이론인 것이다." 라고 썼을 때, 그는 유심(마음이 실체라는 것)과 무아(주체는 비어있다는 것)를 가르치는 불교에 접근해 온 것이다.

■ 헨리 스탭과 불교

H. P. 스탭이 "만일 양자역학의 태도가 옳다면, 통상적인 의미로 말하는 실질적인 물리적 세계란 없다. 여기서 내린 결론은 실질적인 물리적 세계가 있지 않을 수도 있다는 애매한 결론이 아니라 오히려 확고하게 실질적인 물질적 세계는 없다는 결론이다." 라고 말할 때, 그는 무아(고정불변의 자체성이나 실체성은 없다는 것)를 주장하는 불교의 깨달음에 접근해 온 것이다.

■ 현대물리학자들이 발견한 진리와 석가모니가 발견한 진리

H. P. 스탭이 "소립자란 독립해서 존재하는 분석 가능한 실체(Reality)가 아니다."라고 말한 진리는 석가모니가 통찰한 연기무아론(緣起無我論)과 정확히 부합된다.

불교에서 '일체가 연기무아(모든 것은 원인과 조건에 의해 발생하거나 소멸하는 것이기에 영원히 불변하는 독립독존의 실체성은 없다)' 라는 사실을 깨닫고 나면 그 다음은 쉽게 배울 수 있는 것이다.

■ 프로이트의 종교관과 석가모니의 종교관

S.프로이트(1856-1939)가 《정신분석의 새로운 입문 강의》에서 "종교는 환상이며, 그것이 우리의 본능적 욕망과 일치한다는 사실로부터 그 힘이 생긴다."라고 썼을 때, 그는 힌두교의 유신론적인 미신을 부정한 석가모니의 정신분석적이고 심리분석적인 관점과 똑같은 이야기를 한 셈이다.

■ 양자물리학과 유심불교

양자물리학이 '객관성 같은 것은 없다' 고 말하고, '물리적 실체는 근본적으로 실체(Reality)가 아니다.' 라고 말할 때, 다시 말하면 고정불변의 확고부동한 실질적인 물질세계란 없다 라고 말할 때, 양자물리학은 불교(즉, 一切唯心造와 色卽是空 空卽是色을 가르치는 화엄과 반야불교)와 똑같은 것이다.

■ J.크리슈나무르티와 불교

J.크리슈나무르티가 "자아는 모여서 결합된 것이다. 따라서 각 부분들이 용해되면 자아는 존재하지 않는다."라고 말했을 때, 그는 정확하게 석가모니의 연기무아론(모든 것은 인연소생이기에 고정불변의 실체성은 없다는 것)을 설하고 있는 셈이다.

■ 과학적 의학과 불교의 철학적 의학

암 전문의사 김형일 님이 "암은 없다. 그것은 만들어질 뿐이다."라고 말할 때, 그는 석가모니의 연기무아설(즉, 상호작용에 의한 것이기에 실체성은 없다는 것)과 똑같은 이치를 말하고 있는 것이다.

■ 모든 책은 관계(인연)에 의해 생겨난 것

호르헤 루이스 보르헤스(1899-1986)가 "포스트모더니즘의 텍스트는 관계(인연)에 의해 생겨난 것이라는 측면에서 고정불변의 텍스트는 없다." 라고 쓰고, 자크 데리다(1930-2004)가 "모든 텍스트는 해체될 수 있다"고 썼을 때, 이들은 분명히 불교사상의 대변인들이다.

■ 불교의 상호 텍스트론

롤랑 바르트(1915-1980)가 "텍스트는 단 하나의 신학적 의미가 내세우는 단어의 조합 (신이나 다름없는 저자의 전언(傳言))이 아니다. 오히려 다양한 비독창적인 글쓰기가 뒤엉키고 충돌하는 다차원의 공간이 되어야 마땅하다." 고 썼을 때, 그는 불교의 연기적인 상호텍스트성(intertextuality)을 말하고 있는 셈이다.

■ 내가 이해하는 대승 불교와 주역의 유사성

불교에서 "어느 한 편에만 사로잡혀 집착하지 않는다는 무주(無住; 무집착 또는 아무것도 축적하지 않는 행동)의 중도(中道) 사상과 주역의 중정(中正) 중화(中和) 사상은 똑같은 인간의 마음상태를 가리키고 있다.

■ 내가 이해하는 초기 불교와 주역의 유사성

주역의 변역(變易; 변하면서 바뀌는) 원리인 유행(流行) 변화론과 부처의 제행무상(諸行無常)론은 똑같은 진리를 가리키고 있다.

제행무상(Everything arises, Everything fall away)이란 모든 사람은 필연적으로 죽고, 모든 일에는 끝이 있다는 의미이다. 영원한 행운과 영원한 불운은 없다는 것이다.

■ 내가 이해하는 초기 불교와 주역의 유사성

부처가 말한 '일체개고(一切皆苦; 모든 생명체는 고통과 슬픔을 겪는다는 의미)' 와, 주역의 계사전에서 말하는 '우환(憂患)' 은 똑같은 인간의 번뇌와 고

민 상태를 가리키고 있다.

일체개고(一切皆苦)란 고통만 고통이 아니라 지상최대의 쾌락조차 고통의 근원일 뿐이라는 사실을 깨달은 자의 명제이다.

■ 내가 이해하는 초기 불교와 주역의 유사성

부처가 말한 '만법인연(모든 존재와 현상의 상호 관계성)'과 주역의 '천지인(天地人)의 공시적(共時的) 감응(感應)'은 똑같은 관점이다.

■ 감응도교(感應道交)에 대하여

감응이라고 무조건 좋은 것은 아니다. 어떤 사람은 감응하다가 신세를 망친 경우도 많다. 왜냐하면 사람은 자기가 좋아하는 글말이나 사람에게만 감응하는 경향이 있기 때문이다.

그러므로 보다 중요한 것은, 감응 자체보다도 그 감응이 얼마나 똑바른 방향의 지혜에 근거한 것인가 일 것이다.

■ 마음의 습관

주역의 점괘대로 행한다는 것과, 자신의 충동 의지대로 행한다는 것은 똑같은 마음의 습관이다.

■ 내가 이해하는 불교와 주역의 유사성

인연법을 알아 미리 대처한다는 반야지견(般若智見; 모든 존재와 현상을 있는 그대로 정확하게 본다는 것)과, 미래의 일을 미리 알기 위한 주역의 점괘는 똑같은 인간의 방법이다.

■ 내가 이해하는 1,700개 화두공안과 주역의 64괘의 유사성

선불교에서 제시한 1천 7백 개의 화두공안 중 어느 한 개만 깨달아도 다른 모든 화두공안을 꿰뚫어 보게 되듯이,

주역의 64괘(384효) 중 어느 한 괘(卦)만 깨달아도 다른 모든 괘를 다 감응(感應) 자각(自覺)할 수 있다.

■ 한국의 주체적인 경학을 주장한 다산 정약용에 대한 불만

나는 다산 정약용이 쓴《주역사전(周易四箋)》을 읽고 나서야 비로소 그의 실력이 대단함을 알았다.

그런데 다산은 왜 자기저서를 한글로 쓰지 않고 모두 중국어로만 썼을까?

이렇게 중국과 한국의 관계는 예부터 현재에 이르기까지 모든 분야에서 중국은 창조자이며, 한국은 추종자, 해설자, 모방자 인 것 같다. 대한불교 조계종의 선불교도 마찬가지다.

하지만 이제는 정신을 차려야 할 것이다.

■ 애국 애족심이 강한 중국의 신유학자들에게

《중용(The doctrine of the mean)》의 교훈대로 넓게 배우고, 자세히 묻고, 신중하게 사색하며 똑똑하게 통찰하며 굳세게 실천한다 하더라도 정자나 주자같이 애국심이나 종파심으로 학문을 한다면, 차라리 아무것도 모르는 어린이 같은 사람이 되는 것이 더 순수할 수도 있다고 생각한다.

■ 공자의 정명사상에 대하여

공자는 정명(正名: 명칭의 정당성)을 가르쳤다. 그러나 명칭은 본체가 있는 것이 아니라 방편일 뿐이다.

즉, 언제든지 어떤 이유로 항상 바뀔 수 있는 것이다. 그러므로 명칭(名)은 영원불변의 명칭(恒名)이 아니다.

■ 이퇴계에 대한 나의 관점

공경(恭敬)의 삶을 주장한 경덕(敬德)의 철학자 이퇴계(1501-1570)를 마크 트웨인(1835-1910)이 보았다면 "좋은 모범이 보여주는 짜증스러움보다 더 견디기 힘든 것은 없다."라고 말했을 것이다.

마크 트웨인은 "불경(不敬)이야말로 자유의 투사이고, 자유를 확실하게 지켜주는 유일한 방어막이다."라고 설파한 바 있다.

한국사회 하층 서민의 아들인 나는 마크 트웨인(1835-1910)이 쓴 《인간이란 무엇인가(1906년)》에 대한 생각에 공감하고 그의 책 내용을 지지한다.

■ 퇴계 선생의 중화탕에 대하여

퇴계(1501-1570) 선생의 《활인심방》에 나오는 중화탕(中和湯)은 70대 노인에게는 적합한 보신이 되는 약이지만, 젊은 10대와 20대가 복용한다면 그 부작용이 심할 것이다.

현대는 동서양을 막론하고 역동적인 시대라는 것을 한국의 전통 유교인들은 알아야 한다.

■ 욕망과 공포의 가치

욕망과 공포를 경계하고 두려워하는 자여, 만약 인류에게 욕망과 공포가 없다면 인류가 이 거친 지구에서 과연 무엇을 이루어낼 수 있었겠는가?

■ 맹자의 명제에 대한 비점

통찰력 없는 측은지심(惻隱之心)은 결과적으로 잘못될 수도 있다.

강력한 마음이 없는 수오지심(羞惡之心)은 결과적으로 잘못될 수도 있다.

능력없는 사양지심(辭讓之心)은 결과적으로 잘못될 수도 있다.

근원적인 자각이 없는 시비지심(是非之心)은 결과적으로 잘못될 수도 있다.

■ 현대 한국의 유생들이 반성해야 할 점

인의예지신(仁義禮智信)의 좋은 점만 말하고, 그 폐단은 말하지 않는다면 무슨 중도(中道; 균형된 진리)가 있을 수 있겠는가?

"탐재호색(貪財好色)은 인(仁)의 폐단이요, 잔인박행(殘忍薄行)은 의(義)의 폐단이요, 교언영색(巧言令色)은 예(禮)의 폐단이요, 권모술수(權謀術數)는 지(智)의 폐단이요, 고집벽행(固執僻行)은 신(信)의 폐단이다."라고 정곡을 찌른 안숙화 선생의 언론은 우리들에게 큰 깨우침을 준다.

자신의 문집에서 이 가르침을 전해준 성대중(1732-1809) 선생에게 고마움을 느끼며.

■ 대학의 명제에 대하여

명덕자(明德者)는 명덕하지 못하고, 격물자(格物者)는 격물하지 못한다.

그러므로 명덕에도 집착하지 않는 것이 명덕이요, 격물에도 집착하지 않는 것이 격물이다.

여기서 격물(格物)이란 사물과 법칙을 바로 잡는 것을 의미한다.

■ 중국철학

체용일여(體用一如)까지는 담론이 이미 충분히 이루어져 있다.

이제는 이 일여(一如)의 성격에 대해 담론을 시작해야 한다.

왜냐하면 중요한 것은 일여가 아니라 일여의 성격(방향)이기 때문이다.

■ 동양인들의 사고방식

동양인들의 사고방식은 사계절처럼 매사에 순환적이다. 하지만 이런 사고방식은 매사를 현상 유지하는 일에만 강하고, 근본적인 변혁과 발전은 매우 더디고 약하다.

■ 악덕과 선덕의 가치 평등한 역할

악덕이든 선덕이든 모두 덕이 있는 것이다. 왜냐하면 인간사의 모든 진화는 선덕과 악덕의 상호작용으로 생기는 것이기 때문이다.

■ 성실함보다는 방향감각이 더 중요하다

성실함보다 방향감각이 중요하다. 왜냐하면 그릇된 목적의식을 지닌 사람의 성실이란 오히려 위험하기조차 한 것이기 때문이다.

■ 공자에 대한 의문

나이 50세에 천명을 알았다고 말하는 사람이 어떻게 자기 정적(政敵)인 소정묘를 그토록 잔인하게 죽일 수 있을까?

■ 내가 궁금한 것

공자의 제자 안회는 "하나를 들으면 열을 안다"고 할 정도로 지적 재능이 많았다고 한다. 그런데 왜 안회는 극빈자로 굶어죽었는가?

그리고 또 내가 궁금한 것은, 스승 공자가 제자 안회를 그토록 인정했다면 왜 스승 공자는 자공과 안회를 중재하여 서로 공존하게 하지 못했는가? 이다.

생각건대, 안회의 극빈을 자공이 보태어주고, 자공의 속됨을 안회가 맑게 해주면 서로 좋은 공존이 될 수 있을 터인데 왜 이들은 서로 격절(隔絶)해 있었을까?

■ 성숙한 인생을 위하여

어진 사람도 본받지 말아야 할 단점이 있고, 악한 사람도 배워야 할 장점이 있다.

그래서 나는 모든 사람에게서 가능한 한 그 장점을 배우면서 나의 생의 성숙함을 키운다.

바로 이것이 왜 내 인간성은 잡탕인가 하는 이유다.

■ 원수를 사랑해야 한다는 명제에 대하여

원수를 사랑하라는 예수의 말과 "원한을 덕으로 갚아라"는 노자의 말은 똑같은 교훈점을 갖고 있다.

그런데 공자는 이 문제에 대해 "원수나 원한을 정직(正直)으로써 갚으라."고 말했다.

그러나 불교적 반야(즉, 올바른 인식을 완성하려는) 논리로 말하면 "사랑할 원수도 없다."고 나는 성찰한다. 이 말은 부처가 설하는 제행무상(諸行無常)과 제법무아(諸法無我)의 퍼지성(Fuzzyness)을 담고 있다.

■ 유교경전 《중용》책에 없는 글자들

중국의 유교경전 《중용》은 불과 3천 5백자로 쓰여진 원고분량이 매우 적은 책이다.

그런데 이 《중용》책에는 섹스를 뜻하는 사랑이라는 단어가 없다. 중용 책에는 인생이라는 글자가 없다. 중용 책에는 행복이라는 글자가 없다. 중용 책에는 질투라는 글자가 없다. 중용 책에는 생사문제가 없다. 중용 책에는 또 평화라는 글자가 없다. 물론, 평화란 평온함, 정숙함, 친절함, 관대함, 온정, 사람과 동의어로서 인(仁)과 같은 것일 게다.

중용 책에는 "국민이 나라의 주인이다." 라는 민주주의 정치철학이 없다. 그 대신에 니체의 귀족 철학처럼 이제삼왕(二帝三王)의 찬양과 통치론만 있다.

중용 책에는 인종차별이나 노예의 인권에 대한 문제의식이 전혀 없다. 단 한 글자도 거론됨이 없다.

중용 책에는 민중과 개인의 문제를, 통치자의 입장에서 주종관계로 파악한 윤리만 주장했지, 개인의 인권사상, 휴머니즘은 전혀 없다. 즉 인권 자유 사상이라는 단어가 단 한 자도 없다!

■ 유교경전 《대학》의 윤리교육적인 효능

《대학(1,753개의 한자로 된 작은 책, The great learning)》에서 "군자는 혼자 있을 때에도 몸과 맘을 삼가 신중하게 한다."고 했다.

이런 가르침은 도덕률로 사회를 지배하는 사람들이 남이 안 볼 때에도 효과있게 영향력을 행사할 수 있는 뛰어난 방법이다.

즉 도덕이라는 감시자를 이렇게 모든 사람들의 마음 깊숙한 곳에 배치 해 놓으면 도덕으로 사회를 통치하는 일이 쉬워진다.

예를 들면, 반역적인 사고와 행위 등으로 기존의 사회질서를 뒤흔드는 모든 음모와 계획과 실행을 억제하고 금지하는 효능도 있었을 것이다.

그러나 오늘날에는 도덕이나 예절보다는 법률로 사회질서를 유지하고 있다. 그런데 모든 현대인들은 법률을 일종의 게임처럼 즐기고 있는 것 같다. 즉 "들키지 않으면 범죄가 아니다." 라는 식으로.

■ 도덕의 이중성에 대하여

평화와 질서를 위한 도덕.

그리고 족쇄와 감금하는 도덕.

■ 도덕적인 인간과 비도덕적인 인간의 장단점

유교적인 인간과, 유럽의 자유사상가들의 장단점은, 정관적인 인간과 상관적인 인간의 장단점과 같다. 여기서 정관(正官)이란 정통 보수적인 관료를 상징하는 사주팔자 해석학의 전문 용어이고, 상관(傷官)은 정통보수적인 관료를 정면에서 부정하고 손상하는 것을 상징하는 사주팔자 해석학의 전문

용어이다.

참고로, 이러한 정관과 상관을 《격치고(1893)》와 《동의수세보원(1894)》의 저자로 유명한 조선말기의 동의학(東醫學)적 유학자인 이제마(1837~1900)선생의 사상의학(四象醫學) 용어로 표기한다면, 정관은 태음 성향이 강한 자이고, 상관은 소양 성향이 강한 자라고 할 수 있다.

권도원(1922~) 박사의 사람체질 분류학 용어로는 정관은 목음체질이 강한 자라고 할 수 있고, 상관은 수양체질 또는 금양체질이 강한 사람이라고 표기할 수 있겠다.

도덕적인 인간과 비도덕적인 인간의 장단점은, 전통적인 관념으로 질서를 유지하려는 자와 새로운 사상으로 질서를 재창조하려는 자들의 장단점과 같다.

■ 도덕의 장점과 단점에 대하여

도덕의 단점은 분열과 대립과 딱딱함과 고정화와 고착을 위한 투쟁을 뜻한다.

비도덕의 장점은 유연성과 창조성(발상의 전환)과 걸림 없는 자유와 해방감에 의해 치료되는 모든 마음의 번뇌를 뜻한다.

■ 맹자의 악한 지혜

《근사록(2권4조)》에 "내가 약은 지혜를 미워하는 것은 너무 깊이 파고들어가기 때문이다." 라는 맹자의 말이 인용되고 있다.

그런데 짜증난다. 어째서 깊이 파고 들어가는 것이 약아빠진 지혜인가?

깊이 파고 들어간다는 것은 진지한 질문을 깊게 던진다는 것이요, 심오하게 생각한다는 것이요, 시비를 명백히 한다는 것이다. 그런데 어떻게 이러한 철학자의 사유를 감히 약은 지혜라고 말하는가?

K.카프카의 말이다. "깊이 생각한다는 말은 악마의 충고할지라도 그것은 좋은 일이며, 인간적이라고 할 수 있다. 왜냐하면 깊이 생각하는 일이 없다면 우리는 타락할 것이기 때문이다."

■ 질문을 깊숙이 던진다는 것은

질문을 깊숙이 던진다는 것은 자기의식이 근원적인 것에로 향해 들어간다는 것이다.

■ 아는 것만큼 보이고, 깨달음의 깊이만큼 통찰하는 법

무엇이든지 아는 것만큼 보이고, 깨달음의 깊이만큼 통찰하는 법이다.

■ 깊다는 말은 무슨 뜻일까?

깊다는 말은 무슨 뜻일까?

물음이 말의 수준을 벗어나지 못하는 한, 답변이 말로 하는 상상력을 벗어나지 못하는 한, 깊다는 말은 아직 얕다는 말과 동의어다.

그래서 진정한 지혜의 말은 모순어법으로 표현할 수밖에 없는 역설적인 면이 있다.

왜냐하면 깊이란 언어이전, 사물자체 이전에 있는 공성(空性; Zero-ness)에 관한 진리이기 때문이다.

그러나 생각이 깊이를 모른다면, 누가 깊이를 알 수 있겠는가?

깊이는 깊이가 아니다. 왜냐하면 그 명칭(이름)이 깊이이기 때문이다.

■ 내가 깊이라는 언어를 사용하는 의미

내가 사용하는 깊이라는 언어는 수십억년 전 지구가 운석(남한크기만한 운석)에 맞아 불바다가 되었을 때에도 지구표면으로부터 지하 3천 미터에서 자기 생명을 유지하고 있었던 미생물의 생의 환경을 뜻한다.

이러한 깊이를 나는 나의 뇌가 사색하는 생각의 깊이라는 용어로 표현한다. 즉, 지하생활에서 바다생활로, 바다생활에서 육지생활로, 육지생활에서 하늘생활로 향해갔던 지구 미생물들의 생의 깊이와 높이를, 나는 나의 심리적인 깊이와 높이로 생각한다.

■ 성현군자가 우리를 인도해 가는 곳은

인류사의 모든 성현 논사들의 지혜는 우리를 어디로 인도하는가?

통찰하건대, 인도하는 자도, 인도당하는 자도, 인도되어 가는 곳도 없다는 것이 내 관점이다.

■ 나의 사고의 습관

나는 중국의 고전(古典)들에 중독되어있다는 점에서, 고전들을 과대평가하는 경향이 있다. 하지만 이 시대에 쓰여지는 것도 앞으로 천년동안 보존되어 있기만 하면 모두 고전이 되는데, 왜 나는 미래를 직접 향하지 않고 과거의 사상에서만 찾고 있을까?

■ 창조적 회의(懷疑)의 중요성

남이 하든 내가 스스로 하든 적절한 질문만이 내 두뇌 속에 들어있는 사상을 이끌어낼 수 있다. 이 점에서 창조적 회의(懷疑)의 질문은 내 글쓰기의 동력중의 하나다.

■ 노자와 불교사상을 섭렵한 유교 사상가

율곡(1536-1584) 선생은 노자의 도덕경 주석인 《순언(순정한 말씀)》에서 "사람의 성품 속에 이미 만 가지의 선(善)이 자족해 있다. 그러므로 선을 추구하고 더할 이치가 없다. 문제는 그 물욕의 짐을 덜어버리는 것일 뿐이다."라고 썼다.

이것은 불교에서 말하는 진여자성(眞如自性)의 무심(無心)[3]무욕(無慾)사상과 정확히 일치하는 것이다.

이이 율곡의 사상은 이기이원론(理氣二元論)이다.

주리론(主理論)의 사상을 주장하는 이퇴계의 영남학파(嶺南學派)와 주기론(主氣論)을 주장하는 기호학파(畿湖學派)의 대립은 한국사상사에서 매우 유명한 이야기이다.

이퇴계(1501-1570)의 주리론이 일종의 관념론라면, 이율곡(1536-1584)의 주기론은 일종의 유물론으로 나중에 박지원(1735-1805)과 정약용(1762-1836) 등의 실학사상의 형성에 영향을 주었다고 여겨진다.

---

3) 대승불교에서 말하는 진여자성(眞如自性)이란, 청정무구한 본성 또는 있는 그대로의 자기 자신을 가리킨다. 그리고 무심(無心)이란, 완전히 텅 빈 마음. 또는 과거의 부분적인 경험과 기억에서 자유로운 마음, 또는 관찰자와 관찰되는 것 사이에 분열이 없는 마음을 가리킨다.

■ 왕양명의 명제에 대하여

왕양명은 《전습록》에 쓰기를 "오만함은 만 가지 악의 근원이요 선구이니, 무아(egoless)가 되어야만이 겸손할 수 있다."고 하였다.

그러나 나는 이렇게 생각한다. 즉 왕양명(임진년, 신해월, 계해일,계해시)의 오만함은 주체성이고, 나의 주체성은 오만함인가?

나는 왕양명의 주체성도 일종의 오만함이 될 수도 있다고 생각한다.

그리고 또, 나는 남에게 해를 끼치지 않는 무아(Not Self)의 오만함도 있다는 것을 그에게 말하고 싶다.

■ 정치가로서는 실패했지만 교육사업으로는 성공한 공자

공자의 생애에는 기적도 없고, 신비도 없고, 불가사의도 없고, 초월성도 없다. 공자는 3세에 ─어머니에게 정자 씨만 뿌리고 가버린─ 아버지가 죽고, 17세에는 어머니도 죽었다.

그래서 그는 매우 빈곤하게 성장했는데, 청년시절에는 제사 지내는 나팔수, 창고 보관원, 성축관리인 등의 일을 하며 살았다. 그러나 공자는 독서를 열심히 하여 30세 때에는 매우 박식한 학자가 되어 남을 가르치는 업에 종사하게 되었다.

그러나 《남화진경(천운편)》에는 공자 나이 51세임에도 도를 터득하지 못했다고 공자를 경시하는 말이 있지만, 나는 그렇게 평가하지 않는다.

공자의 지혜는 "가르치는 것이 최고의 재산이다." 라는 것을 확실하게 깨달았다는 점이다. 아마 중국에서 공자만큼 제자 덕을 많이 본 분도 없을 것이다.

■ 내가 만약 조선시대에 태어났다면

내가 만약 조선시대 또는 조선민주주의 인민공화국(북한)에 태어났다면 나는 벌써 처형당하고 말았을 것이다. 나의 지적인 운명은 개인주의이며, 혁명적인 것이기 때문이다.

생각건대, 나의 사주팔자 천명은 인수격(印綬格)에 상관(傷官, 즉 金鷄生財함)을 용신(用神; 내 팔자를 살려주는 것)으로 삼고 있는 사람이다.

그런데 매우 강한 나의 인성(印星, 또는 인성(印性))이 자신의 상관용신(傷官用神; 혁명과 창조의 힘)을 기진맥진하게 하여 억제를 분명히 하고 있다.

하지만 그래도 인성과 상관의 천성(마음속으로 생각하는 지성을 글로 표현해내는 재능)이 내 사상에 그대로 잘 나타나고 있는 것 같다.

그리고 참고로, 이러한 인수격을 《격치고(1893)》와 《동의수세보원(1894)》의 저자로 유명한 동무 이제마(1837~1900)선생의 사상의학(四象醫學) 용어로 표기한다면, 인수는 태음 성향이 강한 자라고 할 수 있다. 그리고 상관용신이란 소양의 특성을 강화해야 발전이 있다는 의미로 이해할 수도 있다. 어쨌든.

내가 만약 조선시대에 살면서 몇 권의 책을 쓰고 처형당해 죽었다면 오늘날 내 책들은 고전이 되어 있겠지.

그러나 지금 나는 개인의 언론이나 사상도 존중받는 자유민주주의 시대에 살고 있기에 천수를 누리는 것이다. 윈스턴 처칠은 "민주주의는 세상에서 가장 나쁜 국가 형태다."라고 말했지만, 나는 모든 역사의 방향은 개인의 자유를 확대하는 민주주의 시대에 있는 것을 감사한다.

내가 만약 중동지역의 국가나 북조선에 있는 사상작가였다면, 이 책 한권 낸 죄로 즉시 체포 구속되었을 것이다. 왜냐하면 나는 인권과 언론의 자유를 중시하는 철저한 개인주의 사상가이기 때문이다.

■ 내가 고전을 비평하는 것은

내가 고전을 비평하는 것은, 고전의 명성에 나도 함께 참여시키려는 것이 결코 아니다. 여기서 명성은 중요한 것이 아니다.

중요한 것은 진리란 무엇인가 하는 나의 인식과 반응과 표현이다.

■ 영원한 강자는 없다

사자에게도 천적이 있다. 하이에나에게도 천적이 있다. 인간에게도 천적이 있다. 천적이 없는 식물과 곤충과 동물과 세균은 없다.

제 2부

도교담론 그리고
주역과 사주팔자 해석학

&

노자 장자와 주역과 사주팔자학은 씹으면 씹을수록 황홀한 쾌락을 주는 동양 최고의 마약
이다. 즉, 약자는 더없이 교활해지고, 귀족적인 강자는 더없이 유연해지는 최고의 마약이
다. 그러나 나는 자기합리화와 자타를 기만하는 최고의 마약인 이 신비한 제품을 팔거나
의존중독자는 아니다.

석진오

&

긍정적인 비평은 아부심의 발로다. 부정적인 비평은 허영심의 발로다. 중도적인 비평은
무능한 것이다. 진리를 위한 비평은 구도심의 발로다.

석진오

■ 자기가 좋아하는 책대로 만들어지는 인간형

주역 책을 자꾸 보면 만사에 점쟁이가 되는 것 같고,

불교 책을 자꾸 보면 중노릇에서 점점 더 벗어나지 못하는 것 같고,

열자와 장자 책을 자꾸 보면 은둔형 외톨이가 되는 것 같고,

니체와 U.G.크리슈나무르티의 책을 자꾸 보면 점점 더 광인이나 외톨이가 되는 것 같고,

에밀 시오랑의 책을 자꾸 보면 점점 더 허무해지는 것 같으니,

내가 자주 보는 책대로 내가 만들어지는 것 같다.

그러면 보통의 한국인들처럼 1년동안 책(소설 말고! 두꺼운 인문교양 책)을 한 권도 읽지 않으면 어떻게 될까? 아마 돈벌이와 사랑과 건강만 생각하는 사람이 될 것이다.

■ 우리가 죽기 전에 꼭 읽어야 할 책

우리가 죽기 전에 꼭 읽어야 할 책은 《황제음부경》이다.

그런데 "누가 이 책을 모르시나요?" 내가 찾는 책은 우리나라 조선중기의 정치가 장유(1587–1638)선생이 20세에 썼다는 《음부경주해(陰符經註解)》이다.

그리고 또 나는 이 시대에 태어난 덕분에 《곽점초묘죽간 노자》를 읽고 죽게 된 것에 대해 운명적으로 고마움을 느낀다.

이 초간노자는 장자와 한비자도 보지 못한 책인데, 이런 노자의 책을 요즘 읽으니 그 감응(感應) 또는 공감적 이해(Empathic understanding)가 온 몸을 진동한다.

■ 내가 궁금한 책

《곽점초묘죽간 노자(제30장)》에서 노자가 인용하고 있는 《건언(建言)》이라는 책을 구해 읽고 싶다.

"밝은 도는 어두운 것 같고, 평탄한 도는 울불퉁한 것 같고, 나아가는 도는 물러나는 것 같고, 높은 덕은 계곡처럼 낮은 것 같고, 깨끗한 것은 더러운 것 같고, 강건한 덕은 게으른 것 같고, 질박한 것은 쉽게 변할 것 같고, 대지는 모서리가 없고, 큰 인물은 오랜 시간에 이루어지며, 위대한 화음은 악기에서 울리는 소리가 모인 것이며, 우주의 형상은 형상이 없다."라고 했으니 정말 대단한 통찰의 책이 아닌가!

생각건대, 노자란 인물은 하늘에서 어느 날 뚝 떨어진 천재가 아니라 바로 선대의 이런 종류의 책들을 열심히 읽으며 직접 터득한 인물이라고 여겨진다. 즉, 노자사상 이전에 이미 노자사상이 있었던 것이다.

■ 고증학으로 보는 노자 도덕경

가장 오래된 헌 책이 가장 새롭다.

가장 늙은 책이 가장 젊다.

■ 곽점초묘죽간 노자를 읽으며 내 천명을 생각함

내 사주팔자의 질병인 화기조열(火氣燥熱; 건조함, 조급한 성질, 불안정의 상징)을 이기거나 치료하는 것은 청정(淸靜)이다.

그런데 내 사주팔자에 (지장간(地藏干)에조차) 다행히 재(財)가 한 개도 없으니 오히려 청량(淸凉)하고, 식신(食神) 유(酉)가 공망(空亡)이니 평생 청정

무위(淸靜無爲; 깨끗하게 맑고 고요한 행위 또는 심오한 행위)의 무사한인(無事閑人; 일없는 도인)으로 지낼 운명이다. 그러므로 내 사주팔자의 치료약인 청정(淸靜)함이 내 마음 밖의 외부에 어디 별도로 있지 않고, 내 사주팔자 안에 이미 균형(안정)을 이루고 있으니 스스로 족한 줄 안다.

그런데 내 인생 50세 이후부터는 경신용신(庚辛用神)이 수(水; 대일생수(大一生水) 또는 만물의 근원을 상징하는 태일생수(太一生水))와 함께 있게 되었으니 대기만성(大器晚成)의 뜻이 있다는 것인가? 긍정적인 자기암시.

■ 만약 노자가 내 사주팔자 운명을 논한다면

수(水)가 부족하거나 없으면, 화(火)가 가득차고 남음이 있다는 말이다.

그러므로 가득 찬 것을 약하게 하고, 부족하거나 없는 것을 강하게 하면 전체적으로 중도(中道)를 이루어 균형이 잡히게 된다. 초간노자 제36장을 읽고.

■ 내 사주팔자의 화기와 수기에 대하여

화기(火氣)는 위로 올라가는 성향이 강하고, 수기(水氣)는 아래로 내려가는 성향이 강하다.

그러나 전체적으로 보면, 화기(火氣)도 위로 올라가서는 결국 하강하고, 수기(水氣)도 아래로 내려가서는 결국 상승한다.

이와 같이 그 어떤 종류의 오행(토금수목화)일지라도 순환하고 상보하며 안정적으로 균형조화를 이루어내는 것이다.

■ 노자의 명제를 생각하며

노자는 《초간노자(제35장)》에서 "한 쪽이 결핍되면 다른 한 쪽이 가득 차서 스스로 만물이 변화하는 근거가 된다."고 썼다.

이 문구는 정치 경제 군사 정신문화(정신의학, 심리, 예술) 등 모든 분야에 해당되는 명제로 정말 절묘한 표현이라고 여겨진다.

■ 역학(易學)적인 덕담의 원리

결핍된 것은 채워 주고, 꽉 차 있는 것은 덜어준다.

약한 것은 북돋아 주고, 강한 것은 해소시켜 준다.

그리고 잘 중화(中和)된 것은 있는 그대로 가만히 둔다.

■ 내가 배우고 싶지 않은 것

아무리 위대한 《도덕경》을 쓴 노자라고 할지라도, 자신이 거주하고 있는 주변 환경이나 집안은 가능한 한 깨끗이 청소하며 사는 게 좋다.

온갖 살림이 어지럽게 널려 있고, 먼지는 굳어 닦아지지도 않고, 집구석마다 쥐들이 돌아다니고, 바퀴벌레가 우굴거린다면 나는 그러한 노자의 무위(無爲)적인 생활습관은 결코 배우고 싶지 않다.

■ 불교와 노자의 멈춤 사상

사람이 한 평생 질주만 할 수도 없고, 사람이 한 평생 멈추고 서 있을 수만도 없다. 그래서 질주할 때에는 질주하고, 멈출 때는 멈춘다.

불교에 지관법(止觀法; 고요한 마음으로 비교와 선택이 없이 보는 것에 관한 가르침)이 있는데, 노자의 지(止)사상과 똑같은 교훈점을 보여주고 있다.

지(止)라고 하는 글자는 멈추어야 할 때 멈추고, 그만 두어야 할 때 그만 두고, 손을 떼야 할 때 손을 떼라는 가르침이다.

즉 복잡한 대인관계에서 매우 심각한 문제가 발생했을 때 무조건 스톱하라는 것이다. 그러면 최소한, 번뇌의 불길은 더 이상 번져 나가지 않게 되어 최악의 위태로운 파국에 직면하지 않게 된다. 이것이 노자와 불교의 대인관계론이다. 《곽점초묘죽간 노자(제18장; 지지불태(知止不殆))》를 참조하시기 바란다.

그런데 이야기를 좀 더 깊게 가지고 가면, 이러한 지(止)가 심오해지면 허(虛)가 되고 무(無)가 되어 원래의 시초가 무엇인가를 직관적으로 알게 된다. 대승불교에서는 이 원래의 시초를 진공(眞空: 공(空)이 실체라는 것, True Emptiness)이라고 한다.

그러나 살아있는 사람은 한 평생 이러한 지(止)에만 머물러 있을 수 없다. 왜냐하면 생활인이기 때문이다.

그래서 나는 지(止)와 행(行)을 하나로 섞는다. 즉 지(止)속에 행(行), 행(行)속에 지(止)를 상황과 조건에 따라 적절하게 맞추어서 조절한다. 여기서 지행(止行)이란 멈춤과 행동, 명상과 실천, 은둔과 출세, 인색과 낭비, 선과 악을 의미한다.

다른 사람이 볼 때에는 이러한 나의 지행론(止行論)이 모순이고 난해한 역설로 인지되겠지만 나에게는 이미 익숙한 것이다.

그러나 수행을 하지 않는 보통사람들은 그 어떤 일이든 한 번 중독이 되어버리면 습관으로 고정되어버리기 때문에 지행합일(止行合一)을 실천하는 것이 쉽지 않을 것이다.

행동할 때에는 행동하고, 쉴 때에는 쉬는 게 좋다. 그러나 행동하면서도 동시에 쉴 줄 알고, 쉬면서도 동시에 행동할 줄 아는 경지는 영장류 인간만이 가능한 것일 게다.

■ 바가바드 기타 철학과 노자 장자의 유위와 무위의 문제

바가바드기타에서 말하는 무위와 노자 장자가 말하는 무위는 어떻게 다른가?

바가바드기타의 무위(無爲; 절대적 행동 또는 완전한 행위)는 세속적이다. 왜냐하면 바가바드 기타는 바가반 크리슈나의 전쟁철학이기 때문이다.

이에 비해 노자와 열자와 장자의 무위는 무(無, 또는 허무(虛無))에 근거한 행위이다.

그러나 나는 이러한 무위를 '집착적인 동기와 결론이 없는 활동, 또는 완전한 행위, 또는 과거의 경험적인 기억에 의한 파편적이고 분열적이고 한정적이고 대립적이고 투쟁적인 사고의 반응이 아닌 전체성(만물의 통일성, 또는 세계 일체성)에 근거한 행위' 라고 이해한다.

■ 무위의 위험성을 생각하며

유위(동기가 분명한 행위)보다 무위(동기가 없는 행위, 또는 아무런 의지적인 계획이 없는 행동, 또는 직관과 충동에 의한 행위)가 더 위험하게 느껴질 때도 있다.

■ **인생 쓴 맛 단맛 다 맛본 사람의 덕담**

행동할 것인가? 가만히 있을 것인가? 이것이 문제다. 그러나 행동해도 후회하고 가만히 있어도 후회할 것이다.

그러므로 결국 중요한 것은 객관적 자기반성과 선택을 결정하는 자신의 강한 의지력이다.

■ **무위의 행복과 유위의 행복관**

무위(無爲; Undoing)의 행복이란, 아무것도 하지 않고 지금 이대로 있고 싶다는 것이다. 또는 매우 소극적이고 단순한 것에서 행복을 찾는 것을 의미한다. 또 무위의 행복은 언제나 평화에서 찾는다.

이에 비해 유위(有爲)의 행복은, 행동함 속에 있다는 것이다. 유위의 행복은 이렇게 매우 적극적이고 이상적인 것에서 찾는다. 유위의 행복은 언제나 경쟁자를 물리치는 투쟁에서 찾는다.

■ **움직이는 것의 배후**

광활한 우주로 날아가는 우주탐사선 뒤에는 조용히 관찰 분석하는 인간들이 있다.

■ **황제와 노자 열자 장자의 영향력**

음부경과 도덕경과 열자와 장자를 지은 사람은 분명히 있었지만, 그 사람은 이미 썩어 없어져 그 책만 홀로 남아 있을 뿐이다.

그런데 이 책들은 수천년 동안 각 시대의 독서인들의 정신에 접속되어 계속 살아오며 영향력을 발휘하고 있다. 대단하다.

■ 황제음부경의 연금술

《황제음부경》의 용어로 말한다면, 지혜란 우주세계를 관찰하여 우주의 운행을 파악하는 것이다.

그리고 이 우주의 오행을 훔쳐와서 역리역행(逆理逆行)으로 응용(應用: 逆利用)하여 자기가 원하는 것을 이루어내는 것이라고 여겨진다.

실제로 내 경험에 의하면, 이렇게 자신이 타고난 부정적인 충동을 건설적인 에너지로 바꾸는 일은 정말 대단한 마법과도 같은 것이다.

《장자(외편 제22 지북유)》에 이르기를 "성인은 당한 운명에 역행하지 않고, 가버리는 운명에 집착하지 않는다. 만물과 조화하여 이에 순응하는 것이 덕이요, 당한 운명에 순응하는 것이 도(道)이다." 라고 했지만 나는 이렇게 생각하지 않는다.

오늘 우연히 알았는데, P.피카소(신사년, 정유월, 기축일, 경오시) 역시 역행법(逆行法)으로 자신의 처지를 나아지게 한 것이 많았다.

과연 누가 이렇게 상관(傷官; 기존 관념을 때려 부수는) 기질이 강한 사람들은 이해하겠는가? 그저 상관기질(또는 소양의 성향)이 강한 J.크리슈나무르티(1895-1986)와 U.G.크리슈나무르(1918.7.9- 2007.3.22)와 O.라즈니쉬(辛未年, 庚子月, 庚子日, 甲申時; 1931-1990)의 경지 정도는 되어야 이해할 수 있을 것이다.

■ 내가 나에게 경영 자문하는 철학은 역행법이다

화합이나 결합을 위한 약속이나 계약은 상극상충으로 잘 이루어지지 않고, 파괴와 파기를 위한 약속이나 계약은 급속하게 잘 이루어지는 것을 보면, 나는 파괴를 통해 재창조하는 직업을 가져야 대성할 것이다. 예를들면, 철거 사업이나 물건 재활용 사업 같이.

■ 나는 고대와 중세의 중국을 위대한 국가로 생각한다

나는 고대와 중세의 중국을 위대한 국가로 생각한다. 왜냐하면 중국에서는 옛부터 수많은 사상가들에게 의해 인문철학적인 고전들이 만들어졌기 때문이다.

이러한 지혜와 사상의 생산물은 아무나 쉽게 얼렁뚱땅 만들어낼 수 있는 것이 아니다.

■ 내가 인도고전들보다는 중국고전을 더 좋아하는 이유

나는 불교경전들보다 중국의 황제음부경, 노자, 열자, 장자 읽기를 더 좋아한다.

왜냐하면 불경은 똑같은 말의 반복이 심해 읽기가 지루한데 비해 중국의 고전들은 똑같은 말의 반복이 없고, 잠언처럼 문장이 간단명료하면서도 가르치는 뜻은 심오하여 읽는 이로 하여금 즐거움을 주기조차 하기때문이다.

■ 천부경의 창조적 오독

한국에는 고전 《천부경》이 있다. 내가 이해하기로는 대단한 경전이다.

이 경전의 첫 문구인 일시무시일(一始無始一: 하나의 시작은 시작이 없는 하나라는 것)과 마지막 문구인 일종무종일(一終無終一: 하나를 마치지만 하나의 마침은 없다는 것)를 성찰해본다면, '입자이면서 동시에 파동인 빛은 빛 속에 감추어진 것이기에 그 끝을 알 수 없다' 는 의미로도 이해가 된다.

다시 말하면, 존재는 비존재 속에 감추어져 있고, 비존재는 존재 속에 감추어져 있는 것이기에 그 존재와 비존재의 시작과 끝을 알 수 없다는 의미다.

나는 천부경의 첫 문구인 일시무시일(一始無始一: 하나의 시작은 시작이 없는 하나라는 것)과 마지막 문구인 일종무종일(一終無終一: 하나를 마치지만 하나의 마침은 없다는 것)의 일(一)은 일이라고 보지 않는다. 왜냐하면 일은 일이 아니라 다(多)이기 때문이다. 마치 이 우주에 단 한 개의 태양만 있는 것이 아니고, 단 한 개의 은하만 있는 것이 아니듯이.

그리고 또, 이 다(多)는 시작이 있고, 끝이 있는 것이다. 마치, 500억 년 후에는 이 모든 것이 종말을 하듯이.

■ 운명이란 수갑과 쇠사슬 같은 것

살아 있는 모든 것에는 운명적인 것(내 힘으로 어떻게 할 수 없는 것)이 있다.

그래서 장자는 안명론(安命論)적으로 "내가 어떻게 할 수 없는 것은 운명으로 여기고 평온하게 지내는 것이 좋다."라고 썼고,

카네기도 "아무리 걱정해도 풀리지 않는 문제는 잊어버리고 몸과 마음을 건강하게 유지하는 것이 가장 쉬운 길이다."라고 썼고,

산티데바도 "만약 당신의 문제에 대해 당신이 무엇인가를 할 수 있다면, 더 이상 그것에 대해 걱정할 필요가 없다. 그리고 만약 당신이 어떠한 것도

할 수가 없다면, 걱정은 해서 무엇을 하겠는가?"라고 쓴 것일까?

나는 장자의 시명론(時命論, 또는 운명론)에 인간적으로 깊이 공감한다. 장자는 〈추수편〉에서 다음과 같이 썼다.

"나는 오래전부터 빈궁함에서 벗어나려고 노력했는데도 얻지 못했으니 명(命)이다. 그리고 또 나는 오래전부터 형통함을 구했지만 얻지 못했으니 시(時)이다."

■ 마음에 맞는 저자를 발견한다는 것은

나는 수년전에 우연히 《황제음부경》을 읽고 크게 놀란 적이 있었다. 그런데 오늘 새벽에 중국 청나라 유일명(1734–1851) 도사가 쓴 《주역천진(周易闡眞)》에서 〈수권(首卷)〉을 읽고 크게 탄복을 하였다. 만약 내가 천억 원을 희롱하는 부자가 되어도 이런 책을 알지 못한 채 살고 죽는 것 보다, 내가 비록 가난해도 이런 책을 만나 이해하고 자각하고 성숙하게 살다가 죽는다는 것은 얼마나 고마운 일인가!!

임어당의 말이다. "마음에 맞는 저자를 발견한다는 것은 지적 발전을 하는 데 있어서 큰 사건이라고 나는 생각한다. 이런 때에 영혼의 친화현상이 나타난다. 그러므로 우리는 고금의 작가들 중에서 그 영혼이 자기의 영혼과 가까운 분을 찾아내야 한다. 그래야만 사람들은 독서에서 참으로 좋은 마음의 양식을 얻을 수가 있다."

■ 중국 내단사상(內丹思想)의 감동

"순응하면 평범한 사람이 되고, 거역하면 선인(仙人)이 되니, 다만 그 중간을 뒤집는데 있을 뿐이다. 그러나 역운지도(逆運之道)를 어찌 쉽게 알겠는가!" 라는 유일명의 해설(주역천진에서 뇌택귀매괘에 대한 그의 총평)을 읽고 눈이 번쩍 뜨였다.

왜냐하면 나야말로 그동안 "정반대의 조화"를 주장하는 역관(逆觀, 逆推 또는 主逆)의 사상가이기 때문이다.

사마천은 《역사기록(태사공 자서)》에서 "순응하는 자는 창성하고, 거역하는 자는 죽지 않으면 망한다."고 쓴 바 있다. 그런데 황제음부경의 사상과 종류가 같은 사상서에서는 정반대로 이치를 설파하니, 얼마나 놀라운 언설인가!

나의 이해에 의하면, 유일명이 말하는 '역운지도(逆運之道)'는, 불교에서는 '명상(名相)'을 전도(顚倒)하는 지혜의 경지와 똑같은 것이라고 여겨진다.

"순행하면 사람이 되지만, 역행하면 신선이 된다(順則成人 逆則成仙. 또는 順則爲人 逆則爲仙.)"는 역추(逆推)의 말은 아무리 읽어도 싫증이 나지 않는 도가의 가장 멋진 명제이다.[4]

4) 니체는 《차라투스트라는 이렇게 말했다》제1부〈12.시장의 파리에 대하여〉에서 "뒤집어엎는 것 그것이 입증하는 방법이다. 열광케 하는 것 그것이 그가 납득시키는 방법이다. 그리고 그는 모든 논거에서 피를 가장 좋아한다."고 쓴 바 있다. 니체는 또 "유명한 연예인들이나 천박한 군중을 피해 너 자신의 고독속으로 역행하라"고 가르치고 있는데, 실제로 심오한 사상은 고독한 가운데에서 천천히 나온다. 니체는 "깊이가 있는 위대한 것은 시장과 명성으로부터 떨어진 곳에서 생겨난다. 옛부터 새로운 가치를 만들어내는 사람들은 시장과 명성으로부터 멀리 떨어진 곳에 살고 있었다."라고 강조하고 있다.

■ 동기동류(同氣同類)

굴원(343-277.B.C.E)이 쓴 《초사(楚辭)》의 천문(天問)을 보니, 굴원은 나만큼이나 물음표가 많은 문장을 구사하고 있다.

■ 중국의 고전들을 읽은 소감

중국의 고전들은 나의 마음을 끌기도 하지만 동시에 싫증도 나게 한다.

왜냐하면 중국의 고전들은 유교처럼 지나치게 세속적이거나 아니면 도교처럼 지나치게 은둔적이기 때문이다.

■ 중국의 모든 성현들의 지혜와 발상은

중국의 모든 고전의 핵심 사상은(중국의 모든 사상가들의 지혜와 발상은) 중화론(中和論)이다. 균형 조화론이다.

그리고 이러한 중화론은 자연계의 조화로운 운동 작용을 그대로 반영한 것이라고 여겨진다. 하지만 중요한 것은 중화가 아니라 중화의 성격이다.

■ 우리나라에 세계적으로 유명한 고전이 없는 이유

우리나라 말과 글자의 철학적인 원리는 음양오행론이다. 그런데 왜 《역경》이나 《황제음부경》이나 《노자 도덕경》 같은 고전이 우리나라에는 없는 것일까? 물론 《천부경》과 김일부(1826-1898)옹의 《정역(正易)》같은 고전이 있다.

깊이 생각건대, 이러한 고전들은 국제사회에 외국어로 번역 출판해도 더욱 빛날 한국인 지혜의 고대문서라고 여겨진다.

그런데 왜 현대 한국인들은 이런 고전에 대해 심오한 우주론적인 해설과 지식의 회통(會通) 또는 통류(通流)적인 담론을 일상적으로 하지 않는 것일까?

한국민족 경전인 《천부경》에는 "하나(One, 또는 The One, 또는 Oneness, 또는 Unity)로 시작하지만 시작이 없는 하나다. 이 하나는 하늘과 땅과 사람으로 나누어져도 그 근본(Totality, 또는 The All, 또는 Real Unity)은 다 함이 없다."는 글귀가 있으니 정말 대단한 사상의 경전이다.

그런데 어느 대학교에서 누가 감히 이 천부경의 사상을 천시하는가?

이제 앞으로 천부경을 해설하는 분들은 노자 열자 장자뿐만 아니라, 《엔네아데스(아홉개씩 한 묶음을 모두 여섯 권으로 만든 것 포르퓌리오스가 편찬한 책)》의 원저자인 서양 고대의 신플라톤주의자 플로티누스(205-270)의 한(HEN, The One; 즉 만물의 선행자(先行者), 또는 근원적인 것을 상징하는) 철학(즉, '모든 것은 하나를 통하여 하나로 있는 것이다' 라고 주장한 철학)과도 적극적으로 비교하여 그 지적인 성과를 한국 인문학계에 발표해주시기를 바란다. 플로티누스는 플라톤만 아니라 피타고라스 사상의 영향도 받은 분이라고 여겨진다.

피타고라스의 학파의 영향을 많이 받은 파르메니데스(B.C.E. 515-450. B.C.E)도 "존재자는 만들어지지도 않았고, 파괴될 수도 없다. 존재자는 유일하고 연결되어 있으며 흔들림이 없지만 완성될 수는 없다. 존재자는 과거에도 없었고, 미래에도 없을 것이다. 왜냐하면 존재자는 지금 전체로 있으며, 하나이며, 서로 완전히 결합되어 연결되어있기 때문이다."라고 말한 바 있다.

하지만 나는 반전통적이고 텍스트 비판적인 사상가이다.

■ 고대 인간들의 직관적인 지혜에 대하여

신체에서 천체우주까지 이론과학자도 실험과학자도 아닌 사람들이 기미(幾微; 미세한 현상의 징조)로 이치를 밝힌다고 큰 소리 치는 배짱은 어디서 나오는 것일까?

■ 범주화의 장단점

음양오행론은 모든 존재와 현상을 범주화(範疇化, 또는 Binding)하여 이론 체계를 세운 것이기 때문에 아직까지도 사람들에게 강한 매력과 영향력을 발휘하고 있다.

그러나 범주화는 차별적인 가치관과 시비투쟁을 야기시키는 원인이 되기도 한다.

■ 주역의 은유적인 가르침

주역서는 은유가 많아서 각자의 지성과 상상력에 따라 여러 가지 의미 해설과 연결이 가능한 것이기에 어떤 때에는 주역이 일종의 시집같이 여겨질 때도 있다.

그러나 주역서를 점술서로 이용할 때에는 매우 위험한 것(혹세무민하는 것)이 되기도 한다.

■ 행복하기 위해 자신을 속여야 할 때도 있다

내 책의 애독자인 경주시의 유명한 M무당이 나와 대화하는 중에 "신(神)도 속인다."는 자신의 경험을 이야기했다.

이 말은 의미가 있는 것이다. 가만히 생각해보면, 주역의 점술과 사주팔자 해석학이라는 것도 사실은 상대방에게 또는 자기 자신에게 속임수를 쓰는 짓이라고 여겨진다.

여기서 속임수의 이론적 근거는 일체유심조(一切唯心造; 모든 것은 오직 마음이 창조해내는 것이다)라고 할 수 있다.

일체유심조(즉 '내가 생각하거나 상상하는 대로 나는 만들어진다'는 대승불교 화엄경의 문구)란 대부분의 사람들이 좋아하는 가설(假設)이다.

■ 역학의 희생자가 되지 않으려면

주역은 중독성이 매우 강한 책이다.

즉 한 번 길들여지면 벗어날 수 없을 정도로 중독성이 강한 책이다. 그러므로 이러한 주역은 통찰력이 없는 자가 읽는다면 주역의 희생자가 될 뿐이다.

물론, 불경과 성경과 코란과 우파니샤드와 바가바드 기타도 마찬가지로 중독성이 강한 책들이다.

그런데 이 중에서도 특히 주역은 중독성이 아주 심한 책이다. 왜냐하면 주역은 점술서로도 사용되기 때문이다.

■ 사주팔자가 나쁜 사람의 운명치료법

사주팔자가 나쁜 사람의 운명 치료법은 절정체험(강렬한 감동)을 자주하는 것이다.

말로 표현할 수 없는 대단한 감동을 자주 맛보는 사람은 뇌 생리에 변화가 일어나 성공에의 길을 걷기 시작한다. 이것은 내 인생경험에서 우러나오는 말이다.

모름지기 인간의 절정체험은 인간의식을 완전히 새로운 단계로 끌어올리는 혁명적인 작용을 하는 것이다. 이것은 법칙이다. 단 여기서 주의할 것은 중도(中度)를 지키는 것이다.

■ 양력 3월의 토끼

루이스 캐롤(1832-1898)이 쓴 《이상한 나라의 앨리스》에서 앨리스가 만난 3월의 토끼는 사주팔자 해석학에서도 그렇게 불린다.

3월의 토끼(음력으로는 2월의 토끼). 토끼는 3월이 되면 발정기가 되어 행동이 거칠고 사나워진다. 내 사주팔자의 일지(日支)는 토끼. 그래서 나는 대인관계에서 '미친 토끼'를 가장 경계한다. 미소.

이렇게 일단 자신의 약점을 알게 되면, 더 이상 그로인한 불이익은 당하지 않게 될 것이다.

■ 변수가 많은 인간의 운명을 생각하며

사주팔자는 남김없이 완벽하게 해석할 수 있다. 왜냐하면 사주팔자 운명학은 결정론이기 때문이다.

하지만 내게 있어서 사주팔자 운명은 결정론이 아니다. 왜냐하면 사주팔자 운명은 단지 여덟 개의 글자(또는 숫자)가 아니기 때문이다. 그리고 또 인간의 운명이란 변수(變數)도 많은 것이기 때문이다.

주역서에 달통한 퇴계 이황(1501-1570) 선생은 사주팔자 해설가들과 고객들에 대해 다음과 같이 말한 바 있다.

"사람은 어머니 뱃속에서 열 달 동안 머문다. 그런데 가만히 있을 때는 아무런 일이 없다가 태어나는 날짜와 시간에 맞추어서 갑자기 이전에 있던 모든 것을 변화시키면서 똑똑함과 어리석음과 고귀함과 하천함과 수명의 길고 짧음이 정해질 수 있다는 것인가?"

■ 화투 게임보다 변수가 더 많은 인생을 생각하며

인생이라는 도박게임에서 나쁜 카드를 받은 자는, 포기할 수밖에 없다는 것만 있는 게 아니라, 인생의 수많은 관계로 이루어지는 것에 더 많은 변수가 있다는 사실도 인정해야 한다.

■ 한국 속담과 사주팔자

우리나라 속담에 "여자 두 세 명을 가진 놈의 창자는 (속상한 썩은 냄새가 나기 때문에) 호랑이도 안 먹는다."는 말이 있다. 이것은 재다신약의 남성과 관살혼잡의 여성을 두고 하는 말이다.

사주팔자 해석학에서 재다신약(財多身弱)을 이성관계로 풀이할 때에는 '여자는 많은데 여자를 감당하는 자신은 약한 운명을 타고난 사람'을 가리킨다. 이러한 사람에게 여러 여자와 남의 돈은 매우 불행한 것이다.

그리고 관살혼잡(官殺混雜)이란 정관(正官)과 편관(偏官)이 혼잡되어 있는 사주팔자라는 것인데, 특히 여자 사주에는 관살혼잡이 있으면 여러 남자관계로 우여곡절과 풍파가 많음을 암시한다. 그러므로 관살혼잡이 있는 여성은 특히 남자문제가 생기지 않도록 조심해야 한다.

■ 편관의 잔인성

나의 대인관계 경험에 의하면, 편관(법 집행자 또는 행동대장의 상징)은 남녀할 것이 없이 대부분 잔인한 인간성을 가지고 있는 자이다.

■ 사주팔자에서 일주에 관한 성찰

사주팔자 중에서 일지가 편관인 사람은 배우자에게 모욕감과 굴욕감을 주려는 의도가 강한 상대를 만날 가능성이 높다. 또는 타인에게 모욕감과 굴욕감을 주려는 의도가 강한 자기 자신일 가능성이 높다.

다시 말하면, 타인을 힐난하고 패배시키고, 복종시키고, 굴욕시키려는 신경증적인 충동(성향)이 아주 강한 사람이거나 또는 이러한 상대를 만날 가능성이 높다. 운에 따라 달라질 수 있는 것이지만, 자기를 통제하는 배우자가 귀신보다 더 무서운 존재로 변할 수도 있는 것이 일지 편관의 운명이다.

어째서 그런가? 이유는 모르겠다. 그저 사주팔자 해석학에서 편관이란 자신(비견)을 거칠게 통제하거나 상극하는(불일치) 작용을 의미한다는 것만 안다.

그런데 사주팔자가 그렇다고 현실의 삶(대인관계를 운영하는 성격심리)에서도 그렇다는 것은 어떻게 해서 그런지, 어떻게 이해하고 해석해야 할까?

대승불교에서는 '마음'이 만들어내면 가능하다고 설명한다. 즉, 반복적이고 습관적인 자기 암시와 자기최면이 무의식화(無意識化; 의식으로 감지되지 않는 상태)되면 어떤 운명이 나타나는 것이다. 이런 점에서는 그 어떤 것이든 (불행하거나 자타 파괴적인 것조차도) 자기 자신이 원한 것이 된다.

그러나 갓 태어난 아기가 무슨 행동을 했다는 것인가? 이 질문에 대해서는 아기의 부모를 고찰해야 한다. 왜냐하면 아기의 유전자는 부모로부터 전해 받은 것이기 때문이다.

그렇다면 결국 아기의 운명은 부모 또는 선조들의 운명이기도 한 것이다. 이것을 불교에서는 전생(과거에 생존했던 인생들)의 공업(共業; 공공적인 업, 민족 구성원이 지은 업, 또는 조상 또는 남이 지은 업)이라고 설명한다.

그러니까 내 말의 요점은 현생의 아기는 전생(즉, 과거에 생존했던 인생들)의 수급자, 또는 희생자 또는 창조자인 것이다.

■ 재살의 의미에 대하여

재살(財殺)이란 사주팔자 해석학의 전문 용어다.

재살이란 돈과 여자가 있는 곳에는 반드시 싸움이 있다는 뜻이다.

■ 주역의 길흉에 대하여; 사주해설가 G모씨를 생각하며

나는 점을 치지 않아도 길하고 흉한 것을 안다. 왜냐하면 내가 지은 대로 정업(定業; 결정적인 행동의 결과)을 받기 때문이다.

예를 들어 지금 내가 악한 행동을 하고 있는데 어떻게 어진 결과가 나오겠는가?

지금 내가 어진 행동을 하고 있는데 어떻게 악한 결과가 초래하겠는가?

사주팔자 해석이나 점술에만 의지하는 사람은, 기회주의자로 도박에 중독된 사람과 다른 것이 하나도 없다.

■ 점술가와 역사가

점을 친다는 것은 과거사를 잘 고찰하여 (지혜를 얻은 후 그 지혜로) 현재와

미래의 일을 예측해내는 행위이다. 그러므로 주역의 점술가와 역사연구가는 유사한 직업이다.

■ 코스모스와 카오스

사람들은 예측할 수 있는 질서를 좋아하고, 무질서를 두려워하는데, 가만히 성찰해 보면 예측할 수 없는 무질서도 우주적인 질서임을 알 수 있다.

■ 무질서의 형충파해

질서의 세계라고 하지만 깊이 들어가서 보면 무질서의 세계이다.

그런데 무엇이 무질서의 세계에서 질서를 이룩해 내는 것일까?

■ 사주팔자에 충파가 많다는 의미에 대하여

사주팔자에 충파(衝破)가 많다는 것은 매사에 마(魔, 장애)가 있다는 의미다.

그러므로 충파가 많은 자는 매사에 일단 결정하고 행동하는 의지가 강력해야 한다.

만약 충파가 많은데도 결정하고 행동하는 의지력이 약하면, 매사에 우유부단하고 방황하며 고독해하다가 끝내는 마음의 병이 들어 죽게 된다.

다시 말하면 충파는 서로 부서지고 파멸하는 것이다. 그런데 이러한 충파를 생산적이고 의미 있는 것으로 만들기 위해서는 일단 자신이 강해야 한다. 약하면 아무것도 이루어낼 수 없기 때문이다.

■ 자기교육

강력한 인성(印星 또는 인성(印性); 여기서 인성(印星)은 우주적 표기이고, 인성 (印性)은 인간적 표기이다. 우주의 별들과 무관한 존재는 단 한 개도 없다는 관점에 서 말해지는 사주팔자 해석학의 전문 용어들중의 하나)의 지배하에 있는 상관(傷 官; 기존의 관념을 무너뜨리며 새로운 것을 창조해내는 천성)을 용신(用神)으로 삼고 있는 사람의 인생행로.

나는 나를 자유롭게 방임한다. 그리고 동시에 나는 나를 통제한다. 바로 이것이 내가 대형 사고를 저지르지 않는 방법이다.

■ 사주팔자 해석학의 전문용어인 '상관용신'을 생각하며

인류사 수 만 년 전 부터 전해지고 있는 수렵본능과 약탈본능이 내 두뇌에 분명히 입력되어 있다는 것은 사실이다.

한반도 구석기 시대 + 신석기 시대 + 청동기 시대 이후의 모든 인간의 피 가 흐르고 있는 나는 가능한 한 이 본능을 좋은(즉, 건전한, 생산적인, 문화 창 조적인) 일로 승화시키려고 무진 노력을 하고 있다.

■ 자기 팔자에 없는 짓을 억지로 하려고 하지마라

《근사록(2권100조)》에서 장재는 "학문의 큰 이익은 자기 스스로 기질의 변 화를 구하는데 있다"고 말했고, 또 《근사록(2권38조)》에서 정이천은 "배우는 자가 자신의 기질에 지거나 자신의 습관에 마음을 빼앗긴다면 오직 자신의 의지가 허약함을 책망해야 할 것이다." 라고 말했다.

하지만 나는 각자 타고난 자신의 기질이나 습관도 장점으로 되살려 꽃을 활짝 피울 수 있다고 생각한다.

그러니까, 자기 팔자에 없는 짓을 억지로 하려는 것보다는 자기가 가장 하고 싶어 하는 것을 자연스럽게 선택하여 최선을 다하는 것이 더 좋다.

■ 학문이 기질을 변하게 하는 것이 아니라, 기질이 학문을 변하게 하기도 한다

학문은 기질을 변하게 할 수 없다. 반대로 기질이 학문을 변하게 한다. 다시 말하면 기질이야말로 자기의 기질에 따라 학문을 재구성하며 학문을 크게 변하게 할 수 있다는 것이다. 바로 이것이 왜 내 책이 이토록 도전적인가 하는 이유다.

■ 불행을 잘 만들어내는 기질을 바꾸는 방법

"인간의 행복과 불행이라는 것은 운수(運數)에도 달려 있지만, 그 사람의 기질(氣質)에도 달려 있다."는 성찰이 있다.

이 문제에 관련하여, 불행을 잘 만들어내는 기질을 갖고 있는 사람은 스스로 좋은 환경조건을 추구하며, 마음 수양을 많이 해야 할 것이다.

■ 역학은 사후제갈량

사주팔자와 대운 해설이란 사후관점(事後觀點, Hindsight, 뒤늦은 꾀, 뒷 궁리) 또는 사후제갈량(事後諸葛亮, 사후모략)에 지나지 않는 것이다. 마치 대학교의 강단철학이 죽은 사상가들에 대한 사후관점인 것처럼!

■ 기후생물물리학이라고 하는 사주팔자 해설의 망상

기후가 생명체에 영향을 미친다는 것은 분명한 사실이다. 그래서 요즘은 국내외 할 것 없이 날씨 경영법이 유행이어서 날씨를 가지고 사업하는 민간 기상 업체도 생겨나고 있다. 그러나 사주팔자 해석학에서는 기후를 가지고 사람의 운명을 지나치게 은유적으로 주관적으로 해석한다.

은유는 상상력을 키워주지만 실제의 현실 앞에서는 무능력한 망상과 착각일 경우가 많다.

■ 영화 《Absolute Zero》를 보고

오늘 영화 《절대 영도(Absolute Zero (2005))》를 보았다.

기후가 생명체에 끼치는 영향이란 얼마나 무시무시한가! 그러나 인간이 완전히 전멸된다 하더라도 지구는 모든 것을 다시 새롭게 시작할 것이다.

■ 주역은 아무나 읽을 수 있는 책이 아니다

은유를 자유롭게 정반대로도 해석할 능력, 또는 그럴듯한 암시와 최면에 대해서도 항상 이기는 정기신(精氣神)이 없는 사람이 주역을 읽으면 매우 위험해질 수 있다. 왜냐하면 주역(또는 토정비결 또는 사주팔자 해석학)의 암시와 최면이란 정말 매우 강력한 것이기 때문이다.

예를 들면 "당신은 올해에 암 같은 큰 병에 걸리니 편작도 고치기 어렵다."라고 점을 치는 것을 위험한 짓이다.

왜냐하면 이 점을 액면 그대로 믿는 사람은 갑자기 암울한 생을 지내게 되거나 또는 실제로 그렇게 죽을 수도 있기 때문이다.

그래서 주역은 '꿈보다 해몽'이라고 '코에 걸면 걸면 코걸이, 귀에 걸면 귀걸이'라는 식으로 해석할 줄 아는 사람이 주역(64괘의 모양)을 보아야 큰 미신에 빠지지 않을 수 있다.

■ 유대교 랍비와 주역의 해설가들

주역의 해설가들과 유대교의 랍비들은 서로 똑같은 점이 있다.

실제로 64괘의 주역서와 탈무드는 모두 인간 만사를 기록한 책이라는 점에서 같은 종류의 책이다. 그러니까 주역서도 일종의 중국판 탈무드인 셈이다. 이런 주장은 내가 처음으로 지적하는 글말인 것 같은데 (이미 예전에 누가 이런 글말을 쓴 사람이 있는지는) 모르겠다.

평범한 주역(64편의 이야기를 모아놓은 책)은 위나라의 왕필과 당나라의 공영달과 송나라의 호원과 정이와 당나라의 이정조와 송나라의 주희와 명나라의 래지덕으로 인해 비범한 차원이 높은 철학서가 되었다.

마치 탈무드가 랍비들로 인해 지혜의 서가 된 것과 마찬가지 경우다.

■ 주역으로 점치는 직업인들과 고객들을 바라보며

주역서를 유태인들이 쓴 탈무드처럼 읽고 이해한다면 유익한 교훈을 얻을 수 있다. (실제로 주역서는 탈무드와 같은 이야기로 구성된 것이다.)

하지만 주역서를 점술예언서로 활용한다면 점술사와 점을 받는 자는 모두 미혹(길흉화복에 대한 생각)에 빠져 벗어날 길이 없을 것이다.

세상만사는 항상 어떤 원인과 조건에 의해 생성된 것이다. 그런데 자신이 습관적으로 짓고 있는 사고와 행동의 원인과 조건은 반성하지 않고 오로지 기회(또는 때)만 찾거나 기다린다면 무슨 좋은 결과를 맞이할 수 있겠는가!

■ 점술서인 주역 책이 최고의 철학서가 된 까닭은

8괘 및 64괘(8괘를 서로 조합하여 만든 64개의 기호들)의 점술책인 주역이 중국에서 최고의 철학서가 된 까닭은 주역 이야기의 은유와 상징을 해석하는 독자의 지적 능력(즉, 천문학과 수학과 의학과 예측학과 처세학의 능력) 때문이다.

■ 열자와 장자의 탈무드

열자와 장자의 우화도 중국판 탈무드라고 여겨질 때가 종종 있다.

■ 선어록과 탈무드의 유사성

이런 이야기는 내가 최초로 언급하는 말인데, 나의 독서경험에 의하면, 선불교의 조사선 어록이란 모두 탈무드와 같은 이야기들을 모아놓은 책이라고 여겨진다. 즉, 조사선 어록은 어떤 사람이 어디서 무슨 일을 어떻게 겪으며 어떤 각성과 계몽적인 교훈을 남겼는가에 관한 이야기 모음집이라는 것이다.

■ 내 삶과 경험이 곧 나의 점이다

주역이라는 역사책을 점술서로 사용하는 중국인들의 사고방식은 절묘하고 경이롭다.

그런데 왜 우리는 자신의 일상생활과 다양한 경험들로부터 점을 치지 못할까?

■ 주역을 읽으면서 알게 된 것

공자가 주공을 엄청 좋아하고, 또 말년에 주역서를 열심히 읽은 것을 보면 공자의 야망(위대한 사람이 되려는 야망)이 어떤 것인가를 읽을 수 있다.

그러나 공자는 문왕, 무왕을 돕고, 성왕을 섭정한 주공처럼 될 수 없었다. 왜냐하면 공자는 주공이 아니기 때문이다.

■ 주역 책을 너무 좋아하는 사람에게

물론 어느 나라 어느 시대든 인류의 생노병사 그 자체는 별다른 것이 없다.

하지만 주역 책에 나오는 중국 고대 은나라 말기와 주나라 초기 어느 사람이 처한 상황과 문제와 현대 한국인인 내가 처한 상황과 문제는 서로 다른데, 왜 내가 굳이 주역이야기에 내 문제를 억지로 끼어 맞추어 자기최면을 걸면서 암시적으로 길흉을 초대해야 하는가?

다시 묻는다. 중국 고대 은나라 말기와 주나라 초기 사람들이 겪었던 64편의 단편 이야기들을 모아 만든 책(주역)을 왜 내가 내 인생의 신점(神占)으로 받아들여야 하는가?

■ 주역과 조사선 불교의 경지

8괘 및 64괘의 주역은 노자의 무명(無名)과 장자의 득의망상(得意忘象)의 경지로 해설해야 한다. 무명이란 언어 문자적 명칭과 개념을 넘어서서 본다는 의미이다.

그래서 선불교에서는 '평상심즉도(平常心卽道)'라고 설파한 것이다.

이 평상심즉도를 대승불교 사상가들은 '진여(眞如; Natural State, 또는

Suchness, 또는 Isness, 또는 As it is itself, 또는 Reality)'[5]라고 말하고, 중국 선사들은 '본지풍광(本地風光)'이라고 말한다.

■ 세계에서 가장 오래된 권력자

예측하고 대비하게 하는 주역의 점술은 세계에서 가장 오래된 권력자이다. 우리는 아직도 이 권력자의 망상에 지배를 받고 있다.

■ 비밀의 법만 찾아다니는 박덕한 사람들에게

우리들의 생각은 모든 것을 이룰 수 있는 어떤 비밀의 법을 간절히 상상하며 구한다. 그러나 그런 것은 그 어디에도 없다는 사실을 이해해야 한다.

■ 귀환

중국, 인도, 중동, 유럽, 남미, 아프리카. 다 찾아봐도 없다. 정말 없다.

책과 인간이란 그저 책과 인간이었을 뿐, 비법은 없었다.

이제 남은 것은 자기 자신에 대한 충실한 삶과 죽음뿐이다.

충실함이란 무엇인가? 그것은 자기실현과 의미있게 변화되는 것을 의미한다.

---

5) 대승불교에서 말하는 진여(眞如; the thing itself, 또는 본래적 상태, 또는 궁극의 실재)란, 모든 것이 그렇게 되어 있다는 것, 또는 참으로 그러한 존재. 또는 있는 그대로의 존재. 또는 진리 그 자체, 또는 전체성과 평등성 그대로 존재하는 것, 또는 있는 그대로(즉, 아무런 비교 없이 있는 것들)을 가리킨다. 다시 말하면, 이미지가 아닌 실제 사실로 현존하는 것. 실재하는 것. 현실적인 사실. 있는 그대로 실재하는 것. 있는 그대로의 모습. 현실 속에 존재하는 사실. 있는 그대로의 실상(實狀)을 가리킨다.

이것을 대승불교에서는 일체유심조(一切唯心造)와 시설(施設)과 열반(소멸의 신비, 적멸, 누진, 소진, 멸진, 無化, 還元)이라고 표현한다. (2009년 1월 20)

■ 주역으로부터 벗어나야 하는 이유

주역은 과거의 시간(즉 자신이 태어난 연월일시나 과거의 기억)을 이용하여 미래에 대한 미묘한 암시로 우리의 희망(행복을 소유할 수 있다는 희망)과 공포(불안)를 만들어내는 책이다.

■ 어느 인생 상담사를 바라보며

사주해설가들이란, 타인이 처해있는 '사실'에 대해서는 잘 아는 듯이 말하면서도 정작 자신이 처해있는 '사실'에 대해서는 매우 둔감하거나 왜곡시키거나 무지한 사람들이라고 여겨질 때가 많다.

■ 사주팔자보다 더 중요한 것

개인의 운명은 생년월일이 아니라 어느 국가에서 어떤 계층의 부모를 만나는가에 따라 달라진다.

그리고 중요한 것은, 사주해설가나 무당법사처럼 가만히 앉아서 미래를 예측하고 기다리는 게 아니라, 자신이 직접 끊임없이 창조하는 것이다.

제3부

예수교 단상과
류영모 비점담론과
함석헌과의 대담

&

"불교는 기독교에 비해 대단히 현실적이다. 불교는 '문제가 무엇인가?' 하고 객관적으로 냉정하게 생각하는 전통을 가진 것이 장점이다. 이것은 불교가 몇 백 년 동안 지속된 철학적인 운동 끝에 나타난 종교이기 때문이다. 인도에서 불교가 탄생했을 때, 신이라는 개념은 이미 초월한(극복한) 상태였다. 이런 의미에서 불교는 역사적으로 봤을 때, 유일하게 논리적인 사고를 하는 종교라고 할 수 있다. 불교는 사실 그대로의 현실을 직시한다. 불교는 기독교처럼 '죄와 맞서 싸우자'는 말을 하지 않는다. 불교는 현실을 사실 그대로 보고 '고통(苦)에 맞서 싸우자'고 주장한다. 이것이 불교와 기독교의 큰 차이점이다… 안타깝게도 유럽은 아직 불교를 받아들일 만큼 성숙하지 않다."

F.니체(1844-1900)

&

"헤아릴 수 없을 만큼의 긴 시간을 통해 원생동물이 인간으로 진화했음을 안다면, 인간이 완벽한 경지에 도달할 가능성은 아직도 무한하다는 사실을 부인하지 못할 것이다."

토마스 만(1875-1955)

&

"종교에서 멀어질수록 참된 철학이 된다."

L.포이에르바하(1804-1872)

■ 서로 다른 깨달음

예수교 성직자(종교가 직업인 사람)들이 말하는 위대한 깨달음과 석가모니 부처가 말하는 위대한 깨달음은 완전히 서로 다른 것이다.

분명히 말하건대, '모든 종교는 하나'라고 말하는 자와 '모든 종교적 깨달음은 똑같은 것'이라고 말하는 사람은 무지한 사람이다.

■ 서양 철학사에서의 신의 위치는

신을 믿는 철학자의 지성은 아무리 교묘해도 신학자일 뿐이다.

신학이란 신앙을 부정하기 위한 것이 아니라 합리화하기 위한 것이다.

데카르트, 칸트, 헤겔, 하이데거, 비트겐슈타인은 신학적인 틀을 벗어나지 못한 철학자들이다.

■ 진리의 소유권 문제

진리는 종교인과 철학자의 소유물이 아니다.

■ 몇 가지 신학적인 개념들에 대하여

신성한 본성이란 너무나 세속적인 인간성에서 잉태된 것이다.

전지전능이란 무지하고 무능한 인간 상황에서 잉태된 것이다.

재림이란 상승하려는 욕망에서 잉태된 것이다.

정화는 혼탁한 것에서 잉태된 것이다.

심원한 침묵은 시끄러운 수다에서 잉태된 것이다.

■ 종교라는 이름의 정치적 사업적 국가적 단체

저 세상 어딘가에 낙원이 있다거나 지옥이 있다고 주장하면서 당근과 채찍으로 신도를 교육시키는 종교는, 분명히 종교라는 이름의 정치적인 단체나 사업적인 단체일 가능성이 매우 높다.

어느 예수교 선교회에서는 "천국은 가득 차고 지옥은 텅텅 비어라"고 전도하지만, 나의 종교에는 낙원도, 지옥도, 연옥도 없다. 영원불멸의 생을 추구하는 탐욕도 없다.

사실을 사실 그대로 보고 행한다는것은 얼마나 쉬우면서도 어려운 것인가!

■ 신학자가 만들어내는 신의 개념

신의 모습과 신의 음성과 신의 섭리와 의도를 설명하는 예수교 신학자들의 글을 읽노라면, 그렇게 설명하는 사람이 마치 신(神)인 것처럼 느껴질 때가 있다.

가능하다면, 신에 대해서 많은 말을 하지 않는 것(또는 신에 대해 전혀 이야기하지 않는 것, 완전한 침묵)이 현명한 태도라고 생각한다.

왜냐하면 그 어떤 신(神)도 연기무아(緣起無我; 인간적인 사고의 원인과 조건에 의해 생성된 것이므로 실체가 없는 것, 또는 분자 원자 같은 구성요소가 전혀 없는 존재는 없다는 것)이기 때문이다.

■ 데카르트의 신과 나의 신개념 차이점

데카르트(1596-1650)는 개인의 자아와 이성을 중시한 서양 근대철학의 시조다. 그 이유는 더 이상 의심할 수 없는 것(확실성)을 자기사상의 목표로 삼고 추구한 철학자였기 때문이다.

하지만 데카르트는 "나의 존재는 내 삶의 순간마다 신에게 전적으로 의존하고 있다."고 고백함으로써 데카르트는 진정한 철학자가 아니라 신학자였음을 알게 된다.

내게 있어서 신이란 예수교와 무속에서 말하는 인격신(人格神)이 아니라, 자연법칙의 미묘한 창조력, 오묘한 생성작용, 신비한 운동을 뜻할 뿐이다.

■ 내가 신이라는 말을 할 때에는

나는 신(神)을 우주의 신비한 작용력, 지구의 불가사의한 움직임(운동), 자연의 오묘한 능력 등으로 이해한다. 그러므로 나는 이러한 신(神; 불가사의한 현상이나 작용)은 부정하지 않는다.

■ 내가 믿는 신

불가사의한 현상과 작용을 신(神)이라고 한다면, 나는 누구보다도 신을 인정하는 사람이다.

생각건대, 신이란 자신이 이해하거나 남에게 이해시킬 수 없는 불가사의(不可思議)한 것이며, 표현할 수 없는 자기 두뇌만의 체험을 신이라고 한다.

■ 신이 사라지지 않는 이유

앤드루 뉴버그(펜실베이니아대) 교수는 "인간의 두뇌에 근본적인 변화가 발생하지 않는 한, 종교는 영원히 존재할 것이고 사람들은 신을 믿을 것"이라고 주장했다.

정확한 관찰이다. 그리고 바로 이 점이 왜 우리들의 두뇌에 근본적인 변화가 필요한가 하는 이유이기도 하다.

■ 종교가 있는 이유 중의 하나

P. 틸리히가 《영원한 현재》에서 "죽어야 한다는 걱정의 깊은 곳에는 영원히 잊혀지는 것에 대한 걱정이 있다."라고 썼을 때, 그는 종교가 왜 발생했는가에 대해 말하고 있는 셈이다.

이렇게 영원불멸의 사상은 덧없는 필멸의 상황에서 잉태되어진 것이다.

이집트의 현인 토트가 쓴 헤르메티카의 신학적 철학도 마찬가지이다.

■ 존재와 무

모든 일과 생각은 "너는 이제 죽어야 한다."는 사실앞에 서 있을 때에서야 비로소 그 절박성과 진실성(Realness)을 깨닫게 된다.

■ 사실과 사람이 원하는 것의 차이

종교적 체험은 두뇌와 관련 있는 것이며 두뇌 밖에 있는 것과는 연관이 없다는 관찰은 정확한 통찰이다.

그런데 대니얼 뱃슨(캔자스대) 교수는 "두뇌가 종교를 만든다고 주장하는 것은 피아노가 음악을 만든다고 강변하는 것과 다름없다."고 말했다.

하지만 이러한 말은 신을 믿는 두뇌의 말일 뿐이다. 은유적으로 말하면 두뇌는 피아노이면서 동시에 피아노로 음악을 만들어내는 자이기도 하다.

■ 그노시스 성서들이 이단시되는 이유

속인 마호메트 알리가 1945년에 이집트 나그함마디에서 발견한 그노시스(gnosis)적인 성서들(80-200년경 제작)은 인도 우파니샤드와 대승불교 경전들의 영향을 받아 성립된 것이 분명하다고 여겨진다.

■ M.에크하르트와 K.융을 이해하려면

M.에크하르트와 K.융의 정신세계를 이해하려면(즉, 예수교 신비주의자가 되려면) 그노시스적인 예수교 성서를 기본적으로 정독해야 한다.

그 다음 우파니샤드와 바가바드 기타와 대승불교 법화부, 정토부 경전들과 티베트 만다라 철학에 정통해야 한다.

그 다음 중국의 노자 열자 장자와 주역과 금단교(金丹敎)의 사상을 곁들여 알면 더욱 풍요로운 지식으로 M.에크하르트와 칼 융과 예수 말씀의 의미를 심오하게 읽어낼 수 있을 것이다.

그리고 칼 융은 니체사상도 심독했다.

■ 그노시스 예수교 사상과 우파니샤드의 유사성

그노시스 문헌인 《천둥, 완벽한 마음》에 다음과 같은 시 가 있다. "나는 시작이며 끝이다. 나는 숭앙받는 자이자 멸시받는 자이다. 나는 창녀이자 성녀다. 나는 아내이자 처녀다. 나는 불임이자 아들을 두었다. 나는 불가해한 침묵이다. 나는 입 밖에 내어 말하는 나의 이름이다.

또 다른 번역은 이렇다. "나는 처음이자 마지막이다. 나는 존귀한 자이자 멸시받는 자이다. 나는 유부녀이며 처녀이다. 나는 잉태하지 못하는 자이며 수많은 아들들을 가졌다. 나는 헤아릴 수 없는 침묵을 하는 자이면서도 내 이름을 발설한다."

이 문체는 정확히 우파니샤드가 아트만이나 브라만을 설할 때 상투적으로 사용하는 표현법이기도 하다. 예를 들면 《스베타스바타라 우파니샤드》에서도 똑같은 표현방식의 글이 있다.

"오 당신은 소년이면서 소녀요, 남자이면서 여자이다. 그리고 또 청년이면서 노인이니, 당신은 그 무한한 형태로 나타나는 신이다. 당신은 푸른 깃을 가진 새이며, 빨간 눈의 파란 새이다. 당신은 구름이요, 계절이요, 바다이다. 참으로 당신은 시간과 공간을 초월해서 계시는 무한성 그 자체이시니, 이 세계의 모든 것이 당신으로 말미암아 생겨났도다."

틱낫한 스님도 《내 진정한 이름가운데 나를 부르기》라는 시에서 다음과 같이 쓴 바 있다.

"나는 강의 수면 위를 날아가는 하루살이이다. 그리고 나는 또한 그것들을 잡아먹으려는 새이다. 나는 연못의 투명한 물에서 즐기며 헤엄치는 개구리이다. 그리고 나는 조용히 있다가 개구리를 잡아먹는 뱀이다. 나는 살거죽과 뼈만 남아있는 대나무 같은 말라빠진 우간다 출신의 소년이다. 나는 살상 무기를 우간다에 팔아치우는 무기상이다. 나는 작은 보트를 탄 난민이며 12세의 소녀이다. 해적에 의해 겁탈 당했고, 태평양에 빠져 죽기만을 기다린다. 그리고 나는 또한 해적이다."

■ 막달라 마리아와 에비타 에바 페론

그노시스 문헌인 《천둥, 완벽한 마음》에 나오는 "나는 숭앙받는 자이자 멸시받는 자이다. 나는 창녀이자 성녀다. 나는 아내이자 처녀다." 라는 글에 접하니, 아르헨티나 전대통령 후안 페론의 부인 에비타 에바 페론(기미년, 기사월, 기미일, 병인시)의 생애가 생각난다.

그녀야말로 고귀한 창녀이자 비천한 성녀가 아니었던가?

그녀는 29세에 영부인이 되고, 34세에 척수백혈병과 자궁암으로 요절하였다.

■ 모든 일에 집착하는 마음을 놓아버려라

150년경에 제작된 《도마복음서(70)》에서 예수는 다음과 같이 말했다.

"네 안에 있는 것을 내놓으면 네가 내놓은 것이 너를 구원할 것이다. 그러나 네 안에 있는 것을 내놓지 않으면 네가 내놓지 않은 것이 너를 파멸시킬 것이다."

또 다른 번역은 이렇다. "예수가 말했다. 여러분이 자기 안에 있는 것을 만들어낼 때, 여러분이 가진 것이 여러분을 구원할 것이요, 여러분이 가지지 못한 것이 여러분 안에 있다는 사실을 모른다면, 그것이(여러분이 가지지 못한 것이) 여러분을 죽일 것이다."

또 다른 번역은 이렇다. "예수가 말했다. 만약 당신이 당신 안에 있는 것을 내어놓는다면, 당신이 내놓은 것이 당신을 구원할 것이다. 그러나 만약 당신이 당신 안에 있는 것을 내놓지 않는다면, 당신은 내놓지 않는 것이 당신을 멸망시킬 것이다."

또 다른 번역은 이렇다. 예수가 말했다. "너희들이 갖고 있는 것을 너희들 속에서 만들어낸다면, 그것은 너희를 구원할 것이다. 그러나 너희들이 이것을 너희들 속에서 갖고 있지 않는다면, 그것은 너희들을 죽일 것이다."

또 다른 번역은 이렇다. "당신 내면에서 생긴 것이 아니면, 그것이 당신을 파괴할 것이다. 그것이 당신 내면에서 생긴 것이라면 당신을 구할 것이다."

또 다른 번역은 이렇다. "자기를 모르는 사람은 아무것도 모르는 것과 같다. 그러나 자기를 아는 사람은 모든 존재의 심오한 것을 동시에 알게 된다."

또 다른 번역은 이렇다. "그대 안에 있는 것을 열매 맺게 한다면 그것이 그대를 구원할 것이다. 하지만 그대 안에 그것을 가지지 않는다면 그대가 가지지 않은 그것이 그대를 죽일 것이다."

그러나 어떤 진리를 선택하고 그 진리와 하나가 된다는 의미는 연기무아(緣起無我)의 깨달음과 자비시설(慈悲施設)의 행동을 의미한다.

■ 남의 불행은 얼마든지 견디어 낼 수 있다

예수교의 젊은 전도사들처럼 남의 불행이나 괴로움에 대해 적극적으로 열정적으로 상담해주는 사람은 스스로 이러한 행위 자체를 즐기는 사람처럼 보일 때가 있다.

그리고 또 어떤 불교의 하급 승려들처럼 타인의 불행한 인생사를 들으면서 묘한 쾌감을 얻는 사람들도 있다.[6]

■ 관점에 따라 천사로 보이기도 하고, 악마로 보이기도 하는 사람들

몸이 아픈 사람들을 상대로 돈벌이를 하는 의사들.

마음이 아픈 사람들을 상대로 돈벌이를 하는 목사, 신부, 스님들.

시비를 다투는 사람들을 상대로 돈벌이를 하는 변호사들.

우리는 과연 어떤 직업을 갖고 살아야 할까?

■ 자본주의 사회의 문제점

회사든, 사찰이든, 병원이든 그 존재의 본질(Essence)은 우선 돈이다.

■ 돈과 인생

산다는 것은 합법적으로 끊임없이 남의 돈을 빼앗고, 또 빼앗기고 하는 것.

■ 종교의 상업성

타인의 무지(즉, 소망과 대원이라고 하는 이름의 탐욕과 망상)를 이용하여 자기생존의 비용을 벌어들이는 직업 중에 특히 종교단체가 제일 심하다.

■ 라즈니쉬와 문선명이 종교 재벌이 될 수 있었던 이유

뇌에서 마약을 찾아내는 일에 귀신같은 재능이 있는 인도의 종교 교주들은 대개 거지근성이나 또는 영적 사기꾼 기질이 매우 강한 사람들이다.

---

6) 라 로쉬푸코(1613-1680)는 "사람은 누구나 타인의 불행을 동정할 수 있는 만큼의 충분한 힘이 있다."고 말했고, 쇼펜하우어(1788-1860)는 "남이 고생하고 있는 것을 보면 어떤 때는 무한한 동정심이 샘솟지만 또 그것을 보고 가장 참혹한 기쁨을 느끼는 경우도 있다."고 말했고, 올더스 헉슬리(1894-1963)는 "나는 타인의 고통에 대해서는 동정할 수 있지만, 그들의 즐거움에는 공감할 수 없다. 타인의 행복에 대해서는 무언가 기묘하게 지루한 감이 든다."고 말한 바 있다. 세속의 인간성이란 이런 것이다.

그들은 추종자나 신자들에게 돈과 현물을 받고, 주는 것은 그의 말씀일 뿐이다. 이것은 매우 영리한 상업적인 지혜이기도 하다.

예를 들어 보기로 한다. 어떤 기자가 오쇼 라즈니쉬(1931-1990)에게 물었다.

"당신은 당신의 제자들에 대해 책임감을 느끼지 않습니까? 미국의 공동체에 살던 산야신들은 모두 돈을 투자하고 열심히 일했는데."

그러자 오쇼 라즈니쉬는 이렇게 대답했다.

"그들 중에는 모든 재산을 투자한 사람들도 있다. 그러나 나 또한 나의 삶 전체를 투자했다. 나는 삶 전체를 그들에게 주었다. 그들의 돈보다는 나의 삶이 더 가치 있다. 나는 삶을 투자함으로써 그들과 같은 사람들을 수천 명 찾아낼 수 있다. 하지만 돈으로는 나 같은 사람을 찾을 수 없다."

바로 이것이 내가 "종교 교주들은 영리한 상업적인 지혜를 가졌다"고 지적하는 이유다.

그런데 돈벌이 문제에 관련해서는 라즈니쉬 보다 더 뛰어난 고수가 있는데, 그는 한국출신의 세계적인 종교재벌가인 문선명 교주이다.

문선명 교주가 단순한 신학을 가지고도 큰 종교재벌이 될 수 있었던 이유 중의 하나는, 교회 내에서 정해주는 남녀결혼식의 방법을 사용하는 아이디어에서 시작되었다고 여겨진다.

대한불교 조계종에서도 이런 일을 치밀하게 적극적으로 대대적으로 행사한다면 사회심리학적으로 어떤 결과가 나올까? 나도 특별한 성질과 근성을 가지고 있는 내 책의 애독자들(이혼자들) 간에 중매를 몇 번 해준 적이 있다. 지금 그들은 결혼을 해서 잘 살고 있다. 나도 보람을 느낀다.

류화양 선승(仙僧)의 글이 생각난다. 그는 《혜명경》에서 "서로 재물을 베풀어 서로 잡다한 일을 해결할 수 있게 해주고, 서로 법을 베풀어서 도를 이루게 한다. 그러므로 여래는 '재물과 법을 베푸는 이 두 가지는 서로 같은 것이며 차별이 없다.'고 말한 것이다."라고 쓴 바 있다.

■ 속인들이 원하는 실용적 종교교단의 가치

나에게 돈과 명예를 주고, 대학교에도 입학시켜주고, 결혼도 시켜주고, 친구도 정해주고, 내 병을 치료해주고, 세계여행도 시켜주고, 지식도 일깨어주며, 내 삶 전체를 풍요롭게 해주는 종교 종단이라면, 누가 그 종교 종단을 싫어하겠는가?

하지만 문제는 이 모든 일을 서비스 하려면 막대한 자본과 인력이 있어야 한다. 자본과 인력의 본성은 영원히 만족할 줄 모르는 탐욕이다.

그리고 이 모든 것과 '진리란 무엇인가?' 하는 문제는, 별개의 또 다른 문제다.

■ 민주주의와 대중주의

대중문화 지도자들처럼 이해득실관계에 있지 않은 재야의 철학자들은, 대중이나 민중에게 아부하지 마라. 아부하기보다는 대중이나 민중의 본성과 취향을 냉철하게 비판하라.

대중이나 민중이 천박한 군중이 되지 않도록 대중이나 민중에게 엄격한 말을 하라. 대중이나 민중의 인기를 얻지 못할지라도. 그래서 아무런 영향력이 없게 될지라도.

생각건대, 정치, 경제, 군사, 영화, 가요, 출판 등 대중을 상대로 일하는 사람들은 대중에게 아부하지 않으면 망하게 될 것이다. 여기서 망한다는 것은, 돈을 벌지 못하거나 출세하지 못한다는 뜻이다.

그런데 예수교 신학자들은 더욱 교활하다. 즉 대중을 향해 신성론(神性論) 또는 형제자매론 등으로 아부하면서 대중으로부터 영향력을 얻은 후에는 결국 대중을 하느님(神)에게 넘기는 교활한 수법을 구사하고 있다. 마치 김수환이나 함석헌의 생애와 사상처럼.

그러므로 예수교 지도자들이 말하는 민중의 소리는 결코 민중의 소리가 아니다. 이들이 말하는 민중의 소리란 민중에게 아부하는 소리일 뿐이다. 민중을 위한(그러나 결과적으로 보면 결코 민중을 위한 것이 아닌, 자신이 맹신하는 하느님을 위한) 아부이론, 말이다.

생각건대, 신학자는 신에 아부하는 자이고, 민주투사란 민중에 아부하는 자이다. 그리고 절대적인 신의 권위를 받고, 민중의 여론을 지지받은 성직자는 교황이 되거나 달라이 라마가 되고, 민주투사는 대통령이 되고 장관이 되기도 한다.

■ 미진(微塵)을 옥(玉)으로 변화시키는 어느 종교 기술자의 죽음을 바라보며. 옥을 먼지로 변화시키는 사상의 연금사로부터.

죽는 것은 그 사람만 죽는 게 아닌데 왜 저토록 매스컴에서 시끄럽게 떠들까?

장기기증은 그 사람만 한 게 아닌데 왜 사람들은 저토록 감동할까?

성철 선사와 김수환 추기경은 모두 한국인인데, 한 명은 중국 조사선 불교의 수장으로 살다 죽었고, 김수환 추기경은 서구 예수교 카톨릭의 수장으로 살다가 죽었다.

그러면 한국 민족 종교의 수장은 어디서 어떻게 살다가 죽는지 궁금하다.

생존시에는 무관심하다가 사후에만 뜨거운 감정을 보여주는 한국인민들의 본성은 참으로 그 교활함이 눈부시다.

앞으로 세계적으로 유명한 달라이 라마도 죽을 터인데 그의 장례식(다비식)은 어떻게 진행될까?

가만히 생각하면, 모든 것은 금방 다 지나간다. 즉, 일주일만 참으면 다시 고요해지고 라디오는 다시 세속의 정치경제 뉴스로 소음을 가득 울릴 것이다.

"실상(實相)은 무상(無相)이다."라고 설법한 한국 천태종의 상월(1911-1974) 스님은 죽을 때 "모든 부처님들도 중생들과 똑같이 이 세상에 태어난 일이 없고, 또한 죽음에 든 일도 없다. 죽고 나는 것이 본래 공적하여 가득 찼다가 기우는 것이 마치 하늘에 떴다 지는 달과 같다."는 게송을 남긴 바 있다.

그런데 요즘 매스컴에서는, 노무현(1946.8.6 - 2009.5.23.오전 6시14분) 전대통령의 투신자살과 그의 국민장(國民葬)에 관한 뉴스로 하루 종일 어수선하다.

하지만 '삶과 죽음이 모두 자연의 한 조각'이라는 노무현 전대통령의 유서는 매우 자극적이다.

유서내용은 다음과 같다. "그동안 너무 힘들었다. 그동안 많은 사람들을 힘들게 했다. 책을 읽을 수도 없다. 원망하지 마라. 삶과 죽음이 하나가 아니겠느냐. 화장해라. 마을 주변에 작은 비석 하나 세워 달라."

그런데 왠지 노무현 전대통령의 투신자살 소식을 듣자마자 일본 도쿄 신오쿠보역에서 전혀 낯선 타인을 위해 살신성인(殺身成仁)한 불교신자 이수

현(1974.7.13~2001.1.26) 님의 죽음이 생각난다.

스스로 반성하건대, 우리 한국인들은 '삶'에는 결코 후하지 않고, '장례식'에는 정말 매우 후한 이상한 성격을 가진 민족이다.

■ 체감으로 느끼는 한국 종교계 현황

불교가 발생한 것은 인도인데, 불교가 흥성한 것은 중국과 일본이다.

한국은 현재 미국 기독교와 로마 교황청의 카톨릭이 한국 지도층의 대세를 이루고 있다.

■ 영화 《의심》을 보고

오늘은 《알로이시스 수녀의 의심과 불신(Doubt: 2008)》이라는 영화를 보았다.

영화란 현실에서와 달리 당사자들의 전후사정을 모두 관객들에게 정연하게 보여준다는 점에서 이해하기 좋은 것이다.

내 경험에 의하면, 실제의 종교계 현실에서는 승리 또는 패배하기에 바쁘다. 그 내면세계는 아무도 관심이 없고 주목도 하지 않는다.

그리고 이 영화 주인공인 브렌단 플린 신부의 설교가 마음에 든다. "의문을 가진다는 것은 확신에 찬 것만큼이나 여러분을 강하게 결속시킬 수 있다." 든가 "저는 만족합니다. 왜냐하면 참으로 저를 움직이는 분은 더욱 뛰어난 지혜를 통해 가장 좋은 것을 제게 주신다는 믿음이 있기 때문입니다." 라는 말이. 다른 사람들처럼 내 인생사에도 전화위복(轉禍爲福)이 많고 운명의 힘은 오묘했다.

나는 플랜 신부처럼 인간적인 사랑이 없고, 알로이시스 수녀처럼 냉정하고 엄격한 사람이다.

하지만 내 사상은 플랜 신부보다 더 개방적이며 진보적이고, 내 사상성격은 알로이시스 수녀보다 더 풍요하고 오묘하다.

■ 인간의 절망과 신앙은 진리와 아무 상관이 없다

모든 종교에서, 강요하고 세뇌시키는 신앙은 참된 것이 아니다.

절망적인 처지에 있는 사람은 자신의 절망감 때문에 구걸하듯이 신앙에 매달리겠지만, 이성적이고 상식적인 사람은 항상 매사의 문제를 조건과 원인으로 성찰하며 최선을 다 할 뿐이다. 인생은 결코 운이 전부가 아니다.

■ 하나님과 부처도 신자를 속인다

내 경험에 의하면 신앙이든 희망이든 사람을 속이는 점이 많다. 그러므로 가능한 한, 이성적이고 상식적인 지혜로 문제를 풀어가며 성숙해지는 것이 더 인간다운 것이라고 성찰한다.

■ 신앙과 미신의 증거

신앙은 공포의 증거다. 미신은 무지의 증거다.

■ 사람을 위대하게 보이게 하는 것은 그 지위이다

그 어떤 종교종단의 성직자와 고승일지라도 심리적으로 한 꺼풀 벗겨보면 그냥 동물인간일 뿐이다. 그래서 알다가도 모르는 것이 인간이다.

■ 종교계 모든 지도자들의 위선

추구하는 것이 없다고 말하면서 실제로는 추구하는 것.

사업하는 것이 없다고 말하면서 실제로는 사업을 하는 것.

집착하는 것이 없다고 말하면서 실제로는 집착하는 것.

독립적이라고 말하면서 실제로는 의존적인 것.

대자대비(사랑 또는 커다란 우정과 연민)라고 말하면서 실제로는 냉정하고 무관심 한 것.

■ 현대에서 종교 종단의 의미에 대하여

오늘날 현대 종교(카톨릭, 기독교, 이슬람교, 힌두교, 불교 등)의 존재는 직업으로서만 사용가치가 있는 것이다. 이제 종교는 신비한 것이 아니다.

불교의 예를 든다면, 근본불교의 일체개고(一切皆苦; 모든 것이 내 뜻대로 되지 않는다는 문제)와 제행무상(諸行無常; 영원한 것은 없다, 또는 모든 것은 변화한다는 것)과 제법무아(諸法無我; 고정불변의 실체성은 없다는 명제)는 오늘날에는 누구나 당연히 알고 있는 평범한 상식에 지나지 않는 것이다.

〔물론, 절대신의 지배하에 있었던 인도 고대사회에서, '제행무상(영원한 것은 없다는 것)'과 '제법무아(아트만이나 브라만은 없다는 진리)'를 주장한다는 것은 정말 새롭고 충격적이고 특별한 것이다.〕

그리고 대승불교에 의해 창조된 수많은 보살신(菩薩神)은 종단을 운영하는 승려들의 호구지책일 뿐이다. 다른 종교도 마찬가지다. 일반사회는 이런 종교들이 없어도 얼마든지 잘 운영해나갈 수 있다.

그런데도 국가가 종교를 없애거나 적대시하지 않는 것은 종교가 국민을 통치해나가는 데 있어서 큰 도움이 되는 것이기 때문이다.

■ 종교 종단의 한계 또는 종교의 이기주의

어느 종교든 종교 종단이란 자기 종단의 취지에 걸맞는 성자나 위인을 '정치적으로' 만들어내는 곳이다. 그리고 그 성자나 위인의 사후 명성을 이용하여 자기 존재를 더욱 굳건히 하는 것이 종교 종단이다.

■ 한국에서 번창하는 일본의 어느 종파불교의 활동을 바라보며

불적(佛敵; 부처님의 적)이 불적(佛敵; 부처님의 적)을 타도하자고 외치는 것은 얼마나 자신과 남을 기만하는 언행인가?

기존의 종교든 신흥종교든 종교종단을 무슨 사업체 운영하듯이 하며, 종교 종단을 이용해서 자신의 재부와 명예와 권세를 열구(熱求)하는 것을 보면 인간의 집요한 본성이 무엇인가를 분명히 느끼게 된다.

■ 영원한 사제관계에 대하여

기존종교에서든 신흥종교에서든 스승과 제자를 단합시키기 위해 영원한 사제관계를 광신적으로 주장하는 철학은 탐욕적인 자기 보존의 열망에 불과한 것이다.

■ 한국 종교인들의 광신적 에너지를 바라보며

한국의 종교인들은 예수교든 불교든, 여호와 증인이든, 몰몬교든, 증산교든, 창가학회 교단이든 모두 미친 사람들 같다. 한국 종교인들의 이러한 광신적 에너지는 과연 어디서 기인하는 것일까?

반성하건대, 우리나라는 북조선, 일본, 중국, 러시아, 미국의 군사적 영향력으로 국민들의 불안이 일상적이고 내재화되어 있다. 그리고 기존의 종교 단체들은 오로지 물질적인 외형의 성장에만 몰두하고 있다.

■ 소유욕이 강한 사람의 사랑

어떤 신이나 사람은 자신의 사랑을 과시하기 위해, 사랑하는 사람이 불행해지거나 고난 속에 처해 있기를 은밀히 바라는 이도 있다.

■ 대인관계

남의 불운이 곧 자신의 불운이고, 남의 행운이 곧 자신의 행운인 경우도 있지만, 남의 불운이 자신에게는 행운이고, 남의 행운이 자신에게는 불운이 되는 경우도 있다.

이것이 인생이다. 남의 이익과 손해 문제도 마찬가지다.

■ 요한외경과 노자 도덕경

《요한외경》에 "아버지이자 어머니인 그녀는 삼라만상보다 먼저 존재했기에, 삼라만상의 어머니가 되었다." 라는 문구가 있다.

이 구절은 노자 도덕경에 나오는 '만물의 어머니(萬物之母)' 와 유사한 표현이다.

■ 예수교 그노시스와 노자 도덕경의 표현의 유사성

"하늘과 땅은 모태와 비슷하다. 그리고 만약 이것을 확인해보고 싶어 하는 사람이 있다면 그로 하여금 생물의 임신한 모태를 주의 깊게 살펴보라고 하라. 그리하면 그는 하늘과 땅의 형상을 발견할 것이다." 이 말은 세트파 영지주의자의 말이다.

그런데 이 말은 노자 도덕경(제1장)에 나오는 "무명(無名)은 천지의 시작이요, 유명(有名)은 만물의 어머니이다. 그러므로 항상 무욕으로써 그 묘(妙)를 보고, 항상 유욕으로써 그 만물의 차별상을 본다." 는 것과 유사한 표현이다.

■ 태초에 도가 있었다

'태초에 말씀이 있었다.' 는 말과 '태초에 행동이 있었다.' 는 말도 서로 다른 말이 아니다. 그것은 똑같은 의미의 말이다.

그런데 중국어판 《요한복음서(1-1)》에는 "태초에 도가 있었다. 도는 신과 함께 있었다. 도가 곧 신이다."라고 쓰여 있다.

참고로 요한과 예수와 노자가 태어나기 훨씬 이전에 철학을 했던 시인 헤시오도스(B.C.E.750년경)는 "태초에 카오스가 있었다."고 설파한 바 있다.

■ 요한복음의 명제도 재해석 및 수정될 수 있다

《요한복음서》에 이르기를 "태초에 말씀이 있었다. 그리고 말씀은 신과 함께 했고, 말씀이 신이었다."라고 쓰여 있다.

그런데 정인격(正印格 ; 학문과 예술 능력이 탁월한 인격을 가리키는 사주팔자 해석학의 전문 용어)이면서 상관(傷官 ; 비판적이고 혁신적이고 재창조적인 천성을 가리키는 사주팔자 해석학의 전문 용어)기질이 강한 괴테(기사년,임신월,계해일, 갑인시)가 《파우스트(제1부 1224-37행)》에 "태초에 행동이 있었다."라고 씀으로써 이 요한복음의 명제를 재해석 내지 수정을 가하였다. 바로 이 점이 괴테의 혜안이다. 이와 같이 그 어떤 거룩한 종교경전의 말씀(명제)일지라도 새로운 해석 및 담론은 가능한 것이다.

■ 태초에 실제로 있었던 것

태초에 신들의 욕망이 있었다.

태초에 신들의 이해관계가 있었다.

태초에 승리한 신이 결정한 질서가 있었다.

■ 배후세계(또는 피안의 세계)를 설교하는 망상가들에게

숨은 질서나 숨은 신은 없다.

지금 나타나 있는 질서가 숨은 질서요 숨은 신(神, 즉 오묘한 작용)이다.

■ 요한복의 명제로부터 받는 나의 연상 작용들

"태초에 말씀이 있었다."는 구절이 내게 주는 여러 가지 연상 작용들은 다음과 같다.

태초에 우주대폭발(빅뱅)이 있었다.

태초에 마음이 있었다.

태초에 생각이 있었다.

태초에 말씀이 있었다.

태초에 침묵이 있었다.

태초에 행동이 있었다.

태초에 무위가 있었다.

태초에 혼돈이 있었다.

태초에 리듬이 있었다.

태초에 섹스가 있었다.

태초에 쾌락이 있었다.

■ 헤르메티카의 신학과 요한복음

"태초에 말씀이 있었으니" 라는 요한복음의 기록은 태초(창조의 근원, 시간성)에 관한 역사기록이 아니라는 생각이 문득 든다.

즉, 《요한복음》을 쓴 요한이 태어나기 이전에 이미 과거의 수많은 선조 현인들의 말씀이 있었고, 그 말씀이 씨가 되고, 존재가 되고, 열매가 되어 왔다는 의미에서 "태초에 말씀이 있었으니" 라는 요한복음의 기록의 의미는 고대 어디서 누군가가 처음으로 오묘한 지혜의 기록을 하기 시작한 영적인 말씀, 지혜의 말씀이라고 여겨진다는 것이다.

이와 관련하여 헤르메티카를 쓴 이집트의 지혜의 신이었던 토트가 최초로 신의 말씀을 기록한 자이며, 신성한 지혜의 기록을 완성한 신이었다는 점을 고려해볼 때, "태초에 말씀이 있었다. 그리고 말씀은 신과 함께 했고, 말씀이 신이었다." 라고 쓴 요한복음의 명제는 아주 오래 전부터 있어왔던 명제라고 여겨진다.

예를 들면, 나그함마디 헤르메스 단편집에는 "나의 말씀은 신의 아들이다. 나의 말씀은 질서이며, 조화이다. 그리고 이 말씀의 부모는 태초의 마음이다."라는 문구가 있다.

나는 이상의 고찰에 의해 요한은 '말씀의 손자'라고 여겨진다. 왜냐하면 '말씀의 아들'은 예수였기 때문이다. 그러면 말씀은 누구인가? 그것은 '지혜의 신(성찰과 통찰을 발설하는 정신)'이다.

■ 태초에 대하여

태초에 태초가 있었다. 만약 태초에 태초가 없었다면, 태초란 본래 없는 것이다.

■ 예수의 진짜 얼굴과 선불교의 본래면목

예수교인들은 예수의 진면목(본래의 얼굴모습, original face)에 대해 어떻게 말하고 있을까?

오늘 캐나다 앨버타주 캘거리에서 간행되는 《주간한국(2003년 1월 3일자 29면)》에 보니, 고고학자들이 컴퓨터 그래픽을 이용해서 재현한 예수의 얼굴(키 153cm, 몸무게 50kg에 고수머리) 사진이 보인다.

그러나 불가(佛家)에서는 예수의 진면목(眞面目)에 관한 문제를 다른 차원에서 다룬다. 즉 불교의 진면목이란 인간의 근원적인 주체성, 인간본연의 모습, 진정한 자신의 모습을 의미한다.(나는 진면목을 우주 빅뱅 후 최초의 순간에 나타난 것들이라고 말한다.)

나는 개인적으로 교회 목사가 설교하는 예수보다 K.지브란(1883-1931)이 언급하는 예수를 좋아하는데, K.지브란은 "만약 예수의 고조부가 자기 안에 무엇이 숨 쉬고 있는가를 알았더라면 그는 그 자신에 대한 경외감에 몸을 떨었을 것이다." 라고 쓴 바 있다. 정말 정확한 표현이다.

그런데 이러한 본래면목의 문제를 예수교식으로 번역하여 제기해본다면 "하느님은 이 세상의 창조이전에는 무엇을 하고 있었을까?" 라는 화두를 만들 수 있고, 또 본래면목의 문제를 천체물리학의 표현으로 번역해본다면, "이 우주 빅뱅(대폭발) 이전에는 대체 무엇이 있었는가?" 라는 화두공안을 만들어 낼 수 있겠다.

■ 우주의 처음에 관한 가설

이 우주는 150억 년 전에 특이점(Singular Point)이 대폭발을 해서 생겨난 것이다.

그렇다면 특이점이 있기 이전에는 무엇이 있었는가?

■ 막달라 마리아 복음서를 읽고

나는 어릴 때에 K.지브란(1883–1931)이 쓴 《사람의 아들 예수》를 읽고 어떻게 이렇게 아름다운 문체로 글을 쓸 수 있을까 감동을 한 기억이 아직도 남아 있다.

"유다 어머니의 아들에 대한 사랑이 마리아의 예수에 대한 사랑보다 적었을까?" 라는 글이 쓰여 있는 칼릴 지브란의 《사람의 아들 예수》.

그런데 오늘 우연히 나는 마을 도서관에서 《막달라 마리아 복음서》를 발견하고 찬찬히 음미하며 읽어보았다. 그런데 이 막달라 마리아 복음서에서 나는 대승불교 법화사상의 영향을 많이 받은 듯한 어투를 느꼈다.

대승불교와 영지주의의 유사한 사상에 관심이 많은 분은 《마리아 복음서》 《유다복음서》 일레인 페이절스가 쓴 《숨겨진 복음서: 영지주의》, 이동진님이 편역한 《제2의 성서(아포크리파)》를 참조해보시기 바란다.

■ 도마 복음서를 읽고

150년경에 제작된 《도마 복음서》에 "예수가 말했다. 나는 모든 것 위에 비치는 빛이다. 나는 전체다. 모든 것은 나로부터 나왔고, 모든 것은 나에게로 돌아왔다. 나무를 쪼개보라. 거기에 내가 있다. 돌을 들추어 보라. 그러면 거기에서 너희는 나를 발견할 것이다. (나는 모든 것이고, 모든 것은 나에게서 나온다. 나무 한조각을 쪼개도 너희는 나를 발견할 것이고, 돌을 하나 들어 올릴 때에도 나는 거기에 있다.)" 라는 문구가 있다.

이 말은 "탓 트밤 아시(그것은 바로 너다!)"라는 인도 찬도그야 우파니샤드의 사상과 정확히 부합된다. 즉, 찬도그야 우파니샤드에 나오는 스베타케투와 그의 아버지와의 문답. "그것은 바로 너다." 라는 진리를 참조해보시기 바란다.

■ 막달라 마리아 복음서를 읽고

200년경에 제작된 《마리아 복음서》는 "어떤 것이 물질입니까? 물질은 영원한 것입니까?" 라는 질문으로 시작되고 있다.

예수는 이에 대해 다음과 같이 말했다.

"태어난 모든 것, 창조된 모든 것, 자연의 모든 것은 서로 하나로 얽혀 있다. 이 모든 구성물은 해체될 것이며, 모든 것은 그 근원으로 돌아가리라."

놀랍다. 왜냐하면 이것은 도가와 불교의 사상이기도 하기 때문이다. 즉, 물질은 영원한 것이 아니다. 왜냐하면 물질을 구성하고 있는 것을 해체해 버리면 근원으로 돌아간다고 말했기 때문이다.

여기서 근원이란 노자와 장자의 용어로 표현하면 태일(太一)을 뜻한다.

그런데 불교에서는 태일의 근원을 진공(眞空; 통일장)이라고 부른다.

■ 원죄는 없다

마리아 복음서에서, 베드로는 "죄란 무엇입니까?" 하고 물었다.

그러자 예수는 "죄란 없다. 죄를 만드는 것은 바로 네 마음이다." 라고 말했다. 이 말 또한 석가모니의 가르침과 정확히 부합된다.

원죄(존재자체의 죄)를 인정하지 않는 그노시스 성서들의 가르침은 올바른 성찰을 하고 있다.

■ 목사와 스님의 설법의 차이점

어느 목사가 말하기를, 예수교의 구원적인 목표는 죄를 벗는 것이라고 했다.

하지만 내가 이해하는 불교의 경지는 '벗을 죄가 없다' 는 것이다.

왜냐하면 상호 관계적인 영향 관계에 있는 모든 것은 덧없이 변하는 것이기 때문이다.

이렇게 불교는 예수교보다 깊은 사고를 하는 것이며, 예수교와 차원이 다른 깨달은 깨달음을 제시한다.

"그 어떤 구원일지라도 구원은 구원이 아니다. 왜냐하면 그 명칭이 구원일 뿐이기 때문이다."

■ 막달라 마리아 복음서를 읽고

마리아 복음서에서 "물질에 집착하면 욕망이 강해지고, 욕망이 강해지면 몸에 고통이 생긴다. 그러므로 나는 분명히 말한다. 화합하라."고 쓰여 있다.

이 말 또한 석가모니의 가르침과 정확히 부합된다.

■ 나는 이름이 없다(My name is nameless)

마리아 복음서에 "예수 그리스도는 바로 너희 가운데 있다."고 쓰여 있다.

누가복음(17장20-21절)에도 "신의 나라는 너희 가운데에 있다."는 문구가 있다.

요한복음(14장20절)에서도 예수는 "너희는 내 안에 있고, 나는 너희 안에 있다는 것을 깨닫게 될 것이다." 라고 말했다.

이 말 또한 "부처는 바로 네 마음에 있다. 네가 바로 부처다."라고 가르치는 대승불교의 불성론(신성한 부처의 형상(이데아)을 가지고 있는 마음에 관한 이론)이나 여래장론(순수한 본질에 관한 이론)이나 진여자성론(근본적인 본체에 관한 이론, 또는 이 세계의 본질자체에 관한 이론)과 정확히 부합된다.

■ 어느 종교에 성직자가 되는 것으로만으로도 충분하지 않은 것

사진작가가 "나는 카메라다!" 라고 말할 수 있는 것처럼, 목사는 "나는 예수다." 라고 말할 수 있어야 하고, 불교승려는 "나는 부처다." 라고 말할 수 있어야 한다.

■ 예수의 운명

33세의 나이로 십자가에 못 박혀 처참하게 죽은 예수의 운명은 누가 정한 것인가? 신이 아니라 예수자신이다. 그러면 예수자신이란 무엇인가? 예수자신도 모른다.[7]

■ 무서운 전통종교의 고정관념

서양 중세 카톨릭의 종교재판에서 화형당하는 (학자도 성직자도 아니었던) 메노키오와 십자가 처형 당하는 예수의 공통점은 전통종교의 고정관념에 대해 이단적이었다는 점이다.

■ 사람마다 다른 문제

마이스터 에크하르트(1260–1329)는 "사람은 자기가 무엇을 해야 하는가를 생각할 것이 아니라 자기가 무엇인가를 생각해야 한다."고 말했다.

그런데 마틴 루터는 "나는 나 자신을 발견했을 때 기절을 할 뻔 했다."고 말한 바 있다.

---

7) 니체는 《차라투스트라는 이렇게 말했다》제1부〈21.자유로운 죽음에 대하여〉에서 "예수가 선량하고 공정한 자들로부터 멀리 떨어져 황야에 머물러 있었다면 좋았을 것이! 아마 그렇게 했다면 그는 사는 것을, 이 대지에서 사는 것을 배웠을 것이다. 웃는 것도! 예수는 너무 빨리 죽었다. 그가 만약 내 나이까지 살았다면 그의 교리를 스스로 취소했을 것이다! 그는 취소할 수 있을만큼 고귀하였다. 그러나 그는 그럴만큼 성숙해 있지 않았다. 젊은이는 미숙하게 사랑하며, 그리고 또 미숙하게 인간과 대지를 미워한다. 그의 마음과 정신의 날개는 아직 구속되어 있으며 무겁다."고 쓴 바 있다.

그러나 지금 나의 문제는 '무엇을 할 것인가?'에 대한 것이다.

즉 내가 직면해 있는 문제는 무위(無爲; 아무것도 행동하지 않는 무위)가 아니라 변화를 위한 단호한 유위(有爲; 열정적인 행위)라는 것이다.

■ 통속적인 종교의 맛

종교적 진리는 어쩌면 생의 실패자들만이 정말 맛 볼 수 있는 것인지도 모른다.

■ 전태일이 터득한 예수의 진리

마태복음(16장 26절)에서 예수는 "사람이 온 세상을 얻고도 제 목숨을 잃으면 무슨 이득이 있겠느냐? 또 사람이 제 목숨을 되찾는 대가로 무엇을 내놓겠느냐?"라고 말했다.

하지만 이런 말을 한 예수 자신은 순순히 십자가 처형을 당해 죽지 않았는가? 그리고 그의 명성은 오늘날 온 세상을 지배하고 있지 않은가!

그러므로 요한복음(12장 24-25절)에서 "내가 진정으로 너희에게 말한다. 밀알 하나가 땅에 떨어져 죽지 않으면 한 알 그대로 있고, 죽으면 열매를 많이 맺는다. 자기목숨을 사랑하는 자는 잃을 것이요, 이 세상에서 자기의 목숨을 미워하는 자는 영생에 이르도록 그 목숨을 보존할 것이다."라고 한 말은 틀린 말이 아니다.

■ 순종의 길과 저항의 길

토마스 아퀴나스(1225-1274)의 가르침이다. "인간은 순종할 때 비로소 신을 볼 수 있다."

그런데 이 말에서 중요한 것은 '신'이지 '순종' 그 자체는 아니다. 왜냐하면 신은 순종이 아닌 '저항함'에서도 볼 수 있기 때문이다.

모든 종교계, 교육계, 대인관계(특히 육친관계)에서 순종적인 태도와 성실성은 최고의 덕목으로 칭송되고 있다.

그러나 저항적인 태도와 불성실함도 나름대로 가치가 있는 것이라고 생각한다. 예를 들면 석가모니, 헤라클레이토스, 니체, U.G.크리슈나무르티, 유마거사와 같은 사람들의 가치, 말이다.

물론 대신관계(對神關係)든, 대인관계(對人關係)에서 무조건 순종적이고 헌신적이고 성실한 처세로 일관하며 사는 사람들은 대개의 경우 성공한다. 덕(德 또는 득(得))이 있기 때문이다.

그러나 이러한 사람들은 경제적인 성공과 명예로 빛나고 있을지 몰라도, 근본적인 자유인으로서 독립적인 깨달음을 성취해낼 수 있는 사상가로서의 업적은 불가능할 가능성이 매우 높다.

■ 신의 전율

파스칼이 《팡세》에서 "이 무한한 공간의 침묵이 나를 전율하게 한다."라고 썼을 때, 만약 이 글을 (파스칼을 창조한) 신이 읽었다면, 그는 자기가 창조한 이 무한한 침묵의 공간보다, 이 공간에서 전율하고 있는 파스칼에 대해 전율할 것이다.

그리고 쓸데없는 말 한마디. 《팡세》를 번역한 이환 교수는 작품해설 후기에서 "이 새로운 팡세를 대할 때 우리는 놀라움과 찬탄을 금치 못한다."고 썼는데, 나는 이해가 안된다. 왜냐하면 파스칼의 《팡세》는 팡세(일반적인 의미에서 '명상어록' 이라고 하는 팡세)가 아니라 파스칼이 예수교를 일방적으로 옹호하고 선전하는 신학적 단상집이기 때문이다.

파스칼은 《팡세》에서 몽테뉴(1533-1599)와 데카르트(1596-1650)를 쓸모없는 자들로 부정하고 비난하는 지성의 수준을 보여주고 있는데, 어떻게 이런 사람의 글이 놀라움과 찬탄의 대상이 될 수 있는 지 내 지성으로는 도저히 이해가 안된다. 나는 《팡세》에서 진정으로 팡세다운 구절은 10개도 건지지 못했다.

내 경험에 의하면, 책 선전문구나 저자의 명성만 보고 선택했다가 실수를 한 것이 한 두 번이 아니다. 파스칼의 팡세는 그 대표적인 경우였다.

그리고 하나 더 예를 든다면, 내가 아주 존경하는 B.러셀은 스피노자를 가리켜 "위대한 철학자들 중에서 가장 귀하고 사랑받을만한 하다."고 극찬했는데, 내가 철학적으로 사실여부를 직접 확인을 해보니 이 말도 독자를 속이는 말이었다. 스피노자는 "모든 것이 하나님이다."라는 범신론 사상가일 뿐이었다.

■ 예수의 칼과 불교의 반야검

마태복음(10장 34절, 또는 누가복음 12장 51절)에서, 예수는 "너희는 내가 세상에서 평화를 주려고 온 줄로 생각하지 마라. 평화가 아니라 칼을 주려고 왔다."라고 말했다.

불교에도 반야검이 있다. 그런데 내 경험에 의하면 예수의 칼보다도 반야검(般若劍)이 더 예민하고 날카로운 것 같다.

생각건대, 가난한 사람은 반야검을 손에 넣어야 하고, 이미 반야검(지혜의 칼, 또는 번뇌 망상을 가차 없이 베어버리는 통찰력)을 손에 쥐고 있는 사람은 신중해야 할 것이다.

■ 과거와 현재와 미래라는 시간의 실체는 없는 것

요한복음(8장58절)에서 예수가 "아브라함이 태어나기 이전부터 내가 있었다."라고 말한 것과, 내가 "예수와 부처가 태어나기 이전부터 내가 있었다."는 말은 사실은 똑같은 뜻이다.

그런데 문제는 예수와 부처는 교주이며 나는 평범한 보통시민이라는 점이다. 그러나 진리는 근본적으로 평등한 것이다.

허약한 F.카프카조차도 "나는 유태민족과 같은 나이이다. 영원한 유태인과 같은 나이 이다." 라고 말한 바 있지 않은가![8]

■ 예수와 부처와 나의 다른 점

요한복음(14장5-7절)에서, 예수는 "내가 곧 길이요, 진리요, 생명이다." 라고 말했다.

석가모니도 "천상천하유아독존(天上天下唯我獨尊)"이라고 말했다.

그러나 나는 다음과 같이 말한다.

나는 수많은 나 중에서 하나의 나 일 뿐이다.

---

8) 이 문제에 대해 관심이 많은 독자는 영화 《The Man From Earth(2007년 개봉작)》을 한 번 보시기 바란다.

길은 수많은 길 중에서 하나의 길 일 뿐이다.

진리는 수많은 진리 중에서 하나의 진리일 뿐이다.

생명은 수많은 생명 중에서 하나의 생명일 뿐이다.

■ 예수와 부처

예수는 "내가 길이요, 진리요, 생명이다."라고 말했고, 석가모니는 "진리를 보는 자는 나를 본다. 나를 보는 자는 진리를 본다."고 말했다.

아무래도 이 두 사람은 모두 지도자 근성(또는 자기중심성)이 매우 강한 사람들인 것 같다. 특히 예수는 요한복음 5장 39절, 누가복음 24장 27절, 또 44절에서 구약성경 전체가 실제로 예수 자신에 관한 내용이라고 주장하기까지 했다.

그러나 지금은 민주주의의 시대다. 민주주의란 무엇인가? 그것은 보통 사람들에게도 엄청난 가능성이 있다는 확신에 바탕을 두고 있는 사상이다.

■ 메시아를 창조해내는 중생의 심정

단 한 사람에게 절대적인 완전함을 구하는 사람들의 절실한 심정에서 만들어진 것이 이른바 각 종교의 교주, 메시아들이다.

그러나 석가, 노자, 공자, 크리슈나, 예수는 나의 지성을 비판적으로 키워 나가는 일종의 텍스트일 뿐이다.

■ 예수는 나를 바보로 알거나 또는 신비주의자로 아는가

요한복음(11장 25절)에서, 예수는 "나는 부활이요, 생명이다."라고 말했다.

단 한명의 예수나 부처가 수많은 예수나 부처로 부활한 것(즉, 지적인 유전자의 반복적인 재현)은 사실이다.

이렇게 단 하나의 생명이 수많은 생명을 낳은 것은 사실이다.

그러나 예수가 자기 몸 그대로 부활한다거나, 자기만이 절대생명이라고 주장한다면, 그는 우리를 바보로 알거나, 또는 신비주의자로 만들 것이다.

■ **나의 성찰**

요한복음(14장5-7절)에서, 예수는 "나는 길이요, 진리이며 생명이다."라고 말했다.

그러나 길과 진리와 생명은 아직 생성 중에 있고, 자기화의 과정에 있고, 오늘 지금 바로 여기 현존하는 실존에 있다.

그러나 변증법적인 논리로 말하면, 길은 길이 아니요, 진리는 진리가 아니요, 생명은 생명이 아니다.

나는 석가모니와 노자와 공자와 크리슈나와 예수를, 열 마리 소중에서 뽑은 한 개의 털로 아는 사람이다.

■ **우리를 바보 또는 신비주의자로 만들지 말 것**

예수교 신앙이 예수 부활에 대한 절대 믿음을 조건으로 내거는 한, 예수교는 우리를 바보로 만들거나 또는 신비주의자로 만든다.

내게 있어서 부활의 뜻은 새로운 삶을 의미할 뿐이다.

■ 석가의 괴로운 지혜와 예수의 초월적인 비극성

석가모니는 "일체가 모두 괴로운 것"이라는 명제를 설했지만, 예수는 "일체가 모두 괴로운 고통이라는 것"이 무엇인지 자기 몸으로 보여주었다.

석가모니는 심리적으로 "일체가 모두 괴로운 것"이라는 것을 열반적정(涅槃寂靜; 번뇌와 갈등의 완전한 종식, 또는 마음이 완전히 고요한 상태에 있는 것. 또는 정신이 침묵상태에 있는 것)으로 변화시켰지만, 예수는 운명적으로 "일체가 모두 괴로운 고통이라는 것"을 초월적인 희생으로 변화시켰다.

십자가 처형으로 죽어가는 젊은 예수와, 식중독으로 조용히 죽어가는 늙은 석가모니.

나는 가능한 한 예수처럼 비극적인 삶을 맞이하고 싶지 않다. 그런데 내가 예수를 죽인 것도 아닌데 왜 나는 그의 비극적인 죽음 앞에서 부끄러움을 느낄까?

■ 슬픈 인생

예수의 비극적인 이야기를 읽으면서 자기의 우울한 슬픈 마음을 해소하고 정화하는 사람을 과연 구원받은 자라고 할 수 있을까?

■ 성찰하는 지성과 소망을 위한 기도

내게 있어서 기도와 지성은 대립적인 것이 아니다. 나의 지성은 곧 나의 기도이기 때문이다. 다시 말하면, 진리를 성찰하는 내 지성과 내 생활을 위한 소망은 현재 일치하고 있다는 것이다.

■ 비판을 두려워하지 마라

누가복음(6장37절)에서, 예수는 "남을 비판하지 말라. 그러면 너희도 비판받지 않을 것이다."라고 말했다.

그러나 '비판받지 않는 것'만이 인생의 절대가치가 되어버리면 큰 인물(또는 독립적으로 진정한 인간)이 될 수 없다.

■ 사랑에 관해 말할 수 있는 가장 이상적인 표현

바울(15-67)이 쓴 고린도전서 제13장 4-7절은[9] 사랑에 관해 말할 수 있는 가장 이상적인 표현이다.

그러나 이러한 사랑은 소문으로만 전해지고 있다.

내가 만약 결혼한다면 나는 만해 한용운(1879-1944) 스님의 시 《인연설》을 벽에 걸어놓고 살고 싶다.

"함께 영원히 있을 수 없음을 슬퍼 말고 잠시라도 함께 있을 수 있음을 기뻐하고, 더 좋아해 주지 않음을 노여워 말고 이만큼 좋아해 주는 것에 만족하고, 나만 애태운다 원망치 말고 애처롭기까지 한 사랑을 할 수 있음을 감사하고, 주기만 하는 사랑이라 지치지 말고 더 많이 줄 수 없음을 아파하고, 남과 함께 즐거워한다고 질투하지 말고 그의 기쁨이라 여겨 함께 기뻐할 줄 알고, 이룰 수 없는 사랑이라 일찍 포기하지 말고 깨끗한 사랑으로 오래 간

9) 고린도전서 13장의 4-7절의 가르침은 다음과 같다. "사랑은 오래 참고, 사랑은 온유하며, 시기 질투하는 자가 되지 않으며, 사랑은 자랑하지 않으며, 교만하지 않으며, 무례하게 행동하지 않으며, 자기만의 이익을 구하지 않으며, 성내지 않으며, 악한 것을 생각하지 않으며, 올바르지 않은 것을 기뻐하지 않으며, 진리와 함께 기뻐하고, 모든 것을 참으며, 모든 것을 믿고, 모든 것을 바라며, 모든 것을 견디어낸다."

직할 수 있는 나는 당신을 그렇게 사랑하렵니다."

■ 예수

종교 활동을 했다는 이유로 30대 초반에 십자가에 묶여 못을 박는 처참한 사형을 당한 예수처럼 불행한 사람만이 남을 불쌍히 여길 자격이 있다.

■ 하느님의 뜻

처참하게 처형당하기 직전에 예수가 하느님에게 기도한 말이다. "내 뜻이 아니라, 당신의 뜻대로 이루도록 하십시오."

그러나 과연 하느님의 뜻은 이 세상에서 무엇을 이루었는가? 유대교보다 더 강대한 예수교를 만들어낸 것, 말고.

■ 예수의 비극

"엘리 엘리 라마 사박다니!(오! 나의 하느님! 나의 하느님! 어찌하여 나를 버리십니까!)"라고 부르짖으며 죽어가는 32세의 젊은 예수.

그 어떤 종교계 성자가 이렇게 비극적인 실존을 체험했을까? 이 예수의 비극에 비하면 내 인생사의 비극은 정말 하찮은 것이라고 여겨진다.

■ 예수의 희생을 생각하며

예수는 "온 세상을 얻고도 자기 영혼을 잃는다면 무슨 소용이 있겠는가?"라고 말했다. 그러나 자기 한 목숨을 희생하고 온 세상을 얻었다면 그것은 반드시 어리석은 짓만은 아니라고 여겨진다.

■ 신의 이름

내가 어렸을 때 《너희도 신이 되리라》라는 에리히 프롬의 책에서 매우 인상적으로 읽었던 구절은 '나는 나다(I am that I am.)' 또는 '나는 스스로 있는 자다.(I Am Who Am)' 라는 문구였다.

이 구절의 출처는 《출애굽기(3장 13-14절)》이다.

대승불교에도 진여자성(근본적인 본체, 또는 사물과 존재 그 자체, the thing itself, 또는 이 세계의 본질자체) 이론이 있다.

그러나 나는 이 모든 아트만(즉, 실체성, 자체성(自體性), 정체성(定體性), 또는 존재자체의 물질성)을 부정한다.

■ 우파니샤드의 신비주의 사상

"절대자는 다리가 없이 걷고, 절대자는 손이 없이 일을 하고, 절대자는 입이 없이 먹는다."

■ 신 없이 신 앞에

내가 어렸을 때, 《본 훼퍼(1906-1945)의 생애》에서 인상적으로 읽었던 구절은 '하나님 없이 하나님 앞에' 라는 구절이다.

번개자세(Vajrasana)를 좋아했던 다석 류영모(1890-1981)옹도 '없이 계신 하나님' 이라는 절묘한 표현을 쓴 바 있다.

M.에크하르트(1260-1327)도 "인간은 아무것도 없이 있어야 하고, 신이 영향을 미칠 수 있는 것이 되어서도, 그리고 그러한 장소를 가지고 있어서도 안된다. 그래서 나는 신으로부터 나를 자유롭게 해달라고 빈다."고 말한 바

있다.

이러한 사상은 예수교인들이 도달할 수 있는 최고의 경지라고 생각한다.

그러나 불교 안목으로 볼 때에는 이 경지조차도 아직 '꼭지(집착하는 것, 머무르는 데)'가 완전히 떨어져 없어진 경지는 아니다.

나는 '신 없이 신 앞에'라는 표현보다는 '시공간 없이 시공간 앞에'라는 표현을 하고 싶다.

■ "니 이거 묵으모 죽는다이! 알았제?"

창세기(제2장 16-17절)에서, 신이 아담과 이브에게 한 말을 일상의 거친 구어체로 옮기면 "너 이거 먹으면 죽어! 알았지?"

■ 도마 복음서의 성찰

도마 복음서에 "너희들 자신을 인식하면 너희들이 인식되게 된다."는 문구가 있다. 이 말을 제 멋대로 해설하면 "내가 곧 부처나 예수라고 인식하면 그 인식이 너를 부처나 예수가 되게 한다."는 뜻이다.

■ 비교종교의 목적은

예수교인이 불교 말을 인용하고, 불교인이 예수교 말을 인용하는 이유는 무엇인가? 진리의 보편성 때문에? 아니면, 자기가 신봉하는 종교의 우월성을 증명하기 위해? 아니면 정복을 위해? 아니면, 자신의 지성을 과시하기 위해? 아니면 지루해서?

■ 비교종교학의 현실성

비교종교학은 현실에서 종교전쟁의 무기 또는 통치방법으로 사용될 수도 있다.

■ 키에르케고르 철학의 한계

키에르케고르는 《죽음에 이르는 병(제1편)》시작에서 "참된 자신이란 일종의 관계, 이 관계자체에 관계하는 관계다." 라고 썼다.

그런데 왜 그는 단독적인 본체자로서의 신에 대해서는 관계(불교용어로 말한다면, 연기(緣起). 상호 의존적으로 생성한 존재. 또는 상호 조건적으로 발생한 것. arising from conditional causation. everything arises from condition)로 성찰하지 않는가?

■ 키에르케고르의 모순

"오래 살기 위해서는 매우 천천히 살 필요가 있다."고 말한 키에르케고르는 얼마나 조급한 시비다툼(논쟁)으로 결국 요절하고 말았는가!

■ 폴 틸리히 신학과 불교 연기론

폴 틸리히(1886-1965)가 변증신학(apologetic theology)에서 상호관계방법, 상호관계성, 상호의존성을 주장할 때, 그는 불교의 인연무아론(덧없이 변하는 인연이기에 고정불변의 실체성은 없다는 것)을 설하고 있는 셈이다.

그러나 독자들이 알아야 할 점은, 불교의 인연법은 무아(無我)를 증명하기 위한 것이지 절대적인 신(神)을 증명하기 위한 것이 아니다.

■ 과학자와 신학자에게 물음

하나의 점 (특이점(Singular Point))으로부터 저 넓은 우주가 시작되었다는 말과 신이 이 우주를 창조했다는 말은 어떻게 다른가?

■ 도교와 예수교; 다석옹과 신천옹이 노자와 장자를 좋아하는 이유

유일신을 믿는 예수교 사상과, 도를 '하나로 말미암는 것'이라고 가르치는 도교의 사상은 서로 관념을 교환해도 손해 볼 것이 없다고 여겨진다.

그러나 예수교 신자가 불교(제행무상과 제법무아의 진리)를 공부하면서 아직도 그의 신을 신봉하고 있다면, 그는 불교를 정말 이해하거나 깨달은 것이라고 말할 수 없다.

■ 사상들이 교환되는 시장에서

물건들만 교환하는 게 아니라 사상도 교환할 줄 알아야 한다.

물론, 사상의 교환이 모든 문제를 해결해 주지는 않는다. 그러나 최소한 정신적으로 풍요하게 진지해질 수는 있다.

왜냐하면 사상 중에서도 어떤 사상은 우리들의 통찰력을 깨어나게 해주는 것도 있기 때문이다.(물론, 합리화시켜주는 것도 있지만.)

■ 감옥소와 선방에 적합한 표어

"죄가 많은 곳에 은혜가 더욱 넘친다(로마서 5장20-21절)"고 하는 진리는 감옥소의 죄수들에게 가장 적합한 표어다.

그리고 "죄도 없고, 은혜도 없다"고 하는 진리는 선방의 수좌(首座)들에게

가장 적합한 표어다.

■ 치료효과가 있는 지식과 지혜

《전도서(1:18)》에 "지혜가 많으면 번뇌도 많으니, 지식을 더하는 자는 근심을 더하는 것이다."라는 문구가 있다.

노자 도덕경(48장)에도 비슷한 글이 있다. 그러나 그렇다고 지식과 지혜를 멀리 할 수는 없지 않은가? 내 경험에 의하면 나의 지식과 지혜는 나의 번뇌와 근심을 치료해준다.

■ 모든 인간이 태어난 것은 섹스의 쾌락 덕분이다

《요한계시록(제17장과 18장)》을 읽고.

고귀한 사람이든 하천한 사람이든 음탕한 정욕과 매혹 당하는 섹스의 쾌락이 없었다면, 누가 영장류인 인간을 이 생에 출현시킬 수 있겠는가?

인류는 마리아처럼 모두 '하느님의 성령'으로만 잉태되어야 하는가? 나는 하느님의 성령적인 섹스는 믿지 않는다. 그러나 인간들끼리의 야합(野合)은 충분히 가능한 것이라고 믿는다.

공자도 일찍이 야합(野合; 들판의 섹스, 또는 비정상적이고 불법적인 방법으로 임신하는 것)에서 낳은 분이다. 그래도 오늘날까지 그의 명성은 얼마나 위대한 것인가. 그러므로 중요한 것은 타고난 혈통이 아니라 후천적인 공부라고 여겨진다.

그래서 요한이 전한 복음(3장8절)에서 예수도 "바람은 자기가 불고 싶은 대로 분다. 너는 그 소리를 듣고도 어디서 불어와서 어디로 가는지를 모른다. 성령으로 난 사람은 누구든지 이와 같다.” 라고 말했을 것이다.

■ 각 종교의 경지를 높여주는 일이 내 통찰지혜의 임무

예수교는 절묘한 신비주의로 경지를 높여주고,

힌두교와 불교는 아트만(영원한 생명 또는 그 불멸의 실체, 또는 인간의 절대적 욕망이 투사된 실체성)과 불성(신성한 부처의 형상(Image)를 가지고 있는 마음)을 제거함으로써 경지를 높여주고,

선불교는 진여자성(眞如自性; 본체성, 자체성, 또는 이 세계의 본질자체, 또는 절대적으로 불멸하는 자연의 실체, 또는 본질이 없는 본질, 또는 자신이 이미 완벽한 존재라고 생각하는 것, 또는 선불교의 용어로는 본지풍광)의 제거로 경지를 높여준다.

내 관점에서 진여(眞如)라는 단어는 존재를 실체화한 단어일 뿐이다. 즉, 존재의 근원은 미세한 먼지들이다. 이 미세한 먼지들은 우주에서 덧없이 부유하는 것일 뿐이다.

이것이 내 통찰지혜의 임무다.

■ 유대 신비주의(카발라): 아인 소프에 대하여

아인소프(Ayin-Sof)는 예수교 성서에서 말하는 창조주 신보다 앞서 존재하는 자로서, 노자가 도덕경(제4장)에서 말하는 상제지선(象帝之先: 하느님보다 먼저 있었던 자)인 자이다.

이러한 아인 소프는 《브리하드 아라느야카 우파니샤드》에서 가르치는 네티 네티(neti neti 즉, na iti na iti)의 부정논리와 똑같은 방식으로 실체의 무,

충만한 공이라고 파악되는 만물의 원인이 되는 자이다.

그리고 이것은 불교의 공사상과 노자의 허무사상과 정확하게 부합되는 것이기도 하다.

■ 요한의 묵시록 한 구절의 불교적 번역

요한의 《묵시록(22장-13절)》에 "나는 시작이요, 마침이다."라는 구절이 있다. 이 구절을 불교적으로 번역하면 다음과 같다.

"진공(眞空; True Emptiness)이야말로 알파와 오메가, 곧 처음과 마지막이며, 시작과 끝이다."

■ 원인과 조건에 의해 생겨난 것들

인식자와 인식과정과 인식대상은 모두 인연소생이므로 공이다.

관찰자와 관찰과정과 관찰대상은 모두 인연소생이므로 공이다.

예배자와 예배과정과 예배대상은 모두 인연소생이므로 공이다.

■ 유신론적인 종교의 최대의 강점은 곧 최대의 약점이다

예수교의 약점은 고정불변의 영원한 유신론에 있다.

노자 열자 장자의 약점은 장생불사하는 도론에 있다.

힌두교의 약점은 영원불멸의 브라만과 아트만론에 있다.

인도 대승불교와 중국 선불교의 약점은 본성론적인 진여자성론(모든 존재와 현상의 실체성에 관한 이론)과 절대적인 일심론(청정무구한 비물질적인 마음에 관한 이론)에 있다.

이에 비해 석가모니의 연기무아론(조건에 의한 발생이기에 영원불변의 절대적 실체는 없다는 이론)은 현대 첨단과학인 양자론의 진리와 부합된다.

■ 각 종교의 차이

유신론과 도론(도의 본체와 작용에 관한 이론)과 범아론(아트만과 브라만에 관한 이론)과 청정무구심론(맑고 투명한 비물질적인 마음에 관한 이론)은 실체론이다.

하지만 석가모니가 주장한 연기무아론(원인과 조건에 의한 생성이기에 영원불변의 독립독존적인 아트만은 없다는 진리에 관한 성찰)은 과정론(생성론)이다.

■ 존재와 생성에 대하여

존재와 생성은 서로 다른 것이 아니라 동일한 데가 있다. 왜냐하면 존재 없는 생성, 생성하지 않는 존재는 없는 것이기 때문이다.

■ 진정한 인간의 시작

절대신의 계시를 받아 적은 성서와, 조직화된 집단의 유일신 숭배와, 중독된 광적인 기도와, 주장이 없는 종교만이, 진정한 인간의 시작이라고 할 수 있다.

■ 종교도 중독이 된다

종교는 중독될 수 있는 질병(고집스러운 독단과 독선, 완고함)이다. 그러므로 해독과 치유는 해탈과 동의어이다.

그래서 해탈이란 모든 종교교리와 절대적인 신앙에 의해 조건 지어져 있는 마음으로부터 자유로운 상태를 뜻한다.

■ 사람들이 만들어낸 종교들

어느 한 쪽의 말만 들어서는 안된다는 것은 여러 종교에 대해서도 마찬가지다.

제각기 자기본위로만 사유하고 행동한다면 그것이 어떻게 완성된 전체성이라고 말할 수 있겠는가?

석가모니와 육사외도(六師外道), 힌두교와 대승불교, 유대교와 예수교, 예수교와 이슬람교는 모두 겉으로는 이성적인 것 같이 보이지만 속으로는 매우 감정적인 것 같다. 왜냐하면 인간의 종교이기 때문이다.

■ 무종교적인 종교인들에게 희망을 거는 이유

비종교적인 종교인, 무종교적인 종교인들만이 종교를 진정으로 시작할 수 있고 그 깨달음을 꽃 피울 수 있다.

■ 예수교 목사가 가장 경계하는 여자

"무신론자야말로 진정한 철학자다." 라고 말하면서 "신에 관한 모든 사상은 여성의 발전에 일관되게 제동을 걸어왔다."고 말한 헤레네 폰 드루스코비츠(오스트리아1856-1918)는 예수교 목사가 가장 경계하는 여자일 것이다.

■ 유신론자들의 착각

신에 대한 믿음이 철저한 자는 무신론자의 무신(無信)조차도 신의 은총이라고 착각(망상)을 한다. 얼마나 대단한 신(神)의 세계인가!

■ 신(神)과 선(禪)의 글자 풀이

신(神)이라는 글자는 시(示)와 신(申)으로 이루어져 있다.

시(示)는 신(神)이 나를 보든, 내가 신(神)을 보든 본다는 시(Show, Showing)이다.

신(申)은 보고할, 말할, 진술할, 펼 신(申 ; Report)이다.

즉, 신(神)이란 실제로 없는 것이 퍼져서 영상(映像, 또는 靈想)으로 나타난 것 또는 정신병으로 인해 가상적(假象的, 또는 假想的)으로 나타난 것이다.

그리고 선(禪)이라는 글자는 시(示)와 단(單)으로 이루어져 있다. 시(示)는 볼 시(See)요, 단(單)은 홀로(Single, Simple) 단(單)이다. 단(單)이라 글자는 다시 부르짖을 현(口 口) 과 밭 전(田)과 열 십(十)이라는 글자로 나누어서 의미 해석을 할 수 있다.

여기서 밭 전(田)은 큰 입구(口)와 열 십(十) 또는 네 개의 입(口)를 합친 글자이다. 구(口)는 넓은 들판이고, 십(十)은 밭이랑을 가리킨다. 또는 한 개의 입(Mouth, 口)에 네 개의 입구(口)가 있다는 풀이로 식구가 많다는 뜻도 된다.

그리고 또, 열 십(十)은 또 일(一)과 곤(丨)을 합친 글자인데, 일(一)에서 9개까지를 모두 한 묶음(丨)으로 꿰었다는 뜻이다. 그리고 또 일(一)은 땅을 상징하고, 곤(丨)은 하늘의 기후가 서로 합류했다는 뜻도 있고, 또 여자의 보지(一)와 남자의 자지(丨)가 합했다는 뜻도 있다.

■ 유신론자와 무신론자를 바라보며

유신론자는 무신론자에 비해 고독하지 않고 행복하다. 왜냐하면 유신론자와 유신행자는 절대적이고 무한하고 영원한 신과 함께 있기 때문이다.

그러나 무신론자는 신에 관한 믿음이 없이 홀로 자신의 운명의 길을 개척해간다는 점에서 고독하고 불안하고 방황하지만 '진정한 인간' 이다.[10]

■ 종단적인 종교가 해체되어야 하는 이유

하나님 중심의 종교에서 인간 중심의 종교로.

인간 중심의 종교에서 지구 중심의 종교로.

지구 중심의 종교에서 우주 중심의 종교로.

우주 중심의 종교에서 진공 무아의 종교로.

제도권의 사업적인 종단 종교(불교와 기독교와 이슬람교)는 진리로 가는 길에 걸림돌일 뿐이다.

■ 유신적인 대승불교와 무신적인 부파불교

박티(희생과 헌신을 강조하는 교리) 종교처럼 타력신앙에서는 자신의 마음을 텅 비어도 안전할 것이다. 왜냐하면 그가 믿는 신이 있고, 그 신에 대한 믿음이 절대적인 한 결코 불안하지 않기 때문이다.

---

10) 미국 제 44대 대통령 당선자 버락 오바마(1961.8.4-)도 《찰리 로즈 쇼(2006.10.19)》에서 "종교인들은 대중문화에서 그려진 이미지보다는 훨씬 더 관대합니다. 반대로 비종교인들(세속주의자들) 역시 우파인사들이 생각하는 것보다는 훨씬 더 도덕적이고 윤리적입니다."라고 말한 바 있다.

그러나 신도 자아도 없는 종교에서는 경우가 다르다. 바로 이것이 왜 대승 불교에서 부파불교의 독각승을 경계했는가 하는 이유일 것이다.

■ 인격신의 현대어 번역

우주의 법칙과 힘을 인격적인 신으로 상상하고 말하는 것은 고대인들에게는 적합한 것이다.

그러나 나 같은 현대인들에게는 '모든 것을 창조하고 운영하는 인격신' 운운하는 것은 적합한 설명이 못된다.

그러므로 인격신 대신 진리라든가 궁극적 실재라고 표현해야 나와 사상 담론을 시작할 수 있다.

■ 생사의 운명은 누구를 위해 있는 것일까

유신론자든 무신론자든 죽음 앞에서는 모두 평등하고 차별이 없다.

그런데 이들의 삶은 분파적이고 대립적이고 갈등과 투쟁으로 이루어진다.

삶과 죽음은 다른 것인가?

■ 내가 신에게 감사하는 이유

'하나님' 또는 '신'이라는 용어가 없었다면 나는 무신(無神, 또는 진여(眞如) 또는 실재)의 진정한 세계를 깨닫지 못했을 것이다.

이 점에서 나는 '하나님' 또는 '신'이라는 언어문자에 대해 감사함을 느낀다.

■ 불교에 관심이 많은 어느 신학자와의 문답

예수교 신학자 K가 말했다. "사람이 천하를 얻어도 자기 목숨을 잃는다면 무엇이 유익하겠는가?(마태가 전한 예수에 관한 이야기(16장 26절))"

나는 말했다. "선생은 어찌 자기 목숨의 유익함만 생각하는가? 선생의 목숨 하나를 던져서(잃어서) 전세계가 유익해진다면 기꺼이 그렇게 할 수도 있어야 하지 않겠는가?"

■ 종교인들과 속인들

성직자(종교가 직업인 자)가 신자들에게 특별히 무한한 희생과 헌신을 요구하는 것과, 속인들이 성직자(중생의 위안자)들에게 특별히 무한한 희생과 헌신을 요구하는 것은 똑같은 관념이다.

나는 가능한한 이 게임에서 벗어나 있고 싶다.

■ 내가 성경이나 불경을 좋아하지 않는 이유

성경이든 불경이든 한글 번역이 마음에 들지 않는다.

왜냐하면 성경과 불경에 나오는 예수와 부처의 말투가 내 감정을 거슬리게 하기 때문이다.

현대는 민주주의시대(일반시민이 주가 되는 시대)이다. 즉, 예수와 부처와 남자와 여자 모두 똑같은 인간이기 때문이다.

그러므로 성경이나 불경의 번역문장도 이제는 교주와 신자가 대등하고, 권위적인 말투보다는 진리를 함께 탐구하는 평등한 대화 말투 문장으로 바뀌어져야 한다. 생각건대, 이제 종교계에서의 경덕(敬德)은 깨달음과 성숙함

위주로 이루어져야지, 교주에 대한 절대적인 신앙과 숭배에서 행해지는 아첨이나 아부가 위주가 되어서는 안된다. 그러면 대체 깨달음과 성숙함이란 무엇인가? 내가 도리어 묻고 싶다. 과연 깨달음과 성숙함이 무엇이겠는가?

■ 인간의 종교

종교는 보이지 않는 끈이다. 약하고 외로운 자가 어떻게 의지하지 않을 수 있겠는가? 그러나 우주에서 날아오는 돌은 인간의 감정을 상관하지 않는다.

■ 세속 인간의 종교

내가 그 종교집단에 소속됨으로써 돈도 벌고, 여자도 얻고, 사회적 권세도 얻고, 세계적인 명성도 얻는다면 (내 불안과 불안정과 두려움을 완화시키고 내 느낌을 행복하게 해준다면) 누가 그 종교집단에 소속되지 않겠는가?

속인들에게 '실제로 신이 있는가 없는가' 는 중요한 것이 아니다. 중요한 것은 내가 그 종교집단에 소속됨으로써 물심양면으로 어떤 도움을 받을 수 있는가이다. 바로 이것이 왜 한국에서 미국종교가 득세할 수 있었는가 하는 이유이다.

■ 종교 사업가들

죽은 성자의 이미지를 무덤으로 만들어 유료관광 수입으로 돈벌이를 하는 사람들.

■ 서로 다른 종교와 철학

나에게 순수한 진실이 다른 사람에게는 극약이 된다면?

■ 다석 사상에 대한 비점담론(1)

다석 류영모 사상에 대한 나의 비점담론(批點談論; 비평적인 담론)은, 그가 만들어낸 그 거창한 의미의 거미줄(또는 그물망)을 사정없이 잘라버리는 내 지성의 칼날이다.

여기서 텍스트로 삼은 다석어록은 1956년의 말씀에서 발췌한 것이다.[11]

■ 다석어록

한아님이 계시느냐고 물으면 나는 '없다'고 말한다.

---

11) ■ 나 자신에게= 제발 입을 열지 말게. 제발 숭고한 정신병을 가진 자를 붙잡고 흔들려고 하지 말게. 자네가 예수, 베드로, 마가, 누가, 마태, 요한, 바울, 어거스틴, 토마스 아퀴나스, M.에크하르트를 가르칠 수 있다고 생각하나? 이들이 과연 자네 말을 순순히 받아들이고, 그가 자네 말로 인해 바뀌어질 수 있다고 생각하나? 그것은 불가능한 일이라네! 이와같이 자네는 다석 류영모나 신천옹 함석헌 조차도 가르칠 수 없다네. 이것은 마치 자네가 소옹, 정이, 주희, 정도전, 서경덕, 이퇴계, 송시열, 박세당 같은 이를 가르칠 수 없다는 것과 마찬가지라네. 왜냐하면 그들은 이미 자네와 비교할 수 없을 정도로 이미 자아실현을 이루어낸 사람들이기 때문이라네. 더구나 고정관념에 사로 잡혀 있는 보통목사나, 신부나, 선승이나, 명상요가 지도자들이나, 무당법사나, 사주 명리학자들을 자네가 가르칠 수 있다고 생각하는 것은 정말 무리한 일이라고 생각하네. 그러니 제발 입을 열지 말게. 특히 50대 이상의 늙은이들에게 입을 열어 말을 한들, 무슨 소용이 있겠는가? 자네 입만 아프지. 우리는 그저 제각기 자신의 어리석음을 무슨 지혜나 깨달음처럼 갖고 살다가 그저 그렇게 저렇게 죽어갈 뿐이라네. 고타마 싯달타도 부처가 된 후 다음과 같은 말을 한 적이 있지 않은가! "나는 최고의 깨달음을 얻었다. 깨달음의 눈으로 보니, 이 세상 사람들의 모습이 너무 다양하다. 사람마다 성질이 다르고, 원하는 것이 다르다. 그래서 나는 이런 사람들에게 나의 깨달음을 말하지 않는 게 좋겠다는 결론을 내렸다." 부처의 마음이 이 정도였다면, 내 마음은 지금 어느 정도이겠는가? 이하 다석어록에 대한 나의 비점담론은 다석의 종교적 성향과 근기(根機)에 맞추어서 써 본 글이니, 불교계 지성인들은 오해가 없으시기 바란다.

한아님을 아느냐고 물으면 나는 '모른다'고 말한다.

나는 한아님을 믿는다.

몸의 본능인 성욕이 있는 것이 이성(異性)이 있다는 증거이듯이

내 마음에 절대(한아님)를 그리는 형이상적인 성욕이 있는 것은 한아님이 계시기 때문이다.

우리들이 바라고 흠모하는 거룩한 존재, 이 존재를 나는 한아님이라고 한다.

■ 비점담론

여기서 한아님은 기독교의 하나님(절대신)을 의미합니다. 그리고 다석의 하나님(절대신)은 '없이' 있는 것입니다. 나는 한아님이나 하나님의 이름을 〈스스로 있는 자(출애굽기; 3장 13-14절에 나오는 문구)〉라고 이해합니다.

성찰하건대, 없다는 것은 모든 것이 무수한 원인과 조건에 의해 수시로 변하는 것이기에 없고,

있다는 것은 텅빈 공(空) 또는 통일장(統一場)이 물질로 나타나는 것이기에 있습니다.

그런데 예수교와 힌두교에서 가르치는 절대신(하나님)은 무수한 우주적 원인과 조건을 넘어서 영생 불변하는 독립독존의 본체성, 실체성, 자체성(自體性; 이것뿐이라는 절대적인 존재 그 자체성)이라는 점에 문제가 있습니다.

믿음(신앙심)도 마찬가지입니다. 믿음(신앙심)이야말로 인간의 마음이라는 원인과 조건에 의해 생겨난 것입니다. 그런데 믿음(신앙심)을 절대시하거나 만병통치약으로 주장한다면 그것은 하나님(절대신)이라는 망상에 중독되어 있는 신학적 관념이라고 여겨집니다.

믿음(신앙심)이란, 자기 암시요, 자기최면으로 자기를 항상 긍정하고 확장하고 성공하려는 포지티브 에너지라는 면도 있지만, 과대망상이라는 부정적인 면도 있습니다.

사실대로 말한다면, 현실세계는 자신의 믿음(신앙심)대로 될 수도 있고, 자기 믿음(신앙심)대로 되지 않을 수도 있습니다. 그러니까 믿음(신앙심)도, 마음과 현실의 수많은 상호작용, 또는 상호 조건(여건)에 의해 제한을 받거나 생멸하는 것이기에 영원불변의 실체성, 자체성, 본체성이 없는 것입니다.

성찰하건대, 믿음(신앙심)이란 자기주관적인 능력의 문제요, 외부 대상의 문제가 아닙니다. 바로 이 점 때문에 믿음(신앙심)은 강력한 것이요, 경이로운 것입니다.

하지만 나는 믿음(신앙심)이 없는 사람입니다.

그리고 나는 믿음(신앙심)이 있는 자는 부처(망상에서 깨어난 자)가 될 수 없고, 또 궁극의 진리를 제대로 알 수 없다고 성찰하는 사람입니다.

신약성서의 주인공인 예수와 코란 성서의 주인공인 마호메트(570~632)는 전투적인(즉, 능동적인, 공격적인, 열정적인, 자기팽창을 위한) 유신론자요, 바가바드 기타의 주인공인 크리슈나는 전사(戰士)의 스승이면서도 좀 더 지적이고 신비적인 유신론자입니다.

그러나 아함경의 주인공인 부처는 유무(有無 ; 유신론과 무신론, 또는 본성론적인 사고와 허무론적인 관념)에 걸림이 없는 자유로운 분입니다. 이야기를 더 읽고 싶은 분은 석진오 지음 《번뇌를 지닌 채 부처가 된다(우리출판사, 2009)》 155~160쪽 또는 445~447쪽까지 참조하시기 바랍니다.

이상이 다석의 유신론과 신앙에 관한 나의 최근 생각이며 비점(批點)입니다.

이제 한 번 더 담론해보기로 합니다.

다석은 "한아님이 계시느냐고 물으면 나는 '없다' 고 말한다. 한아님을 아느냐고 물으면 나는 '모른다' 고 말한다. 나는 한아님을 믿는다." 라고 말했습니다.

그러나 나는 그에게 묻습니다.

없다는 것은 무엇에 근거해서 없다고 하는가?

모른다고 하는 것은 무엇에 근거하여 모른다고 하는가?

믿는다는 것은 무엇에 근거하여 믿는다고 하는 것인가?

다석은 이 문제에 대해 "몸의 본능인 성욕이 있는 것이 이성(異性)이 있다는 증거이듯이 내 마음에 절대(하나님)를 그리는 형이상적인 성욕이 있는 것은 한아님이 계시기 때문이다."라는 은유적인 설명을 했습니다.

하지만 만약 성욕이 생식 때문이라면, 하나님은 무엇 때문에 있는 것입니까? 형이상학적인 성욕 때문에 있다고요? 성욕이 이성을 구하는 것처럼, 형이상학적인 성욕이 하나님을 바라고 흠모한다고요? 다석은 평소 성욕과 애욕에 대해 혐오감을 많이 갖고 있는 분인데, 여기서는 이성(異性)을 향하는 성욕이 하나님을 향한 형이상학적인 성욕으로 변형시키고 있군요.

생각건대, "행위가 아니라 믿음으로 구원을 받는다.(에베소서.2,8-10)"는 바울의 가르침을 그대로 수용한 아우구스티누스는 "알기 위해 믿는다."고 함으로써 신앙심을 강조했습니다.

이에 비해 토마스 아퀴나스는 "믿기 위해 이해한다."는 이지적인 신앙심을 강조했습니다.

서양 중세 신비주의 신학에서는 "신을 아는 것은 곧 무지의 먹구름 속으로 들어가는 것이다.” 라는 말과 “신은 숨어있고, 인식할 수 없어서 나는 신을 모른다.”는 말이 전해지고 있습니다.

다석의 사상은 이 모든 신학의 짬뽕인 것 같습니다.

하지만 불교는 유신론과 신앙의 문제에 대해 인연기멸의 논리(즉, 모든 것은 무수한 원인과 조건에 의한 생성하고 소멸한다는 논리)라는 현대적인 설명으로 독자들을 분명히 이해시킵니다.

다석은 ‘하나님을 믿는다’고 썼습니다. 하지만 하나님의 본체성(또는 실체성, 고정불변의 자체성)이란 없는 것입니다. 그런데 무엇을 믿는다고 하는 것입니까?

믿음(신앙심)의 종류에도 대상이 있는 믿음(신앙심)과 대상이 없는 믿음(신앙심)이 있습니다.

하지만 그 어떤 믿음(신앙심)이든 믿음(신앙심)은 주관적인 마음의 상상을 실체화(實體化)한 것입니다.

하지만 실제로 우리들에게 있는 듯이 보이는 그것은, 무지개와 신기루와 같은 것으로 우리 두뇌가 스스로 속이고 속는 착각일 뿐입니다.

그래서 믿음(신앙심)은 참된 사실을 가리고 있는 장애물이라고 하는 것입니다. 그러므로 다석의 이 모든 언설은 망상에 지나지 않는 것이라고 관찰됩니다.

금강경의 즉비시명(即非是名)의 논리로 말하면, 하나님은 하나님이 아닙니다. 다만 그 이름이 하나님이지요. 왜냐하면 하나님의 본체란 없는 것이기 때문입니다.

즉, 하나님은 다석이 바라고 흠모하는 거룩한 존재에 대한 그리움과 욕망이라는 마음과 밀접한 하나님일 뿐입니다.

다시말하면, 다석이 바라고 흠모하는 거룩한 존재는, 객관적이고 독립독존의 존재가 아니라, 다석의 주관적인 신앙의 대상이며 상상력에 관련된 하나님(절대신) 일뿐입니다.

■ 다석어록

나는 모름지기 이 세상을 떠나도 좋다고 생각한다. 나는 일흔(70)살에 가깝다. 일흔이라는 것은 인생을 잊는(忘)다는 뜻이라고 본다. 그래서 내게는 이 세상에 좀 더 살았으면 하는 생각은 없다.

■ 비점담론

일흔살(70세)이라고 하는 한글자의 의미는 "하나의 사물을 이루기 위한 운동을 모두 마감하고 끝내었다. 잘 이루어졌다, 완료되어졌다."라는 뜻입니다.

다석은 또 "일흔이라는 것은 인생을 잊는(忘)다는 뜻이다."라고 말했습니다.

그것은 일흔(일+흔)이란 '잃은' 으로도 발음되기때문일 것입니다. 생각건대, 망(忘)은 노자의 용어로는 '손(損)' 이라고 할 수 있고, 장자의 용어로는 '상(喪)' 이라고 할 수 있을 것입니다.

남화진경(대종사)에 보면, 도를 닦는 방법으로 '좌망(坐忘)' 이라는 경지가 있는데, 이 좌망이란 도(道)와 하나가 되어 만사에 애착하고 혐오하는 분별시비(分別是非)가 없어지는 경지입니다. 분별시비의 반대말은 무분별, 무차

별(nondifference)입니다. 무상 스님의 용어로는 무억(無憶; 과거 기억에 대한 무집착)입니다.

그런데 다석은 나이 70세에 망(忘)의 경지를 얻어 "이제 죽어도 좋다"고 말했습니다. 망(忘)이란 자신을 잊어버리는 경지를 의미합니다. 하지만 다석은 "태허공(太虛空)은 잊을 수 없다."고 했으니 다석의 망(忘)은 완전한 망(忘)이 아닙니다.

다석은 "이 세상을 떠나도 좋다, 이 세상에서 더 살고 싶은 생각은 없다."고 말했습니다.

하지만 갈 때는 말없이 가는 게 좋습니다. 중요한 것은 언제 죽는가에 관련된 예언이 아니라, 지금 현재 어떻게 살고 있는가 입니다.

그리고 이 세상과 저 세상의 본체성(실체성, 자체성)은 없는 것입니다. 왜냐하면 이 세상은 저 세상이라는 관념 때문에 있는 것이고, 저 세상은 이 세상이라는 관념 때문에 있는 것이기때문입니다.

그러므로 '떠난다' 라든지 '다시 돌아온다' 든지 하는 실제는 없는 것입니다.

산다는 것과 죽는다는 것의 문제도 마찬가지입니다.

살 때 삶에 충실하고, 죽을 때 잘 죽으면 그만이지요. 그런데 살면서 죽음을 생각하고, 죽음에 이르러 비로소 삶을 생각하는 것은 살아도 사는 것이 아니요, 죽어도 잘 죽는 것이 아닙니다. 불가에서는 이러한 사람들은 가엾은 중생(인과법칙과 업보의 법칙안에서 떠도는 것들)이라고 부릅니다.

나는 요즘 '순간이 곧 최후' 라는 것과 살아있는 것 자체를 즐기는 마음으로 소소한 일이나 무의미한 일에도 만족하며 지냅니다.

■ **다석어록**

우리말에 '고맙다'는 말에도 뜻이 있다. 고만하다. 고만이라는 뜻이다. 자꾸 더 받아서 될 일이 아니라 고만하라는 뜻이다.

■ **비점담론**

고마울 것도 없습니다. 왜냐하면 인간만사란 모두 자신의 즐거움(행복)에 관련되어 있는 것이기 때문입니다.

관찰해보면, 주는 사람은 받는 사람의 즐거움 때문에 뿌듯하고, 받는 사람은 주는 사람의 배려 때문에 고마움을 느낍니다.

그런데 "자꾸 더 받아서 이제 고만하라"는 말은, 주는 이의 배려를 자제하라는 뜻이지요. 아주 "주지 말라"는 것이 아니라, 주되 적절하게 주고, 받되 그때 그때 필요할 때마다 받겠다는 뜻이지요.

■ **다석어록**

어린이에게는 진리가 깃들고 그들에게서 이 다음에 무엇이 나올지 모른다.

■ **비점담론**

다석이 이 글을 쓰실 때 저는 어머니 배속에서 인류의 형체로 생겨나기 위해 준비하고 있었습니다.

그런데 지금은 다석은 죽어 없어진지 오래고, 저는 어른이 되어 다석의 사상에 대해 비점담론(批點談論)을 쓰고 있습니다.

이런 게 인류의 사상의 역사인가요? 저는 모르겠습니다. 그저 반복되고 있는 인류의 정신(정+기+신)에 스스로 감탄할 뿐입니다. 이제 본론으로 들어갑니다.

다석은 "어린이에게는 진리가 깃들고 그들에게서 이 다음에 무엇이 나올지 모른다."라고 말했습니다. 그러므로 교사들과 부모들은, 어린이와 청소년들을 인간기계처럼 취급할 것이 아니라, 감수성이 강하고 쾌활하고 민감하며 다정다감한 생명체란 사실을 잊어서는 안될 것입니다.

청소년 교육에 있어서 가장 중요한 일은 매사를 신선하게 자각할 수 있는 지성과 타인을 배려할 줄 아는, 또는 역지사지(易地思之)할 줄 아는 인간으로 키워내는 일입니다.

그리고 이러한 교육을 받은 어린이와 청소년은 나중에 일반사회에서 올바른 대인관계를 맺어나갈 수 있을 것입니다.

그리고 이러한 어린이와 청소년들만이 나중에 어른이 되면 진흙 속에 피는 연꽃의 의미를 알게 됩니다.

150년경에 제작된 《도마복음서》의 말씀(70)이 다시 또 생각납니다. "만약 네 안에 있는 것을 낳지 못한다면, 네가 낳지 못한 것이 너를 죽일 것이다."

■ 다석어록

사람의 손은 한아님이 잡고 쓰시는 붓이다.

■ 비점담론

다석은 "사람의 손은 한아님이 잡고 쓰시는 붓이다."라고 썼지만, 나는 이와반대로 생각합니다. 왜냐하면 하나님(절대신)이란 사람자신의 마음을 반영하는 것이기때문입니다.

생각건대, 자기 삶이 없으면 자기 죽음도 없고, 악이 없으면 선도 없듯이, 인간이 없으면 하나님(절대신)도 없는 것입니다. 아니 '인간이 곧 하나님'이라고 해도 틀린 말은 아니라고 여겨집니다. 마치 그리스 로마 신화에 나오는 수많은 신인(God-Man)처럼. 또는 니체의 초인(Overman)처럼.

■ 다석어록

나는 초상집에 갈 때는 금식을 하고 간다. 돌아간 분을 추도하기 위하여 금식을 한다. 대접하고 대접받고 하는 것이 무슨 추도인가.

■ 비점담론

금식을 하든 포식을 하든 이미 죽은 자에게는 아무 상관이 없습니다. 심지어 죽은 자의 시체를 자르고 찢고 뼈를 갈아 새들에게 먹이로 준다하더라도 이미 죽은 자에게는 아무 상관이 없습니다. 오직 산자들만이 죽은 자들과 상관이 있는 것입니다.

그렇다면, 진정한 추도란 죽은 뒤에 엄숙하고 장중한 예의로 행하는 추도식보다, 죽은 자가 살아있을 때 좀더 잘 대해 주는 관계속에 있다고 생각합니다. 그래서 나는 살아있는 대인관계 속에서 이미 항상 추도하고 있습니다.

그리고 초상집도 여러 가지 초상집이 있는데, 장주(369-286.B.C.E)선생처럼 자기 아내가 죽어서 초상을 치루는데 통곡대신 노래를 부르고 있는 초상집은 특이할 것입니다. 그런데 사실 이런 초상집이야말로 진짜 깨달음을 주는 초상집이라고 여겨집니다. 실제로 아프리카 가나의 초상집에서는 경쾌

한 락음악에 신나는 춤판이 벌어진다고 합니다. 다 생각하기 나름입니다.

장주는 남화진경(지락)에 쓰기를 "잘 생각해보면 인간이란 애당초부터 생명을 가지고 있지 않았다. 생명은 고사하고 형체도 없었으며, 형체는 고사하고 기운조차 없었다. 이렇게 삶과 죽음의 변천이란 사계절이 순환하는 것과 같다."고 하였으니, 정말 생사문제에 대해 깨달음을 주는 설법이 아닙니까?

■ 다석어록

정성 성(誠)은 말씀이 이루어진다는 글자다.

■ 비점담론

언어 문자란 그냥 기호일 뿐입니다. 말이나 글속에는 정성이 없습니다. 그리고 말과 글이 사실자체도 아닙니다.

바로 말한다면, 말과 글이 있기 전에 이미 행동이 있었으니, 바로 이 행동에 정성이 있는 것이 좋습니다.

■ 다석어록

얼을 들어내는 골짜기가 얼굴이다.

■ 비점담론

얼굴은 골짜기가 아니라 산봉우리입니다. 골짜기는 들어가 보아야 알지만, 산봉우리는 올라가 보아야 압니다. 그런데 산봉우리와 골짜기도 하나의 땅이므로 서로 다른 것은 아닙니다.

사람의 얼굴도 마찬가지입니다. 보이는 상만 상이 아니라 보이지 않는 것도 상입니다. 그래서 불가에서는 관상(觀相)보다는 관심(觀心)을 중시합니다. 관심이란 얼굴이 지닌 깊이를 보는 것입니다.

다석은 얼굴이라는 글자에 대해 '얼을 드러내는 골짜기' 라고 풀이했는데, 나는 다르게 풀이합니다. 즉, 얼굴의 얼은 정기신(精氣神)의 정(精)이요, 굴은 꼴(相)을 가리키는 뜻으로 생각합니다.

그래서 저는 얼굴을 얼의 굴, 또는 얼의 골이라는 뜻 이외에 얼의 꼴이라는 뜻으로도 읽어낼 수 있다고 생각합니다.

얼은 정기신(精氣神)입니다. 그래서 얼이 변하면 꼴도 따라 변하게 됩니다. 하지만 이 얼이 변하는 과정자체는 보아도 볼 수 없고, 들어도 들을 수 없고, 말해도 말할 수 없는 것입니다. 그래서 사람의 얼굴은 얼의 골인가요?

'얼' 이란 비롯됨+성숙하지 못한 상태에서 점점 성숙되는 과정+운동작용이 진행되고 있는 상태라는 뜻을 조합해서 만든 한글자로 정기신(精氣神)이라는 뜻이고, '굴' 은 이러한 얼(精+氣+神)을 드러내는 꼴(相)이라는 한글자의 뜻이 있는 것입니다.

그런데 비트겐슈타인은 "얼굴은 몸의 영혼이다"라고 했습니다. 바그다드 900년경의 인물인 아부 알 하산 알 하샤리는 "신은 얼굴을 가지고 있다."고 주장했습니다. T.라이트는 "본래의 예수 얼굴에 가까이 갈수록 살아계신 하나님의 얼굴에 더 가까이 간다."고 했습니다. 모두 상상력이 대단한 사람이라고 여겨집니다.

얼굴 뒤에 골이라는 골짜기가 여간 깊은 골짜기가 아니다. 소뇌 대뇌를 넘어서 우주의 무한한 신비가 얼굴 뒤로 연결되어 있다.

두뇌와 우주세계는 신비가 아니라 이미 알려져 있는 이야기입니다. 만약 이 우주가 얼굴이라면 이 우주 얼굴의 대뇌는 어디 있는 것입니까?

사람이란 우주세계가 만들어낸 생명체인데, 바로 그러한 이유 때문에 인간두뇌와 우주세계는 무관하지 않습니다.

아니 어쩌면 사람이 곧 우주라고 해도 틀린 말은 아닙니다. 왜냐하면 사람도 우주도 모든 바늘위에 올려놓을 만한 크기의 한 점에서 폭발해 나온 에너지들이기때문입니다.

'긋' 자의 가로로 그은 막대기(一)는 세상이다. 가로 막대기 밑의 시옷(ㅅ)은 사람들이다. 사로 막대기 위의 기역(ㄱ)은 하늘에서 온 정신인데 그 정신이 땅에 부딪쳐 생긴 것이 사람이다. 정신이 육체를 쓴 것이 사람이다. 사람의 생명은 정신이다. 그것이 나다. 나는 이제 실제로 여기 있는 이 제긋이다.

일(一)자는 상하경계 선이요 평면적 공간을 뜻하는 것의 상징입니다. 그래서 일(一)은 땅을 뜻합니다.

하늘의 운동성을 상징하는 기역(ㄱ)이 이 경계위(一)에 나타나면 만물의 존재가 이 세계에 있게 됩니다.

기역(ㄱ)이란 하늘의 창조적인 움직임이 시작되는 것의 상징입니다. 기역(ㄱ)은 하늘위에서 어떤 기운(陽性)이 땅으로 내려온다는 운동의 상징입니다.

그리고 시엇(ㅅ)은 사람이 아니라, 삼각형을 이룬 모양새로 위로 솟아나는 강한 힘의 상징입니다.

시엇(ㅅ)은 위로 형체를 더욱 굳게 하고, 아래로는 강한 안정을 주는 작용의 상징입니다.

시엇(ㅅ)은 강한 힘의 집중을 보여주는 작용의 상징입니다.

그래서 시엇(ㅅ)은 안으로는 스며들어 형질을 굳게 하고 열매를 맺게 하는 강한 기운입니다. 형체를 더욱 강하게 만드는 힘입니다.

시엇(ㅅ)의 성질은 음성(陰性)이요 금성(金性)입니다. 그래서 아래로 더욱 강하게 작용하는 것입니다.

이 하늘과 땅의 모든 운동과 작용을 생각하며, 다석은 "정신이 육체를 쓴 것이 사람이다. 사람의 생명은 정신이다. 그것이 나다. 나는 이제 실제로 여기 있는 이 제긋이다."라고 주장했는데, 저는 그렇게 보지 않습니다. 왜냐하면 진리는 사실이어야 하기때문입니다. 정신이 육체를 낳은 것이 아니라 반대로 육체가 정신을 낳은 것입니다.

우리인류만 아니라 지구의 모든 생명체들은 태양과 달의 상호작용으로 탄생되어 나온 것입니다.

온갖 생명체들을 임신해서 낳은 우리 어머니로서의 지구의 역사는 46억년이지요. 그러니까 인류의 정신의 역사보다 이 육체의 역사가 더 긴 것은 사실입니다.

그러므로 태양과 달과 지구와 우주세계의 상호 작용성(운동성)을 생각해보면 "정신이 육체를 쓴 것이 아니라 사실은 육체가 정신을 쓴 것이다."라고 해야 맞는 이야기입니다.

정말 대단한 육체 아닙니까? 제가 어떻게 이러한 신비한 육체를 외경심으로 바라보지 않을 수가 있겠습니까?

사람들은 페르시아의 조로아스터, 인도의 우파니샤드의 성자들, 석가모니와 용수, 중국의 수많은 성현들, 그리고 크리슈나와 예수의 신인(神人) 각 성에 대해 엄청난 찬양과 숭배를 하지만, 정말 찬양받고 숭앙받아야 할 분은 바로 이 46억세 먹은 지구 어머니입니다.

■ 다석어록

이름이란 마치 감옥에서 죄수에게 붙여준 죄수번호와 같은 것이다. 이름 없는 것이 나의 본 바탕이다.

■ 비점담론

내가 구속되어 있다는 것. 내가 자유롭지 못하다는 것. 그러나 인간은 죄수가 아닙니다. 그런데 인간을 죄수로 전락시키고 또 죄수번호라는 이름을 붙여준 자는 소위 하나님이라고 하는 존재자입니다.

그러므로 감옥에서의 해방이란 이 하나님의 온갖 권력으로부터의 해방을 의미하는 것입니다.

그리고 다석은 "이름없는 것이 나의 본 바탕이다." 이라고 썼는데, 이름이 없으면 바탕도 없는 것입니다.

그런데 바탕이 있다는 것은 이름이 있다는 것이지요. 제가 왜 이렇게 말하는가 하면 "모든 사물에 궁극적으로 절대 불멸의 바탕이 있다"고 생각하는 것은 망상이라고 성찰하기 때문입니다.

종(種)이 사라지면 개체의 바탕도 따라서 사라지는 법입니다. 비록 그 개체의 유전자적 정보의 일부가 이미 다른 종(種)에 묻어 있다고 할지라도 말입니다.

그런데 더 정직하게 말한다면, 그 어떤 개체의 절대자성과 어떤 종(種)의 절대자성과 지구의 절대자성(絕對自性; 이미 주어져 있는 절대적인 본성)은 없는 것입니다. 왜냐하면 모든 것은 무수한 원인과 조건들이 상호작용을 해서 생겨나고 없어지는 것이기때문입니다.

"이름이란 마치 감옥에서 죄수에게 붙여준 죄수번호와 같은 것이다. 이름 없는 것이 나의 본 바탕이다."라는 다석의 명제에 대하여 한 번 더 성찰해봅니다.

나는 비불교적인 불교인입니다. 나는 비세속적인 세속인입니다. 왜냐하면 나의 종교와 나의 깨달음은 이름(명칭)을 부정하는 것이기 때문입니다.

《유마경》에 "속인들처럼 행세하지도 않고, 성현군자처럼 행세하지도 않는 것이 바로 보살의 생활방식이다." 라는 문구가 있습니다. 이와같이 나의 생활방식도 세상에서 성직자처럼 행세하지도 않고, 속인들처럼 행세하지도 않는 사람의 생활방식으로 지내고 있습니다.

이러한 삶에서 무슨 이름이 왜 필요하겠습니까? 이름이란 다석의 말씀대로 감옥에서 붙여주는 죄수번호와 같은 것입니다.

신(神)은 본디 이름이 없다. 신에 이름을 붙일 수 없다. 신에 이름을 붙이면 이미 신이 아니요, 우상이다. 나(我)도 이름을 붙일 수 없다. 이름을 붙이면 벌써 나는 아니요, 허수아비가 된다.

M.에크하르트(1260-1327)는 "하나님은 이름을 붙일 수 없다기보다는 이름 뒤에 계시다."고 설파한 바 있습니다.

하지만 어쨌든, 이름이 있든 없든, 이름앞에 있든 이름뒤에 있든 신 그자체가 우상입니다!

노자는 도덕경에서 "도를 도라고 하면 상도가 아니요, 이름을 이름이라고 하면 상명이 아니다"라고 말했지만,

상도(常道)와 상명(常名) 또한 실제로 존재하는 것은 아닙니다. 왜냐하면 상도와 상명의 절대적인 본체성(또는 자체성(自體性), 정체성(定體性), 실체성(實體性))은 없는 것이기때문입니다.

그러니까 이름 붙일 수 있는 신이든, 이름을 붙일 수 없든 신이든, 신 그 자체가 우상이라는 것입니다.

신은 어떤 사람들의 열망과 믿음과 영생을 위해 가설(假設)로, 가명(假名)으로 시설(施設)한 것일 뿐입니다.

나는 없이 있는 하나의 점이요, 긋이다. 찰라인 것뿐이다. 나 하는 순간 이

미 나는 아니다. 나는 없이 있는 나다. 그런 나만이 나라고 할 수 있다. 빛보다 빨리 달리는 나만이 참나다. 매일 새롭고 새로운 나만이 참나다. 없이 있는 나만이 참나다. 참나는 말씀의 나요, 성령의 나다.

■ 비점담론

다석은 '몸나, 제나, 얼나, 참나' 등 나에 대해서 여러 가지 이두문자적인 음(音)을 사용하면서 구별하고 있는데, 불교에서는 이 모든 '나'를 '없는 것'으로 봅니다.

그래서 '없이 있는 나'라고 하는 것은 불교 한자용어로는 무아(無我)라고 표기합니다.

하지만 다석의 없이 있는 나와 석가모니의 무아는 서로 다른 뜻을 가지고 있는 언어문자입니다.

대승불교 반야부 경전에서는 이 무아조차도 무아가 아닙니다. 왜냐하면 그 명칭이 무아이기 때문입니다. 어째서 그런가하면 무아의 본체성(자성)은 없는 것이기 때문입니다.

통속적으로 성찰한다면, 자아는 교육 기억 습관 등이 모여서 결합된 것입니다. 그러므로 교육 기억 습관 등이 없어지면 자아는 존재하지 않는다는 것입니다. 그러니까 우리들의 세련된 자아란 항상 어떤 원인과 조건에 의해 생겨난 것일 뿐입니다.

다석은 "매일 새롭고 새로운 나만이 참 나다."라고 썼습니다. 이 문제에 관련하여 M.에크하르트(1260-1327)는 이 나날에 대하여 영혼의 날과 신의 날로 구분하여, 어떻게 지금 이 순간의 나날이 영원한 날이 되는가에 대한 사색을 더 깊이 한 바 있습니다. 즉 그는 "하나님 아버지께서 현재적으로 지금에 외아들을 낳으시는 날, 그리고 영혼이 하나님으로 태어나는 날, 그날이 곧 하나님의 날이다."라고 말했습니다.

하지만 나날이 새로울 것도 없는 나는 스스로 새로움이라는 표현을 하므로써 실감을 하려고 할 뿐입니다. 나날은 그저 '나, 날' 일 뿐입니다. 하지만 이 '나날이 새롭고, 새로운 나' 라는 말에 무슨 영원한 자성(自性, 또는 자체성, 본체성, 실체성)이 있는 것은 아닙니다.

■ 다석어록

대국은 이름을 안붙여도 대국이요, 소국은 이름크게 붙여도 소국이다. 이름에 매일 필요는 없다. 그저 한국이면 족하다.

■ 비점담론

노자(도덕경 제80장)는 이르기를 "작은 나라에 인구가 적은 나라가 좋다."고 하였습니다. 우리나라는 소국입니다. 캐나다의 한 주나 중국의 한 성보다 작은 곳이 우리나라지요.

그래도 그 큰 나라인 중국이나 캐나다에 가보니 거기서는 요즘 한국이 부자나라 라고 소문나 있습디다.

2006년 현재 중국에서는 일년내내 김희선의 노래와 이영애가 주연한 대장금 주제곡이 길거리에서 들리니, 중국에서의 한국은 대단합니다.

그런데 우리나라 젊은이들이 일본 잡지, 미국 잡지, 유럽 잡지 등을 보면서 옷 잘 입고, 화장 잘하고, 잘 돌아다니고, 잘 노는 일은 천성처럼 잘하는데 철학적 예술이나 인문 철학의 공부 쪽으로 들어가면 정말 한심한 것이 우리나라 젊은이들 수준입니다.

그런데 기쁜 일은, 수년전부터 다석의 사상이 영국이나 미국의 일부대학에서 한국학 과목으로 정해 공부할 정도로 해외에 알려지고 있다는 사실입니다.

그런데 사실로 말하면 다석보다는 신천(함석헌)이 더 사고와 문장이 세련된 분인데, 왜 서양인들은 신천 함석헌보다는 다석 류영모를 선택했을까요?

그것은 아마 신천보다 다석의 동양철학성이 농후한 기독교 신학에 흥미를 가지게 되어 그럴 겁니다.[12] 어쨌거나 다석 류영모(1890.2.23~1981.2.3)라는 이

---

12) ■ 함석헌 선생에 대하여= 신천(信天) 함석헌 선생은 인도와 중국의 고전을 매우 좋아하는 성향 때문에 언뜻 보면 매우 풍부한 사상가인 것처럼 보인다. 그러나 무슨 주제에 관한 것이었든 그의 결론적인 말씀은 단순한 기독교 신앙적인 관념을 벗어나지 못했다. 문체와 어조는 영국의 낭만적인 시인들처럼 자극적이어서 독자로 하여금 감정을 움직이게 하는 것은 있는데, 그 문체 속에 있는 사상의 근거를 보면 매우 단순하고 구시대의 낡은 기독교적인 관념만 보인다. 즉, 함석헌(1901~1989)은 종교와 철학의 새로운 혁명 시대를 전망하면서도 정작 그 자신은 구시대의 기독교 신학적 관념을 벗어나지 못한 분이었다. 구체적으로 예를들면, 함석헌 선생은 "내가 늘 노자, 장자를 많이 말한다고 그러지만, 내가 내 주님이라고 한다면 예수가 내 주님이지, 노장 장자겠어요?(함석헌전집 15권 79쪽)"라고 했는데, 이 말씀은 장기려(1911~1995) 박사님의 부산모임에서 내 귀로 직접 들은 이야기이기도 하다. 그런데 나는 반박한다. "주님이라니? 자기 자신도 자기 자신의 주님이 아닌데, 어떻게 외부에 사상적인 관념으로 있는 예수, 노자, 장자, 부처가 내 주님이 될 수 있겠는가?" 이 점을 미루어본다면, 함석헌(1901~1989)선생은 새 시대의 새 종교의 전망에 장애물이 되는 구시대적 낡은 기독교 사상가라고 여겨진다. 왜냐하면 하느님(God)이란 개념은 이미 충분히 낡은 것이기 때문이다. ■ 함석헌 선생과 장기려 박사= 함석헌 선생은 "하느님의 발길에 채여" 살았다고 했고, 장기려 박사는 "하느님의 부드러운 손길을 느끼며" 살았다고 했다. ■ 함석헌 연구자에게 주는 단서= 함석헌 선생이 기독교인이면서도 '원죄'를 부정하게 된 것은, 셸리(1792~1822)와 빅토르 위고(1802~1885)와 톨스토이(1828~1910)의 종교관으로부터 영향을 받은 결과(사상복제)라고 여겨진다. 특히 영국 시인 셸리의 《사슬에서 풀려난 프로메테우스(1820)》, 《악마에 대하여(1820~1821)》라는 글을 참조해보시기 바란다. ■ 에머슨과 류영모= 미국목사 에머슨처럼 힌두교와 예수교를 결합시킨 사상이라고 해서 미국에서 새로운 사상이라면, 중국고전과 예수교를 결합시킨 다석 류영모의 사상은 더욱 새로운 사상일 것이다. (어쩌면 바로 이 점 때문에 해외 한국학에서

름이나 브랜드는 요즘 외국에도 알려지고 있다는 점에서 기쁜 일입니다.

그러나 '진리가 뭐냐?'에 관한 담론은 유명함과 무명을 떠나서 행해져야 하는 맨사람들 사이의 일이라고 생각합니다.

생각건대, 자기 생각을 훈민정음의 한글 또는 이두문자로 표기하는 분으로는 다석이 우리나라 최고봉이라고 여겨집니다. 하지만 중요한 것은 경이로운 단어가 아닙니다. 아무리 특이한 단어일지라도 그것은 깨달음의 세계가 아닙니다. 그런데 다석의 후학들은 훈민정음의 음을 유창하게 쓰는 다석의 글들을 무슨 학문적 메시지나 신비를 풀 수 있는 열쇠인 것처럼 선전하고 있습니다. 이것은 혹세무민하는 것입니다.

바로 이것이 왜 제가 지금 다석의 기독교 신학과 여성관과 중국고전을 읽는 방식에 대해서 가차없는 객관성의 칼날을 휘두르고 있는가 하는 이유입니다.

함석헌보다 류영모 연구를 더 선호하고 있는지도 모른다.) 그러나 비교종교적인 개념의 나열만 가지고 새롭고 독창적인 사상이라고 한다면, 대체 사상가란 무엇인가? 내가 이해하는 사상가란 그 어떤 사상이든 자기사상의 이면을 꿰뚫어보는 통찰이 있어야 진정한 사상가이다. 그런데 하나님(절대신)을 독실하게 주장하는 사상가들이 무슨 사상가인가? 사이비 사상가일 뿐이다. 그런데 하나님을 말하고 신앙심을 강조하는 사람을 한국의 대표적인 사상가로 추앙하는 이유는 무엇인가? 그것은 한국의 인문학계가 본성론적이고, 유신론적이고, 신학적인 성격을 가진 이들이 주도하고 있기 때문이다. ■ 유신론 또는 본성론적인 사상과 나의 사상 = 홍윤기 (1957.1.28~) 박사는 "적어도 철학에 관한 한, 우리 역사는 함석헌(1901~1989)과 박종홍 (1903~1976) 시대에서 한걸음도 앞으로 나아가지 못하고 있다." 라고 말했다. 그런데, 나는 웃으며 말한다. 그가 만약 나를 발견했다면 좀 더 다른 말을 쓸 수 있었을 것이다. 이렇게 말하는 내 사상이 가소로운가? 내가 말하고자 하는 요점만 이야기한다면, 플라톤과 플로티노스와 아우구스티누스의 사상의 전통을 이어받은 M.에크하르트(1260~1328)가 아무리 신비하고 오묘하고 독특했다하더라도 일개 예수교 신자에 불과한 것처럼, 류영모와 함석헌이 아무리 공자, 맹자, 노자, 장자, 바가바드 기타, 불교의 구절들을 인용하며 재해석했다하더라도 류영모와 함석헌의 사상이라는 것은 메시아 예수에 대한 신앙심을 강조하는 기독교 유신론적인 신학의 수준을 넘어서지 못한 것이다.

■ 다석어록

내 몸은 수레지만 내 정신은 속알이다. '속알' 이란 덕(德)이란 한자의 옮김인데 창조적 지성이란 말이다. 솟구쳐 올라 앞으로 나아가는 지성(知性)이 속알이다.

■ 비점담론

다석은 "내 몸은 수레지만 내 정신은 속알이다."라고 하셨지만, 나는 반대로 "내 몸이 속알이요, 내 정신이 수레다!"라고 성찰해봅니다. 왜냐하면 지성(知性)과 덕성(德性)은 일체이기때문입니다.

■ 다석어록

국가(國家)라는 말이 틀렸다. 국가라 하면 으레 집가(家)자가 붙어 다닌다. 우리나라가 망한 것은 가족제도 때문에 망하지 않았을까. 제 집만 생각하고 나라(國)까지는 가지도 못한 것이 아닌가. 나는 집가(家)자 대신에 차라리 사방천하(四方天下)라는 방(方)을 써서 나라를 국방(國防)이라고 했으면 좋겠다. 왜정 때에 쓴 국가라는 말을 우리가 따라 쓸 필요는 없다.

국가라는 말이 좋지 않듯이 민족이란 말도 틀렸다. 민체(民體)라는 말이 좋겠다. 체는 커다란 유기체(有機體) 공동체라는 뜻이다.

■ 비점담론

나는 다음과 같이 주장합니다.

혈연(血緣)과 학연(學緣)과 종연(宗緣)과 인연(人緣)의 패거리들이 망해야 참된 개인이 살아날 것입니다.

　지연주의(地緣主義)가 망해야 인민(人民)이 평화로울 것입니다.

　권세가들의 탐욕과 교만함이 망해야 서민들이 살아날 것입니다.

　절대주의 종교가 망해야 진정한 인간들이 살아날 것입니다.

　국가주의와 민족주의가 망해야 지구촌이 안락합니다.

　지구 중심주의가 망해야 태양계와 은하계와 우주계가 비로소 보일 것입니다.

■ 다석어록

　맘과 몸을 가려서 쓰고 싶다. '맘' 이란 아직 상대적인 세상에 욕심을 붙여서 조금 약게 영생하는 데 들어가려는 것이다. ?이란 모든 욕심을 다 떼어버리고 자신을 세워 나가겠다는 것이다.

■ 비점담론

　다석은 "맘과 몸을 가려서 쓰고 싶다."고 썼지만, 맘이 곧 몸이요, 몸이 곧 맘입니다. 왜냐하면 무욕심이든 야욕심이든 모두 수많은 원인과 조건에 의해 생멸하는 것이기때문입니다.

■ 다석어록

　돈을 모으면 자유가 있는 줄 아나 그것은 어리석은 생각이다.

■ 비점담론

‘돈보다 더한 것은 생명이다’ 라는 것은 누구나 잘 알고 있습니다. 그런데 제 경험에 의하면, 돈은 내가 가장 누리고 싶은 자유를 가져다 줍니다!

돈은 내가 누리고 싶어하는 한가한 시간을 가져다 줍니다!

돈은 내가 생활비 걱정 하지 않으면서 오로지 내가 하고 싶은 일에만 몰두할 수 있는 환경조건을 내게 가져다 줍니다!

그리고 돈은 천하의 모든 기계장비와 가장 전문적인 지성인과 재능이 있는 사람을 제 뜻대로 사용할 수 있게 합니다!

그러므로 돈을 혐오하는 인생관으로는 아무 것도 이룰 수 없습니다. 비록 짝사랑이지만 “나는 돈을 사랑합니다!”

국가적인 예를들어보아도, 백년전의 조선시대 사람들에 비해 요즘 한국 시대 사람들이 비교할 수도 없을 만큼 호연지기하며 모든 분야에서 재능을 발휘하고 있는 것은 모두 기본적으로 일인당 국민소득이 그만큼 높아졌기 때문입니다.

요즘 우리나라 사람들이 신경질적으로 중시하는 환경문제도 돈이 없이는 제대로 해결할 수 없지요. 그러므로 돈벌이를 무조건 나쁜 일 또는 어리석은 일로만 평가해서는 안됩니다.

■ 다석어록

신(神)이 딴 것이 아니다. 우리들이 바로 신이다. 지금에는 신의 능력을 나타내지 못할망정 이 다음에 신으로 돌아가는 것만은 사실이다. 궁극에는 내가 신이 되겠다는 것이 아닌가. 정신이란 곧 궁신하겠다는 것이다.

혈(血)이 정(精)이 되고, 정은 기(氣)가 되고, 기는 신(神)이 됩니다. 그러니까 정신(精神)이 아니라 정기신(精氣神)이지요.

그렇다면 여기서 신은 무엇입니까? 그것은 음이 지극하면 양이 되고, 양이 지극하면 음이 되어 태극으로 돌아가는 것입니다. 아트만이 브라만과 하나되고, 브라만이 아트만과 하나되는 것입니다. 예수가 하나님과 하나되고, 하나님이 예수와 하나되는 것입니다. 중생이 부처와 하나 되고, 부처가 중생과 하나가 되는 것입니다.

그리고 이렇게 하나가 되는 것은 신비하고 또 불가사의한 것입니다. 그러므로 신이라고 하는 것입니다.

그래서 M.에크하르트(1260–1327)는 "내가 곧 신이요, 신이 곧 나이다. 이 신과 나는 똑같은 존재이며, 이 존재에서 하나만이 영원히 활동하는 완전한 하나이다."라고 설파할 수 있었을 것입니다. 또 그는 "하나가 하나로, 하나로부터 하나가, 하나 안에서 하나가, 영원히."라는 말도 했습니다.

그러나 천지만물의 발생과 소멸이 인연법 아닌 것이 없습니다. 그러므로 '있다 또는 없다' 단정하고, 일원(一元) 혹은 이원(二元)으로 믿는 것이 문제가 아니라, 우리는 '왜 있다 혹은 없다 라고 하는가'를 문제로 삼아야 할 것입니다.

나는 이 모든 것이 무(無; Abhava)라고 봅니다. 왜냐하면 하나라는 본체도, 두 개라는 본체도, 결합이라는 본체도 없는 것이기때문입니다. 물론, 무(無; Nothingness)라는 본체도 또한 없는 것입니다.

그러므로 혈기와 정기와 신기를 잘못 사용하면 음양일여, 범아일여, 신아

일여, 생사일여로 천인합일 또는 신인합일에 빠져 신비한 황홀감에 중독이 될 것입니다.

이 모든 신은 세속의 진리로 말하면, 영장류 인간이 스스로 자신의 운명을 위해 가설하고 시설한 것일 뿐입니다.

■ 다석어록

살거(居)의 시(尸)는 사람의 엉덩이를 나타내고 고(古)는 고정시킨다는 뜻이다. 거(居)는 앉아서 거기 있다는 뜻이다. 우리가 우주인의 관념을 가진다면 주소가 어디에 있겠는가. 어디에 사느냐고 물으면 우주에 산다고 하면 그뿐이다. 도대체 어디에 사느냐고 묻는 것이 우스운 것이다. 우리는 우주의 주인으로 살아야 한다. 우주를 삼킬 듯이 돌아다녀야지 집 없다 걱정, 방 없다 걱정, 병난다 걱정, 자리 없다 걱정, 그저 걱정하다가 판을 끝내서야 되겠는가. 그러나 우주 여행가가 되어 훨훨 돌아다닌다고 꼭 우주의 주인이 된 것은 아니다. 생각의 불꽃이 문제다. 다시 말하면 어떤 생각을 하느냐가 문제이다.

■ 비점담론

노자는 《도덕경(제14장)》에서 "앞에서 마주 보아도 그 머리(처음)를 볼 수 없고, 뒤에서 따라가 보아도 그 꼬리(끝)를 볼 수 없다."고 했습니다.

그리고 장주 선생은 《남화진경(내편, 대종사)》에서 "무(無)를 머리로 삼고, 생(生)을 등으로 삼고, 사(死)를 엉덩이로 삼는다."고 말했습니다.

그래서 서양 고대에도 "우주는 무한한 구(球)이며, 그것의 중심은 어디에

나 있고, 그것의 원주는 아무데도 없다."는 옛말이 있는 것입니다.

그런데 무슨 '우주의 주인'이 있다는 것입니까?

혜능 스님은 다음과 같이 설법을 한 바 있습니다.

"나에게 한 물건이 있는데 머리도 없고, 꼬리도 없고, 이름도 없고, 문자도 없으며, 앞도 없고, 뒤도 없다. 밝기는 태양보다 밝고, 어둡기는 칠흑보다 어둡다. 이것은 무엇인가?"

■ 다석어록

사실 우리의 몸이 머무르고 있는 것 같지만, 우리의 혈액은 자꾸 돌고 있으며 우리의 호흡으로 태울 것을 죄다 태우고 있다. 그리고 우리 몸을 실은 지구 또한 굉장한 속도로 태양의 주위를 돌고 있다. 우리의 어제와 오늘은 허공(우주공간)에서 보면 엄청난 차이를 나타낸다. 우리는 순간순간 지나쳐간다. 도대체 머무르는 곳이 어디에 있는가. 영원한 미래와 영원한 과거 사이에서 '이제 여기'라는 것이 접촉하고 있을 뿐이다. 지나가는 그 한 점 그것이 '이제 여기'인 것이다. 그 한 점이 영원이라는 미래를 향해 가고 있다. 그러니까 아무리 넓은 세상이라도 '여기'이고 아무리 긴 세상이라도 '이제'이다.

■ 비점담론

'여기'라고 점을 찍으면 작아지고, '이제'라고 정하면 한 순간입니다.

'여기'란 시설적 공간(施設的空間)이요, '이제'란 환상적 시간(幻想的時間)일 뿐입니다.

우리는 일정하게 머무를 곳(住所)이 없다. 그래서 무주(無住)이다. 머무를 주소가 있다면 그것은 우주일 뿐이다. 우주 공간이 우리의 주소이다.

은하 우주도 수레처럼 움직여 돈다. 상대 세계에서는 머무르고 싶어도 머물 수 없다. 무주(無住)다.

다석과 그의 수제자인 박영호 님은 불교를 제멋대로 공상하고 있는 것 같습니다. 대승불교 반야부 경전에 나오는 무주(無住)의 의미는 그런 뜻이 아닙니다.

주소(住所)가 없기 때문에 무주(無住)가 아니라, 모든 존재와 현상은 본체성(또는 자체성, 정체성, 실체성)이 없기때문에 무주(無住)라고 하는 것입니다. 즉, 불교의 무주는 제행무상(諸行無常)과 제법무아(諸法無我)이기에 무주(無住)라고 합니다.

그러니까 다석이 "머무를 주소가 있다면 그것은 우주일 뿐이다. 우주 공간이 우리의 주소이다."라고 하신 것은 무주(無住)에 대한 자기 주관적인 연상(聯想)의 발언일 뿐입니다.

소유하려고 하는데 소유할 수 없는 무주(無住)라는 것이 있는 게 아닙니다. 집착할래야 집착할 수 없는 무주(無住)라는 것이 있는 게 아닙니다.

금강경의 반야논리로 말다면, 우주공간조차도 우주공간이 아닙니다. 왜냐하면 이 명칭이 우주공간이기 때문입니다. 어째서 그런가하면 이 우주공간도 무수한 원인과 조건에 의해 나타나 있는 것이기때문입니다.

그러므로 갈 곳이 없고 올 곳이 없다. 그러므로 머무를 곳도 없다. 이것이 가는 것도 없고, 오는 것도 없고, 머무를 곳도 없다.

"갈 곳이 없고 올 곳이 없다. 그러므로 머무를 곳도 없다. 이것이 가는 것도 없고, 오는 것도 없고, 머무를 곳도 없다."라는 구절은 불교경전에 무수하게 나오는 여래(如來)에 대한 뜻풀이할 때, 모든 불교인들이 습관적으로 표현하는 이야기입니다.

저는 다석에게 묻습니다.

"불교에서 왜 여래는 간 바도 없고, 온 바도 없다고 합니까?"

다석은 "가는 것도 없고, 오는 것도 없고, 머무를 곳도 없다."고 했습니다.

또다시 묻습니다.

"어째서 가는 것도, 오는 것도, 머무르는 것도 없습니까?"

다석은 이에 대해 제대로 설명할 수 없을 것입니다. 왜냐하면 그는 유신론자이며, 기독교 사상가이기때문입니다.

다석은 "하늘에서 온 것을 여래라고 한다."고 하였습니다.

하지만 만약 다석이 정말 반야논리(무아논리, 해체논리)로 그 이유를 깨달아 안다면, 다석은 더 이상 "하늘에서 온 것을 여래라고 한다."는 말을 하지 않거나, 하나님(老天)의 존재성을 주장하지 못하게 될 것입니다.

이 구절의 주제는 '거래(去來; 가고 오는 것)'에 관한 것입니다. 이 문제에 대해 가장 심도있게 설명하고 있는 것은 용수의 《중론》입니다. 관심있는 분은 중론(제2장 관거래품(觀去來品))을 참조해 보시기 바랍니다.

그런데 "갈 곳이 없고, 올 곳이 없다. 그러므로 머무를 곳도 없다."라는 구절을 예수교의 감성으로 읽는다면 "여우도 자기 굴이 있고, 새들도 자기 둥지가 있는데, 나는 머리를 두고 쉴 곳이 없다."는 예수의 말이 생각납니다. 《도마복음(86)》을 참조해보시기 바랍니다.

■ 다석어록

가는 것이 섭섭하고 오는 것이 반갑다고 하는 것은 모두 거주(居住)사상에 잡혀 있기 때문이다.

■ 비점담론

섭섭할 때는 섭섭한 것입니다. 반가울 때에는 반가운 것입니다. 무슨 문제가 있겠습니까?

물론 불교에서는 "가고 오는 것에 집착이 없으므로 무애자재(無碍自在)한다"고 합니다.

하지만 인간이 거주(居住)의 사상을 품고 있든, 무거주(無居住)의 사상을 품고 있든 상관없이, 자연은 우리를 헤어지게 하기도 하고, 만나지게 하기도 합니다.

이와같이 생사문제는 우리들의 문제가 아닙니다. 그것은 자연의 법칙입니다. 인연기멸(因緣起滅; 수많은 원인과 조건에 의해 생성하거나 소멸하는 것)의 법칙입니다.

그러나 예수교 신학자라면, 신플라톤주의 철학자인 플로티누스(205~270)

의 '거주(하나 속에 머무름) 사상'을 주목해야 할 것입니다.

■ 다석어록

기차 안에서 자리 다툼하다가 종착역에 다다르면 그 자리를 내버리고 내린다. 자기가 의지했던 자리이지만 돌아보지 않고 서슴없이 버린다. 사람들이 다툴 때 다투더라도 어느 때 가서는 깨끗이 그만두었으면 좋겠다. 기차의 앉았던 좌석 버리듯 그쯤 깨끗하게 버렸으면 한다.

■ 비점담론

이 구절은 사람들과 다툴 일이 있으면 그냥 깨끗이 잊어버리고, 더 이상 다투지 말라는 교훈입니다.

홍자성도 채근담에서 "바둑을 두는 사람이 승부를 다투면서 자웅을 겨루지만 바둑판이 끝나면 승패가 없다. 인생도 이와 같아서 속세의 시비득실은 아무런 필요가 없는 것이다."라고 가르친 바 있습니다.

그리고 열자는 말하기를 "좋은 일을 하는 것은 유명해지기 위한 것이 아니지만, 자연스럽게 유명해지기 마련이다. 이렇게 유명해지면 이익이 있을 것을 계산한 것은 아니지만, 유명해지면 자연스럽게 이익이 돌아오고, 또 이익은 반드시 다투려고 하지 않아도 어쩔 수없이 다툴 일이 생기게 마련이다. 그러므로 현명한 사람은 좋은 일을 하는 데도 삼가 해야 한다."고 했습니다.

이렇게 좋은 일도 삼가야 하거늘, 어찌 나쁜 일로 서로 다투어야 되겠습니까? 그래서 저는 가능한 한 조용히 살고 있습니다.

그래도 사람들과 어울러 사는 세상인 만큼 다툼이 없을 수는 없겠지요. 우리 모두 마찬가지입니다.

그런데 이야기가 이렇게 대인관계에서의 당연한 처세론을 언급하는 정도에서 끝나버리면 싱겁습니다. 해서, 저는 다음과 같이 성찰해봅니다.

다툰다는 것. 그것 좋은 겁니다. 왜냐하면 인류의 정신사는 대개 배부른 돼지들보다 결핍에 예민한 불평불만의 문제아들이 따지고, 좌절하고, 분노하며 창출해내는 세계이기때문입니다.

그러므로 문제는 다툼(경쟁) 그 자체보다 그 다툼(경쟁)을 통해서 우리가 서로 얼마나 진화할 수 있으며, 성숙하게 변형될 수 있는가 하는 것일 겁니다.

■ 다석어록

유교 하는 사람들은 응무소주이생기심(應無所住而生其心)은 배척하나 주일무적(主一無適)은 반대하지 않는다. 주역(周易)의 정신에서는 「응무소주이생기심」을 「주일무적」이라 한다. 무적(無適)이란 갈 데가 없다는 뜻이다. 적(適)은 입에 맞는 음식을 배불리 먹었다는 뜻으로 무적(無適)은 입에 맞는 것이 없어서 안간다는 것이다. 안간다는 뜻은 가서 묵지 않겠다는 뜻이다.

■ 비점담론

다석은 "이 주일(主一)이 없으면 자수성가(自手成家)하지 못한다. 주일무적(主一無適)이라. 얌전한 사람은 대성(大成)을 하지 못한다."라고 말하기도 했습니다.

다석은 기독교인이면서도 주역과 금강경과 근사록을 읽으셨군요. 금강경은 저도 알지요. 근사록은 십년마다 한 번씩 읽어보는 책입니다. 주역서는 종종 보는 편입니다.

그런데 제가 주일무적(主一無適)이라는 구절을 처음으로 보게 된 것은 김혁제 님의 논어집주(제1권)에서 였습니다.

그리고 두 번째로 본 것은 근사록(제4권)에서 였습니다.

그리고 주일(主一)에 관한 공부론은 전습록(상권)에서 배운 적이 있습니다.

그러나 주역에서는 아직 주일무적(主一無適)이라는 구절을 읽어보지 못하였습니다.

그런데 다석은 이 주일무적(主一無適)에 대해 이토록 강조하시니, 저도 이번 기회에 이 주일무적(主一無適)에 대하여 뿌리를 아주 뽑아버리는 생각을 한번 해보기로 합니다.

주일무적(主一無適)의 주(主)는 '주로 삼는다, 지킨다' 는 뜻이고, 일(一)은 '오로지 한결같음' 이라는 뜻입니다.

그러니까 주일(主一)은 '한결같음을 위주로 한다, 통일(일원)을 위주로 한다, 하나(一元)를 중심으로 한다' 라고 풀이할 수 있습니다.

그런데 무엇을 한결같이 하고, 무엇을 통일하고, 무엇을 중심으로 하는가 하면, 자기의 마음가짐과 몸가짐을 한결같이 합니다. 즉 한결같은 몸가짐과 마음가짐에만 집중하고 전념하고 열중한다는 것입니다.

그리고 주일무적(主一無適)의 무적(無適)은 직역하면 갈 데가 없는 것이라는 뜻이지만 풀어서 설명하면, 다른 데로 분산됨이 없다는 뜻입니다. 즉, 마음이 밖으로 치달려 나가지 않는다는 것, 마음이 다른 곳으로 찾아가지 않는다는 것, 마음이 다른 것으로 분산됨이 없다는 것입니다.

그러니까 자신의 몸가짐과 마음가짐을 한결같이 집중하고, 전념하고 열중해서 다른 것에는 이끌려 가지 않는다는 것입니다.

그래서 주희는 주일무적(主一無適)에 대해 "주일무적에서 하나를 위주로 한다는 것은 오로지 마음을 한결같이 하여 다른 생각이 거기에 섞이지 않는다는 뜻이다." 라고 해설했을 것입니다.

그러니까 근사록(제4권)에 나오는 말처럼 "공경(敬)함은 한결같은 마음을 위주로 하는 것이 가장 좋다"는 것입니다.

그리고 어떤 책에 보니, 주일무적(主一無適)을 미발(未發: 희노애락의 감정이 생기기 이전의 상태로서의 中)과 이발(已發: 희노애락의 감정이 생겨난 이후의 상태로서의 和)로 설명하는 방법도 소개되고 있군요.

이상이 주일무적(主一無適)에 관해 제가 이해하는 글자풀이입니다.

그러면 이제 구체적으로 논어집주와 근사록의 내용으로 좀 더 들어가 보겠습니다.

논어집주 제1권(학이편 집주)에 보면, "공자가 말하기를 전차(戰車) 천대를 동원할 수 있는 나라를 통치할 때에는 경건한 일을 믿음으로 하고, 국가의 씀씀이를 절약하게 하고, 사람을 사랑하며 민중을 동원하여 일을 시킬 때에는 시기를 잘 선택해야 한다.(논어 제1편 5)" 는 대목이 나옵니다.

여기서 경건한 일(敬事: 일을 경건하고 신중한 자세로 받들고 집행한다는 것, 또는 정치의 일을 천도(天道) 위주로 경건하게 처리해서 인덕을 세운다는 것)에 관한 설명문에서 "경자주일무적지위(敬者主一無適之謂)"라고 했습니다.

즉 "경이라고 하는 것은 주일무적(主一無適)이라고 한다"는 것입니다. 그러니까, 주일은 경(敬)의 뜻이고, 경은 무적(無適)의 뜻이라는 것입니다.

이 말은 정이천의 사상입니다. 정이천은 근사록(제4권 52)에서 "종묘에서는 공경(敬)을 위주로 제사를 받들고, 조정에서는 장중함을 위주로 정사를 집행하고, 군대에서는 엄정함을 위주로 규율을 지켜야 한다."라고 가르친 바 있습니다.

그러면 무엇에 대한 경(敬)인가 하면, 일(一)에 대한 공경인데, 일(一)이란 만물의 근본(一者萬物之本也) 이라고 합니다.

그러면 어떤 것이 만물의 근본인가? 이에 대해서는 《설문》에 "아득히 먼 태초에 도가 하나에서 나타나 서고, 다음에 하늘과 땅이 나누어지고, 그리고 만물이 변화해서 만들어졌다."고 설명합니다.

한국민족의 고전인 《천부경》에도 "무(No-thing)에서 시작한 하나는 삼극(三極; 천지인(天地人))으로 나누어도 근본은 다함이 없다."는 통찰이 있습니다.

그러니까 일(一)은 도의 토대인 셈입니다. 그래서 신유학자들과 양명학자들은 일(一)을 유일무이한 절대의 천도(우주의 법칙), 도리(도의 이치), 천리(하늘의 이치)라고 말할 수 있었을 것입니다.

근사록(제4권 37-38)에서 정명도는 "지극한 공경(恭敬)을 다해야만이 상제(上帝, 天帝)를 섬길 수 있다. 공경(恭敬)은 모든 간사한 것을 이길 수 있다."라고 말한 바 있습니다.

아마도 다석은 바로 이러한 정명도의 영향을 받아서 주일(主一)을 '하나님의 뜻' 이라고 새기며 주관적인 자유연상(自由聯想)을 했을 것입니다.

그러니까, 다석의 사고방식으로 말한다면, 주일(主一)이나 경(敬)은 오로지 하나님에게만 전일하고 전념하고 집중하면서 다른 것은 찾지않는 것을 뜻합니다.

이것은 모든 기독교인들이 "하나님만이 절대 최고의 주님이니, 오로지 하나님만 믿고, 다른 것에는 일절 찾아가지 말라."고 말하는 사고방식과 똑같은 생각입니다.[13]

그러나 주일무적(主一無適)에 대해 저는 다음과 같이 말하고 싶습니다.

즉, 어떤 책에 보니 주일무적(主一無適)은 이순신 장군의 철학이라고 하는데, 이럴경우에는 오로지 일본군대의 침략에 맞서서 나라와 민족의 수호만 생각하지 다른 것은 일체 생각하지 않는다는 것입니다. 참으로 이순신 장군은 백의종군을 해도 오직 나라와 민족의 안보를 위해 자신을 바칠 정도로 위대한 장군입니다.

이에 비해 어느 일파의 종교적인 교세확장을 위한 이기적인 주일무적(主一無適)은 정말 사악한 것의 최고라고 단정지을 수 있습니다. 실례를 든다면 영생교의 교주같은 사람들이 이에 해당됩니다.

다석은 말하기를 "유교하는 사람들은 응무소주이생기심(應無所住而生其心)은 배척하나 주일무적(主一無適)은 반대하지 않는다. 주역(周易)의 정신에서는 '응무소주이생기심'을 '주일무적'이라한다."라고 했습니다.

하지만 이것은 정확한 지식과 깨달음에 입각한 종교비교론이 아닙니다. 왜냐하면 유교와 불교는 서로 다른 것이기때문입니다.

불교와 유교가 어떻게 다른가 하면, 제가 한번 설명해보겠습니다.

---

13) 《이상한 나라의 앨리스》에서 나오는 이야기이다. 달걀 인형 험프티 덤프티가 말했다. "내가 어떤 단어를 사용할 때, 그 단어는 단지 내가 그걸로 의미하고 싶은 딱 그것만을 의미할 뿐이야. 더도 덜도 아니지." 그러자 앨리스가 대답했다. "문제는 네가 단어를 가지고 수없이 많은 다른 의미를 갖게 할 수 있다는 데 있지."

응무소주이생기심이라는 문구가 적혀 있는 나집역의 금강경은 반야경입니다. 반야경이란 대승불교 반야부 경전이라는 뜻입니다.

이 모든 반야부 사상으로 본다면, 응무소주이생기심(마땅히 집착하는 바가 없이 그 마음을 낸다)의 무(無)는 허무한 무가 아니라 수많은 원인과 조건에 의해 생성하거나 소멸하는 것이기에 공(空)이요, 무(無)입니다.

그런데 일반사회의 거의 모든 사람들은 이 무를 허무적으로 덧없는 무로 봅니다. 물론 일체무상(一切無常)하지요. 그러나 왜 무상한가하면 허무하기 때문에 무상한 것이 아니라 모든 것이 인연기멸(因緣起滅)의 공이기 때문에 무상한 것이다, 라고 말하는 것이 올바른 불교이해입니다.

그리고 불교는 인연기멸의 공의 진리를 가르치기 때문에 그 어떤 일(一)을 설정하지 않습니다. 일(一)도 없다는 것이지요. 왜냐하면 일(一)이라는 자체성(自體性: 자체의 본성 그 자체)이나 본체성(本體性)은 존재하지 않는다고 통찰하기 때문입니다.

그러므로 필자가 금강반야경의 사상에서 터득한 통찰력으로 말한다면, 주일(主一)은 주(主)도 없고, 일(一)도 없다는 것입니다.

왜냐하면 고정불변으로 주(主)할 것도 없기때문이요, 일(一)이라고 하는 자성이나 본체성이 없기때문입니다.

그리고 또, 무적(無適)도 '갈 곳이 없을 뿐만 아니라 올 곳도 없다' 는 것입니다. 왜냐하면 가는 곳과 오는 곳의 자체성(실체성, 본체성)이 있는 것이 아니기 때문입니다.

그래서 금강경은 '찾아 갈 외부장소(物)도 없고 찾아갈 내부장소(心)도 없다' 는 경지에 부합되는 가르침이라고 할 수 있습니다.

금강경의 사상은 유주(有主)가 아니라 무주(無主)입니다. 무주(無主)라는 말은 "주체가 없다, 자성이 없다, 본체성이 없다"는 의미입니다.

그러므로 전일(專一)할 일(一)의 주체성이나 자성은 없다고 저는 말하는 것입니다.

이렇게 유가와 불가는 서로 문제를 다루는 성격이나 기질이 다른 것이고, 그 사고방식이나 언어구사하는 방식도 서로 다른 것입니다.

주역이나 논어는, 대인관계의 판이나 세속의 윤리도덕의 질서 확립을 위한 일종의 사회정치철학서 같은 것에 비해, 금강경은 보살도(불교의 실천철학)마저 넘어서는 즉비시명(卽非是名)의 논리학도 가르치지요.

금강경의 즉비시명 논리로 말한다면, 중국 신유학자들과 양명학자들이 말하는 유일무이한 절대의 천도(우주의 법칙), 도리(도의 이치), 천리(하늘의 이치)도 고정된 것이 아닙니다.

왜냐하면 이 우주세계도 무수한 인연법으로 생겨난 것이기때문입니다.

그리고 근사록(제4권)에서, 정이천은 "공경하면 스스로 허정(虛靜)이 되지만, 허정을 공경이라고 해서는 안된다."고 잘라 말하고 있습니다. 이것은 선불교의 좌선으로 얻는 경지를 비판하는 말이기도 합니다.

그러나 내가 이해하는 불교는 허정론(虛靜論)이 아닙니다. 진지한 유학자들은 금강경에 이르기를 "실(實)도 없고, 허(虛)도 없다"고 한 가르침의 의미를 이해해야 할 것입니다.

그러므로 다석이 설하는 주일무적(主一無適)의 경지는 기독교 신학이나 힌두교 사상과 서로 내통할 수 있는 것이지 석가모니의 근본불교와 대승불교 반야사상과는 서로 통하는 것이 아닙니다.

생각건대, 불교는 공자 맹자나 신유학 성리학자들의 사상에 비추어보는 것보다는 차라리 장자에 비추어보는 것이 더 좋습니다.

《장자(지북유)》에 보면 주일무적(主一無適)과 같은 경지를 보여주는 대목이 있는데, 그것은 대사마의 집 대장장이의 말입니다.

이 대장장이는 80세 고령인데, 자신의 경험담을 대사마에게 말하기를 "저는 지키고 있습니다. 저는 20세부터 갈고기 치기를 좋아했는데, 이 갈고기 칠 때에는 다른 물건은 보지 않았으며, 갈고기가 아니면 추호도 관심을 갖지 않았습니다."라고 하였습니다.

이것은 도를 닦는데 있어서 '지킨다(有守)'는 것도 마찬가지로 자기 마음과 뜻을 오로지 한 가지에만 집중하고 다른 것은 듣지도 보지도 않는다는 것입니다.

그러나 이러한 지키는 경지(有守, 主一無適)도 마음을 청정하게 하고 도를 깨닫는 수준에서만 가치가 있는 것이지, 더 나아가 시간과 공간을 초월하고, 생사를 초월해버리면, 지키는 것(有守, 主一無適)은 더 이상 필요가 없어지는 것입니다. 이것이 저의 안목입니다.

■ 다석어록

4백조의 살알(세포)이 하나로 뭉치어 유기체를 이룰 때에 여기에 개성이랄까, 성격이랄까, 한 인격이 나타나는 것은 참으로 신비하다고 아니 할 수 없다. 4백조의 살알이 여기에 살알(세포)을 넘어서는 인격이 생긴다는 것은 이상한 일이다. 4백조 살알(세포)이 저마다 정신을 차릴 때에 놀라운 전체 정신인 영원한 인격이 구성되는 것이 아닌지 모르겠다.

성찰하건대, 나라고 하는 것은 실체가 아닙니다. 왜냐하면 나라고 하는 개체는 60조 미생물의 조합물이기때문입니다.

그리고 60조 미생물들이 상호작용을 일으켜 마음이라는 물질을 생산해냅니다.

만약 나를 구성하고 있는 60조 미생물들이 제각기 따로 떨어져 나간다면, 나라고 하는 개체는 분해되고 없어지는 것입니다.

이렇게 나라고 하는 개체는 실체가 아니라 관계성의 산물입니다. 바로 이것이 왜 불교에서 '개체는 무아다' 라고 설명하는가 하는 이유입니다.

그런데 다석이 말하는 "4백조 세포가 저마다 정신을 차릴 때에 놀라운 전체정신인 영원한 인격을 구성한다."라는 관념은 그가 무아상과 무인상과 무중생상과 무수자상이 무엇을 의미하는 깨달음인지 아직 모르고 있다는 증거입니다.

세포 하나하나는 영생불변하며 독립독존적인 작용을 하지 못하는 것입니다. 이 세포는 무수한 다른 세포들과 상호작용함으로 인해서 비로소 나타나는 생체 전기 화학적인 움직임입니다.

■ 다석어록

옛날 중국의 육상산이 어릴 때 아버지에게 우주가 무엇이냐고 물었다고 한다. 아버지는 어이 없어 웃고 말았다고 한다. 그러자 육상산은 다른 사람으로부터 우주가 허공이라는 말을 듣고는 "우주가 내 안에 있고 내가 우주 안에 있다"라고 했다 한다.

어린 육상산은 우주가 허공이라는 것을 알고는 내가 우주와 한통속인 것
을 느꼈던 모양이다.

■ 비점담론

더 철저하게 말한다면, 우주가 내안에 있는 것이 아니라 내가 바로 우주입
니다. 그리고 내가 우주안에 있는 것이 아니라 우주가 바로 나입니다.

그런데 문제는 나와 이 우주에는 그 어떤 본체성(또는 자체성, 정체성, 실체
성, 자성)이 없다는 것입니다. 왜냐하면 나와 이 우주는 무수한 원인과 조건
에 의해 150억 년 전에 생겨난 것이기 때문입니다.

■ 다석어록

작을 소(小)는 땅위에 나는 싹을 그린 것과 같지만 또한 양쪽에 깃을 지닌
새의 모습과 같다

■ 비점담론

극대가 극소를 낳기도 하지만, 극소가 극대를 낳기도 합니다.

다석은 '양쪽 깃을 지닌 새'에 대해 말하고 있지만, 저는 날개가 없이도
새보다 더 멀리 날아가고 있는 바로 이 지구에 대하여 말하고 싶습니다.

■ 다석어록

인(認)자는 말씀언(言)변에 칼도(刀)와 마음심(心)으로 되었는데 알아준다
는 뜻이다.

■ 비점담론

인정해주고 알아준다는 것은, 반드시 상대방의 말을 들어보고, 꼭 상대방에게 칼을 휘둘러 보고, 또 상대방과 마음을 반드시 맞추어 보아야만 되는 것은 아닙니다.

백아와 종자기 같은 그런 지음지기(知音知己)도 있습니다.

그런데 인정받으면 기쁘고, 인정받지 못하면 슬픈 건가요?

아니면, 누가 인정하든 인정하지 않든 그냥 제가 좋아서 하는 일이라면, 네가 인정받고 안받고가 무슨 상관 있겠습니까?

이시영 시인의 〈시〉라는 시가 생각납니다.

"화살 하나가 공중을 가르고 과녁에 박혀 전신을 떨듯이. 나는 나의 언어가 바람 속을 뚫고 누군가의 가슴에 닿아 마구 떨리면서 깊어졌으면 좋겠다. 불씨처럼, 아니 온몸의 사랑의 첫 발성처럼."

■ 다석어록

참 과학은 철학이다.

■ 비점담론

실험과학자들은 그저 증명이나 응용에 급급하지만, 이론과학자들은 마치 철학자 이상으로 철학적인 사고를 하는 분들 같습니다.

실제로, 더 이상 진전이 없는 과학은 철학에 의해서 돌파구를 찾아내고, 철학은 과학에 의해 그 진정성을 수확합니다.

생각건대, 양자물리학의 세계와 불교의 인연무아론과 진공묘유(眞空妙有)

의 세계관은 완전히 서로 부합되는 진리의 세계입니다.

이 점을 생각하면, 참 과학은 철학적이어야 하고, 참 철학은 과학적이어야 할 것입니다.

나는 프레드 호일, 닐스 보어, 하이젠베르크, 스티븐 와인버그, 리처드 파인만, B.러셀, 다윈, 자크모노, 리처드 르원틴, 리처드 도킨스, 빅터 스텐지, 태너 에디스, 에밀 주커캔들, 피터 앳킨스 등과 같은 정신과 지성을 가진 과학자들을 아주 좋아합니다. 나는 존 부록만이 엮은 책 《위험한 생각들》을 아주 좋아합니다.

■ 다석어록

한아님께 예배드리는 극치는 하루에 한끼씩 먹는 일이다. 내 몸으로 산 제사를 지내는 일이기때문이다.

■ 비점담론

하루 한끼 먹든, 하루 두끼 먹든 식생활의 습관은 건강과 장수를 위한 것입니다. 누가 뭐라고 말하겠습니까? 하지만 하루 한끼 먹는 식생활이 무슨 자랑이 된다고 감히 하나님 또는 부처님께 내 몸으로 올리는 산 제사 운운 하십니까?

이런 식으로 말할 수 있는 것이라면, 하루 한끼 먹는 것만 예배가 되겠습니까? 부부나 연인간의 섹스도 하나님께 드리는 뜨겁게 살아있는 예배라고 할 수 있을 겁니다.

실제로 후기불교에는 성에너지를 통해 부처(깨달음과 자기순화)를 이룬다는 가르침이 있습니다. 좌도 탄트라 불교입니다.

그런데 내 경우로 말해본다면, 내 일상의 생활이 곧 제사요, 기도요, 참선입니다. 왜냐하면 내 덧없는 삶이야말로 지금 나에게는 가장 소중한 가치요 보람있는 것이요, 천상천하유아독존의 부처이기때문입니다.

■ 다석어록

믿(信)이라는 말은 밀(推)다는 말이 믿이 되었다. 밀어나간다는 것은 밀어 올린다는 뜻으로 추리라는 말이 있다.

■ 비점담론

믿음과 의심은 같은 뜻의 말입니다. 그러나 굳이 선택하라면 나는 의심을 택합니다. 왜냐하면 나는 돼지가 아니라 사상가이기 때문입니다.

■ 다석어록

제도의 제(制)는 물가수(洙)가 변한 것이다. 나무가 흩트러지지 않게 가로 질러 묶은 것이다. 그 옆에는 견제한다는 뜻으로 큰 칼을 갖다 놓은 것이다. 도는 한도를 말한다. 이 한도로 묶어진 나무가 흩트러지면 안된다는 것이 제도이다. 제도는 법이고 법이라는 것이 예가 된다. 이 예가 잘못하면 그 제도가 사람을 쥐어 못살게 한다. 제도가 그 구실을 넘어 사람을 누른다. 이렇게 되면 못견딘다. 이것은 혁명을 해야 한다. 제도가 사람을 따라야지 사람이 제도를 따르는 것은 아니다.

사람을 누르는 것은 정치의 제도뿐만 아니라 권력과 세력을 갖고 있는 종교단체도 마찬가지입니다. 그래서 나는 유교와 불교와 기독교와 카토릭의 교주들이 망해야 맨사람의 정신(휴머니즘)이 비로소 살아날 것이라고 말합니다.

나는 오늘 《천사와 악마(2009)》라는 영화를 보았습니다. 정말 졸작(拙作)입니다.

생각건대, 바티칸은 종교의 이름으로 이 세상에서 영원히(?) 지속하는 권력단체입니다. 정치권력보다 더 영구한 권력을 만들어내는 조직단체가 인간세계의 최강자 입니다. 이 점에서 종교단체는 정치권력보다 더 길고 오래가는 큰 권력단체입니다.

이 권력단체는 온갖 장엄한 종교적 건축, 조각, 회화를 예술문화의 멋으로 삼으며, 또 신자들의 무조건적인 신앙심을 그 에너지 원(原)으로 삼고 있는 것입니다. 하지만 "회칠한 무덤같이 겉은 아름답게 보이지만, 그 안에는 죽은 시체의 뼈와 온갖 더러운 것이 가득하도다!(마태복음 23장 37절, 또는 23장 25–26절도 참조)"라는 예수의 말이 생각납니다.

예수의 이름으로 수많은 남녀노소 할 것이 없이 살육한 십자군 전쟁! 예수의 이름으로 수많은 사람들을 고문, 자백, 처형 학살한 종교재판! 예수의 이름으로 이백만명의 여성들을 마녀로 몰아 강간, 화형시키거나, 개처럼 죽인 여자사냥! 예수의 이름으로 정통과 이단이라는 교파를 분리하여 추방과 처형을 반복한 폭력과 저주! 예수의 이름으로 미국 원주민 인디언들을 학살한 폭력과 탐욕!

관심있는 분은 조찬선(1917–) 목사의 역작 《기독교 죄악사(2000)》와 미셀

옹프레(1959-)가 쓴 《무신학의 탄생(강주헌 번역)》과 김선주의 《한국교회의 일곱 가지 죄악(2009)》을 참조해보시기 바랍니다.

조찬선[14] 목사는 MBC TV 인터뷰에서 "기독교만큼 사람을 많이 죽인 단체가 없습니다."라고 말한 바 있습니다.

■ 다석어록

공자가 말하기를, 나를 몰라주는 것을 걱정하지 말라. 내가 남을 몰라주고 내가 사람이 무엇인지를 모르는 것을 걱정하라고 하였다. 남이 나를 몰라주어도 노여워하지 않겠다. 왜 그러냐 하면 생전에 영 동지 하나를 얻지 못하고 알아주지 못하는데도 노여워하지 않으면 그것 역시 그이가 되는 것이 아닌가. 그리스도나 공자가 걸어온 길이 바로 이 좁은 길이었다.

■ 비점담론

알아주면 좋지요. 하지만 몰라주어도 원망하지 않습니다.

나는 그저 이 세상에서 죽기 전에, 자기가 가장 하고 싶은 일을 하는 사람으로서, 이것만으로도 충분히 행복합니다. 비록 제가 처해 있는 환경과 조건이 열악한 것일지라도.

---

14) 조찬선(1917-) 목사는 동경 신학대학, Asbury Theological Seminary, Boston University School of Theology에서 수학했다. 목원대학, 감리교 신학대학, 이화 여자대학교 교수를 지냈으며 이화 여자대학교에서 교목 실장, 대학교 교회 담임목사로 봉직했다. 또한 전국 기독교학교 교목회장 및 Yuin University 부총장을 역임했다. 조찬선 목사는 감리교 신학대학(서울 서대문구) 교수, 이화여자대학교 교수, 대학 교목실장, 대학교회 담임목사, 목원대학 교수, 전국 기독교학교 교목회장, 미국 연합감리교에서 목회 후 정년 은퇴한 분이다.

이 사람이 60여년 전에 어머니의 배를 차고 나와서 지금 지구라는 어머니의 뱃속에 있다. 멀지 않아 이 배를 버리고 다른 배를 타게 된다. 나는 이렇게 생각하고 있다.

다석은 1957년도에도 "죽음이란 어린애가 만삭이 되어 어머니 배 밖으로 나가는 것이다. 지구는 어머니 배나 마찬가지다. 어린애가 뱃속에서 열달 동안 있듯이 사람이 백년동안 지구에 있다가 때가 되면 지구를 박차고 나가는 것이 죽음이라고 생각한다."고 쓴 바 있습니다.

죽음을 이렇게 능동적으로 희망적으로 의지적으로 표현하는 것은 예수교인 답습니다.

그러나 나의 사고방식은 죽음을 낙엽처럼 생각합니다. 나무가 놓아버리는 낙엽, 떨어지는 낙엽은 방하착(放下着)의 모습입니다. 만사방하착(萬事放下着).

불교에서는 죽음을 열반, 누진, 소진, 멸진, 무화(無化), 환원(還元)이라고 합니다.

우주는 늘 움직여 늘 나가는 가운데 있다. 이제라고 할 때도 이제의 '이'는 벌써 말 떨어지자 나가버린다. 시간의 현재, 미래, 과거라는 것이 확실히 있는지, 없는지 알 수 없다. 있다면 한번 그 놈의 이제를 꼭 한번 붙잡아 보았으면 무슨 수가 있겠는데 도저히 그럴 수가 없다.

■ 비점담론

나집역의 금강경에 "여래가 설하기를, 모든 마음은 다 마음이 아니니, 이 명칭이 마음이다. 어째서그런가 하면, 과거의 마음을 얻을 수 없고, 현재의 마음도 얻을 수 없고, 미래의 마음도 얻을 수 없기 때문이다." 라는 구절이 있습니다.

참고로 이 문제에 관련된 담론이 용수보살의 《중론(제2장 가는 것과 오는 것에 관한 고찰)》에 나오니, 확인해보시고 깨달음을 얻으시기 바랍니다.

■ 다석어록

오늘이 12월 21일이다. 내일이 22일인데 동짓(冬至)날이다. 이 겨울동(冬)자는 마침종(終)자와 같다. 겨울동(冬) 옆에 물레에서 뽑아놓은 실 한 타래를 묶어 놓은 것이 그것이다. 그래서 일을 마친다. 우리가 겨울이 닥쳤으니 벌써 올래도 다 갔다 1956년이 끝났다, 이렇게 보게 된다.

■ 비점담론

아주 옛날에는 동짓날이 새해 원년이었다고 합니다. 성찰하건대, 종말은 새로운 시작입니다. 달력은 천지자연의 기후물리적인 변화를 표시해 둔 것입니다. 오늘은 제 어머니가 나를 임신한지 4개월 되는 달입니다.

예수라는 종교를 나는 모른다. 마구간에서 나서 30세까지 목수 노릇을 하며 살다가 마지막 3년 동안 가르침을 주었는데 세상 사람들의 오해를 받아서 나중에는 극형을 당하고 말았다.

서른살(30세)이란 설익은 나이(단계, 시절, 때)입니다. 그래서 매사에 약간 덜된 상태이기도 하고 설익은 행동을 나타내기도 합니다. 그러니까 서른살(30세)이란 아직 약간 덜된 상태이기는 하지만 점점 익어가는 상태의 운동진행을 나타내는 나이(단계, 시절, 때)입니다.

이런 나이에 예수는 십자가형을 받아 "나의 하나님! 나의 하나님! 어찌하여 나를 버리셨습니까!"라고 외치며 처참하게 죽었습니다. 예수가 십자가 처형을 당한 죄목은 예수가 자칭 유태인의 왕이라고 주장하고 다녔기에 유대교 성직자들이 당국에 반역자로 고소했기 때문입니다. 이밖에 또 예수는 하나님을 자기의 친아버지라고 하면서 자신을 하나님과 동등하게 삼은 것이 문제가 되었습니다.(요한복음 5장 18절 참조) 무한한 연민을 일으키게 하는 청년 예수. 그러나 예수가 십자가에서 죽음(고통)을 당한 것은 정말 대단한 일과 의미라고 생각합니다. 내가 만약 인생의 온갖 불행을 몸소 겪어보지 않았다면, 어떻게 그의 고난과 심오한 부활(새로운 삶)의 의미를 이해할 수 있겠습니까? 대승불교에서는 부처의 부활을 화신(化身)과 법신(法身)과 응신(應身)으로 설명합니다. 어쨌든.

그런데 터틀리아누스(160-220)는 이러한 예수를 신으로 숭앙하며 "우리는 예수 그리스도가 오신 이후에는 더 이상 탐구를 필요로 하지 않으며, 복음이 전파된 이후에는 더 이상의 연구도 필요로 하지 않는다. 믿음 이외에는 더 이상 필요한 것이 없다. 왜냐하면 믿음이 으뜸가는 것이기 때문이다. 믿음을 넘어서 우리가 또 믿어야 할 것은 더 이상 없다."고 말하고 있으니, 인간의 신앙심이란 정말 무서운 것이라고 여겨집니다.

■ 다석어록

나로서는 학교에 다니는 것을 반대하는 사람이다.

■ 비점담론

일제시대 오산학교의 교장 선생님까지 하셨던 분이 이런 말씀을 하시는 것은 놀라운 일입니다.

함석헌(1901.1.23-1989.2.4) 선생은 자기가 대학교에 못 다닌 것을 한(恨)스럽게 아쉬워하며 스스로도 무슨 치명적인 약점이 있는 것처럼 고백하곤 했습니다.

이에 비해 다석은 "나로서는 학교에 다니는 것을 반대하는 사람이다."라는 말씀을 하시는 것을 보면, 다석은 역시 함석헌 선생보다 더 높은 경지에 있는 분이라는 것을 알겠습니다.

언젠가 TV토론회에서 사회자가 김대중 대통령(제 15대 대통령 재위기간; 1998-2003)에게도 "다시 20대로 돌아가면 무엇을 하겠느냐?"고 물은 적이 있습니다. 그때 김대중 대통령은 "저는 정상적으로 대학생활을 해보지 못했던 게 한(恨)으로 남아 있습니다. 그래서 우선 열심히 공부해서 대학에 가고 싶습니다"라고 말했습니다.

김대중 대통령은 나중에 《새로운 시작을 위하여》라는 자서전적인 책에서 다음과 같이 쓴 바 있습니다. "역설 같지만 오늘의 내가 있게 된 것은, 어쩌면 내가 대학을 가지 않았기 때문인지도 모릅니다. 나는 대학을 다니지 못한 콤플렉스에 눌려 지낸 것이 아니라 그것을 자기개발 의지로 승화시킨 것입니다."

■ 다석어록

누가복음 15장에 있는 탕자 이야기가 불경 《법화경》에도 같은 탕자 얘기가 있다. 예수이전에 불교에 이미 있었다. 인도의 불교가 아랍으로 가고 아랍에서 팔레스타인으로 어떻게 간 것인지는 모르겠다. 우리는 이 점 깊이 한번 생각을 하여야 되겠다.

■ 비점담론

다석께서 "예수이전에 불교에 이미 있었다. 인도의 불교가 아랍으로 가고 아랍에서 팔레스타인으로 어떻게 간 것인지는 모르겠다."고 하셨으니, 다석과 그의 제자들에게 민희식(1934-) 교수의 《법화경과 신약성서(블루리본, 2007년)》《성서의 뿌리와 이해》《토마스 사상에 나타난 불교사상》을 소개합니다.

윤청광 거사도 1987년에 《성경과 불경, 어느 쪽이 베꼈는가》라는 책을 낸 적이 있습니다. 예수교계의 경우는 어떤지 모르겠습니다.

자살은 죄라고 한다. 그것은 너의 생명은 한아님의 것이라 네 맘대로 처리하면 안된다는 것이다. 그러나 나는 생명을 비워 버리는 것을 시인한다. 죽는 것이 지금보다 나은 것이라면 죽어야 한다.

다석은 다른 데에서 말하기를 "이렇게 죽어야 다음 세대가 좀 살아난다. 얼굴은 쭈그러지고 나이는 일흔이 넘게 늙어서 나는 병이 하나 없다고 자랑한다. 그건 거짓말이다. 여든 아흔이 넘어서 무슨 건강이 있는 것인가. 죽을 때 죽을 수 있는 사람이 되어야 한다. 이래야 사람이 가치있게 보이지 않겠는가."라고 하였습니다.

요즘 한국의 노인들은 죽지 않고 건강하게 오래 오래 살기만 하고, 미래를 책임 질 아기들은 태어나지 않고 있습니다. 노령화 시대입니다. 그런데 다석은 90년이 넘도록 살다 가셨는데 이런 말씀 할 자격이 있습니까?

스티븐 호킹 박사같은 사람은 오래 살아도 가치가 있고 인류발전에 공헌하는 바가 많지만, 보통의 늙은이들은 일년내내 두꺼운 인문학 책 한권 읽지 않으며 그저 하루 종일 텔레비 보고, 화장실 가고, 밥 먹고, 밥 그릇 씻고, 또 테레비 보고, 자고, 또 일어나고, 테레비 보고. 이렇게 살 바에야 다석의 말처럼 죽는 게 낳습니다. 그저 식물인간이 될지라도 무조건 오래 살고 보는 것(불로장생학)만이 문제해결방법은 아니지요.

나더러 어떤 사람이 "예수를 믿으십니까? 선생님은 기도도 안하시고, 교회에도 안가시지요? 찬미도 안하시지요?" 라고 묻는다.

■ 비점담론

《마태복음(7장 21–23절)》에서 예수는 "주여! 주여! 하는 사람이 모두 하늘나라에 들어가는 것은 아니다. 하늘에 계신 내 아버지의 뜻을 실천하는 사람이어야 하늘나라에 들어갈 수 있다."고 설교한 바 있습니다.

신앙심이 매우 깊은 종교인들은 스티븐 아터 번과 잭 펠톤이 쓴 《해로운 믿음》에서 부록으로 실려 있는 〈당신에게 해로운 믿음이 있는지를 점검하기 위한 질문서〉를 이용해보시기 바랍니다.

안셀무스(1033–1109)는 《프로슬로기온》에서[15] "주여, 나는 당신의 깊은 곳까지 파고 들어가지 않습니다. 왜냐하면 나의 정신은 어떤 방식으로든 당신의 깊이를 감당할 수 없기 때문입니다. 하지만 제 마음이 믿고 사랑하는 당신의 진리를 조금은 압니다. 그리고 또, 믿기 위해 알고자 하는 것이 아니라 알기 위해 믿습니다. 그리고 믿지 않는다면 결코 알 수도 없다는 사실을 믿습니다."라고 쓴 바 있습니다. 타력신앙의 종교란 이렇게 참 무서운 것이라고 여겨집니다.

나는 안셀무스의 이런 관념보다는 "지성은 최고의 힘이며, 가장 완전한

---

15) 안셀무스(1033–1109)의 《프로슬로기온》은 박승찬 번역으로 아카넷 출판사(2002년)에서 출간되어 있으니 관심있는 분은 참고해보시기 바란다.

현시(顯示)이다." 라는 M.에크하르트의 순수한 지성을 좋아합니다. 스티븐 힐러가 쓴 《영지주의(Gnosticism)》 이재길 번역, 샨티(2006)출판사, 228-229쪽에 보면, 영지주의와 불교의 공통점(유사성)을 비교한 에드워드 콘즈의 글이 있으니, 관심있는 분은 참고해보시기 바랍니다.

생각건대, 교회조직으로 경영과 영향력을 추구하는 기존의 예수교와 무교회주의적이고, 성경 자체를 중시하는 다석의 예수교는 서로 다른 것입니다.

물론, 다석의 무교회주의적인 종교성격은 일본의 우찌무라 간조로부터 영향을 받은 것입니다. 그리고 또, 다석은 중국의 유교와 도교와 불교를 위시하여 많은 고전을 도용하여 모방 인용한 것입니다. 이래서 다석의 예수교는 절충주의(Syncretism)입니다.

다석(1890-1981)의 예수교 사상은 기존의 예수교 수준보다는 훨씬 더 풍요한 것입니다. 하지만 다석 류영모와 신천 함석헌의 사상이라는 것도 석가모니 불교의 눈으로 관찰해보면 믿음(신앙심)을 강조하는 예수의 손바닥을 벗어나지 못한 수준이라고 보여집니다.

더욱이 나의 관점에서 감히 말한다면, 모름지기 자유로운 사상가란 자기 종단(종파)적인 종교와 자기애(自己愛)조차도 근원적으로 부정하고 초월하는 체험이 있어야 합니다. 그리고 또, 하나님(절대신)이라는 관념과 신앙심이 없어야 사실 그대로의 진리를 보고, 알고, 담론할 수 있다고 생각합니다.

거듭 생각건대, "하나의 제도로서의 종교, 하나의 궁극적인 목적으로서의 교회, 또는 종교자체를 위한 종교는 우상 숭배다."라고 설파한 A.J.헤셀의 말은 정확합니다. 그리고 "하나님이 주신 계시(啓示)는 종교의 폐지다."라는 칼 바르트의 명제는 진실한 것입니다.[16] 그러나 불교지성인들에게는 하나님

(절대신)과 성경 자체도 폐지의 대상입니다. 왜냐하면 하나님과 교회 또는 성경도 인간이 만든 것이기 때문입니다.

바울이 쓴 《고린도전서(13장11절)》의 글을 약간 비틀어서 인용한다면, "내가 어렸을 때에는 믿는 것이 어린아이와 같고, 말하고 생각하고 판단하는 것이 어린아이와 같았지만, 어른이 되어서는 그런 아이와 같은 짓들을 모두 버렸습니다." 하지만 내가 볼 때에는 바울도 '큰 어른아이'일 뿐입니다. 그러니 '생각의 아이'가 성숙한 '깨달음의 어른'이 된다는 일은 얼마나 어려운 일입니까?

더 이상 의심할 수 없는 확실성을 자기철학의 목포로 삼고 노력했던 신학적 사유(思惟)의 철학자 데카르트(1596-1650)도 "나는 유년시절에 정말인 것으로 받아들였던 것이 거짓으로 밝혀진 일로 인하여 수없이 곤란했다."고 쓴 바 있지요.

그래서 데카르트는 《방법서설(이성을 잘 인도하고, 학문에서 진리를 탐구하기 위한 방법에 관한 이야기)》에서 "진실로 진리를 찾고자 한다면, 인생에서 적어도 한 번 쯤은 모든 것을 되도록 깊이 의심해보아야 한다."고 말했을 것입니다.

---

16) 캐나다의 브룩시 카베이 목사가 낸 《예수, 종교를 비판하다》라는 책은, 무교주의 관점에서 기독교를 비판한 책이다. 이 책은 리처드 도킨스의 《만들어진 신》과 함께 읽는다면 아주 좋을 책이다. 관심있는 분은 꼭 구입해 보시기 바란다. 내 관점에서 동양이든 서양이든 무교회주의의 한계는 교회는 부정하면서 성경은 절대적으로 신봉한다는 점에 있다. 성찰하건대, 성경도 초월해야 한다. 왜냐하면 진리는 모든 언어와 문자를 넘어서 있는 것이며, 인간의 정신을 똑바로 직시하는 것이며, 오늘 지금 바로 여기 이 순간에 최후처럼 존재하는 자기 모습을 똑바로 보고 각성하는 것이기 때문이다.

■ 이하 텍스트는 다석옹께서 1957년에 쓴 단상일기에 대한 저의 비점담론입니다.

■ 다석어록

사람의 수는 점점 많아지는 형편인데 물욕은 격증하고 서로 더 많이 가지려고 앙탈하고 있다.

■ 비점담론

당연하지요. 물자는 적은데 사람 수가 많아지니 당연히 물욕이 격증하지요. 만약 사람 수가 적고 물자가 많으면 서로 양보하는 미덕도 갖추게 될 것입니다.

약탈을 위해 약탈을 하는 자가 어디 있겠습니까? 모두 다 살아남자고 하는 것입니다. 만약 의식주가 넉넉하면 무엇 때문에 우리가 만사 초조해 하겠습니까?

앞으로 빈부격차(요즘말로는 '양극화')는 더욱 심해질 것입니다. 부디 부자와 강자들은 빈자와 약자들을 역지사지(易地思之)하는 우정과 연민의 마음으로 대해주시기를 바라옵니다.

■ 다석어록

옛날에도 좋은 음식, 좋은 집, 출세 같은 것이 권학의 조건이 되기도 했다. 그래서 대부분의 사람들은 이 세상을 맛보고 사는 줄로 알게 되었다.

그러나 인생은 맛으로만 사는 것이 아니다. 인생은 그렇게 간단한 것이 아니다. 대부분이 그렇게 생각하더라도 우리는 인생관을 승화시켜 나가야한다. 그렇지 않으면 이 사회는 볼일 다 보게 될 것이다.

■ 비점담론

좋은 음식과 좋은 집과 화려한 출세는 아니더라도 나이 60세가 지났는데에도 경제적 독립을 성취하지 못했다면, 그것은 문제로 삼아 볼만합니다.

더구나 인생의 승화를 원하는 사람이 타인의 호의에만 의존해서 살게 된다면 그 인생관이 아무리 심오해진다하더라도 현실계에서 무슨 힘을 발휘할 수 있겠습니까?

■ 다석어록

세상에 노력하지 않고 거저 되는 게 없다. 예수라고 해서 저절로 된 것이 아니다. 잠 안자는 독서, 잠 못자는 고뇌, 잠 잊은 기도 속에서 이루어진 인격이다. 밤잠 제대로 못 자고 온 정력을 다 쏟아야 작품 하나라도 내놓을 수 있다.[17]

---

17) ■ 씨알이라는 단어의 지적 소유권 문제 = 류영모 선생이 함석헌 선생에게 말했다. "씨알은 내 것인데, 왜 자네가 쓰나?" 물론 민(民)을 씨알이라고 한글로 번역한 것은 류영모 선생님이지만, 이 씨알이라는 글자를 사회적으로 의미있게 공들여 키우며 빛낸 분은 류영모 선생님이 아니라 함석헌 선생님이다.

■ 비점담론

"세상에 노력하지 않고 거저 되는 게 없다."는 말은 당연한 말이지요.

그런데 노력은 독재자도 범죄자도 열심히 하는 것입니다. 그래서 문제는 노력 자체가 아니라 노력하는 자가 어떤 가치관을 가지고 있는가, 또는 그의 노력의 방향은 무엇인가, 이지요.

저는 사람들에게 잠 안자고 밤이 새도록 읽는 책, 잠 못자고 밤이 새도록 뒤척이며 고민하는 여러 가지 번뇌들, 잠 안자고 밤새도록 집중하는 기도, 이런 행동을 하지 않아도 인격은 나이가 들면 저절로 철이 들면서 성장하게 되어 있다고 말하곤 합니다. 물론, 20대 폭력범과 30대 강도강간범과 40대 사기꾼과 50대 잡놈과 60대, 70대, 80대, 90대 쓰레기같은 인간들도 많습니다.

나의 경우는 주로 아침에 글을 씁니다. 이 시간대가 저에게는 가장 두뇌가 질서 정연해지는 때인 것 같습니다.

■ 다석어록

내가 15세쯤 되었을 때 한 3년 동안 한문 선생한테 글을 배웠다. 한 10여 명이 같이 배웠다.

■ 비점담론

어르신도 어리실 땐 어떤 선생님에게 한문을 배우셨군요. 어르신의 무의식에는 그 선생님의 사고방식이나 가치관의 영향이 어딘가 들어있을 겁니다.

이렇게 '앞 어른'이 있으니 '현재 어르신'이 있고, 현재 어르신이 있으니

'미래의 어르신'도 있는 것입니다. 그러나 진여(眞如; 참으로 그러한 것, 또는 사실 그 자체)는 남녀노소 귀천이 없이 평등한 것입니다.

■ 다석어록

아무 것도 아니지만 그저 한때 만져 보고 싶다. 남녀관계도 그런 때가 많다.

■ 비점담론

다석은 그의 일기에서 "그 여자 참 이쁘다. 그 꽃 한 번 더 보자. 참 참말 곱지. 고으니 만져 보고 싶고, 꼭 쥐어보고 싶고, 쥐면 매끈하고 산뜻한데, 벌써 꺽어 진물이 흐르고 만다. 그러니까 하늘밑에 고운 여자가 있다면 곧 꺽어 진물이 되고 마니, 등골에 땀이 나도록 선뜻 놀라 깨어보면 벌써 틈새에서 끼어 꼼짝도 못하는 지옥에서 헤매게 마련이다. 사람은 어찌하여 두 틈에서 빠져나와 왜 또다시 두 틈새에 끼어들게 마련인가. 생각하면 비통한 생각이 든다.(1964.4.26)"라고 쓴 바 있습니다.

"방탕하지 말고, 술에 쩔어 있지 말고, 음란하지 말고, 호색하지 말고, 싸움하지 말고, 시기하지 말고, 오직 주 예수를 믿으며, 성욕과 정욕을 위한 일을 도모하지 말라."는 것이 성서의 가르침이지요.

그런데 아벨라르(1079-1142) 신부가 자기 여제자인 엘로이즈 수녀와 깊은 사랑에 빠져 수업시간에도 서로 빨고 만지고 비비고 동경어린 눈으로 서로 바라보는 연애 이야기가 생각납니다.

K.지브란은 "한 남자가 한 여자의 손을 만질 때 그들은 영원한 마음을 만지는 것이다."라고 쓴 바 있습니다. 이렇게 보면 남녀관계는 아무 것도 아닌

것이 아니라 대단한 것입니다. 왜냐하면 남녀관계에서 서로 만지고 빨고 비비고 싸는 행위가 없었다면, 아마 이 지구상의 수많은 현인들도 태어날 수 없었기 때문입니다.

오늘 우연히 읽은 장경기의 《성을 다스리는 지혜(행림출판사1997)》와 허만하 시인의 〈틈〉이라는 시가 인상적입니다. 어쩌면 이런 시인들이 잘 알고 있는 것인지도 모릅니다. 왜냐하면 사랑만이 유일한 해답인지도 모르기 때문입니다.

"틈을 주무른다. 애절한 눈빛으로 서로를 더듬는 알몸의 포옹이 만드는 캄캄한 틈. 멀어져가고 있는 지구의 쓸쓸한 등이 거느리고 있는 짙은 그늘. 진화론과 상호부조론 사이를 철벅거리며 건너는 순록 무리들의 예니세이 강. 설원에 쓰러지는 노을. 겨울나무 잔가지 끝 언저리. 푸근하고도 썰렁한 낙탓빛 하늘 언저리. 안개와 하늘의 틈.

지층 속에서 원유처럼 일렁이고 있는 쓰러진 나자식물 시체들의 해맑은 고함소리. 바위의 단단한 틈. 뼈와 살의 틈. 영혼과 육신의 틈. 빵과 꿈 사이의 아득한 틈. 낯선 도시에서 마시는 우울한 원둣빛 향내와 정액빛 밀크 사이의 틈. 외로운 액체를 젓는 스푼. 존재는 틈이다. 손이 쑥쑥 들어가는 적막한 틈(Gap)이다."

■ 다석어록

바탈은 생각이 밑천이 되어 자기의 정신을 불사르는 예술의 세계이다. 나무의 불을 사르듯이 자기의 정신 활활 불타올라야 한다.

다석은 《일기》에서 "꽃보다 불이 더 좋다(1964.1.25)"고 쓴 바 있습니다.

예수도 《도마 복음서(10)》에서 "나는 세상에 불을 던졌다. 보라, 그것이 타오를 때까지 나는 지키고 있다." 고 말한 바 있습니다.

제가 좋아하는 시인 파블로 네루다가 생각납니다. 네루다는 자기의 정신을 불사르는 예술의 세계에서 나무의 불을 사르듯이 자기의 정신 활활 불타오르게 한 분들 중에 한 분이었습니다. 네루다가 쓴 〈시〉라는 시가 바로 그 증거입니다.

"그러니까 그 나이였다. 시가 날 찾아왔다. 난 모른다, 어디서 왔는지 모른다, 겨울에선지 강에선지. 언제 어떻게 왔는지도 모른다. 아니다, 목소리는 아니었다, 말도, 침묵도 아니었다. 하지만 어느 거리에선가 날 부르고 있었다. 밤의 가지들로부터, 느닷없이 타인들 틈에서, 격렬한 불길 속에서. 혹은 내가 홀로 돌아올 때, 얼굴도 없이 거기에 지키고 섰다가 나를 건드리곤 했다.

난 뭐라 말해야 할지 몰랐다. 나의 입은 이름 부를 줄 몰랐고, 나는 눈 멀었었다. 그런데 무언가 내 영혼 속에서 꿈틀거렸다, 열병 혹은 잃어버린 날개들이. 그 불에 탄 상처를 해독하며, 난 고독해져갔다. 그리고 난 막연히 첫 행을 썼다. 형체도 없이, 어렴풋한, 순전한 헛소리, 쥐뿔도 모르는 자의 순량한 지혜. 그때 나는 갑자기 보였다. 하늘이 걷히고 열리는 것을, 혹성들을, 고동치는 농장들을, 화살과 불과 꽃에 만신창이가 된, 구멍 뚫린 그림자를, 소용돌이치는 밤을, 우주를 보았다.

그리고 나, 티끌만한 존재는, 신비를 닮은, 신비의 형상을 한, 별이 가득

뿌려진 거대한 허공에 취해, 내 자신의 심연의 순수한 일부임을 느꼈다. 나는 별들과 함께 떠돌았고, 내 가슴은 바람 속에서 멋대로 날뛰었다."

■ 다석어록

우리가 무엇을 하려고 하면, 사람들은 왜 하느냐고 그 소용을 묻는다. 그리고 이용 가치가 적으면, 그런 짓은 왜 하느냐고 비난을 한다. 그래서 나는 소용이란 싫다. 사람은 이용을 위해서 사는 것이 아니다. 사람은 이용이니 소용이니 하는 생각 없이 사는 것이 정말 사는 것이다. 이것을 존재라고 한다.

아무런 욕심 없이 산꼭대기에 앉아 있는 것이 좋지 않은가. 하늘을 머리에 이고 땅을 발 밑에 깔고 앉아 있는 것이 좋지 않은가.

■ 비점담론

이러한 사상은 다석의 독창이 아니라 '쓸모가 없는 것(無用)의 쓸모(用)'를 가르친 장주(B.C.E.369–286) 선생의 사상입니다.

하지만 소용이 있든 없든 상관없이 우리 모두는 아름다운 것입니다.

다석은 "아무런 욕심 없이 산꼭대기에 앉아 있는 것이 좋지 않은가. 하늘을 머리에 이고 땅을 발 밑에 깔고 앉아 있는 것이 좋지 않은가."라고 썼지만, 저는 다음과 같이 생각합니다.

즉, 존재계에 그냥 존재하는 것만으로도 기쁜 존재가 있지만, 활달하게 까부는 광대(또는 재치있는 익살꾼)같은 인간도 꼭 나쁘지만은 않다는 것입니다.

어제는 마을회관에서 주최하는 용아무개 시인의 강연회에 갔다 왔습니다. 하지만 그는 파스칼의 용어로 표현한다면 '시인이기는 하지만 교양이 있는 신사 분은 아니었습니다.' 2009년도 한국사회에서 시인(詩人)은 꼭 저렇게 해야 하는가 하는 비참한 심정을 느끼며 돌아왔습니다.

■ 다석어록

그냥 보아서는 아무 의미가 없는 것 그것이 정말 의미가 있는 것이다. 아무 것에도 쓸데없는 것이 정말 쓸데가 있는 것이다. 하늘은 무엇에 쓰는 것인가. 우리 인간은 무엇에 쓰는가. 억만 별들은 무엇에 쓰는가.

■ 비점담론

진공이 물질이 되어 나타나니, 그 변화과정이 참 오묘합니다. 그런데 이 변화과정은 누구의 무엇을 위한 것입니까?

이것은 의미가 있어도 무의미한 것이요, 아무런 의미가 없어도 의미가 있는 것입니다.

이것은 쓰임이 있어도 소용이 없는 것이요, 쓰임이 없어도 소용이 있는 것입니다.

■ 다석어록

맘놓이(해탈)를 가지려면 치정(痴情)을 끊는 것이다. 세상에 마음을 가장 움직이는 것은 남녀 관계다. 남녀 관계를 끊으면 마음은 저절로 가라앉는다.

■ 비점담론

M.에크하르트도 "모든 고통은 사랑과 애착 때문에 생긴다." 그리고 "모든

경향성, 쾌락과 사랑은 유사한 것들 사이에서 생긴다. 왜냐하면 모든 것은 서로 같은 것으로 기울어지고, 같은 것을 사랑하기 때문이다." 라고 술해한 바 있습니다.

하지만 치정(癡情)도 한번 겪어보지 못한 해탈(解脫)이 자신과 타인에게 무슨 인생의 힘이 될 수 있겠습니까?

만해 한용운(1879-1944.6.29) 스님이 쓴 〈꿈 이라면〉이라는 시가 생각납니다.

"사랑의 속박이 꿈이라면 출세의 해탈도 꿈 입니다. 웃음과 눈물이 꿈이라면 무심의 광명도 꿈입니다. 일체만법이 꿈이라면 사랑의 꿈에서 불멸을 얻겠습니다."

다석은 우리들에게 남녀관계를 끊으라고 하지만, 그것을 끊으면 남녀가 서로 되는 일이 하나도 없을 것입니다. 저는 이렇게 생각합니다. 중요한 것은 남녀가 서로 신뢰와 존경과 우정과 연민으로 함께 돕고 사는 것이라고.

그래서 J.크리슈나무르티도 "사랑이 없는 자유란 아무런 가치가 없는 사상이다. 사랑이 없다면, 단순히 성적 욕구로부터 자유로와지는 것도 메마를 뿐이며, 따라서 끝없는 갈등과 비애와 원인이 될 따름이다."라고 말했을 것입니다.

성찰하건대, 만약 내가 여자관계가 복잡하다면 나는 지성인이 아니며 사상가가 아니며 철학자가 될 수 없는가? 만약 내가 여자관계가 복잡하다면 나는 정치가도 사회운동가도 대교육가도 될 수 없는가? 만약 내가 여자관계가 복잡하다면 나는 사업가도 예술가도 과학자도 종교성직자도 될 수 없는가? 어쩌면 복잡한 남녀관계 그 자체야말로 심오한 신비한 또는 명백한 사상을 낳는 것인지도 모릅니다.

1973년에 출가하여 비구니가 된 유명한 작가 세토우치 자쿠조(1922-)는 "오늘날의 불륜은 지나치게 경솔하고 장난스러운 느낌을 주기 때문에 아름다움도 시적 감동도 느낄 수가 없다."고 말한 바 있습니다. 동감합니다.

■ 다석어록

연애하는 사람들이 그대의 눈동자가 그립다느니 그대의 콧등이 그립다느니 하지만 눈이란 들창이요, 코구멍은 굴뚝이요, 입은 아궁이요, 귀는 대문이 아닌가.

그렇다면 그 집에 가서 속에는 들어가지 못하고 굴뚝 언저리에서, 대문 밖에서 맴돌다가 왔다면 그것이 무슨 연애인가.

그 사람의 마음속으로 들어가 그 사람의 주인과 만나야지 굴뚝이 오뚝하다느니 문창이 반짝반짝한다느니 해보았자 모두 면상(面上)배회밖에 되지 않는다. 개인이 그렇고 온 인류가 그렇고 온 역사가 그렇다면 한심한 일 아닌가.

■ 비점담론

연애하는 남녀에 대해 힐난하는 다석보다 정호승 시인의 〈우리가 어느 별에서 만났길래〉라는 시가 더 좋습니다.

시인은 쓰기를 "우리가 어느 별에서 만났기에 이토록 서로 그리워하느냐. 우리가 어느 별에서 그리워하였기에 이토록 서로 사랑하고 있느냐. 사랑이 가난한 사람들이 등불을 들고 거리에 나가 풀은 시들고 꽃은 지는데, 우리가 어느 별에서 헤어졌기에 이토록 서로 별빛마다 빛나느냐. 우리가 어느 별에서 잠들었기에 이토록 새벽을 흔들어 깨우느냐. 해 뜨기 전에 가장 추워하는 그대를 위하여 저문 바닷가에 홀로 사람의 모닥불을 피우는 그대를 위하여, 나는 오늘밤 어느 별에서 떠나기 위하여 머물고 있느냐. 어느 별의 새벽길을 걷기 위하여 마음의 칼날 아래 떨고 있느냐."

니체도 루 살로메를 처음 만났을 때 "어떤 별이 우리를 이렇게 만나게 했습니까?"라는 말을 한 적이 있지요.

이렇게 연애하는 사람들은 서로 그리워합니다. 정말 그들이 서로 사랑한다면, 보기에도 얼마나 좋습니까? 아무리 추한 얼굴이요 병신일지라도 서로 사랑하는 연인들에게는 참 기쁜 행복일 것입니다.

반드시 꼭 엄숙한 부처가 되고 거룩한 예수가 된 분들만 사랑할 수 있다면, 그런 관념적인 기준은 너무 엄격합니다.

모든 남자와 여자는 서로 부처가 아니라 탐욕과 분노와 어리석은 중생입니다. 그래도 남자와 여자가 서로 좋아하는 것을 어떻게 합니까?

물론 남녀사이에 이러한 애정과 애욕이 존재하는 것은 생식(자신의 유전자를 복제해서 영원히 보관하려고 하는 작업행위)때문입니다. 만약 남녀간에 이런 애정과 애욕이 없었다면 영장류 인류 출현은 불가능했을 것입니다.

다석은 톨스토이나 간디나 우찌무라 간조의 사상은 알아도 J.D.크리슈나무르티(1895-1986)라는 분에 대해서는 전연 이름도 못들어보았을 것입니다. 이 분은 현대 종교계에 나타난 최대의 현인입니다. 그런데 이러한 분도 젊었을 때에는 헬렌 니어링(1904-1995)에게 첫눈에 사랑에 빠져서 다음과 같은 편지를 그녀에게 보내기도 했지요.

"한 주일 전만 해도 당신을 몰랐는데, 이제는 마치 여러 해 동안 알아온 것 같이 느껴지니 얼마나 신기한 일인가요. 나는 언제나 온통 당신 생각만으로 꽉 차 있답니다."

남녀간의 연애란 이런 것입니다. 그런데 묘한 것은 이러한 사랑의 편지를 보낸 지두 크리슈나무르티가 나중에는 헬렌 니어링을 배반하고 그녀를 버리지요. 자신의 출세를 위해서요. 그러나 헬렌 니어링은 자기보다 21세 연상인 스코트 니어링을 만나 또 진정한 사랑과 결혼을 합니다. 남녀간의 사랑의 행로란 이런 것입니다.

다석은 "연애하는 사람들이 그대의 눈동자가 그립다느니 그대의 콧등이 그립다느니 하지만 눈이란 들창이요, 코구멍은 굴뚝이요, 입은 아궁이요, 귀는 대문이 아닌가. 그렇다면 그 집에 가서 속에는 들어가지 못하고 굴뚝 언저리에서, 대문 밖에서 맴돌다가 왔다면 그것이 무슨 연애인가. 그 사람의 마음속으로 들어가 그 사람의 주인과 만나야지 굴뚝이 오뚝하다느니 문창이 반짝반짝한다느니 해보았자 모두 면상 배회밖에 되지 않는다. 개인이 그렇고 온 인류가 그렇고 온 역사가 그렇다면 한심한 일 아닌가."라고 말했습니다.

그러나 다석의 이러한 말씀보다인 김남조 시인의 〈편지〉라는 시가 더 아름답습니다.

"그대만큼 사랑스러운 사람을 본 일이 없다. 그대만큼 나를 외롭게 한 이도 없었다. 이 생각을 하면 내가 꼭 울게 된다.

그대만큼 나를 정직하게 해준 이가 없었다. 내 안을 비추는 그대는 제일로 영롱한 거울, 그대의 깊이를 다 지내가면 글썽이는 눈매의 내가 있다. 나의 시작이다. 그대에게 매일 편지를 쓴다. 한 구절 쓰면 한 구절 와서 읽는 그대, 그래서 이 편지는 한 번도 부치지 않는다."

정말 사랑하는 사람들은 이런 법입니다.

관심있는 분에게 윌리엄 E. 핍스가 쓴 《예수의 섹슈얼리티(The Sexuality of Jesus)》를 소개합니다.

■ 다석어록

세상 사람들은 아주 특별하게 감정 깊이 사귄다고 야단이지만 사실 자기의 속마음은 다른데 가 있다. 그리고서 아무리 서로 사랑한다면 무엇하나 속은 딴 데 있고 껍데기끼리 비비는데 사랑이 어디 있는가.

■ 비점담론

남의 연애문제에 대해 왈가왈부하는 사람만큼 시기 질투가 강한 사람도 없을 것입니다. 시기란 자기가 가지지 못한 것을 부러워하는 시샘이며, 질투란 자기가 가지고 있는 것을 빼앗길까봐 두려워하는 하는 감정입니다.

남녀가 서로 속맘이 다른 것은 당연한 것입니다. 남자는 여자의 외모를 보고 선택하고, 여자는 남자의 재력을 보고 선택하지요.

이 시대는 남편이 죽으면 따라 죽는 아내의 순진한 사랑의 이야기가 없는 시대입니다. 남편도 마찬가지입니다. 이 시대는 돈이 최고의 가치입니다. 그래서 여자가 돈을 많이 벌면 벌수록 이혼율도 높아지는 시대입니다. 그만큼 세상이 각박해졌다는 증거입니다.

다석은 "아무리 서로 사랑한다면 무엇 하나 속은 딴 데 있고 껍데기 끼리 비비는데 사랑이 어디 있는가.”라고 썼지만, 어떤 사람들은 자식들 때문에 “껍데기라도 없어보세요. 얼마나 아쉬운데요.” 라고 말하면서 부부생활을 무정(無情)하게 유지하기도 합니다.

그러나 성격과 가치관이 비슷한 부부나 연인들은, 항상 함께 머물면서 서로 껍데기를 비비면서 지낼 수 있는 것만으로도 최고의 행복한 사랑이라고 말합니다.

하지만 다석은 참된 사랑을 기대하며 “그런 사랑이 어디에 있는가” 투정하며 화를 냅니다. 다석은 왜 이 문제에 대해서 이토록 예민하십니까?《도마복음(105)》에서 예수는 더 예민하게 “누구든지 자기 아버지와 어머니를 아는 자는 매춘부의 자식이라고 불릴 것이다.”라고 말하고 있군요.

■ **다석어록**

몸은 만나나 마음은 영원히 만나지 못하는 고독한 세상.

■ **비점담론**

다석은 1965년 3월 11일의 일기에서 “얼굴 낯 씩씩하고 수줍어 하던 그대의 안색을 곰곰이 생각할수록 그리운 누나. 그러나 생각이나 그리움은 나를 찾고 참을 찾자는 것이지 너를 찾자는 것은 아니었지. 너를 만나 좋다는 것은 네가 참맛을 내서 좋다는 것이었지. 맛을 내느라 만나는 생각은 그만하고, 너니 나니 남이니 그런 생각은 말고, 우리 가운데에는 하나님이 계시다는 것을 알아야지.”라고 적었습니다.

가장 한국적인 시인 서정주의 〈신록〉이라는 시가 생각납니다.

"어이할꺼나. 아 나는 사랑을 가졌어라. 남몰래 혼자서 사랑을 가졌어라!
천지엔 이미 꽃잎이 지고, 새로운 녹음이 다시 돋아나 또 한번 날 에워싸는
데. 못견디게 서러운 몸짓을 하며 붉은 꽃잎은 떨어져 내려, 펄펄펄 펄펄펄
떨어져 내려, 신라 가시내의 숨결과 같은, 신라 가시내의 머리털 같은 풀밭
에 바람속에 떨어져 내려, 올해도 내 앞에 흩날리는데, 부르르 떨며 흩날리
는데. 아 나는 사랑을 가졌어라. 꾀꼬리처럼 울지도 못할 기찬 사랑을 혼자
서 가졌어라."

그리고 또 서정주의 〈연꽃 만나고 가는 바람같이〉라는 시도 생각납니다.

"섭섭하게, 그러나 아주 섭섭치는 말고 좀 섭섭한 듯만 하게. 이별이게,
그러나 아주 영 이별은 말고 어디 내생에서라도 다시 만나기로 하는 이별이
게. 연꽃 만나러 가는 바람 아니라 만나고 가는 바람같이. 엊그제 만나고 가
는 바람 아니라 한 두 철 전 만나고 가는 바람같이."

다시 또 "몸은 만나나 마음은 영원히 만나지 못하는 고독한 세상."이라는
구절을 가지고 생각해봅니다.

저는 쇼펜하우어의 경우처럼, 캐나다의 시민권자 어머니와 사이가 아주
나쁩니다. 서로 아집이 너무 강하고, 오직 자기자신만 생각하기 때문입니
다. 모자지간인데도 성향과 취미와 가치관과 꿈이 서로 다른 것은 경이로울
정도입니다. 그래서 나는 내 어머니를 생각할 때마다 충만한 기쁨이 아니라
극심한 결핍과 고독과 우울증을 느낍니다. 타인이 해결할 수 없는 골치아픈
늙은 마더의 남자관계 문제와, 탐욕적인 동생의 문제에 관련하여, 큰 아들
을 자기문제의 희생자로만 이용하려는 무지한 마더는 자신의 정신을 제대
로 쳐다보아야 할 것입니다.

부모자식간의 온갖 문제로 심리적으로 고통받는 독자는 멜라니 클레인 (1882-1960) 여사의 논문 《오레스테이아에 관한 성찰》과 존 볼비(1907-1990) 의 《애착(인간애착 행동에 관한 과학적 탐구)》를 참고해보시기 바랍니다.

생각건대, 누가 옳고 그른가를 떠나 인생은 참 고독한 것 같습니다. 이래서 '몸은 서로 만나지만 마음은 영원히 만나지 못하는 고독한 세상' 인 것 같습니다. "누군가를 미워하는 것은 자기 내부에 있는 어느 한 부분을 미워하는 것이다." 라는 H.헤세의 글이 생각납니다.

■ 다석어록

점(點)에서 선(線)이 나오고, 선에서 면(面)이 나오고, 체(體)가 나오듯이 물질세계에서 생명계가 나오고, 생명계에서 정신계가 나오고, 정신계에서 영(靈)의 세계가 나오는데 이 영의 세계는 어떻게 할 수 없는 절대적인 것이다.

■ 비점담론

물리학을 공부하셨다는 분이 '영(靈: Holy Spirit)의 세계' 가 무엇입니까? 예수교인이기 때문에 꼭 이러한 용어를 사용하셔야 합니까?

금강경과 반야심경을 깊이 읽었다는 분이 어떻게 '영의 세계' 를 운운할 수 있습니까?

물론, 《요한복음(4장 24절)》에서 예수는 "하나님은 영(靈; Pneuma)이시다. 그러니 하나님께 예배드리는 사람은 성령의 능력을 힘입어 진리에 따라 예배를 드려야 한다."고 말한 바 있습니다. 하지만 내게 있어서 영(Pneuma)이란 인간정신의 자유로운 해탈의 세계를 의미합니다.

어느 책에 보니, 신약성경에서 영(靈; Pneuma, Spirit)이라는 글자는 274번 나오고, 혼(魂; Psyche, Soul)이라는 글자는 57번 나온다고 합니다. 그런데 제가 독자에게 소개하고 싶은 것은, 칼 융이 쓴 《영혼을 찾는 인간》에서는 '영(靈; Spirit)은 내면에서 보이는 살아있는 육체(Body)'라는 것입니다. 저 또한 영육(靈肉)을 하나로 봅니다. 그리고 더 나아가 성찰하건대, 영육은 무수한 인연(因緣; 원인과 조건)에 의해 조합되고 생성된 것이기에 영원불변의 실체성은 아니라고 통찰합니다. 바로 이것이 저의 영안(靈眼; Spiritual Eye)이요, 법안(法眼; Dharma Eye)입니다. 어쨌든.

다석은 "점(點)에서 선(線)이 나오고, 선에서 면(面)이 나오고, 체(體)가 나온다."고 말했습니다.

그렇다면, 점(點)은 어디서 나온 것입니까? 다석이 말하는 점은 형이상학적인 점(點)입니다. 고로 이 점은 영원한 하나님(절대신) 속에서 머무른다는 점을 의미합니다. 그리고 선은 바로 이 형이상학적인 점이 계속 이어지는 연장성을 의미한다고 여겨집니다. 관심있는 분은 도미니크 J. 오미라가 쓴 《플로티노스: 엔네아데스 입문》 안수철 번역, 탐구사(2009.6), 77–104쪽까지 참고해보시기 바랍니다.

다석은 "점(點)에서 선(線)이 나오고, 선에서 면(面)이 나오고, 체(體)가 나온다."고 말했습니다.

이에 관련하여 플로티누스의 선배 플라톤주의자인 알키누스는 "지극히 높은 신은 부분들이 없다. 왜냐하면 그보다 먼저인 것이 아무것도 없기때문이며, 부분과 어떤 복합요소를 이루는 구성요소는 그것이 그 일부가 되는 복합물보다 먼저이기 때문이다. 그리고 면(面)은 체(體)보다 먼저이고, 선

(線)은 면(面)보다 먼저이기 때문이다.”라고 설명한 바 있습니다.

하지만 불교의 관점에서는, 점(點)과 선(線)과 면(面)과 체(體)는 모두 진공(眞空)에서 나온 것입니다. 왜냐하면 진공은 팽창하고 수축하는 무(無)이기 때문입니다.

하여튼, 고대 기독교의 점과 선과 면과 입체라는 모든 담론의 요점은 본체(이데아) 또는 실체, 또는 하나님(절대신)이라는 관념을 이상화하고 하고, 현실을 천시하는 관점에 불과한 것입니다.

그리고 다석은 “물질세계에서 생명계가 나오고, 생명계에서 정신계가 나오고, 정신계에서 영(靈)의 세계가 나오는데 이 영의 세계는 어떻게 할 수 없는 절대적인 것이다.”라고 말했습니다.

그렇다면, 물질세계는 어디서 나온 것입니까? 이 물질세계도 진공(眞空; 에너지의 응축)으로부터 나온 것입니다. 그래서 《반야심경》에 색즉시공(色即是空)이요, 공즉시색(空即是色)이라는 가르침이 있는 것입니다. 즉, 물질과 생명과 정신과 영의 세계는 별개의 서로 다른 것이 아니라 모두 동일한 것입니다.

■ 다석어록

이 무한한 대우주를 쳐다보면 너무 넓어서 까마득하다고 할 수밖에 없다. 무한한 허공에 태양처럼 빛나는 광명체가 너무 많아서 그것이 하나의 별 구름을 이루고 그 별 구름의 모습이 마치 가지가지 꽃으로 만발한 꽃밭과 같다고나 할까.

■ 비점담론

인간의 눈에 우주가 그렇게 보인다면, 우주의 눈 아닌 눈(고리성운, 57)에는 인간들이 어떻게 보일까요?

■ 다석어록

오늘날까지 무슨 철학, 무슨 주의, 무슨 종교 따위가 완결을 보았다고 하는데 아직도 완결을 못 보았다는 것이 옳은 말이다.

무슨 사상, 무슨 신조를 좇아가면 구원을 얻을 수 있다고 한다. 이것은 기정론(既定論)이다 그러나 이 사람은 미정론(未定論)을 주장한다. 인생이 역사가 끝날 때까지 미정일 것이다.

과학조차도 증명할 수 없는 일이 허다한데 더구나 구름을 잡는 것 같은 형이상에 완결을 보았다고 하는 것은 당치 않은 소리다.

이같이 모든 것이 미정이라면 어떻게 해야 하는가. 한 가지 뚜렷한 것이 있다. 그것은 모든 기존 이론에 묶이거나 매달리지 말고 맘을 맘대로 하는 것이다. 맘에 따라서 미정고(未定稿)를 이어받아 완결을 짓도록 노력을 하는 것이다.

■ 비점담론

다석의 여성관은 기정론(既定論)이 아닙니까? 다석의 신관은 기정론(既定論)이 아닙니까? 다석의 사고방식과 가치관은 기정론(既定論)이 아닙니까?

■ **다석어록**

어떤 곤충은 유충시대만 수십년 살다가 성충이 된 지 얼마 안되어 없어져 버린다고 한다.

■ **비점담론**

이 지구상에 동물의 종류는 약 15만 종입니다. 이 중에서 4분의 3이 곤충인데, 정말 이 곤충들의 세계는 경악스럽습니다. 현재 지구상에 있는 곤충의 수는 대략 300만종 이상입니다. 이러한 곤충들의 삶과 행동습성에 관한 정보는 평생읽어도 다 읽을 수 없을 정도의 엄청난 분량으로 이미 공개되어 있습니다.

다석이 "어떤 곤충은 유충시대만 수십년 살다가 성충이 된 지 얼마 안되어 없어져버린다고 한다."고 말씀한 바 와 같이 수많은 곤충들이 생애의 거의 전부를 애벌레 상태로 보내면서 점차 커집니다. 예를들면 나중에 딱정벌레로 변하는 애벌레는 나무 구멍속에서 영양분을 섭취하며 7년동안 지내고, 나중에 나방으로 변하는 쐐기는 수개월동안 나뭇잎을 먹으면서 지내는 점을 보면 참 신기합니다.

그런데 성충이 된 딱정벌레는 작은 똥덩어리속에 알을 낳는 것을 좋아하고, 파리는 썩은 고기에 알을 낳기를 좋아하고, 말벌은 거미를 잡아와 침으로 마비를 시킨 다음 자신의 어린애벌레들이 항상 신선한 고기를 먹을 수 있도록 알 주변에 쌓아둡니다.

■ 다석어록

좋은 사상은 내 생명을 약동케 한다.

■ 비점담론

아닙니다. 부정할 수 있는 나쁜 사상이야말로 내 생명을 약동케 합니다.

실제로 내 경험에 의하면, '불교가 아닌 것(유마경에서 말하는 도가 아닌 것)'이 참된 불교로 인도하며 진정한 불교를 깨닫게 해줍니다. 기독교와 이슬람교, 유교와 도교도 마찬가지일 것입니다.

그래서 청허휴정(1520–1604) 서산대사는 《선가귀감》에서 "이 문 안에 들어오려면 통상적인 분별지혜를 내지 마라. 대장부는 부처나 조사 보기를 마치 원수처럼 대하여야 한다."라고 설파한 것입니다.

나도 마찬가지입니다. 현재의 집단체로서의 종단불교는 석가모니 부처의 적입니다. 이렇게 내 사상은 '나쁜 사상' 입니다. 그러나 이 나쁜 사상은 얼마나 '좋은 사상' 입니까? 얼마나 인간의 생명을 약동케 하는 사상입니까?

그리고 또 깊이 성찰해보면 사상에는 좋고 나쁜 것이 따로 없습니다. 왜냐하면 좋은 사상에도 나쁜 사상이 있고, 나쁜 사상에도 좋은 사상이 있기 때문입니다. 마치 아름다운 장미에도 가시가 있듯이, 마치 청정한 연꽃이 더럽고 습한 진흙 속에서 피어나듯이.

그래서 모든 불교 현인들은 "긍정은 부정을 통하여 존재하는 것이다. 그러므로 부정 속에서 긍정은 잉태되는 것이다."라고 설법합니다. 나도 마찬가지입니다.

■ 다석어록

신(神)이 없다면 어떤가. 신(神)은 없이 계시는 분이다.

■ 비점담론

여기서 다석은 "신은 없이 계시는 분이다"라고 말했습니다.

나는 어릴 때 우연히 안병무 박사의 강연회에서 "하나님 없이 하나님 앞에"라는 인용어를 듣고 감동한 바 있습니다.

이 말은 히틀러를 암살하려는 모의에 가담했다가 사형 당한 본 훼퍼(1906.2.4-1945.4.8)의 말이라고 하는데 본 훼퍼가 왜 이런 말을 했는지에 대해서는 자세히는 모르겠습니다. 관심있는 분은 그의 대표작인 《감옥으로부터의 편지(Letters and Papers from Prison)》를 참고해보시기 바랍니다.

"참된 기독교는 무신론이어야 하고, 무신론자만이 참된 그리스도인 일수 있다."고 설파한 에른스트 블로흐(1885-1977)도 《기독교에서의 무신론》에서 "하나님이 없는 하나님의 나라"라는 표현을 적고 있습니다. 시몬 베이유(1909-1943)도 《자서전》에서 한 때 "하나님의 부재(不在)와 거룩한 텅 빔(Divine Void)"이라는 사상을 쓴 바 있습니다. 어쨌든.

이러한 신학은 "신은 없이 계시는 분이다"라는 다석의 신학과 유사합니다.

그러면 '신은 어째서 없이 계시는 분인가?' 이에 대해서 루이스 브뢰크는 《영적인 결혼》에서 "신은 어떤 양태도 없고, 시간이나 공간도 없고, 이전과 이후가 없고, 욕망이나 소유가 없으며, 빛이나 어둠도 없는 순전한 단일성이다. 신은 영속적인 현재, 끝이 없는 심연, 침묵의 암흑, 황량한 광야이다."라고 설명한 바 있습니다.

아마도 보통사람들이 이런 말을 들으면 ―이런 말을 하는 사람 속에― 뭔가가 대단한 경지가 들어있는 듯한 느낌을 받을 것입니다. 하지만 1) 신은 있다. 2) 신은 없다. 3) 신은 있으면서 없고, 없으면서 있다. 4) 신은 있지도 않고 없지도 않다. 라는 주장은, 신을 긍정하든 부정하든, 신을 긍정하면서 부정하든, 신을 부정하면서 긍정하든, 신을 긍정하지도 않고 부정하지도 않든, 이 모든 판단은 각각 논리적 오류를 갖고 있는 것입니다.

참고로 이 문제에 관심이 있는 분은 용수 논사의 《중송》을 읽어보시기 바랍니다.

■ 다석어록

물에 용이 뛰듯이 참말 속에는 참뜻이 뛰어 오른다.

■ 비점담론

저도 상상력으로 비유해서 말하지요. 물은 육체요, 용은 정기신(精氣神)입니다. 그러니까 위대한 정기신(精氣神)이 육체를 통해 모든 것을 정화하고 변형할 수 있다는 것입니다.

《도마복음(29)》에서 예수는 "만약 육체가 영혼을 위해 존재한다면 그것은 하나의 경이로움이다. 그러나 만약 영혼이 육체를 위해 존재한다면 그것은 경이로움 중에서도 경이로움이다."라고 말한 바 있습니다.

■ 다석어록

누에는 애벌레 그리고 고치 그리고 나비로 탈바꿈의 변형을 한다. 죽음을 고치로 보자.

■ 비점담론

생사문제에 있어서 중요한 것은 주체성에 관한 것이라고 생각합니다. 그러니까 주체성이 있는 것이라면 생을 계속하면서 존재의 탈바꿈과 변형이 가능할 것입니다. 그런데 만약 주체성이 없는 것이라면, 누가 어떻게 어디서 탈을 바꾸고 변형을 하는 것입니까?

구더기나 굼벵이나 쐐기같은 곤충 애벌레의 삶은 오로지 먹는 일뿐입니다. 그리고 이러한 이유 때문에 이들 애벌레의 몸은 쉽게 늘어날 수 있는 얇은 표피로 둘러싸여 있습니다. 그리고 이 표피가 더 이상 확장될 수 없을 때 그 표피는 찢어지고 벗겨져서 구더기가 파리로, 굼벵이가 딱정벌레로, 쐐기는 나방으로 탈바꿈의 변형을 하는 것입니다.

그런데 곤충의 세계에서 이크뉴먼 암컷 말벌은 경악스러운 행동을 하는데, 자신의 송곳같은 산란관으로 딱정벌레 애벌레들이 있는 나무를 찾아내어 정확한 지점에 구멍을 뚫고나서 그 부드러운 딱정벌레 애벌레의 몸속에 알을 낳습니다. 나중에 알에서 깨어난 이크뉴먼 말벌 애벌레는 딱정벌레 애벌레를 산채로 먹으면서 지내게 됩니다. 이렇게 하면서 곤충의 생사의 세계는 알–애벌레–번데가–성충의 전과정을 되풀이 합니다. 도대체 우리 인류가 여기서 삶의 잔인성과 죽음의 무의미한 탈바꿈 이외에 무엇을 배울 수 있다는 것입니까?

■ 다석어록

종교의 핵심은 죽음이다. 죽는 연습이 철학이요, 죽음을 없이 하자는 것이 종교다.

■ 비점담론

다석이 "죽음을 없이 하자는 것이 종교다."라고 했을 때, 그러한 종교는 인간의 욕망입니다. 그러므로 종교의 영생론은 수많은 종교 사기꾼들이 출현할 수 있는 이론적인 근거가 됩니다. 영생론은 수많은 유혹자와 미혹자들을 낳습니다. 그리고 이 사람들은 천국이라는 이름의 지옥에서 견딜 수 없는 괴로움을 겪게 됩니다.

내 관점은 이렇습니다. 사람은 죽어야 합니다. 인류만이 영생하면 지구에 생태문제가 생겨나기때문입니다. 죽음을 두려워하고 영생을 바라는 인간의 욕망은 아상과 인상과 중생상과 수자상을 벗어나지 못한 상태에 생기는 현상입니다.

저 거대한 태양계와 은하계와 우주도 생사윤회하는데, 어찌 먼지같은 인간에게 생사윤회가 없겠습니까!

죽음에 관한 문제는 인간적인 차원이 아니라 우주적인 차원에서 통찰을 해야 합니다. 우주적인 차원에서는 생사가 따로 없기때문입니다.

■ 다석어록

예수는 죽음을 앞에 놓고 나는 죽음을 위해서 왔다고 한다. 죽으러 왔다. 예수께서는 죽음을 깸으로 본 듯하다. 나무가 불이 되는 것이 죽음이다. 정신은 죽음을 넘어 설 때 들어난다. 사람은 때와 터와 람(이유)을 알아야 한다. 죽을 때 죽어야 하고, 죽을 터에서 죽어야 한다. 예수는 3가지를 다 계산해본 결과 지금이 그 때라고 생각한 것이다. 나는 죽는 것이 아니다.

■ 비점담론

다석은 '죽음을 깨어남'으로 보고 있지만 죽음은 깨어남이 아닙니다. 도리어 깨어나는 자를 잠 재우는 것이 죽음입니다.

그리고 다석이 말하기를 "나무가 불이 되는 것이 죽음이다." 라고 한다면, 이러한 불은 다시 땅이 되어 만물을 성장하게 합니다. 목생화요, 화생토이기 때문입니다. 그러니까 죽음은 더욱 윤기있는 삶인 셈입니다.

그리고 다석은 "정신은 죽음을 넘어서야 들어난다."고 했지만, 죽음을 넘어서려고 하는 정신은 인간의 욕망입니다. 그러므로 죽을 때는 죽어야 하고, 살 때는 살아야 합니다. 정신은 삶의 현상이지 죽음의 현상은 아닙니다.

그리고 예수의 죽음은 우리가 보통 접하는 매일 뉴스의 사건과 다른 것이 아닙니다. 그의 죽음은 위대한 사건이 아니라는 것입니다. 예수 생존 당시 이런 죽음은 흔한 것입니다. 그러므로 예수의 죽음을 진정으로 위대하게 만든 것은 바로 바울이요, 루터입니다.

다시 한번 더 말하고 싶습니다. 다석은 "사람은 때와 터와 람(이유)을 알아야 한다. 죽을 때 죽어야 하고, 죽을 터에서 죽어야 한다. 예수는 3가지를 다 계산해본 결과 지금이 그 때라고 생각한 것이다." 라고 했습니다.

하지만 예수가 계산하기는 무슨 계산을 했다는 것입니까? 최근에 발견된 유다복음서의 내용처럼 마치 예수의 죽음이 유다와 짜고 행한 의도적인 자살이었다는 것입니까? 나는 예수를 그런 독한 종류의 인간으로 보지 않습니다. 예수는 가상관격(假傷官格)의 운명을 가진 자로서 최선을 다했을 뿐입니다. 그리고 예수는 (자기 진실만을 말하면서도 세상에서 잘 살며 장수한) J.크리슈나무르티보다는 생의 운로(運路)가 안 좋았을 뿐입니다.

■ 다석어록

손에다가 창을 쥐고 있는 것이 아(我)자이다. 아(我)라 하면 반드시 적수(敵手)가 있는 앞에서 쓰는 말이다. 아가 없으면 무아(無我)가 된다. 그래서 석가나 노자나 예수나 끔찍히도 나라는 것이 있어서는 안된다고 하였다. 공자까지도 나라는 것이 있어서는 안된다고 하였다. 나가 없는 것이 참 나이다. 나 오(吾)자가 독립 · 자유 · 평등의 나이다.

■ 비점담론

하지만 만약 부부지간에서 어느 한 쪽이 자신의 자아를 포기하면 득을 보는 자는 누굴까요? 어느 한쪽이 자아를 포기하면 득을 보는 자는 있기 마련입니다. 그런데 득을 보는 자는 항상 옳은 자이며 완전무결한 자입니까? 나는 그렇게 보지 않습니다.

이와같이 정치 권세가와 국민의 관계에서 국민이 자아를 포기하게 되면 득을 보는 자는 누굴까요? 어느 한쪽이 자아를 포기하게 되면 득을 보는 자가 있기 마련입니다. 그런데 득을 보는 정치 권세가는 항상 옳으며 완전무결한 자입니까?

우리는 서로 자아를 기본적으로 인정할 줄 알아야 합니다. 그리고 서로 죽을 때까지 공존하기 위해서라도 대화와 타협하는 법을 배워야 합니다.

옛부터 타력종교에서는 복종과 희생과 헌신을 주장하고, 자력종교에서는 무아(無我)를 주장하고 있지만, 복종과 희생과 헌신과 무아를 무턱대고 너무 좋아하지 마시기 바랍니다.

현실적인 진리(俗諦)로 말하면, 나가 없는 나는 참나가 아닙니다. 즉, 자아도 없는 무아가 무슨 무아입니까! 대체 자아도 없는 무아로 무엇을 하자는 겁니까? 자아도 없는 무아가 무슨 인권과 자유와 평등한 기회의 권리와 의무를 이행할 수 있다는 겁니까? 정신을 똑바로 차려야 할 것입니다.

■ 다석어록

사람들이 무극(無極) 태극(太極)을 다 집어내버리고 음양으로만 가지고 얘기를 한다. 음양오행(陰陽五行)이 도대체 어떻게 됐다는 말인가. 우리 동양 민족은 음양을 찾다가 망할는지 모른다. 음양을 찾는 것도 음양의 근원인 태극 무극을 찾아 가지라는 것이다,

■ 비점담론

다석은 "우리 동양 민족은 음양을 찾다가 망할는지 모른다."라고 말했지만, 내 관점으로는 이 양자물리학 시대에 유태인들의 하나님을 믿는 사람들 때문에 민족과 나라가 멍들고 망할지도 모릅니다.

다석은 "음양오행이 도대체 어떻게 됐다는 말인가!" 힐난하지만, 이러한 힐난은 다석이 예수교의 관념을 벗어나지 못한 발상에서 하신 말씀이라고 여겨집니다.

역사적으로, 음양오행론은 중국 고대사에서 우리들의 선조인 동이족이 만들어낸 우주천문학입니다.

그리고 한글도 음양오행론으로 만들어낸 것입니다. 이 점에서 우리는 도리어 자부심을 가져도 좋습니다.

서경(순전)에 의하면, 천체(태양과 달과 목성과 화성과 토성과 금성과 수성)의 운행상황을 명확히 밝혀서 백성에게 농사철을 그르치지 않게하는 것이 정치의 근본이었습니다.

그리고 서경(대우모)에서, 순임금이 우에게 왕의 계승자로 선택할 때에도 "하늘의 역수(曆數: 歲時의 순서)는 바로 당신에게 있다."고 말한 바 있습니다.

또 서경(고도모)에서, 고도는 "하루 이틀 사이에도 만기(萬幾: 수많은 운명이 움직이는 징조)가 있다."고 말했고, 서경(소고)에서, 성왕은 "천(天: 천체계, 하늘에 있는 별들의 움직임, 우주세계의 작용력)은 도리나 법칙을 명령하고, 길흉을 명령하고, 역년(曆年)을 명령한다."고 말했습니다.

그러나 또 서경(함유일덕)에서, 윤이는 태갑에게 "천명은 일정하게 정해진 것이 아니다."라고 말한 바 있고, 서경(군석)에서도 주공은 "천명은 언제 바뀔지 모르는 것이다……. 하늘이 주는 운명은 결정적인 것이 아니다." 라고 말하기도 했습니다. 이러한 말의 교훈점은, 왕이 된 자는 자만심으로 잔인성과 무례한 행동을 하지말고, 오로지 공경심과 인덕과 훌륭한 행동을 해야 한다는 것이라고 여겨집니다.

그리고 서경(홍범)에는 "오행(수성, 화성, 목성, 금성, 토성의 움직이는 행로)과 오사와 오기와 오복 등이 설해지고 있습니다.

이것이 중국인들의 오행론입니다.

그리고 이러한 오행론에 이어, 중국의 고전인 묵자(경하)에 보면 "오행(五行)에는 영원히 이기는 것이 없다. 즉, 물은 불에 이겨도 흙에는 지고, 흙은 물에 이겨도 나무에겐 진다. 나무는 흙에 이겨도 쇠에는 지며, 쇠는 나무에게 이겨도 불에는 진다. 불은 쇠를 이겨도 물에는 진다. 이것은 또한 천하의 정리이기도 하다."는 말이 있는데, 이것은 오행도 고정되어 있는 것이 아니라는 실례를 관찰한 것입니다.

그리고 회남자(淮南子, 說林訓)에도 "물과 불은 상극이다. 그러나 중간에 냄비를 놓고 반찬을 만들면 맛있는 반찬이 물과 불의 조화로 만들어진다."는 멋진 교훈이 있습니다.

바로 이것이 오행들이 서로 대립충돌하고 조화롭게 생산하는 이치를 공부하는 사람들의 경지입니다. 그러므로 다석은 음양오행이 상극상생하는 이치를 탐구하는 사람들을 저열하게 말하시면 안됩니다.

그리고 다석이 자기사상의 최고 경지로 삼고 있는 태극이니 무극이니 하는 관념은 중국불교의 영향으로 만들어진 송대 신유학의 사상입니다. 공자는 이런 사상을 말한 적이 없습니다.

하지만 대승불교 반야부 경전들은 모두 "무극은 무극이 아니다. 이 명칭이 무극이다."라고 설파합니다. 그러니까 무극이라고 하는 문자가 곧 무극은 아니라는 것이지요. 아니 문자가 아닌 무극조차도 실제로 있는 것이 아닙니다.

다석은 말하기를 "우리 동양 민족은 음양을 찾다가 망할는지 모른다. 음양을 찾는 것도 음양의 근원인 태극 무극을 찾아 가지라는 것이다."라고 했습니다.

그러면 다석에게 묻습니다. "무극이 어디에 있습니까? 그것을 저에게 감각적으로 보여주실 수 있습니까?" 그리고 또 "무극은 왜 있는 겁니까? 무극이 '없이 있는 것'이라면, 무극은 왜 '없이 있는것' 입니까?

■ 다석어록

우주가 폭발하면 어떻게 될 것인가. 또는 지구가 흩어지면 어떻게 될 것인가. 삼차대전으로 수소탄이 터지면 어떻게 되나 새삼스럽게 우리는 놀랄 필요가 없다. 우주 만물이 반딧불이라 즉조(即照)하여 죽으니 무슨 걱정이 우리에게 있는가. 모두 나중에는 없어지고 마는 것들인데 걱정할게 없다.

■ 비점담론

어떤 인간이 이 지구에 핵폭탄이든 수소폭탄이든 터트린다하더라도 극소수의 사람들은 살아남기 마련이고, 그들은 다시 인류역사를 재건해 갈 것입니다.

그런데 다석은 "우주가 폭발해버리면 어떻게 될 것인가? 또는 지구가 흩어지면 어떻게 될 것인가"라고 하셨지만, 우주는 150억 년 전에 이미 폭발했고, 지금도 계속 폭발하고 있는 것입니다.

그러니 이 우주가 언젠가는 반대로 수축해서 다시 진공으로 돌아간들 무엇이 이상하겠습니까? 그때에는 그 어떤 극소수의 우주 생명체도 존재자체가 불가능할 것입니다.

그리고 지구는 우주폭발의 먼지들이 모여서 만들어진 것입니다. 그러니 이 지구가 다시 먼지로 돌아간들 무엇이 이상하겠습니까.

그리고 이 지구가 먼지로 다시 흩어져 갈 때 지구생명체는 다른 별을 찾아 이사를 가든지 아니면 지구와 함께 완전히 소멸해버릴 것입니다.

■ 다석어록

미륵불이 마하트마 간디가 될지 모르겠다. 간디를 몰라보는 멍텅구리 이 세상에 또 누가 나타나면 알아 주겠는가.

■ 비점담론

아인슈타인은 간디에 대해 현대사의 기적이라고 말했지요. 예수도 간디처럼 살지는 못했지요. 왜냐하면 예수는 안타깝게도 젊은 시절에 자칭 유태인의 왕이라는 주장을 하고 다니는 바람에 그만 유대교 성직자들의 고소로 십자가 처형을 당해 죽어버렸으니까요. 이에 비해 간디는 장수하면서 수많은 업적을 남기고 끝내는 암살자에게 암살당했지요.

이에 비해 민중의 영원한 메시아 미륵불은 어떻게 살다가 어떻게 죽었는지 모르겠습니다.

관심있는 분은 여익구 님이 번역한 《미륵경의 세계, 사랑과 평화의 마이트레야》를 참고해보시기 바랍니다.

■ 다석어록

배운다는 것은 배워서 알린다는 것이다. 배울 것 배워서 주위 사람에게 알리라는 말이다. 이러한 어지러운 세상에서 그를 알아서 무엇하느냐.

《논어(헌문)》에 "옛날 학자들은 자기수양을 위해 공부했는데, 오늘날 학자들은 타인에게 알려지기 위해서 공부하고 있다."라는 지적이 있습니다. 그러면 자기수양을 위해 배운다는 것은 어떤 것입니까?

이에 대해 율곡 선생은 "선비가 학문을 하는 까닭은 기질을 변화시키기 위해서다." 라고 말했고, 이익 선생은 "학문이란 원래 실용실행이 위주가 되어야 한다"고 말했습니다.

그래서 《후한서》에 "아무리 다독을 해서 아는 것이 많다하더라도 그것을 실행에 옮기지 못하고 세상에서 사용하지 못하면, 주머니 속에 들어 있는 동전 한 푼만 못하다."는 말이 있는 것입니다.

이 말은 나를 두고 하는 말 같습니다. 왜냐하면 이곡(가정집: 잡저)선생의 말씀처럼, 두문불출하고 책을 읽으면서 옛사람을 숭상하고 논하는 것은 아직 때를 만나지 못한 자가 하는 일이기때문입니다.

그런데 저는 어느 노인의 '혼자 중얼거림' 에 지나지 않는 다석어록에 대해 비점담론(批點談論)이나 하고 있으니 제 신세가 참 한심합니다. 이것은 모두 맹자의 말처럼 '때' 를 못만나서 이런 것입니까? 아니면 실력이 없어서 이런 것입니까? 아니면 제가 게으른 것입니까? 아니면 제가 탐욕심이 없어서 이런 것입니까? 아니면 제가 숫기(innocent openness)가 없어서 이런 것입니까?

다석은 여기서 "배운다는 것은 배워서 알린다는 것이다. 배울 것 배워서 주위 사람에게 알리라는 말이다."라고 했습니다.

제가 주위사람에게 알리고 싶은 배움이란, 인간이란 모든 곳과 모든 것에서 평생 배운다는 것입니다. 그리고 이러한 배움에서는 모든 것이 스승이 되는데, 여기서 우리는 무엇을 배워야 하는가하면 국가와 종교의 전통과 관습에 억눌리지 않고, 민족의 운명이나 가족 집단의 운명속으로 빠져들지 않고, 진정한 우주적인 인간으로서의 존재의 의미를 탐구한다는 배움입니다.

■ 다석어록

허공 없이 존재하는 것은 없다. 물건과 물건 사이, 질과 질 사이, 세포와 세포 사이, 분자와 분자 사이, 원자와 원자 사이, 전자와 전자 사이, 이 모든 것의 간격은 허공의 일부이다. 허공이 있기 때문에 존재한다.

■ 비점담론

다석은 "허공 없이 존재하는 것은 없다. 허공이 있기 때문에 존재한다."라고 하셨지만, 허공과 존재가 별도로 있는 것은 아닙니다. 허공이 곧 존재요, 존재가 곧 허공입니다.

그렇다면, 물건과 물건 사이, 질과 질 사이, 세포와 세포 사이, 분자와 분자 사이, 원자와 원자 사이, 전자와 전자 사이, 이 모든 것 사이에 간격이 있다고 보는 관점은 아직 분별지(分別智, 또는 차별적인 앎)를 넘어서지 못한 수준이라고 여겨집니다. 왜냐하면 상대적인 존재와 허공은 실체가 없는 것이기 때문입니다.

예를들면, 글자와 글자 사이에 여백이 있는데, 이 여백을 읽을 줄 알면 글자의 의미가 비로소 선명해집니다. 그러나 반대로 이러한 여백의 의미는 글자들과 글자들로 인해 비로소 존재가치가 있는 것입니다. 만약 글자들도 없고, 읽는 자도 없다면 여백은 그저 여백일 뿐일 것입니다.

■ 다석어록

자연(自然)이라는 것은 스스로 불탄다는 뜻이다.

■ 비점담론

스스로 불타는 것은 없습니다. 불이 타오를만한 조건과 원인이 있어서 불이 타는 것입니다.

그리고 그 어떤 조건과 원인으로 불이 생겨났다하더라도 그 불은 재가 되고 흙이 되어 지구생태계가 건강하게 살아있게 합니다.

■ 다석어록

육체는 죽지만 정신은 죽지 않는다.

■ 비점담론

다석은 1960년에도 "죽음이 없다는 것을 깨달아야 한다."라고 말했습니다. 다석은 무슨 뜻으로 이런 말씀을 하셨을까?

우디 알렌(1935-)은 "나는 일을 통해 영생을 얻고 싶지 않다. 나는 죽지 않음으로써 영생을 얻고 싶다."고 말한 바 있습니다. 미국 코미디 영화배우다운 말입니다.

일본의 대망경세어록에도 보니, "나는 지금까지 인간의 생은 이 세상에 한정된 것이라고 생각했다. 그런데 그렇지가 않았다. 인간에게 죽음이란 없다는 것을 확실히 깨달았다."라는 말이 나옵니다. 다석의 말과 똑같군요.

죽음을 유일한 종말로 보지 않는다는 점에서는 모두 같은 뜻의 말입니다. 하지만 영원한 삶이 있는 것도 아닙니다.

좌전(양공24년)에는 범선자가 "사이불후(死而不朽: 죽어도 썩어 없어지지 않는다)"라는 옛사람의 말씀을 인용하고 있습니다.

제가 아는 한 '죽지 않는다(不死)'에 관련하여 최고의 성찰을 보여주는 말씀은 노자 도덕경(제6장)에 나오는 '곡신불사(谷神不死)'라고 여겨집니다.

즉 곡신은 텅 비어 아무것도 없는 상태(無)를 뜻하고, 불사(不死)는 살아있는 것을 살아있게 하고 죽는 것을 죽게 하는 상도(常道)의 불생불멸성, 불변불화성을 뜻합니다.

노자의 제자의 제자인 열자도 천서편에서 옛부터 전해져 오는 황제서의 말씀을 인용하여 말하기를 "생은 생이 아닌 것으로 돌아가게 되어 있다. 생은 이치로 보아 반드시 종말이 오게 되어 있다. 그러므로 종말은 불가피한 것이니, 생이 불가피한 것이나 다를 바 없다. 그럼에도 불구하고 그 생을 영원히 연장하고 종말을 없애고자 한다면, 이것은 도리를 제대로 이해하지 못한 것이다 라고 하지 않을 수 없다." 라고 하였습니다.

그래서 장재는 정몽(태화)에서 "죽음이 소멸이 아니라는 것을 아는 자라야만 함께 바탈(性)을 이야기 할 수 있다."고 말했을 것입니다.

그러나 나는 상도(常道)든 기(氣)든 리(理)든 신(神)이든 그 어떤 것도 영원불멸한 것은 없다고 성찰하는 사람입니다.

다만 제가 하고 싶은 말은, 생명체의 삶은 태양과 지구가 없었다면 불가능한 것이다 라는 것과, 태양과 달과 적당한 거리에 있으면서 상호작용하는 지구가 있는 한 생명체는 계속 있을 것이고, 이 생명체가 있는 한 죽음은 있다는 겁니다. 왜냐하면 생명체는 죽어야만이 삶을 유지할 수 있는 것이기 때문입니다.

■ 다석어록

길이란 우리가 움직여 나가는 데는 없어서는 안 될 것이다. 길이 없다면 우리는 꼼짝할 수가 없다. 공간은 죄다 이 길을 위해 있다. 원자 전자 사이의 공간, 세포 사이의 공간도 이 길을 위한 것이다. 길이 없다면 원자나 세포는 제구실을 다할 수 없을 것이다. 분간한다는 낱말도 공간을 전제하고 있다. 모든 이치가 다 분간할 줄 아는데 있다면 이치는 곧 길이 아니겠는가. 길이 곧 이치인 것이다. 도라는 것은 길을 말한다. 허공이 진리라는 말은 이런 점에서 이해되어야 할 것이다. 불교에서 말하는 법도 이러한 이치와 길을 가리킨다.

■ 비점담론

길이 없어도 이동할 수 있고, 길이 있어도 이동할 수 없는 것이 있습니다. 그러므로 길은 길이 아니요, 길 아닌 길이야말로 길일 수도 있습니다.

'허공이 진리' 라는 개념을 소유하고 있는 한, 다석은 결코 진리를 보지 못할 것입니다.

그리고 불교에서 법(dharma)이란 말의 뜻은 서른 가지가 넘을 정도로 다양합니다. 그러니까 불교용어인 '법이 이치와 길을 뜻한다' 는 것은 한 개의 일정한 개념일 뿐입니다.

■ 다석어록

쉰(50) 살은 쉬(休)는 나이다. 천명(天命)을 알 때가 된 나이다. 예수는 이미 30대에 천명을 아는 하나님의 아들이 되었다.

■ 비점담론

저도 다석처럼 한글철학으로 쉰살을 해설해보기로 합니다.

쉰살(50세)이라는 한글자의 의미는 "강한 기운이 설기되어 약해진 상태"라는 뜻입니다. 즉, 20대와 30대에 활발하게 움직였던 강한 기운(무엇인가를 형체화하려는 강력한 기운)이 쇠약해지는 바람에 육체적인 생리활동이 급격히 감소하는 단계(때)라는 것입니다.

그러나 이러한 육체적인 생리의 쇠퇴에 비해 내부적인 인성과 지성은 더욱 선명해지고 알차지게 됩니다. 왜냐하면 쉰다는 것은 애써서 섭취한 영양 즉 칼로리를 쓸데없이 방출하지 않는다는 의미이기 때문입니다. 바로 이 나이가 쉰살(50세)입니다.

그러므로 사람은 대개 쉰살이 되면 자기분수(自己分受, 天命)를 알아야 합니다.

그런데 다석은 말하기를 "예수는 이미 30대에 천명을 아는 하나님의 아들이 되었다."고 말했습니다. 그래서 "예수가 더 위대하다" 이 말씀입니까? 그렇다면 나이 18세에 대오했다면 그 청소년은 더 위대하겠네요?

30대에 천명을 안 예수는 자기가 곧 길이요 생명이라고 했습니다. 그러면 다른 성현들은 모두 길이 아니요, 생명이 아닙니까? 공자는 "쉰살이면 천명(天命)을 알 때가 된 나이다."라고 했습니다. 저도 이제 '순간이 곧 최후'라는 깨달음과 살아 있는 것 자체를 즐겨야 하는 나이가 되었습니다.

■ 다석어록

'더욱' 이란 우로 들어 올린다는 뜻이다. 욱은 우로 올라간다는 것을 강조해서 ㄱ을 붙였다. 그래서 더욱은 더 우로 이다.

■ 비점담론

불교는 다음과 같이 말합니다.

"그렇게 더 위로 올라가고 싶으면, 그만큼 더 밑으로 내려가십시오. 지옥이 바로 극락입니다. 중생이 곧 부처입니다. 번뇌가 곧 보리입니다."

■ 다석어록

사람에게 있어 제일 귀중한 것이 생명인데 그 생명은 내 것이 아니다. 내 것이 아니기 때문에 사람은 임종에 다달아 일초도 더 늘릴 수 없다. 진리도 시간도 공간도 내 것이 아니다. 그것은 내 맘대로 할 수 없기 때문이다. 내 맘대로 할 수 없는 것을 내 것이라고 생각하는 것은 망상이다. 그것은 하나님의 것이다.

■ 비점담론

다석이 말하기를 "그것은 하나님의 것이다."라고 말할 때, 그 '것' 이란 여기서 소유물입니다. 그리고 그 소유주는 하나님입니다. 그리고 소유물은 소유자가 자기뜻대로 쓸 수 있는 겁니다. 이 때 그 '것' 은 소유주에 의해 쓰여지는 도구나 수단이나 방편 일뿐입니다. 그렇다면, 우리들의 생명은 도구나 수단이나 방편 일뿐입니까?

그렇다면 그 소유주는 어떤 목적을 위하여 생명을 사용합니까? 생명을 사용하는 소유자는 무엇을 하고자 하는 겁니까? 그가 원하는 것은 대체 무엇입니까?

만에 하나 가설로, 비록 생명이 그의 소유물이라고 할지라도 우리 인간은 생각을 할 줄 아는 생물입니다. 이 생각하는 생명체가 소유주에게 질문합니다. 당신은 대체 누구십니까?

■ 다석어록

적막을 깨뜨리는 그 물 소리 -개구리가 시간이라는 연못 속에 뛰어드는 것-

■ 비점담론

"오래된 연못. 개구리. 풍덩!" 이 구절은 바쇼오의 하이쿠입니다.

바쇼오는 다음과 같은 말도 했습니다. "옛사람들을 따르려고 그들의 발자취를 찾지말라. 그들이 찾아낸 것을 찾으라."라고.

■ 다석어록

마음에 바람을 일으키는 것이 번뇌요, 애착이다. 남녀 문제에 바람이 일어난다. 내가 없는 마음은 깨끗이 남녀를 초월한다. 남녀의 바람이 자고 생각의 호수가 깊으면 그것이 열반이다. 남녀를 끊어야 부처이다.

우선 남녀간의 애욕문제에 대하여 전통불교는 어떻게 말하고 있는가를 전해드리겠습니다.

먼저 《우바새계경(업품)》에 이르기를 "애욕으로 인해 짓는 모든 것을 업"이라고 했습니다.

그리고 《잡아함(종수경)》에서는 "욕망을 인연하여 붙잡음이 있고, 붙잡음을 인연하여 존재가 있으며, 존재를 인연하여 태어남이 있고, 이 태어남으로 인해 늙음과 병과 죽음과 근심과 슬픔과 번민과 괴로움이 있다."라고 말했고,

《잡아함(구치라경)》에서는 "어떤 것이 괴로움인가? 그것은 태어남의 괴로움과 늙음의 괴로움과 병의 괴로움과 죽음의 괴로움과 은혜와 사랑을 이별하는 괴로움과 원수와 미운 이를 만나야만 하는 괴로움과 하고 싶은 것을 하지 못하는 괴로움이다."라고 했고,

또 《중아함경》에서는 "태어나고, 늙고, 병들고, 죽고, 미운 것과 만나고, 사랑하는 것과 헤어지고, 구하는 바를 얻지 못하는 것은 모두 괴로운 것이다."라고 했습니다.

그래서 《출요경(무상품)》에 이르기를 "잠 못 이루는 사람에게 밤은 길다. 정처 없이 걷는 사람에게 길은 멀다. 어리석은 사람에게 생사가 길다."라고 한 것입니다.

그리고 《증일아함경》에서는 "애욕은 격렬한 욕망으로서 삶에 대한 집착의 근본이 되며, 보이는 것, 들리는 것 모두를 탐내게 되고, 때로는 죽음을 원할 정도의 극단적 욕망으로 변한다."라고 했고,

《대반열반경》에서는 "애욕은 번뇌의 왕이며 갖가지의 번뇌들이 그 뒤를 따른다."라고 말했습니다.

그래서 《법구경》에 이르기를 "애욕보다 더한 불길이 없고, 성냄보다 더한 독약이 없다. 육체보다 더한 고뇌는 없고, 안정보다 더한 즐거움은 없다."라고 했고, 또 "애욕에서 근심이 생기고, 애욕에서 두려움이 생긴다. 그러므로 애욕을 떠난 사람에게는 근심이 없다."라고 했습니다.

힌두교 경전인 《바가바드 기타》에서도 "사람이 감각의 대상을 골똘히 들여다보면, 집착이 생겨난다. 집착에서 애욕이 일어나고, 애욕이 좌절되면, 분노가 일어난다. 분노는 마음을 혼란하게 하고, 마음이 혼란스럽게 되면, 경험적 교훈을 잃어버리게 된다. 경험적 교훈을 잃어버리게 되면, 이성을 마침내 파멸된다. 이성이 파멸되면, 그 사람은 다시 생사의 윤회속으로 전락하게 된다."는 매우 유명한 구절도 생각이 나는군요.

석가모니 부처도 "애정은 윤회의 근본이 되고, 정욕은 몸을 받는 인연이 된다. 그러므로 음란한 마음을 끊지 못하면 허망함 속에서 벗어날 수 없고, 또 애정에 한 번 얽히게 되면, 자신을 죄악의 문에 처넣게 된다." 라고 말한 바 있습니다.

하지만 나는 여기서 다석옹과 그의 추종자들에게 그들이 여태까지 들어보지 못한 색다른 불교의 깨달음에 관한 정보를 전해 드리고자 합니다.

즉, 《유마경(제8 불도품)》에서 말하기를, "보살(깨달음의 실천을 향해 노력하는 사람)이 부처의 도를 완성한다고 하는 것은, 도가 아닌 것을 실천하는 일이다."라고 설파했습니다.

다시 말하면 "도가 아닌 곳에 가는 것이 불도(The path of the buddha)에

통달하는 것이다, 또는 보살이 도가 아닌 것을 행하는 일이 곧 불도에 통달
하는 것이다, 또는 참된 진리를 인식하려는 자는 허위 속에 있어야 한다.”는
것입니다.

보통사람의 수준에서 부처의 도가 아닌 것은 치정(癡情)이요, 정욕이요,
번뇌요, 애착이요, 시기질투요, 증오요, 어리석음입니다.

그런데 《유마경》에서 “보살이 부처의 도를 완성한다고 하는 것은 도가 아
닌 것을 실천하는 일이다.” 라고 하니, 이것은 무슨 뜻인가?

구마라집(343-413)이 번역한 《제법무행경》에서도 “성적인 욕망이 곧 열반
이다. 분노와 어리석음이 곧 열반이다. 이 세 가지 가운데 부처의 한량없는
가르침이 있다.” 라고 했고, 또 《대지도론(6)》에서도 희근보살은 “음탕한 욕
망이 곧 도요, 분노와 어리석음 또한 그렇다.” 라고 말했고, 또, 돈황본《육조
단경》에도 이르기를 “애욕(성적인 욕망)은 본래 몸의 청정한 원인이다. 애욕
이외에 본질적으로 청정한 몸은 없다.” 라고 했습니다.

또 천태종의 지의(538-597)도 《마하지관(4권하)》에서 즉망이진(卽妄而眞:
번뇌를 일으키는 妄이 곧 眞이다)이라는 경지로 “탐욕이 곧 도” 라고 주장하고,
또《마하지관(2권)》에는 “화수밀다는 음탕한 짓으로 청정한 행위를 삼으며,
기타말리는 술 마시는 짓으로 계행(戒行)으로 삼는다.” 라고 했습니다. 대체
이것은 무슨 뜻인가?

직설한다면, ‘남녀를 끊어야 부처’ 라는 가르침은 소승적인 발상이지요.
대승적인 관점은 ‘남녀를 끊지 않은 채 끊는 법’ 을 가르치는 법입니다.

무슨 말인가 하면, 끊어야 할 남녀의 절대 자체성, 실체성 자성(自性), 진
성(眞性)은 없다는 것을 깨달아야 비로소 남녀문제에 대해 언급할 수 있다는

것입니다.

즉, '초월한다' '끊는다' 하는 것은 모두 남녀에 사로 잡혀 있기 때문에 하는 말이지요. 제 안목으로는 '초월할 것도 없다' '끊을 것도 없다' 고 통찰합니다.

이런 경지에서는 남녀 모두가 무아지경의 열반으로 사라져 갈 뿐입니다. 왜냐하면 여기서 보리와 번뇌는 하나가 됨으로써 하나도 아닌 상태로 사라져 가는 것이기때문입니다.

다시 말하면, 애착이니 무애착이니, 얽매임이니 초월이니, 번뇌니 열반이니, 남자니 여자니 하는 양쪽의 상대적인 것들이 모두 여기서는 존재하지 않는다는 것입니다.

그러므로 '남녀를 끊으면 부처가 아니다. 남녀는 끊는 것보다는 도리어 잘 합해야 한다.' 라고 저는 말하고 싶습니다. 관심있는 분은 유마경과 반야이취경을 참고해보시기 바랍니다.

이제 나의 결론은 온갖 번뇌에 쌓인 중생이야말로 부처의 씨알이라는 것입니다. 또 초월할 남녀가 없다, 끊어야할 남녀가 없다, 이룰 부처도 없다는 것입니다.

생각건대, 독자는 사랑이 없는 열반 속에서 지내는 것과 번뇌할지라도 사랑을 하고 지내는 것 중에서 어떤 것을 선택하고 싶습니까?

물론, 번뇌와 애착 속에서 자신의 에너지를 끊임없이 소모시키며 나중에는 결국 지치고 마는 그런 남녀문제일지라도 반드시 꼭 무의미한 것만은 아닙니다.

왜냐하면 긍정적으로 보면, 남녀간의 사랑은 추악한 세상의 해독제이기 때문입니다. 남녀간의 사랑은 우울한 죽음과 반대로 생기를 불어 넣습니다. 이것은 20대 청춘남녀들은 모릅니다. 고독하게 늙어보아야 실감할 수 있는 감정입니다.

이렇게 인생에 있어서 남녀의 사랑은 서로 뗄 수 없는 삶의 한 부분입니다. 거의 모든 삶이 남녀의 사랑과 연관돼 있습니다. 남녀의 순수한 사랑은 이 세상의 위선과는 정반대 자리에 있습니다. 이것은 곧 인간 삶의 원동력이자 열망을 의미합니다.

하지만 때로 숨 막히는 관습은 남녀의 사랑을 억압하는데, 이것은 아주 옛날 고대사회에서 최초로 정치 권력자들과 종교권력자들이 나타나서 법으로 사상으로 질서 유지한다는 명분으로 짓누르는데서 시작된 것입니다. 이것은 독점욕 또는 소유욕을 확실히 해놓자는 무의식의 발로라고 보여집니다.

독점욕은 독점을 못할 수도 있으니 우선 불안해집니다. 불안은 불안정을 낳고, 긴장을 야기 합니다. 긴장이 야기되면 치열해지게 되고 치열해지면 평화는 없습니다. 평화가 없으면 아름다움도 행복도 불가능하게 되어집니다.

그러니까 제 말씀의 요점은 이렇습니다. 즉, 초월하고 끊어야 할 것은 남녀관계가 아니라 그렇게 말씀하시는 다석의 사고방식이나 마음이나 사상을 초월하고 끊으셔야 한다는 겁니다.

다석은 "남녀를 초월한다. 남녀의 바람이 자고 생각의 호수가 깊으면 그것이 열반이다. 남녀를 끊어야 부처이다."라고 말했습니다.

그러나 다석은 "나라고 하는 이기주의와 자기중심만 없으면 우주는 하나의 유기체요. 가까이 온 사람도 없고, 멀어져 간 사람도 없고, 나도 없고, 남도 없고 그대로 한 몸이요, 저절로 그대로 하나다.(1973.811)"라고 했는데, 이렇게 남녀도 없고, 선악도 없고, 절대만 있다면 왜 남녀문제에 대해서는 이토록 불평등한 알음알이를 내고 있습니까?

다석(1890.2.23-1981.2.3)보다 더 깊고 수많은 불교공부와 불교 강의를 한 만해 한용운(1879-1944.6.29) 스님의 시가 생각납니다.

"나는 선사의 설법을 들었습니다. '너는 사랑의 쇠사슬에 묶여서 고통을 받지 말고, 사랑의 줄을 끊어라. 그러면 너의 마음이 즐거우리라' 고 선사는 큰 소리로 말하였습니다. 그 선사는 어지간히 어리석습니다. 사랑의 줄에 묶기운 것이 아프기는 아프지만, 사랑의 줄을 끊으면 죽는 것보다도 더 아픈 줄을 모르는 말입니다. 사랑의 속박은 단단히 얽어매는 것이 풀어주는 것입니다. 그러므로 대해탈은 속박에서 얻는 것입니다. 님이여, 나를 얽은 님의 사랑의 줄이 약할까봐서, 나의 님을 사랑하는 줄을 곱들였습니다.

참고삼아, 법랑(507-581) 스님의 설법을 전해드립니다.

"도를 닦는 자가 만약 도가 아닌 것을 버리고, 올바른 도(正道)를 찾으려고 한다면, 그는 이미 도(道)라고 하는 것에 얽매어 있는 것이다."

■ 다석어록

식색(食色)을 해결 못한 사람은 아직 정신이 없다. 정신은 자기가 자기를 지배할 수 있어야 정신이다.

■ 비점담론

《소학(외편 가언)》에 보면 "심신을 수양함에 있어서 가장 긴요한 것은 음식과 남녀관계를 삼가는 일이다."라는 호안국의 교훈이 있습니다.

석가모니는 승려가 행복하기 위해서는 음식과 옷 세벌, 밤에 쉴 곳, 그리고 질병에 대비한 약이라고 말했습니다.

다석은 "식색(食色)을 해결 못한 사람은 아직 정신이 없다."고 말했지만, 필자는 독자들에게 식(食)이 무엇이며 어떻게 먹는가에 대해서는 《식경(食經)》을 권하고, 색(色)이 무엇이며 어떻게 하는 것인가에 대해서는 《소녀경(素女經)》과 《카마 수트라》를 권합니다.

그리고 다석은 항상 '정신, 정신' 하시는데. 그 정신이란 과거의 산물인 기억의 총체일 뿐이라고 저는 생각합니다. 그러므로 이러한 정신(情神)은 저에게는 특별히 중요하지도 않습니다.

왜냐하면 과거의 정신과 현재의 정신과 미래의 정신이라고 하는 자성(또는 자체성, 정해진 본체성, 실체성)은 없는 것이기때문입니다.

■ 다석어록

누에는 죽어야 고치가 된다. 죽지 않으려는 생각은 어리석은 일이다. 실을 뽑았으면 죽어야 한다. 죽지 않으려는 억지 마음은 버려야 한다. 죽지 않으려고 하지 말고 실을 뽑아라.

■ 비점담론

《필립복음서》에는 "예수는 먼저 부활하고 그 다음에 죽었다."고 글이 있습니다. 의미심장한 문구입니다. "사람이 살아있을 동안에 부활을 체험하지 않는다면, 그들은 죽어서 그 어떤 것도 받지 못할 것이다.(필립복음서(79))"라는 말씀은 생의 정곡을 찌른 성찰입니다.

그러나 예수처럼 죽는다고 해서 누구나 다 예수가 될 수 있는 것은 아닙니다. 예수는 바울에 의해 성공하고 부활하고 영원한 명성을 누리게 된 것입니다.

석가모니도 마찬가지입니다. 석가모니처럼 아뇩다라삼막삼보리를 체득했다고 해서 누구나 다 석가모니가 될 수 있는 것은 아닙니다. 석가모니는 수많은 제자들과 신자들에 의해 끊임없이 성공하고, 부활하고, 불멸하는 명성을 얻게 된 것입니다.

다석도 마찬가지입니다. 다석처럼 고대 한글자로 자기 생각을 표기한다고 해서 누구나 모두 다석이 될 수 있는 것은 아닙니다.

다석은 '다석이 말한 것에서 의미를 캐내는 일을 하는 사람들' 인 함석헌 님에 의해 알려지고, 김흥호 님과 박영호 님과 류달영 님 같은 제자들에 의해 현재 성공적으로 부활하고 있는 중입니다.

그러나 불교의 안목으로 본다면, 다석의 글은 깊이가 없습니다. 오래가지 못할 것입니다. 다석의 가치는 훈민정음의 한글로 중국고전을 유창하게 번역하거나 풀이했다는 점에만 있습니다.

마치 한글시대를 연 첫 국어학자 주시경(1876–1914) 님이 곧 위대한 사상가는 아니듯이.

■ 다석어록

이 세상은 거저 있으라는 것이 아니다. 우리는 말씀의 집을 지으려 왔다. 실 뽑으러 왔다. 생각하러 왔다.

다석은 다른 데서 말하기를 "사람이 생각한다는 것은 신이 있어서 이루어진다. 신이 내게 건네주는 것이 거룩한 생각이다. 신이 건네주지 않으면 참 생각을 얻을 수 없다. 거룩한 생각은 신과의 연락에서 생겨난다. 생각하는 곳에 신이 있다. 그러면 생각이 신인가. 나로서는 모른다." 고 하였습니다.

하지만 J.D.크리슈나무르티는 말하기를 "우리는 생각한다는 말을 사용한다. 하지만 그것은 의사소통의 한 형태일 뿐이다. 실제로는 생각이 존재하는 하나의 상태가 존재할 따름이다. 생각이 생각하는 사람을 창조하면, 생각하는 사람이 그의 생각을 전달하는 것이다. 생각하는 사람은 생각을 언어화한 개념에 불과하다……. 생각은 말이다. 말이 없다면, 적어도 우리가 알고 있는 생각은 없다. 따라서 말이 생각의 과정임을 본다."고 설파했습니다.

그래서 U.G.크리슈나무르티도 "모든 체험은 생각에서 비롯된다. 지식이 없이는 체험할 수 없다. 그리고 체험은 지식을 강화시켜준다. 악순환이 계속된다. 그것은 자기의 꼬리를 쫓아 다니는 개와 같다."라고 말했고, 또 "생각이란 진동이다. 원자의 구조로 이루어져 있다. 생각에는 원자가 들어 있다. 이제 그 활발하던 움직임이 멈춘다." 라고 설파할 수 있었을 것입니다.

■ 다석어록

석가는 6년 수행 마지막에는 자신이 깨달음을 얻기 전에는 앉은 자리에서 일어나지 않겠다는 마음을 먹었다. 밤낮없이 앉은 채 마귀잡념과 싸워 마침내 《금강경》을 내어놓을 수 있도록 아주 좋은 깨달음을 얻었다는 것이다.

■ 비점담론

그러나 이 정도의 깨달음 가지고도 안됩니다. 일천제(결코 구제받을 수 없는 나쁜 사람)인 데바닷다가 극락에 가고 부처가 되는 정도의 깨달음과 구제행위가 뒤따라야 비로소 온전해질 수 있을 겁니다.

그리고 금강경은 석가모니 부처가 직접 쓴 것이 아닙니다. 금강경은 석가모니 사후 5백년쯤 지나서 대승불교계의 어느 스님이 자기의 경지와 철학과 신념을 부처의 이름으로 쓴 것입니다.

■ 다석어록

신(神)은 하나이다. 절대다. 무극이태극(無極而太極)이다.

■ 비점담론

《주역(계사상)》에 이르기를 "역에는 태극이 있다. 여기서 음양이 생겨나왔다."고 했습니다. 그리고 이 음양은 사상(四象: 대양과 소양과 대음과 소음)을 낳고, 이 사상(四象)은 팔괘(八卦)를 낳았습니다. 그리고 팔괘는 길흉을 정한다고 합니다.

다석은 "신은 하나이다. 절대다."라고 했는데, 《주역(계사상전)》에 "예측할 수 없는 음양의 움직임을 신이라고 한다"고 했고, 또 《주역(계사하)》에서 공자는 말하기를 "기미(幾微: 일어날 징조)를 알아차리는 것을 신이라고 한다"고 했습니다.

그리고 《근사록(출처류)》에서 정이천은 "지혜로운 자는 기미를 알고 이에 대처하는 도를 굳게 지킨다."고 말했습니다.

그러니까, 신은 하나가 아니며, 절대가 아닙니다. 나에게 있어서 신의 개념이란 단지 '작용하는 것'이라는 뜻일 뿐입니다.

그리고 다석은 "무극이태극(無極而太極)"이라는 말도 사용하고 있습니다. 이 무극이 태극이라는 용어는 다석의 독창적인 용어가 아니라 북송시대 주겸계(1017-1073)의 말입니다.

주겸계는 불인요원(1032-1098) 스님의 영향을 받은 분으로서 중국 신유학의 원조이며, 정명도와 정이천의 스승입니다. 고로 주겸계의 사상을 모르면 신유학도 제대로 알 수 없는 것입니다.

이 주겸계의 무극이태극(無極而太極)이라는 경지는 주역(계사상전)과 노자도덕경(제28장)에 대한 이해가 있어야 가능한 것입니다. 그리고 이 무극이태극(無極而太極)에 대한 설명은 주자대전(제1권)의 주자 태극도설해(무극이태극)에서 확인해보시기 바랍니다.

그런데 다석의 무극론(無極論)은 노자사상적인 이해요 설명이라고 여겨집니다. 그리고 이러한 무극(無極)에 대한 이해는 곧바로 다석의 기독교 신학으로 전화(轉化)됩니다.

그러니까, 다석의 기독교 신학적인 사상의 핵심은 "하나님은 없이 계신이다." "신이 없다면 어떤가. 신은 없이 계시는 분이다."라는 한 구절에 집약되어 있습니다.

그리고 다석은 이 "없이 계시는 신"에 대해 "신은 본디 이름이 없다. 신에 이름을 붙일 수 없다. 신에 이름을 붙이면 이미 신이 아니요, 우상이다. 나도 이름을 붙일 수 없다. 이름을 붙이면 벌써 나는 아니요, 허수아비가 된다."고 설파합니다.

하지만 이 모든 관념은 중국 신유학자들이 주장하는 무(無)에 관한 사상을 왜곡하는 모방인용으로 기독교 신 관념에 응용한 것입니다.

그런데 우리가 알아야 할 점은 주겸계가 무극이태극(無極而太極)이라는 관념을 만들어내는 과정에는 불교사상(즉, 華嚴禪的 철학)의 영향이 결정적으로 있었다는 사실입니다.

그러나 주겸계를 비롯하여 모든 신유학자(中國新儒學者)들의 불교이해란 오해로 가득 차 있는 불교일 뿐입니다. 왜냐하면 중국신유학자들이 인지하고 비판하는 중국화된 불교는 진장한 석가모니의 불교가 아니기때문입니다.

금강경의 즉비논리로 말하면, "무극이태극이든, 태극이무극이든" 이러한 언어문자는 그냥 언어문자일 뿐이며, 그저 언어문자를 실체화한 것일 뿐입니다.

그리고 제가 이렇게 말할 수 있는 논리적 근거는, 모든 존재와 현상은 인연기멸(因緣起滅; 무수한 원인과 조건에 의해 생성하고 소멸하는 것)이라는 법칙의 산물이라는 것입니다.

■ 다석어록

1956년 4월 26일은 내가 죽기를 기원한 날인데 오늘이 일년 돌이 되는 날이다. 내 장례를 내가 치르고 오늘은 내 소상(小祥)을 내가 치르는 날이다.

■ 비점담론

장주 선생은 말하기를 "참사람은 삶을 기뻐하지도 않고, 죽음을 싫어하지도 않는다. 그저 선선히 가고, 선선히 올 뿐이다. 그 비롯되는 것도 잊지 않고, 그 끝나는 것도 추구하지 않는다." 라고 하였습니다.

그런데 무슨 살아있는 사람이 장례를 치룬다는 것입니까? 그저 살아있을 때에는 삶에 충실하고, 죽을 때에는 그저 미련없이 죽으면 됩니다.

저도 감상적으로 말하면, 1956년 4월 26일은 제가 이 지구에 인류로 태어나기 위한 인연법이 무르익어가는 날입니다.

■ 다석어록

욕심이란 끝이 없다. 그것은 밑빠진 항아리와 같다. 물을 아무리 부어도 소용이 없다. 욕(欲)은 손(損)이다. 욕을 버리면 의롭고 욕을 가지면 해롭다. 정말 욕심이 없으면 생사도 넘어설 수가 있다. 생사를 초월하면 그것이 자유요, 진리요, 사랑이요, 영원이요, 믿음이다.

■ 비점담론

'욕망을 버리라' 는 교훈보다는 욕망의 방향을 잘 설정하라는 말이 더 현실적으로 도움이 되는 교훈일 것입니다.

사실 무욕만한 대욕도 없을 것입니다. 또 생사를 초월하고 싶다는 것도 욕망입니다. 또 자유와 사랑과 영원과 믿음이라는 것도 정말 큰 욕망입니다.

다석은 "생사를 초월하면 그것이 자유다."라고 하셨지만, 해탈은 인연기멸의 진리를 이해하면서 얻어지는 것입니다. 다시 말하면, 인연기멸의 진리란 상호의존적인 관계에 의해 모든 것이 생겨나고 소멸한다는 법칙입니다.

그러니까 이 법칙을 알면 해탈은 곧바로 이루어지는 것입니다. 이 무슨 말인가 하면, 생사와 자유가 별도로 분리되어 있는 것이 아니라 생사자체가 자유라는 것입니다.

■ 다석어록

사람이 말씀을 믿지 않으면 마침내 손잡고 입맞추고 얼싸안던 것(배우자)을 마지막 거두어 씻기어 널에 넣어 흙 속으로 던진단 말인가. 불사르면 재 한 줌이나 될까. 인생에게서 말씀을 빼면 재 한 줌밖에 될 것이 없다. 결국 사는 길은 말씀뿐이다.

■ 비점담론

사람은 죽지만 그 사람이 남긴 어록은 더 오래 살면서 독자들에게 다가갑니다.

육신의 만남보다 어쩌면 정신의 만남이 더 뜻깊은 일이 될 것입니다.

그래서 나는 스스로 50년 동안 5천년을 살고 있는 사람이라고 말하곤 합니다.

제가 이렇게 말할 수 있는 것은 모두 옛날부터 현자들이 죽어가면서 남긴 어록들 덕분이지요.

루돌프 폰 이어링(1818–1892)의 말입니다. "책 또는 죽은 자는 산자들보다 더 많은 교훈을 준다."

■ 다석어록

세상에 꽤 똑똑한 사람도 먹는 문제와 남녀 문제가 되면 꼼짝 못한다. 그래서 밤낮으로 연락하고 미녀들과 음행에 빠지고 뱀이나 개 따위를 먹고 진귀한 보약이나 심지어 아편을 먹고까지 음탕에 골몰한다.

■ 비점담론

다석은 말하기를 "요새 부부는 사이비 부부다. 왜냐하면 요새 부부는 정욕의 만남이요, 성명(性命)을 상실한 부부이기 때문이다.(1972.12.6)"라고 질타한 바 있습니다.

하지만 부부나 연인들이 서로 사랑하기때문에 꼼짝 못하는 것 당연한 거 아닙니까? 사랑하는 부부나 연인들이 밤낮으로 서로 좋아서 연락하는 게 뭐가 잘못입니까? 그럴 수도 있는 것입니다.

요즘은 음탕에 골몰하는 힘을 뱀이나 개, 보약과 아편을 이용하지 않고, 비하그라하 알약 한개만 먹으면 60대 노인들도 몇시간 동안 발기상태를 유지하면서 섹스에 골몰할 수 있습니다.

다석의 일기에 보니 "70세가 되어서도 섹스를 멀리 할 수 없다고 하는 사람이 있다.(1967.5.14)"는 말이 있는데 인간의 에로스란 그런 것입니다.

남녀간의 성문제 전문가인 양석일(1936–) 씨는 말하기를 "남자는 여자의 질속에 자기의 남근을 넣고 싶다는 강한 욕망이 있다."고 했습니다.

그리고 또 그는 "남자에게 중요한 것은 자신의 좆을 여자의 질속 깊이 삽입하는 것이다. 그렇게 하므로써 여자가 희열하고 번민하며 자존심을 내던지고 당치도 않는 신음소리를 내며 남자의 육체에 매달리게 하려는 것이다. 남자앞에 엎드리게 하여 어떤 고생도 마다 않는, 자기 희생의 사랑의 낙인을 여자의 질 속 깊이 찍어 넣는 것이다. 성에 대한 이러한 남자의 일방적인 사고가 성의 속설 또는 환상적 망상에 이르게 하는 이유이다. 하지만 여기서 문제가 되는 것은 발기력이다."라고 말했습니다.

그리고 또 그는 "남자는 섹스할 때 상대 여자가 어떤 반응을 보이는가에 지대한 관심이 있어서 여러 가지 기교를 시도하며 여자를 관찰한다. 남자가 여자에게 원하는 것은 역시 관능적인 자태이다. 그것은 남자의 성욕을 부채질 함과 동시에 여자를 성의 대상으로 만듬으로써 남자의 주체적인 정복욕 또는 우월성을 유지하려는 행위이기도 하다."라고 말했고 "섹스할 때 남자의 욕망은 사정과 함께 즉시 시들어 버린다. 그러나 사정하기까지 남자의 욕망과 정념은 한없이 이어진다. 남자의 성은 상상력과 밀접한 관계가 있어서 한없는 자극을 추구한다. 남자는 사정보다 섹스할 때의 상대의 표정, 환희의 신음소리, 교태에서 자극을 받아 최선을 다해서 여자를 환희의 도가니로 몰아넣어 기쁨의 눈물을 흘리게 하는 데에 전력을 쏟는 것이다. 다시말해서 어떻게 하면 여자의 몸을 뜻대로 지배할 수 있는가에 있다." 고 말했습니다.

■ 다석어록

여자는 땅과 같다.

■ 비점담론

이 말은 고대인도인들의 사고방식이었습니다. 여자는 땅이고, 남자는 그 땅에 씨앗을 뿌리는 쟁기라는 것이지요.

그런데 중국 유교에서 "여자는 땅이다." 라고 했을 때에는 분위기가 조금 달라집니다.

"여자는 땅이다" 그러면 남자는 하늘입니까? 왜 여자는 남자를 하늘처럼 모셔야 하지요?

문제는 남녀관계를 하늘땅으로 비유하는 것이 잘못된 것이 아니라, 다석의 말씀 속에 들어있는 여성에 대한 봉건적인 사상이 문제입니다.

■ 다석어록

여자를 존중한다는 것과 성을 개방한다는 말은 같은 말이 아니다. 여자의 자유는 여자의 존엄에 있지 성에 있는 것이 아니다. 여자의 존엄은 정신에 있지 육체에 있는 것이 아니다.

■ 비점담론

K.지브란은 말하기를 "모든 남자는 두 여자를 사랑한다. 한 여자는 그의 상상력으로 창조해낸 여자이고, 또 다른 여자는 아직 태어나지도 않은 여자다."라고 했습니다.

다석의 입맛에 맞는 여성은 내훈서(1475)를 편찬한 소혜왕후(1437–1504)같은 분일 것입니다.

그러나 제 입맛에 맞는 여성은 타라 보살이나 사라스와티 같은 여신인데, 이런 위대한 여성은 아직 태어나지 않은 여자입니다.

다석은 "여자를 존중한다는 것과 성을 개방한다는 말은 같은 말이 아니다. 여자의 자유는 여자의 존엄에 있지 성에 있는 것이 아니다. 여자의 존엄은 정신에 있지 육체에 있는 것이 아니다."라고 말했습니다.

그러면, 남자는 어떻습니까? 남자는 아무런 문제가 없습니까? 왜 여자만 가지고 그렇게 말이 많습니까? 여자는 다석옹을 향해 아무런 말이 없는데, 다석은 왜 그리도 여자에게 시비가 많으십니까?

제가 생각하는 여자의 진정한 자유란, 여자를 존중한다는 미명하에 시시콜콜한 잔소리로 남자의 존엄을 과시하는 다석옹같은 사고방식을 가지고 있는 분들이 좀 긍정적으로 변했으면 하는 것일 겝니다.

사실, 성개방이라고 하시지만, 어디 그런 거 여자 혼자 합니까? 돈 있고 명성이 있고, 권력 있는 잘난 남자들이 더 극성이 아닙니까? 남자들이야말로 돈과 명성과 권력이면 모든 여자를 제맘대로 갖고 놀 수 있다는 생각에 변화가 왔으면 합니다.

■ 다석어록

남편은 아내의 도구도 아니고 아내는 남편의 도구도 아니다. 인간은 물건일 수 없다.

■ 비점담론

다석은 자신의 아내를 자기수행의 도구로 삼은 적이 없는가 하고 묻고 싶습니다.

다석은 말하기를 "나는 51살까지 범방(犯房)을 했는데 그 이후부터는 아주 끊었다."고 하셨습니다.

그런데 문제점은 범방을 하든 아주 끊든 이 모든 일은 부부가 함께 의논해서 결정해야 하는 것 아닙니까?

왜 의논해야 하는가 하면, 아내는 남편의 물건이나 수행도구가 아니기때문입니다.

물론 부부란 서로에게 도구라고 생각되는 점도 있습니다. 왜냐하면 결혼의 일차적 목적은 자신들의 유전자를 복제하는 행위를 위한 것이기때문입니다. 실제로 이 지구에서 인간은 생존을 위한 생물기계일 뿐입니다.

그런데 인간은 우주 만물의 영장이요. 주인공이라고 하면서 지구를 자신들의 도구로 삼고 너무 착취하고 있습니다.

생각건대, 아내만 도구가 아니라 지구도 도구가 아닙니다. 인간이 물건이 아니라면 지구도 물건이 아닙니다. 우주세계는 더욱 물건이 아니지요. 우주는 우리들의 부모입니다.

■ 다석어록

옛날부터 절세미인을 사나이의 등골 빼먹는 년이라고 하였다. 등골을 빼먹는 것도 안되었고 등골 빼먹히는 것도 잘못이다. 얼빠진데 등골까지 빠져 버리면 그것을 사람이라고 할 수 있겠는가. 그것이야말로 유황불 속에서 펄펄 타고 있는 지옥이 아니겠는가.

■ 비점담론

장자크 루소나 발자크는 돈많은 유부녀를 유혹해서 그들을 자신의 후원자로 삼아 크게 성공한 사람들입니다. 바그너도 젊은 니체에게 빨리 장가가라고 하면서 충고하기를 "돈많은 여자와 결혼하라"고 말한 바 있지요.

특히 발자크는 20대의 젊고 아름다운 여성을 혐오하기까지 했습니다. 왜냐하면 이런 젊은 여성들은 너무 많은 것을 요구하기만 하고, 너무 적게 베풀기 때문입니다.

그래서 그는 "40대의 여성은 당신에게 모든 일을 해주지만 20대의 여자는 아무것도 하지 않을 것이다." 라고 단정합니다.

그러나 세월이 지나면 외모 때문에 불행해지는 여자들도 있고, 돈 때문에 불쌍하게 되는 남자들도 많습니다.

《바가바드 기타》의 해설가이며 크리슈나의식을 가르치는 자로 유명한 스와미 프라부파다(1896-1977)조차 "여자는 머리가 나쁘고, 믿음만할 가치가 없으며, 타락하기 쉬운 것들이다."라고 말한 바 있지요.

그런데 다석의 말씀은 더 노골적이며 더 자극적이네요. 여자에 대해서 무슨 피해의식이 그렇게도 강하십니까? 유황불속에 펄펄 타고 있는 지옥이라니요?? 말씀이 너무 심하십니다.

잘못은 20대의 절세미인과 그 미인을 사랑한 사내에게 있는 것이 아니라, 이들에 대해 그렇게 신랄한 질투의 언어를 구사하는 다석의 사고방식에 있는 것 같습니다.

다석은 "옛날부터 절세미인을 사나이의 등골 빼먹는 년이라고 하였다."고 했습니다만, 여자를 암컷사마귀로 보면 안됩니다. 암컷 사마귀는 수컷사마귀와 가장 친밀하게 교미하는 도중에 수컷 사마귀의 머리부터 먹어버리는 짓을 하고 있지만, 여자는 결코 이러한 암컷 사마귀가 아닙니다. 물론, 이 세상에는 무서운 여자들이 매우 많습니다.

그래서 "여자문제로 속을 썩는 남자의 내장은 호랑이도 안먹는다"는 속담이 있지만 그래도 그것은 그의 문제입니다. 생사문제가 그의 문제인 것처럼 말입니다.

생각건대, 안그래도 이성문제로 괴로운 사람에게 위로는 못해줄 망정 유황불 지옥 운운하는 건 자기자신의 고루한 관념에 사로잡혀 있거나, 아니면 타인에 대한 배려가 너무 모자라는 것 같습니다. 저는 사랑때문에 고뇌하는 사람들에게 결코 비웃음을 보내지 않습니다.

참고 삼아 말한다면, 다석의 수제자인 김흥호(1919,2,26-) 선생은 《주역강해(周易講解)》를 2003년 4월에 출판했는데, '뇌택귀매(雷澤歸妹)' 괘(卦)에 대해 김흥호 선생처럼 과격한 해설을 사용하는 작가를 나는 (아직) 본 적이 없습니다.

다석과 김흥호 선생은 여성문제에 관한 한은 구시대 종교인의 전형이라고 여겨집니다. 그러나 지금은 남녀차별을 넘어서 (남녀평등이 아니라) 여성우월주의가 정착되어가고 있는 시대입니다.

■ 다석어록

인간의 행동은 목적이 있어야 한다. 동물적 자기를 위해서 생명을 낭비한다는 것은 있을 수 없는 것이다. 자기를 죽이는 일에 자기 정력을 소모한다면 그것은 자살행위요, 자독행위다. 인생의 원동력인 기름(精)을 거저 하수도에 흘러보낸다면 그 사람이 정신있는 사람일까. 요사이 성생활을 한다는 사람은 목적 없는 눈이 삔, 정신 나간, 실성한 사람들이다. 성생활이 아니라 실성(失性)생활이다.

사람의 정력은 헤프게 쓰여져서는 안된다. 그것은 생각에 쓰여지든지 생식에 쓰여지든지 해야 한다. 정욕이란 지옥의 불과 같다. 눈을 감으니까 못 보지, 눈을 뜨면 지옥 불이 보일 것이다. 주지육림이 지옥이지 지옥이 따로 없다.

다석이 "정력을 소모한다면 그것은 자살행위요, 자독행위다. 인생의 원동력인 기름(精)을 거저 하수도에 흘러 보낸다면 그 사람이 정신없는 사람이다. 성생활을 하는 사람은 목적 없는 눈이 삔, 정신 나간, 실성한 사람들이다."라고 하니, 다석은 남녀의 성에 대해 무슨 분노가 이리도 많으신 분일까?

차라리 이야기를 이런 식으로 하는 것보다는 롤랑 바르트처럼《사랑담론의 단상(1977)》을 쓰는 것이 백번 가치가 있는 것이라고 여겨집니다.

남녀 성에 대한 다석의 이러한 깊이 없는 언론에 접하면 나는 짜증이 나서 더 이상 그의 글에 대해 왈가왈부하기가 싫어질 정도입니다.

다석의 눈에는 여자의 보지가 그저 하수도로 밖에 안보이십니까? 남자의 정액은 보물이고, 여자의 보지는 더러운 하수도라고요??

남녀 성문제에 대해 무슨 원한이 그토록 깊으시기에 이렇게 막말을 하십니까?

남녀간의 섹스도 사랑의 표현 가운데 하나이니, 너무 그러지 마십시오.

노자는 말하기를 여자는 하수도가 아니라 깨달음으로 들어가는 신비의 계곡이라고 했습니다. '한국의 노자' 라는 별명이 있는 분이 참 딱합니다. 왜 그렇게 궁상맞으십니까?

생식이 목적이 아닌 섹스는 유전자 낭비인 면도 있지만, 동시에 상대방에 대한 애정표시 또는 그자신의 정신치료적인 면도 있는 것입니다. 너무 그러지 마십시오.

남녀가 모두 정신을 차려야 한다. 세상에 죄악치고는 남녀문제가 없는 것은 없다. 일체의 범죄는 남녀 관계에서 비롯된다. 바울도 죄의 근원을 남녀의 타락에서 찾았다. 창세기의 아담과 하와의 이야기도 그것을 말하고 있다.

■ 비점담론

《도마복음(114)》에서, 시몬 베드로는 동료들에게 말하기를 "마리아를 우리에게서 떠나가게 하자. 여자들은 생명을 받기에 합당하지 않기 때문이다." 그러자 예수가 말했다. "보라, 내가 그녀를 인도하여 남자로 만들 것이다. 그리하여 그녀 역시 너희 남자들처럼 살아있는 영이 될 수 있게 할 것이다. 자신을 남자로 만드는 여자는 모두 하늘나라에 들어갈 것이기 때문이다."

이 대목은 완전히 《법화경》의 문구를 도마가 의역(意譯)한 것이라고 여겨집니다. 《도마복음서》는 150년경에서 350년경에 필사된 것이기에 충분히 가능한 일입니다. 관심있는 분은 민희식 교수가 조사한 《토마스 사상에 나타난 불교사상》을 참조해보시기 바랍니다.

그런데 다석의 사상이 얼마나 여성을 싫어하는가 하면 "하느님 아버지의 나라에는 어머니(여자)가 없다. 하느님의 아들들만이 하느님을 모신다.(1973.11.30)"라고 말했을 정도입니다.

다석은 "남녀관계는 끊어버리라고 거의 3천년동안 내리쳐왔고, 신부가 되고, 수녀가 되라고 가르친지도 2천년이 거의 가깝다.(1973.11.11)"고 말했습니다.

그래서 다석의 수제자인 김흥호(1919.2.26-) 선생도 "여자와 세상은 멀리

해야 한다. 아담이 하와만 멀리 했으면 선악과를 따먹는 일이 없고, 에덴에서 쫓겨나는 일도 없고, 전혀 문제가 일어나지 않았을 터인데, 하와를 멀리하지 못한 것이 죄악 세상을 만들게 되었다."고 해설하고 있습니다.

그리고 다석은 "음욕정도는 죄가 아니라고 하는 것은 악마의 소리다. 뱀의 말을 곧이들으면 안된다.(1965.7.15)"고 잘라 말했습니다.

그러나 창세기의 아담과 이브 이야기는 지금 다석옹과 그의 제자들이 여성들을 혐오하라는 주장의 인용처로 삼으라고 있는 것은 아닙니다.

아담과 이브에 관한 이야기는 보다 더 깊은 뜻의 메시지가 있는 이야기라고 생각합니다.

제가 이해하고 있는 아담과 이브란, 6만년전에 아프리카 동부에서 출현한 우리 현대인류의 조상입니다. 이 아담과 이브의 유전자가 없었다면, 오늘날의 우리 인류는 침팬지 수준을 면하지 못했을 것입니다.

■ 다석어록

밤낮없이 음란에 빠진다면 그것이야 말로 마귀의 세상이다. 늙어서 색에 주린 늙은이가 있는가 하면[18] 젊어서도 색을 좇아가는 것이 인생의 전부처럼 생각하는 이가 있다.

---

18) 한국의 기독교 사상가이며 민주 투사였던 함석헌(1901.1.23~1989.2.4) 선생도 성욕이 엄청 강한 분이었다는 사실은 이미 함 선생 측근의 지인이라면 다 알고 있는 이야기이다. 함석헌 선생의 사주팔자는 신축년, 임진월, 기묘일, 병인시이다. 하나의 예를 들면, 함 선생이 강원도 안반덕 농장을 운영할 때의 이야기이다. 한 방에서 피끓는 당시 청년 박세정씨가 바로 옆에서 자고 있는데도 늙은 함 선생은 성욕을 참지 못하고, 그 당시 조순명의 전 애인이었던 20대 이화여대 곽모 여학생과 섹스에 몰두할 정도였다. 나의 관찰에 의하면, 함 선생은 일생에 단 한

음란, 호색, 기만, 사기꾼으로 유명한 카사노바(1725-1798)가 생각납니다. 그런데 이 카사노바가 최후에 자기 인생의 총평을 하기를 "나는 철학자로 살았다."고 말했다니, 인간이란 참으로 오묘한 존재인 것 같습니다.

물론, 다석도 부모의 정(精)이 합쳐서 나온 분입니다. 그런데 다석은 "밤 낮없이 음란에 빠진다면 그것이야 말로 마귀의 세상이다."라고 했습니다.

상상력으로 말한다면, 지금 제가 이 글을 쓰고 있는 이 시간에도 전세계 모든 곳에서 남녀는 서로 부둥켜 안고, 서로 빨고, 서로 넣고, 서로 싸고 하는 사람들이 엄청나게 많을 것입니다. 그러나 저는 상관하지 않습니다. 그것은 그들의 문제이니까요.[19]

명의 애인과 죽을 때까지 일편단심으로 사랑한 유형이 아니고, 인연이 될 때마다 여성들과 관계를 맺은 분이다. 물론 함 선생은 살아생전에 "나는 남의 가정을 파괴한 적이 없다. 간통고소를 당한 적이 없다."고 말하기도 했다. 왜냐하면 안전한 애정행각을 선호했기 때문일 것이다. 즉, 함 선생은 여자관계에서 자신이 먼저 노골적으로 수작을 걸거나 유혹하거나 능동적으로 강간하는 듯이 덤벼드는 타입이 아니었다. 함 선생은 항상 자신에게 사랑과 존경의 마음이 가득 찬 내성적이고 얌전한 성격을 가진 여자들과 주로 쉽게 관계를 맺었다. 하여튼 이렇게 남녀섹스문제는 유명인사를 비판할 때 항상 이용되는 단골 메뉴같다. 그러나 성문제 하나만 가지고 모든 것을 다 알 수 없는 것이다. 하지만 다석 류영모 선생님은 제자 함석헌에게 "인도(간디의 나라 인디아) 쪽을 향해 오줌도 누지 마라!"고 일갈한 바 있다. 다석 류영모 선생은 또 《일기》에서도 함석헌을 향해 "참 없는 놈, 못된 씨알!"이라고 쓴 바 있다.

19) ■ 인간의 성행위의 보편성= 레프 톨스토이나 마하트마 간디나 류영모나 함석헌처럼 성자의 얼굴을 가진 사람도 섹스를 할 때에는 옷을 벗고 알몸으로 여자의 성기에 자신의 성기를 삽입하고, 엉덩이를 힘차게 흔들며 박아 대었을 것이다. 이런 것을 생각하면 그 어떤 성자도 철학자도 결혼한 사람은 인간이상도 인간이하도 아닌 그냥 영장류 동물인간일 뿐이라고 여겨진다. ■ 노신의 불륜적인 동거생활= 중국의 가장 위대한 계몽작가 루쉰도 조강지처를 버리고 자기 제자 쉬광핑과 불륜적인 동거생활을 했다. 그렇다고 루쉰의 생애와 사상은 아무것도 아닌가? ■ 개인의 업적과 상관 없는 진리= 아인슈타인은 두 번째 부인 엘자의 딸(20세)과도 결혼을 계획할 정도로 성관계를 맺고 있었다. 하지만 아인슈타인의 업적은 얼마나 위대한 것인가! 수

오늘 2009년 6월 뉴스에서는 72세의 미국 무비스타 모건 프리드먼(1937-)이 27세의 의붓손녀(1982-)와의 성관계 기사를 읽었는데, 인간의 본성이란 어떻게 말릴 수 없는 동물인가 여겨집니다. 1997년 뉴스에서는 74세의 우디 알렌(1935.12.1-)이 자신의 의붓딸 순이 프레빈(1970-)과 결혼 소식 기사를 충격적으로 읽은 적이 있었는데, 만약 다석이 이런 기사를 읽는다면 분명히 '마귀세상'이라고 탄식할 것입니다.

하지만 정말 마귀세상은 《범죄자들의 심리추적 프로파일링(2007)》에 나오는 범죄인들과 영화 《The Horsemen(2009)》에 나오는 부모자식관계가 정말 마귀세상이지요.

■ 다석어록

영웅호색이라고 삼천 궁녀를 두는 것을 큰 대접으로 생각했다. 그 결과는 임금치고 허약하지 않는 왕이 없었다. 단명요절하여 사람 구실을 못한 임금이 역사적으로 태반이다. 나라의 정기를 모아 하수도로 쏟아버리고 말았으니 이 민족이 그러고도 망하지 않을 수가 있을까. 임금은 나라를 위해서 혼자 살아야 할 몸이 궁전 안에 수없이 많은 처첩을 두었다 하니 그런 제도에 얽매인 어린 왕만이 가엾게 죽어간 것이다. 이것은 물에 빠져 죽는 것이 아니라 색에 빠져 죽는 것이다. 중국에도 천자치고 제대로 사람다운 이가 몇

많은 여성편력으로 유명한 에르빈 슈뢰딩거(1887-1961)도 마찬가지다. ■ 간디가 자서전에 쓰지 않은 이야기; 다석 류영모 선생도 모르는 이야기＝ 마하트마 간디(己巳年,癸酉月,乙丑日,辛巳時)도 알몸의 여성들과 감각시험을 위한 것이라고 하면서 함께 잔 적이 많았다. 그리고 또, 간디는 타고르의 조카 딸인 사랄라데비와 40년동안 자기 영혼을 담은 진지한 연애편지를 주고 받았다. 하지만 간디의 업적은 얼마나 위대한 것인가!

사람이나 될까. 나라의 통치자는 독신이라야 한다. 그것이 철인정치다. 가정을 가지고 어떻게 국사에 전념할 수가 있을 것인가.

■ 비점담론

옛날이나 요즘 남자들도 여전히 변함없습니다. 권세가 있고, 돈 있고, 명성이 있는데 왜 여자를 싫어하겠습니까?

다석의 상상대로 옛날 영웅들의 사망요인이 모두 과도한 섹스 일 때문만은 아닙니다.

스트레스가 엄청나게 많았던 옛날시대의 영웅들은 도리어 여자를 긴장해소용으로 잘 이용할 줄 알았습니다.

요즘은 정반대가 되었지만, 하여튼 이 시대에 영웅은 아니더라도 국사로 인해 너무 긴장된 생활을 하는 사람에게는 사랑의 섹스가 필요한 것입니다.

이렇게 긴장증세가 심한 두뇌가 사랑의 섹스를 하게 되면 두뇌는 긴장해소하고 다시 즐겁고 안정된 기분으로 국사에 임하게 됩니다.

통치자는 독신이어야 한다는 생각은 너무 엄숙한 종교적인 발상이라고 여겨집니다.

■ 다석어록

사람은 일생 동안 9억번을 호흡한다. 개인으로 보면 호흡을 반복하고 민족으로 보면 생사를 반복한다.

그러면 이 사람의 몸을 구성하고 있는 60조마리 세포들의 평생 호흡수는 얼마나 됩니까?

하여튼 다석은 인체작용이나 일생표기를 이런 수식(數式)으로 표현하는 것을 좋아하는데, 우리 인간의 몸의 각 기능과 생리에 관한 정보는 데즈먼드 모리스(1928-)의 여러 저서에서 이미 정보가 공개되어 있습니다.

그리고 최근에는 라이얼 왓슨(1939.4.12-)이 지은 《야콥슨 기관(코)》이라는 책도 나와 있습니다. 우리는 이러한 책에서 더 많은 경이로운 사실을 알게 될 것입니다. 관심있는 분은 참고해보시기 바랍니다.

베트남계 미국인 물리학자인 트린 주안 투안(1948-)은 말하기를 "우리는 시간과 공간을 통해 연결되어 있고 상호의존적이다. 숨을 쉬고 있다는 단순한 사실만으로도 우리는 전체 인류와 연결된다. 매번 숨을 쉴 때마다 우리가 들이마시는 수십억 개의 산소분자들은 어느 때인가 지구에서 살았던 5백억의 인간들 개개인의 있었던 것이다." 라고 설명한 바 있습니다.

그리고 모든 포유류는 몸 크기와 상관없이 평생동안 8억 번의 심장박동을 하면서 약 2억 번의 숨을 쉰다고 합니다.

■ 다석어록

나는 사람의 이상세계는 벌 사회를 닮는 것이라고 생각한다.

■ 비점담론

나는 아무것도 아닌 사람, 무엇인가 대단한 사람이 되고 싶어 안달하지 않는 사람, 그저 있는 그대로 자기 자신을 이해하고 있는 사람입니다. 그런데 벌사회에서는 이렇게 생각하는 벌에 대해 어떻게 대합니까?

■ 다석어록

유정유일(唯精唯一), 윤집궐중(允執厥中)은 중국사상의 핵심이다. 정신을 통일해가지고 사물의 핵심을 잡는 것이 '유정유일윤집궐중(唯精唯一允執厥中)'이다. 그러기 위해서는 식색(食色)을 초월해야 한다.

■ 비점담론

다석이 말씀한 이 구절은 서경(대우모)에 나오는 말입니다. 즉, 순왕은 우에게 왕의 자리를 넘겨주면서 "인심(人心)은 위태롭고, 도심(道心)은 희미하니, 마땅히 정찰(精察) 전념(專念)하여 참다운 중용의 길을 취하도록 하라."고 말했습니다.

이 구절을 다시 설명해보면, 인심(人心)이 위태로운 것은 욕심때문입니다. 그리고 도심(道心)이 희미한 것은 욕심 때문에 도의심이(道義心)이 가려져서 잘 보이지 않는다는 것입니다. 그러므로 마땅히 인심(人心)과 도심(道心)이 위험에 빠지지 않도록 항상 정밀하게 관찰하고 전념해서 참된 중용의 길을 취하도록 하라는 뜻일 것입니다.

이것은 요순우(堯舜禹) 삼대의 정치철학입니다. 그런데 흥미로운 점은 중국 고대정치사에 있어서 요순우는 동이족 사람들이라는 것입니다. 관심있는 분은 직접 조사해보시기 바랍니다.

다석은 말하기를 "유정유일윤집궐중(唯精唯一允執厥中)을 하려면 식색(食

色 ; 식탐과 호색)을 초월해야 한다"고 했습니다.

그러나 식탐과 호색의 초월은 다석처럼 일종식(一種食 ; 하루 한끼만 먹는 것)해야 이루어지는 것은 아닙니다. 하루 세끼 먹어도 그만큼 노동이나 운동을 하면 심신의 조화균형은 이루어지는 법입니다. 그러니까 식색초월은 음식의 양보다는 노동의 양이 결정하는 것이라고 여겨집니다.

이러한 원리를 정치에 적용하면, 국가 정사(政事)를 현상적(現狀的)으로 관리 유지하는 것보다 적극적으로 발전 팽창시키되 사사로운 마음은 갖지 말아야 한다는 가르침일 것입니다.

■ 다석어록

우리 생활의 핵심이 되는 중요한 문제는 식 · 색(食色)이다. 식 · 색이 인생 생활의 핵심이다. 식 · 색의 정체를 모르면 삶을 바로 살 수 없다.

■ 비점담론

제가 청소년 시절에 아주 존경해서 그가 쓴 책이라면 구입해서 열심히 읽었던 B.러셀(1872-1970)은, 여든 살에 세 번째 부인과 이혼하고, 마흔살 연하의 여성과 네 번째 결혼을 한 분입니다. B.러셀은 "거짓과 더불어 제 정신으로 사느니, 진실과 더불어 미치는 쪽을 택하고 싶다"는 멋진 글말을 한 분입니다.

이러한 B.러셀은 《자서전》의 프롤로그에서 "내가 사랑을 구하려고 애쓰는 것은 첫째, 사랑은 희열을 주기 때문이다. 이 사랑의 희열이 얼마나 대단한지 그 기쁨의 몇 시간을 위해서라면 남은 여생을 모두 바쳐도 좋다는 정도이다. 둘째, 사랑은 고독으로부터 나를 건져내 준다. 사무치게 외로운 의식이 깊이를 알 수 없는 절벽의 아래를 내려다보는 것과 같은 경악스러운 고독에서 구해주는 것이다. 셋째, 사랑은 성인들과 시인들이 그려온 천국의 모습이 사랑의 결합 속에 있음을 그것도 신비롭게 축소된 형태로 존재함을 발견할 수 있었기 때문이다. 그래서 나는 사랑을 얻으려고 그토록 고심했다.”고 쓴 바 있습니다. 과연 결혼한 금욕주의자자인 다석은 B.러셀에 대해 어떻게 생각하는지 궁금합니다.

《근사록(존양류)》에도 “가장 가깝고 관계가 깊은 것은 언어와 음식보다 더한 것은 없다.”라는 글이 있지요.

사주팔자 해석학에서는 인성(印星)과 관살(官殺)의 수생지도(受生之道)를 색(色)이라고 설명하고, 재성(財星)과 식상(食傷)의 양생지도(養生之道)를 이기적인 식(食)이라고 설명합니다.

그러니까 이 식색(食色; 음식과 섹스)의 문제는 그렇게 간단한 문제가 아닙니다.

식색(食色; 음식과 섹스)의 정체에 관련하여 생각건대, 이 식탐과 호색의 주인공은 강력한 욕망입니다. 왜냐하면 욕망이 강할수록 자신을 강건하게 유지, 발전, 팽창, 실현하려고 하기때문입니다.

그래서 식탐이 많고, 섹스를 좋아하는 사람들은 대개 욕망이 매우 강해서 자기 에너지를 누출(즉, 누진, 소진, 멸진, 무화(無化))시키기를 좋아하는 사람들입니다.

그런데 이러한 욕망이 만약 결핍감 또는 열등감에서 생성된 것이라면 이 식탐과 호색의 주인공은 승부욕이 강하고 허영심이 강한 열등적인(결핍 또는 매사에 불만족하는) 인간의 습성때문이라고 여겨집니다.

■ 다석어록

글은 화살처럼 정직해야 뚫고 나갈 수가 있다. 세상에서 사실처럼 강한 것
은 없다. 참말처럼 강한 것은 없다.

■ 비점담론

하나님의 실재성을 주장하고, 여성을 더러운 것이라고 논하는 것은 곧고
정직한 참된 말씀이 아닙니다. 왜냐하면 참된 말씀은 신인(神人)이든, 남녀
든, 선악이든, 미추(美醜)든, 순잡(純雜)이든 '우리는 모두 서로 연결되어 있
고, 밀접하게 상호작용을 한다' 는 사실을 존중하기 때문입니다.

■ 다석어록

불교에서는 인연 아닌 것은 어떻게 할 수 없다고 한다.

■ 비점담론

이 말도 다석이 하신 말씀이었군요.[20] 언젠가 제가 어렸을 때, 함석헌 선생

---

20) ■ 고전의 새로운 풀이라는 것도 알고 보면 이미 옛말= 내가 어릴 때 함석헌 선생의 강연에
서 들은 말씀중에, 대학(예기 · 대학)에 나오는 "수신제가치국평천하(修身齊家治國平天下: 자신
을 수행해야 가정을 다스릴 수 있고, 가정을 다스려야 국가를 다스릴 수 있고, 국가를 다스릴
수 있어야 천하를 평정하게 할 수 있다.)"라는 명제에 대한 함석헌 선생의 해석은, 새로운 것
이었다. 그런데 내가 성장하여 나중에 직접 중국고전을 알고 보니, 이 새로운 해석이란 것도

님댁을 방문하여 무슨 대화를 하고 있었는데, 함선생님께서 "불유삼불능"이라는 말씀을 하셔서, "그게 무슨 뜻입니까?" 물으며 "글로 써서 설명해 주십시오." 하니까, 함선생님께서 종이를 한 장 꺼내어 "불유삼불능(佛有三不能)"이라는 제목하에 세 구절을 한문을 쓰시고 설명해주신 기억이 나는군요.

그때 함선생님께서 써주신 그 글은 지금도 제가 가지고 있습니다. 그런데 이 말씀조차도 이미 다석이 언급하신 말씀이라는 걸 지금 보고 나니, 과연 함석헌 선생의 사상은 다석에게 배운 그대로구나! 하는 느낌이 듭니다. 리처드 도킨스가 주장하는 실감나는 '밈(meme; 정신과 사상과 문화의 유전자)의 세계' 입니다.

불유삼불능(佛有三不能)이란 '부처님도 세 가지 못하는 게 있다' 는 말입니다.

첫째는 자신이 받아 나온 정업(유전자에 입력되어 있는 대로 어쩔 수 없이 하게 되는 운명적인 행동. 예를들면, 식사와 수면 등)은 부처님도 어떻게 피할 수 없다는 것입니다.

둘째는 인연이 없는 중생은 부처님도 어떻게 구제할 수 없다는 것입니다.

이미 《여씨춘추(유심람, 유대)》에 적혀 있는 것이었다. 즉, "천하가 크게 혼란해지면 안정된 국가가 있을 수 없고, 한 국가가 혼란해지면 안온한 가정이 있을 수 없고, 한 가정이 혼란해지면 평화를 누리는 개인이 있을 수 없다."라고. 그러나 대학의 진의는 "자신을 수행하려면 먼저 마음을 바로 가져야 하고, 마음을 바로 가지려면 먼저 뜻을 진실되게 해야 하고, 뜻을 진실되게 하려면 먼저 지식을 파악해야 하고, 지식을 파악하려면 사물과 직접 접촉해야 한다."는 것일 게다. 즉 "사물과 접촉한 다음에 지식을 얻게 되는데, 이 지식을 얻으면 뜻이 참되게 되고, 뜻이 참되게 되면 마음이 바르게 되고, 마음이 바르게 되면 자신과 가정과 국가와 천하를 평정하게 된다는 가르침이다. 참고로 《삼국지(위서,삼소제기)》에 보면 "자기자신을 다스리는 자는 습관을 조심한다."는 글이 있다. 함석헌옹은 정치개혁을 중요시하는 신학사상에 지나치게 집착하고 있었다.

셋째는 그가 비록 부처일지라도 삼천대천세계의 모든 중생을 일시에 구제할 수는 없다 라는 것입니다.

물론, 임제의 스승인 황벽은 《완릉록》에서 "부처의 자비는 인연이 없는 중생에게도 베풀어진다."고 말한 바 있고, "부처님의 법력은 무소불능(無所不能)"라는 말이 있습니다. 또 "온갖 윤회의 지옥문을 지키고 서서 모든 중생을 천도할 때까지 나는 성불하지 않겠다."라는 지장보살과 아미타불의 선언은 유명하지요. 어쨌든.

현실계에는 종교인의 힘으로도 고쳐지지 않는 게 있는데, 이것은 종교인의 고민일 것입니다. 사실, 부처님만 아니라 인간의 힘으로는 어떻게 해볼 도리가 없는 경우가 인생에 무수히 많습니다.

이 불유삼불능이라는 말의 출처를 찾아보니 《전등록(제4권)》에 나오는 숭산원규(644-716)선사의 말씀입니다. 이 문구를 내 식으로 다시 풀어서 표현을 해본다면, 첫째는 자신이 받아 나온 정업(민족생물학적으로 결정적인 유전자의 입력된 내용)은 부처님도 어떻게 피할 수 없다는 것입니다. 다시말하면 정업이란 우리가 태어나기 이전부터 어떤 구조가 이미 형성되어있다는 것을 뜻하는 것이므로, 이러한 정업은 수정이 불가능한 것입니다.

둘째는 인연이 없는 중생(코드나 궁합이 맞지 않는 사람)은 부처님도 어떻게 구제할 수 없다는 것입니다. 석가모니의 경우, 데바닷타 존자가 이에 해당합니다. 그러므로 초기 부파불교에서는 데바닷타(즉, 부처와 친인척 또는 친구이면서 동시에 적인 사람)를 향해 일천제(구제불능의 인간)라고 욕설을 하고 있습니다.

셋째는 그가 비록 부처일지라도 모든 우주세계의 중생을 동시에 한꺼번에 구제할 수는 없다는 것입니다. 그렇습니다. 인생이란 그냥 그런 것입니다. 달리 어떻게 할 도리가 없는 것입니다.

■ 다석어록

창세기에 「동산 중앙에 있는 나무의 실과」라고 한 것은 분명히 우리의 생식기를 말한 것이 아니겠는가. 뱀이라고 말은 하나 뱀의 꼴이 마치 남자의 생식기 그것과 무엇이 다른가. 생식기가 유혹하는 것 같은 유혹이 어디 있는가. 소위 시험주어에 색욕의 유혹이 대단한 것이다. 먹는 것은 제법 사양하고 사리는 것이 있다.

그러나 색(色)에 대해서는 거의 모든 인류가 이 시험에는 당하였고 또 이기는데 어려움을 느끼고 있다. 아담은 해와가 유혹했다고 하고 해와는 뱀이 유혹했다고 했지만 아담의 생식기가 해와를 유혹했다고 하는 것이 옳은 것이다. 아담을 부정하고 있지만 이치가 이렇게 되어야 들어맞는다. 모든 삼독(三毒)의 근원은 남자가 책임져야 할 성질의 것이다.

그런데 항시 책임을 해와에게 전가시키려고 한다. 어쨌든 서로가 유혹한 것이기에 그 짓이 생긴 것은 사실이다. 맛도 있음직하고 만져볼 만큼 탐스럽기도 하고, 먹어보니 맛이 좋고 해서 아담과 해와가 같이 먹었다는 것이다.

■ 비점담론

역시 섹스에 관심있는 분의 눈에는 아담과 이브의 이야기가 섹스의 상징으로 밖에는 안보이시는군요. 아담과 이브의 이야기는 남녀문제가 아니라 이른바 하나님과 인간의 문제입니다. 즉, 만약 인류가 하나님으로부터, 그 하나님의 에덴동산으로부터 추방당하지 않았다면 오늘날의 우리 인류역사의 진행 같은 것은 불가능했을 것입니다. 이런 의미에서 하나님이 인간을 추방한 것은 오히려 인류의 축복입니다.

(1) 강한 소유욕으로 질투하는 야훼 하나님에 대하여 = 선악과를 따먹은 아담에게 "너는 죽도록 고생해야 먹고 살 것이다.(창세기3,17-18)" 라고 저주하는 야훼 하나님은 대체 어떤 심보를 가지고 있는 것일까? 그는 마치 부모에게 무조건 복종하고 말 잘 듣는 하인 같은 사람들만을 원하는가?

그렇다면 그는 왜 애초에 인간을 창조할 때 실수와 잘못이 불가능한 완벽한 인간을 창조해내지 못한 것일까?

그는 만물의 창조주이면서도 아담과 이브의 인간적인 생각과 행동을 예상하지 못하고 있었다는 말인가? 그가 만약 예상했다면, 왜 불완전한 인간인 아담에게 이토록 저주를 퍼부으며 징벌을 가하는가? 야훼라는 명칭은 해방자라는 뜻이다. 내가 만약 하나님이라면, 나는 아담에게 분노하는 징벌의 말보다는 유모어 섞인 축복의 말로 좀 더 교훈적인 말을 해주었을 것이다. 분노를 이길 수 있는 유일한 방법은 일탈적인 유모어다.

(2) 이브는 모든 여성의 원초적 상징인가= 나에게는, 맛있는 사과를 먹으라고 건네주며 유혹하는 이브 같은 여성도 없다. 사과보다 더 맛있는 것을 가지고 있는 이브 같은 여성, 말이다.

(3) 마누라 복이 없었던 아담에 대하여= 이사야(34장 14절)서의 기록에 의하면, 아담은 이혼남이다. 즉, 이브와 결혼하기 전에 이미 릴리스라는 첫 아내가 있었다.

그런데 왜 아담은 릴리스와 이혼했을까? 그것은 릴리스가 아담과 섹스할 때 여성상위를 추구한다는 이유 때문이었다. 이렇게 아담에게 버림을 당한 릴리스는 훗날 악마 루시퍼의 아내가 되었다.

아담은 마누라 복이 없는 사람인가? 아담의 첫 부인 릴리스는 여성인권 의식이 너무 강해서 서로 충파가 되었고, 둘째 부인인 이브는 뱀의 유혹으로 선악과(사과)를 따와서 아담에게 먹임으로써, 그들은 하나님으로부터 그 에덴동산에서 쫓겨나게 되어 험난한 인생을 살지 않으면 안되었으니까, 말이다.

(4) 하나님이 창조한 인식의 나무의 존재 이유에 대하여= 아담과 이브가 타락하게 된 인식과 생명의 나무도 하나님이 창조한 것이다. 그렇다면 하나님은 인식과 생명의 나무를 무슨 용도로 왜 창조해 두었을까? 이브를 유혹하는 뱀(메피스토펠레스의 아주머니 뻘이 되는 존재자의 상징. 인간에게 매우 자극적인 유혹의 상징)도 무슨 용도로 왜 창조해 두었을까?[21]

(5) 피조물과 창조주의 닮은 꼴에 대하여= 질투하는 하나님이 나를 만들었다면, 나 또한 질투하는 인간이 될 가능성이 매우 높다. 그리고 또 섹스를 좋아하는 부모님이 나를 만들었다면, 나 또한 섹스를 좋아할 가능성이 매우 높다. 이렇게 존재자(存在者)는 존재(存在)와 닮은 것이다.

하나님의 질투와 인간의 질투= 만약 하나님이 소유욕과 질투로 나를 구속한다면, 나 또한 나의 소유욕과 질투로 하나님을 구속하고 싶다. "나의 적이나 나와 이해득실관계에 있는 타인의 기도에는 응답하지 말고, 오로지 나의

---

21) 니체는 《차라투스트라는 이렇게 말했다》제1부〈8. 산꼭대기에 있는 나무에 대하여〉에서 "인간이란 나무와 같다. 밝고 드높은 곳에 가려고 하면 할수록 강한 그의 뿌리는 더욱 더 땅속으로 어둡고 깊은 곳으로, 악속으로 뻗어간다."고 쓴 바 있다.

기도에만 반응하라"고 말하면서, 말이다.

(6) 질투에 관한 분석= 질투의 근원은 소유욕이다. 소유욕의 근원은 결핍이다.

(7) 신은 아담만 아니라 이브와 사과와 뱀과 사탄도 창조한 분이다. 그런데 만약 사탄은 신이 창조한 것이 아니라면 여기서 신과 사탄이라는 이원성이 성립된다. 그리고 만약 사탄(악마)도 신이 창조한 것이라면 신은 매우 복잡한 성격을 가지고 있는 분이라고 여겨진다.

(8) 아담과 이브가 에덴동산에서 추방되었다고 하는 의미에 대하여= 아담과 이브가 에덴동산에서 선악과(善惡果; 사과, 즉 비타민 C 덩어리)를 따먹고 추방되었기 때문에 인류의 모든 역사가 시작된 것이다. 만약 아담과 이브가 에덴동산에서 신의 명령대로 선악과를 절대 먹지 않고 그저 신의 보호 속에서 사육되듯이 편안하게 지냈다면, 오늘날의 이 영장류의 경이로운 신세계는 구경도 할 수 없었을 것이다. 아담과 이브가 에덴지역 밖으로 추방된 삶의 의미를 영양학적으로 말한다면, 우리 인체 안에서 비티만 C를 합성하는 효소가 (2만 년 전에) 없어지는 바람에 인류는 일부러 노력해서 비타민C가 많이 들어있는 과일을 외부에서 따 먹어야만 영양의 균형을 유지해나갈 수 있게 되었다는 의미와 연관된 것이라고도 상상할 수 있다.

■ 다석어록

나라가 무장(武裝)을 왜 하느냐 하면 평화하기 위해서이다. 다시 말하면 싸움을 말리기 위해서다. 무(武)자가 싸우자는 것이 아니다. 창과(戈)자가 나타내는 싸움을 멈추게 하자는 그칠지(止)가 합하여 무(武)자가 되었다.

모택동은 말하기를 "전쟁은 전쟁을 통해서만 종식될 수 있다. 총을 제거하기 위해서는 총을 드는 수밖에 없다."고 했습니다.

그리고 사마양저(사마법: 제1 인본)에는 "많은 사람의 안락을 위한 살인이라면 그를 죽여도 좋다. 적국을 공격하되 그 국민들을 사랑해서라면 공격해도 좋다. 평화를 위한 싸움이라면 싸워도 좋다."는 가르침이 있습니다. 이것은 세속의 진리(俗諦)입니다.

그러나 노자는 도덕경(제30장)에서 다음과 같이 말했습니다.

"현명하게 왕을 보좌하는 사람은 왕에게 병력을 가지고 국가를 강하게 하라고 가르치지 않는다. 왜냐하면 무력을 사용하면 반드시 그 대가가 돌아오게 마련이기 때문이다. 군대가 주둔하던 곳에는 가시덤불만 우거지게 마련이고, 큰 전쟁이 있은 뒤에는 반드시 흉년이 든다. 그러므로 현명한 사람은 좋은 성과를 맺으려고 할 뿐이다, 구태여 무력강병을 외치지 않는다. 전쟁의 목적을 달성하고는 자랑하지 아니하며, 전쟁의 목적을 달성하고는 뽐내지 않으며, 전쟁의 목적을 달성하고는 교만하지 않는다. 전쟁을 단행하는 것은 부득이한 경우에만 한다. 그리고 전쟁을 해서 일단 승리를 한다하더라도 강대한 권력을 행사하지 않는다. 모든 사물은 강성한 뒤에 반드시 쇠퇴하는 것이다. 갑자기 강성하게 되거나 지나치게 강성한 것은 부자연한 것이다. 이런 것은 천지자연의 법칙에도 어긋나는 것이니, 자연의 법칙이 아닌 것은 오래가지 못한다."

이 말·씀도 틀린 것은 아닙니다.

나는 남한과 북한의 군인들에게 묻습니다.

"너는 왜 나를 죽이려고 하는가?"

"너는 북한에서 살고, 나는 남한에서 살기 때문이다."

참으로 한심하다는 생각이 듭니다.

■ 다석어록

「화생어해태(禍生於懈怠)」 이것은 내가 소학을 읽을 때 가장 인상깊게 남는 글이다.

■ 비점담론

다석이 "화생어해태(禍生於懈怠; 재앙은 태만에서 생긴다는 것)"이라는 구절을 소학에서 가장 인상깊게 읽었다고 해서, 소학에 보니 이런 구절은 보이지 않네요.

해서 제멋대로 이야기 해보기로 합니다. 해태(懈怠)는 태만(怠慢)입니다. 태만이란 교만한 마음으로 게으르게 있는 것을 말합니다. 화(禍)는 바로 이러한 태만함에서 생겨나는 것이기도 합니다.

그리고 또, 해태(懈怠)는 자포자기에 빠진 마음에서 생겨나는 것이기도 합니다만 어쨌거나 결과는 똑 같은 것입니다.

그러므로 감히 교훈적으로 말하면, 해태(懈怠)함을 없게 하려면 주경(主敬)해야 합니다. 주경(主敬)이란 공경함을 위주로 한다는 것인데, 경(敬)이란 경박하지 않고 진지하게 신중하게 대한다는 것입니다. 이것은 바로 주일무적(主一無適)을 의미합니다.

이렇게 매사에 전기일심(專氣一心)으로 주경(主敬)하면 함양(涵養)이 되는 것입니다. 함양이 되면 독실해지고, 독실하면 뚜렷해지고, 뚜렷하면 일을 쉽게 이룰 수 있습니다.

■ 다석어록

혼인(婚姻). 혼(婚)자에는 어리석다는 뜻이 들어 있다.

■ 비점담론

《소학(외편 가언)》에 보면 참작할만한 결혼철학이 있습니다. 그러나 실제의 결혼생활에서 보면 《수타니파타》의 말씀처럼, 자식이나 아내에 대한 애착은 마치 가지가 무성한 대나무가 서로 엉켜 있는 것과 같습니다.

가족관계만 아니라 사회생활의 대인관계 자체도 실제로 거미줄에 얽혀 있는 것이기도 합니다.

그래서 오강제 선생같이 "눈을 감고 고요히 지나간 반생을 생각해 보니 부끄러워서 사람을 대할 면목이 없다. 짧지 않은 60년 동안에 나는 과연 세상을 위하여 얼마나 보람 있는 일을 하였던가? 오직 개미처럼 자기 몸과 가족을 살리기 위하여 터럭 끝 같은 이익을 쫓아서 헤맸을 뿐이다."라고 고백하는 분도 있을 것입니다.

인간이란 제 아무리 큰소리를 치다가도 한껍질만 벗기면 모두 불쌍한 면을 갖고 있는 것 같습니다.

세토우치 자쿠조의 말씀입니다. "사람의 마음이란 결국 변하는 것이다. 결혼한지 18년이 지났는데에도 결혼 당시와 똑같이 변하지 않는 마음을 지속하고 있다면 오히려 이상할 것이다. 서로 상대에게 실망하기도 하고 환멸을 느끼기도 하다가 부부로 맺어진 인연을 소중히 여기게 되고, 그러는 가운데 서로 용서하며 함께 살아가는 것이 부부다."

■ 다석어록

응무소주이생기심(應無所住而生其心)이다. 참 좋은 말이다.

■ 비점담론

다석은 말하기를 "몸나로 상대세계에 붙어살겠다는 것이 거주사상이요, 얼나로 절대세계에 솟나겠다는 것이 무주(無住)사상이다. 거주(居住)사상은 죽음으로 가는 것이고, 무주(無住)사상은 영생으로 가는 것이다."라고 말했습니다.

그리고 또 다석은 "상대세계에서는 만족할만한 것이 없다. 그러므로 상대세계에는 맘 붙일 데가 없다. 그래서 이 상대세계에 머무르지 않는 참나인 얼나에 맘을 내라는 것이다."라고 말했습니다.

그리고 또 다석은 "이 세상은 큰 꿈인데 그런줄 모르고 이 세상에 주착심을 일으키고 있다. 그래서 응무소주이생기심해야 한다. 이 세상에는 머무를 맘을 낼 데가 없다는 것을 깨달아야 한다. 우리가 머무를 데는 오직 하늘나라다. 하나님 아버지다." 라고 말했고, 또 "일은 땅에서 해도 맘은 하늘에 두어야 한다. 참나를 모시는 맘이 하늘에 둔 마음이다. 하나님 아버지 나라에 지옥은 없지만, 땅에 붙어 머무르는 주착심(住着心)은 지옥임에 틀림이 없다."고 말했습니다.

이러한 사상을 갖고 있는 다석이 "응무소주이생기심(應無所住而生其心)이다. 참 좋은 말이다.”라고 한 것은 그의 말대로 “이 말 한마디만 잘 알면 해탈할 수 있고, 구원받을 지경에 갈 수 있는 것이기 때문에 참 좋다”고 했을 것입니다.

이상이 응무소주이생기심(應無所住而生其心)에 관련한 다석의 해설들입니다.

그런데 저는 이러한 다석의 해설에 대해 어이가 없고, 황당함을 느낍니다. 왜냐하면 다석은 “응무소주이생기심(應無所住而生其心)”의 가르침과 정반대로 해설을 하고 있기때문입니다.

‘응무소주이생기심(마땅히 집착하는 바가 없이 그 마음을 내어라)’ 이라는 말씀은 나집역의 금강반야경에 나오는 말씀입니다.

그런데 금강반야경에 나오는 구절인 “응무소주이생기심(應無所住而生其心)”에 대한 다석의 해설이 틀려도 정말 정확하게 틀렸습니다. ‘응무소주이생기심(應無所住而生其心)’의 교훈과는 정반대로 제멋대로 해설했기 때문입니다.

참고로, 무주(無住)는 제행무상(諸行無常; 모든 것은 덧없이 변한다는 것)과 제법무아(諸法無我; 하나님이나 아트만은 없다는 것)의 깨달음과 동의어입니다. 그래서 무주(無住)는 참나(아트만) 또는 하나님(브라만)에 대해서도 사로잡히지 않고 자유롭다는 의미입니다.

생각건대, 무주(無住)란 심리적으로 말하면 소유권 없이 살라는 가르침이요, 어떤 이유나 목적에 사로잡힘이 없이 행동하라는 것입니다.

■ **다석어록**

나는 요새 부끄러워서 예수 믿는다고 할 수 없다. 나는 늘 이단이라고 해서 안 믿는다고 하는 것이 차라리 좋지만 인제는 그나마도 믿는다는 것이 부끄러워졌다. 믿는다면 무슨 외래무당같이 보인다.

■ **비점담론**

다석은 말하기를 "나는 16세에 기독교를 믿기 시작해서 23세까지는 십자가만 부르짖는 십자가 신앙인이었다. 그런데 지금은 달라지고 있다."라고 한 바 있습니다.

이렇게 된 이유는 다석이 우찌무라 간조의 무교회주의 신앙과 톨스토이적인 신앙과 불경과 노자 도덕경을 읽고 감화를 받았기때문이라고 합니다.

그리고 다석은 이러한 사상서들을 열심히 독서했기 때문에 "나는 요새 부끄러워서 예수 믿는다고 할 수 없다. 나는 늘 이단이라고 해서 안 믿는다고 하는 것이 차라리 좋지만 인제는 그나마도 믿는다는 것이 부끄러워졌다. 믿는다면 무슨 외래(外來; 밖에서 온) 무당같이 보인다."라고 말할 수 있게 된 것입니다.

생각건대, 남에게 부끄러운 것은 소심한 것이지만, 자신에게 부끄러운 것은 반구저기(反求諸己)하는 인간입니다.

그리고 이와반대로 자신에게 당당한 것은 자부심이겠지만, 이 자부심이 너무 지나치면 자만이 되고, 자만심은 남에게 뻔뻔스러운 짓과 말을 하게 됩니다.

가만히 보면, 기독교인들은 서양인들의 기질처럼 매우 능동적이고 활동적입니다. 그러나 이러한 기질이 방향을 잘못 잡으면, "오로지 우리 주 예수" 전도라는 미명하에 매우 공격적이고 착취적이 될 수도 있습니다.

요즘 T.V를 보면 우리나라 종교계는 외제 사용을 좋아하는 국민성 때문에 카토릭은 이태리제, 기독교는 미제, 불교는 그동안 일제를 사용해 왔는데, 요즘에는 불교도 미국인 승려들이 연설 강의하면서 그 인기가 매우 높아지는 것 같습니다. 사대주의가 너무 강해 못말리는 국민성입니다.

그래서 박정진 선생은 이르기를 "한국인은 항상 자기 밖이나 외국에서, 자기의 스승을 찾으려 한다. 이는 오랜 식민지적 통치 밑에서 길들여져 온 타성 때문이다. 한국인이 안에서 자기의 스승을 찾으려 할 때 자주적인 문화, 자주적인 역사를 이룩할 수 있을 것이다." 라고 했습니다.

그래서 그는 "원효(617~686)야말로 한국이 낳은 문화영웅이다. 그는 당시 세계사의 정점에서, 특히 중국을 압도하는 불교체계를 선보여 최고의 소프트웨어의 소유자가 되었다. 그의 대승기신론소(大乘起神論疏)는 기존의 불교를 총정리한 것이면서 그 위에 자신의 불교관을 보탠 걸작이었다. 원효가 기존 불교보다 컸다. 원효불교는 당시 해동종(海東宗)을 만들었다. 그의 해동종이 번성하지 못한 것은 이미 우리 문화의 사대주의적 색채를 드러내는 단초가 된다."고 지적하면서 "한국인은 더 잔인해야 하고 더 자비로워야 한다. 한국인의 어지중간한 품성은 영웅도 성인도 배출하지 못한다."는 정곡의 말을 하였습니다.

그리고 다석은 기독교인답게 우리나라 무당들은 우습게 보는데, 그건 무식해서 그런 것이라고 여겨집니다.

일찍이 박정진 선생은 이르기를 "한국문화의 역사적 원형은 단군(檀君)이다. 또 철학적 원형은 '한' 이다. 과학적 원형은 음양오행학이다. 예술적 원형은 태극문양이다. 사회적 원형은 다원다층의 분절(연줄)이다. 종교적 원형은 샤머니즘이다. 신화적 원형은 '신들의 평화' 즉 홍익인간이다. 수도적 원형은 선도(仙道)이다." 그리고 "선도(仙道)와 무(巫)는 한국문화의 무의식이며 형태학적으로 가장 집약된 것이다. 이것은 태극의 원리가 스며 있는 실천(행위)원리이다."라고 말했는데, 나는 이 말씀이 정확한 것이라고 여겨집니다.

■ 다석어록

(한복만 입다가 헌 국민복 양복을 입었다.) 세 가지 옛 것이 좋은 것이 있다고 한다. 오랜 친구 얘기하기 좋고, 묵은 나무 불 때기 좋고, 오랜 글 읽기 좋다는 말이 있다. 왜 그 더러운 양복을 입고 나가느냐고 한다. 그러나 나는 좋은 것을 어떡해.

■ 비점담론

오늘은 장발과 속복을 입은 위산영우, 고봉원묘, 허운 선사의 초상화를 가만히 바라봅니다.

사람이란 승복입고 다닐 때와 츄리닝 입고 다닐 때와 청바지 입고 다닐 때와 양복으로 정장하고 다닐 때 감정이 모두 다를 것입니다. 부흡선혜 스님의 패션 쇼 일화가 생각납니다. 관심있는 분은 석진오 지음《번뇌를 지닌 채 부처가 된다(우리출판사 2009)》 202−206까지 참조해보시기 바랍니다. 부처(잠에서 깨어난 자)는 결코 조직체계적인 종단불교에 길들여지지 않을 것입니다.

사회생활의 예절은 옷 입는 것에서부터 시작됩니다. 그런데 저는 사람들이 정장보다는 캐주얼 복장을 하고 절에 오는 것을 좋아합니다. 대인관계도 캐주얼한 것을 좋아합니다.

지나가는 말로, 의상학에 관심있는 분은 토마스 칼라일의 의상철학을 참고 해보시기 바랍니다. 특히 전문 패션디자이너라고 하는 분들이 이 토마스 칼라일의 《의상철학》 책을 읽은 적이 없다는 말을 하면 어이가 없습니다. 전문 패션디자이너들에게 이런 말투로 건방진 말을 해서 미안합니다. 하지만 참고할 것은 참고해야 한다고 생각합니다.

저는 해외에서 잠깐 지나가는 여행 중에도 사람들이 입고 있는 옷의 모양(스타일)과 색깔들을 보고 그 나라 국민성을 곧바로 인지해 냅니다.

■ 다석어록

사람을 잘 생겼다고 노리개로 삼으면 덕(德)을 잃는다.

■ 비점담론

다석이 말하고 있는 이 구절은 《서경(여오)》에 나오는 구절입니다. 즉 "사람을 희롱하면 결국 자신의 덕을 잃게 되며, 물건을 너무 지나치게 좋아하고 즐기면 애초에 품었던 순수한 뜻을 잃게 된다."는 말씀이지요.

■ 다석어록

미물색사(味物色事)에 붙은 이는, 곧 사물의 맛과 깔에 들러붙어서는 안된다. 그런데 50평생을 이 미물색사에 머물고 있는 이가 대부분이다. 우선 젊어서는 장가갈 것이냐 안갈 것이냐에 미로가 있다. 결국 혼인하는데 그러면 한동안은 어떻게 하면 계집 데리고 재미있게 사나 이렇게 된다. 그러다 자식이 생기고 자식에게 맘이 쏠려 이러지도 저러지도 못하게 되고 그동안에 늙어버린다.

■ 비점담론

시인 예반의 〈가끔 우리는〉 이라는 시가 생각납니다.

"가끔 우리는 무엇인지를 잘 모르는 채 무언가를 갖는다.

가끔 우리는 무엇인지를 잘 모르면서 무언가를 껴안는다.

가끔 우리는 별로 고마운 줄도 모르는 채 무언가를 받는다. 그렇지만 잊어버리고 나면 늘 그 가치를 깨닫는다."

다석은 25세에 당시 23세되는 김효정 님과 결혼했습니다. 그리고 51세에 해혼(解婚)선언을 했습니다.

그리고 87세에는 결사적인 방랑길을 떠나 3일 만에 산송장이 되어 경찰관에게 엎혀 귀가해서 3일간 혼수상태에 있다가 10일 만에 일어났습니다.

그리고 91세에 1981년 3월 3일 18시 30분에 90년 10개월 21일만에 숨을 거두었습니다.

이것이 그의 인생이었습니다. 그러나 다석의 부인이신 김효정 님의 생애와 사상에 대해서도 알고 싶습니다. 왜냐하면 그녀는 과연 자기 남편 류영모에 대해 무슨 말을 할까 궁금하기 때문입니다.

만약 김효정 님이 영국이나 북미나 유럽에서 인문학 교육을 받은 인텔리 여성이라면 할 말이 아주 많을 것입니다.

■ 다석어록

명심보감이라는 책은 여러 가지 잡탕을 집어넣은 일종의 잡지인데 지방에서 대단히 많이 본다. 명심보감에는 좋은 말이 많다. 그런데 소극적인 말이 많다.

■ 비점담론

민용태 교수는 《동서문화비교론》에서 1592년에 서반아 신부 환 꼬보에 의해 필리핀에서 출간된 명심보감(벵심보감) 대역본에 대해 언급한 적이 있는데, 매우 인상적으로 읽었던 기억이 납니다.

명심보감은 요즘에도 여전히 인기가 좋습니다. 최근에는 김봉곤 씨와 로버트 할리 씨가 함께 《한글과 영어로 읽는 명심보감》이라는 책이 출간될 정도입니다.

하지만 저는 명심보감보다는 홍자성의 채근담을 아주 좋아하는 편입니다. 우리나라 출판계에서도 이제 채근담 영한대역본도 한권 쯤은 출간되었으면 합니다.

■ 다석어록

자기가 제 몸이 태어난 것이 사변(事變)이다. 이 사변이 없었으면 인생의 우주는 없었을 것이다. 사변 중에 가장 큰 변이 인생이 태어난 것이다.

■ 비점담론

그런데 왜 다석은 "내 말은 이 세상 사는데 필요한 말이 아니다. 죽을 때 필요하고, 죽은 다음에 필요한 말이다."라고 하셨습니까?

요즘의 연애를 옛날에는 상사(想思)라 하였다. 서로 생각한다는 것이다. 그런데 요새는 연애라고 해야 모두가 얼른 알아듣는다.

어떤 뜻에서 보면 연애도 장사이다. 별타산이 다 꿈틀거린다. 아주 세상에 당신밖에 없다. 당신의 종이 되어도 좋다. 당신 아니면 나는 죽는다. 이것은 다 흥정을 하느라고 그런 것이다. 음란한 세상에는 웬만한 것은 그렇다.

혼인 감투 등은 숨길 수 없는 사실이다. 젊은 사람이 같은 친우를 사귀는데 얼굴이 반반하고 희면은 사귀기가 쉽다. 그와는 반대로 얼굴이 험하면 얼핏 사귀어지지 않는다. 이것은 왜 그러냐 하면 사람은 상사해서 그렇다. 만일 그러다가 한번 신의를 저버리면 다시는 안 속겠다고 한다. 이것까지는 좋은데 자칫 잘못하다가는 일생을 망치는 경우도 있다.

처음에는 사귀기가 어려우나 얼굴 생김이 그렇지 차차 두고 오래 사귀어 보면 공부도 잘하고 인격도 반짝이고 신의도 지켜주고 평생을 같이 할 수 있는 친구가 되는 수가 종종 있다. 잘생겨 사귀기 쉬운 것이 결코 좋은 친구가 될 수 없다. 일종의 장사 행위에 지나지 않는다. 이러쿵저러쿵 서로 생각하는 사이라면 한쪽이 배를 툭 내 민다. 비싸개 군다. 상사(想思)는 상사(商事)이다.

다석은 "미인을 보고 싶어 하고, 색에만 취하니 나체에만 욕심이 붙어 있다. 형태와 용모에 끌리니 색정에 빠진 것은 틀림이 없다. 그러나 미인이 무색해질 정도로 무관심해하게 돼야 정말 의로운 사람이라고 할 수 있다.(1967.4.6)"고 쓴 바 있습니다.

저는 얼마전에 《라이브 플래쉬》라는 비디오 영화를 보았습니다. 이 영화에서 남녀주인공들이 섹스하는 장면이 나옵니다. 그리고 사벨라 바가스의 '소모스(우리는)'라는 배경음악이 흐르고 있었습니다.

"우린 밤새 이룰 수 없는 꿈을 꾸네.

세상의 근심걱정은 잊으려 하네.

마음은 아파도 달콤한 상상을 하네.

가을 바람이 두 낙엽을 모으네.

우리 둘은 죽도록 사랑한다네.

둘 만의 비밀을 간직한 채.

하지만 헤어진다면, 삶이 무슨 의미가 있을까?

우린 노래 속에 흐르는 두 줄기 눈물만큼

우린 두 연인. 하지만 헤어진다면, 삶이 무슨 의미가 있을까?"

이것도 상사(商事; 상거래 일)로 여겨지십니까?

■ 다석어록

남녀유별(男女有別)하라.

■ 비점담론

출가승려가 되기 위해 큰 절에서 행자생활을 할 때 가장 먼저 배우는 것이

《초발심자경문》인데, 이 책에 들어있는 보조지눌(1158-1210) 스님이 쓴 〈계초심학인문(誡初心學人文)〉에 나오는 "돈과 여자로 인한 재앙은 독사보다 심한 것이니, 항상 자기를 살펴 잘못된 것을 알면 모름지기 멀리해야 한다. 또는 돈과 섹스의 재앙은 독사에게 물린 것보다 더 심한 것이니, 항상 자기를 반성하고 잘못된 것을 잘 알아서 멀리해야 한다.(원문; 재색지화(財色之禍)는 심어독사(甚於毒蛇)하니, 성기지비(省己知非)하여 상수원리(常須遠離)해야 한다.)"는 문구는 세뇌가 될 정도로 기억을 하게 됩니다.

하지만 세속에서도 서로 사랑이 없으면 '유별(有別)해라' 하지 않아도 유별합니다. 그런데 유별하고 싶은데 유별하지 못하는 것은, 연인들이 서로 애타게 그리워하는 사랑 때문입니다.

■ 다석어록

곱고 좋다고 가까이 하면 위태하다. 짝사랑을 하면 상대는 좀더 배를 탁 튀기고 내쳐 비싸게 군다. 그러니 이쪽은 바탈에 아픔을 받는다. 혼자 사는 독생자가 아주 편하다. 구함이 없고 맛보는 것도 없다. 호기심도 나지 않는다. 인애(仁愛)로 독생(獨生)을 하여야 한다. 미인도 똥자루에 지나지 않는다. 진선미가 이 세상에 어디 있는가.

■ 비점담론

'미인일지라도 똥자루에 불과해!' 하시면서 자신을 위로하는군요. 얼마나 잘나고 비싸게 구는 여자를 만나셨길래 그토록 아파하십니까?

여자 보고 똥자루라고 말하는 다석이나 석가모니는 그럼 똥자루가 아닌

가요?

남녀 모두 피차 똥자루라면, 남녀가 서로 사랑의 연금술로 황금자루로 만들어보면 어떨까요.

■ **다석어록**

나에게는 손자라고는 없는데 68살에 딸의 딸 손녀를 보았다. 그 손녀가 8개월이 된다.

■ **비점담론**

다석의 연보에 보니 다석이 71세때 이 외손녀와 함께 현관 옥상에 올라갔다가 현관바닥에 낙상하셔서 서울대학병원에 28일간 입원하셨다고 기록되어 있습니다. 이 손녀인가요?

제가 묻고 싶은 것은 연애도 결혼도 가정생활도 반대하시는 분이 어떻게 딸과 손녀를 보고 그리도 좋아하십니까?

"너희는 자신과 닮은 것을 볼 때 기뻐한다. 그런데 너희보다 먼저 존재한, 죽지도 않고 드러나지도 않는 너희의 형상을 볼 때, 너희가 얼마만큼 그것을 감당할 수 있을 것인가."라는 예수의 말씀(도마복음,84)이 생각납니다.

■ **다석어록**

나이가 들면 남자는 여자에게 여자는 남자에게 몸을 맡기게 된다. 껍데기 몸만 맡기고는 서로가 좋다고들 하지만 사람의 속마음이 문제이다. 도무지 껍데기 몸만 맡기면 낭패다.

■ 비점담론

남편과 아내가 모두 서로의 속마음도 완전정복해서 소유하기를 바란다면, 그 부부는 풍파 또는 이혼을 겪게 될 것입니다.

■ 다석어록

이 사람이 사는 곳 아래에는 맑은 물이 항상 흐르고 있다. 요새(1957년 9월 6일)는 비 온 뒤라 더구나 깨끗한 물이 흐르고 있다. 어디 갔다가 돌아오는 길이면 흰 고무신을 닦는다. 웬 일인지 자꾸 닦고 싶다. 영혼을 담을 몸을 깨끗하게 하고 싶은 것과 같이 신도 자꾸 닦고 싶다. 새로 닦은 신발은 어떻게 귀여운지 먼지나 흙을 밟을까 돌만을 딛는다.

■ 비점담론

다석은 "영혼을 담을 몸을 깨끗하게 하고 싶다."라고 하셨지만, 영혼(영의 혼, 또는 영적인 혼)이 있다는 말은, 생각이 그것을 실체로 만들어냈다거나, 그것에 대해 생각해냈다는 뜻에 지나지 않는 것입니다.

■ **이하 텍스트는 다석옹께서 1960년에 쓴 단상일기에 대한 저의 비점담론입니다.**

■ 다석어록

주역에는 이 세상에서 머리(지배자)가 되지 말라고 하였다. 예수도 섬기는 이가 되어야지 섬김을 받으려 하지 말라고 하였다. 석가는 세상의 머리(임금)되는 것을 그만 두었다.

■ 비점담론

M.에크하르트(1260-1327)는 이렇게 말했습니다. "필요한 것은 오직 한 가지 뿐이다. 그것은 무심(無心)이다. 나는 사랑보다 무심을 더 고귀하게 여긴다. 나는 겸손보다 무심을 더 고귀하게 여긴다. 나는 자비심보다 무심을 더 차원 높은 것으로 여긴다." 이 말은 깊은 생각에서 나온 말입니다. 그러므로 우리는 참조해야 할 것입니다.

다석은 "주역에는 이 세상에서 머리(지배자)가 되지 말라고 했고, 예수도 섬기는 이가 되어야지 섬김을 받으려 하지 말라고 했고, 석가도 세상의 머리(임금)되는 것을 그만 두었다."라고 말했습니다.

그러나 주역의 저자나 예수나 석가가 어디 보통 분들이신가요? 이 분들은 이미 오늘날 윗사람이요, 섬김을 받는 분들입니다. 그런데 만약 이러한 윗사람이 겸손하게 처세를 한다면 그 권좌는 더욱 빛나는 것이 됩니다.

제가 좋아하는 《수호지》에 나오는 양산박의 두목인 송강도 이 겸손함이라는 처세로 천하영웅호걸들을 자기 부하로 포섭하더군요. 이렇게 관대함과 겸손함은 모든 왕(또는 지도자)의 기본자질입니다. 겸손이란 자신을 낮추는 겁니다. 물론 겸손함을 가장한 교만함도 있습니다. 어쨌든.

그런데 제가 여기서 언급하고 싶은 사람은 윗사람이 아니라 '아래 사람' 입니다. 아래 사람이 자기를 낮추는 것은 초라하고 비굴하게 보일 뿐입니다. 그러므로 아래사람은 겸손한 처세방편보다는 고생이 되더라도 분발심이나 사상의 자존심이나 열정적인 대망으로 처신하는 게 좋습니다.

그러나 더 깊이 공부하여 마지막 경지에 들어간 사람은 겸손함과 교만함을 넘어서 있는 그대로 무심한 상태(즉, 텅 비어 있는 충만함, 또는 참으로 그러한 상태, 또는 있는 그대로의 상태, 또는 사실 그 자체)에 있게 됩니다.

■ 다석어록

똥이 더러운 게 아니다. 개한테는 좋은 음식이다. 오직 맘에 청부정(淸不淨)이 있다.

■ 비점담론

똥 안먹는 개도 있습니다. 똥 먹는 인간도 있습니다. 똥을 먹을 수밖에 없는 처지가 되면 누구나 어쩔 수 없이 먹게 되는 법입니다. 더러운 똥도 약이 될 수 도 있기때문입니다.

이럴 경우 이 똥을 먹는 자의 맘은 '깨끗하다, 더럽다' 가 아니라 '정말 약이냐, 아니냐?' 라는 생각만을 품고 있을 겁니다.

제가 말하고자 하는 요점은 이렇습니다; 가장 깨끗한 것이 가장 더러운 것 일 수도 있고, 가장 더러운 것이 가장 깨끗할 수도 있다는 겁니다.

마찬가지로 인간의 마음도 청부정(淸不淨; 깨끗함과 더로움)이 따로 있는 것이 아닙니다.

■ 다석어록

내 형제는 한 10여명 있었는데 둘 남고 다 죽었다.

■ 비점담론

생명의 흐름을 주도하고 있는 이 자연의 법칙은 개체의 생사문제에 대해서는 아무런 관심이 없는 듯이 보입니다. 그런 점에서 자연계의 법칙은 비인간적입니다.

죽음이 삶과 밀접한 관계에 있는 것이라면, 삶 또한 죽음과 밀접한 관계에 있는 것입니다. 그러므로 죽은 자나 산자나 모두 같은 것이므로 화복(禍福)이 따로 있는 것은 아닙니다.

■ 다석어록

한 여인이 일생 동안 4백개의 난자가 나온다던데 그것을 다 낳아놓았다면 어떻게 한단 말인가.

■ 비점담론

웃으며 말합니다. 우리 인간 남자가 섹스 한번 할 때마다 여자의 보지에 뿜어대는 정자 수가 이미 수 억 마리인데, 평생 섹스하면서 쏟아내는 정자를 모두 자기 새끼로 살려낸다면 대체 그 수는 얼마나 될까요?

이뿐만 아니라 이 지구상에 있는 동식물계의 온갖 수컷들과 암컷들이 섹스 할 때마다 쏟아내는 무수한 정자를 모두 자기 새끼로 살려낸다면 이 지구는 어떻게 될까요?

그때는 아마 삶이 문제가 아니라 죽음이 더 소중하고 절실한 문제가 될겁니다.

그때는 아마 삶이 모든 절대가치가 아니라 죽음이 가장 고귀한 가치가 될 겁니다.

그때는 아마 '삶'을 요즘 우리가 죽음을 대하는 것 같이 두려워하고 싫어할 겁니다.

■ 다석어록

베스트 셀러라는 책은 참으로 불후의 작품이 아니다. 참으로 훌륭한 책이라면 그 시대에 그렇게 쉽게 많이 팔릴 리가 없다.

■ 비점담론

생각건대, 독자가 원하는 지식을 보여주면서 동시에 지성의 싹을 튀어 주는 책이면 훌륭한 책입니다. 나머지 실제 인생은 스스로 자기 손발로 전개해야겠지요?

여담으로, 다석이 이 글을 쓰신 1960년도만 해도 −극소수의 특별한 제자들은 빼고− 일반 보통세상에서는 아무도 다석의 글과 말을 모르고 있었습니다.

그러나 요즘에는 '함석헌의 스승이신 다석 유명모' 하면 아는 분들이 꽤 많습니다. 그리고 다석의 사상도 많이 알려지고 있습니다. 이에 관련해서는, 모두 박영호 님과 김흥호 님과 류달영 님의 수고덕분이라고 저는 생각합니다.

웃으며 말합니다. 아직 나타나지 않고 있는 나의 '게오르그 모리스 브란데스(1842−1927) 교수' 같은 분은 지금 어디서 무엇을 하고 계실까?

책을 많이 팔려면 광고능력이 있는 출판사를 정해야 하듯이, 스승이 무슨 무비스타처럼 스타가 되고 싶으면 티베트 제 14대 달라이 라마 텐진 갸초(1935,7,6-)의 제자들처럼 능력이 있는 제자들을 잘 만나야 할 것입니다.

하지만 진짜 책은 언제나 인생이라는 살아있는 책이며, 우주만물이라는 책일 것입니다.

■ 다석어록

한아님은 없이 계신 이다.

■ 비점담론

"하나님은 없이 있다."라는 말은 일찌기 M.에크하르트(1260-1328)가 강조한 말입니다. 그러나 M.에크하르트가 무신론자가 아닌 것처럼 다석도 명료한 무신(無神)의 대각성에서 하는 말은 아닙니다.

유대교 출애굽기 3장 14절에 나오는 유일신의 말은 "나는 스스로 있는 자(ego sum qui sum; I am that I am)"라는 것입니다.

일찍이 플라톤도 이와 비슷하게 이데아(원형 그 자체)라고 했고, 칸트는 사물자체라고 했고, 하이데거는 존재 그 자체라고 했지요.

대승불교에도 진여자성(사물 그 자체, 또는 이 세계의 본질 그 자체, 또는 존재 그 자체, the thing itself)이라는 용어가 있습니다.

그리고 무신론자인 지두 크리슈나무르티는 "마음이 가진 용량과 능력을 넘어선 신비가 존재한다."고 말한 바 있습니다.

그러나 이 모든 말은 거짓말입니다. 어째서 거짓말이라고 하는가 하면, 인간의 마음의 용량과 능력을 넘어서 있는 신비한 존재는 없는 것이기 때문입니다.

제가 어릴 때 애독했던 무사고오지 사네아쓰의 《젊은 날의 진실》이라는
책에 "인간의 마음에 신을 생각하는 힘이 없다면 신의 존재를 문제 삼을 필
요도 없을 것이다. 신의 존재를 문제 삼는 것은, 우리들 인간에게 무엇인가
신과 같은 것을 찾는 마음이 주어져 있기 때문일 것이다. 이 요구에 따라 여
러 나라 사람들이 제각기 독특한 신을 만들어내어 그것을 신앙하고 있는 것
이다."라는 글이 있는데 틀린 말은 아니라고 생각합니다.

하지만 "나는 만물의 빛이다. 나는 모든 것이다. 나로부터 모든 것이 나왔
고, 모든 것이 나에게로 돌아온다. 나무토막을 쪼개보라. 내가 그 곳에 있
다. 돌을 들추어 보라. 그러면 너희는 그 곳에서 나를 발견될 것이다."라고
말한 예수의 말씀(도마복음서(77))에는 인도 우파니샤드 사상의 냄새가 진합
니다. 《도마복음서》는 150년경에서 350년경에 필사된 것이기에 충분히 가
능한 일입니다.

나는 무신론자입니다. 하지만 나는 실증주의자들과 달리 신비주의적인
표현을 아주 좋아합니다. 왜냐하면 신비주의에는 퍼지(fuzzy)한 진리가 보
이기 때문입니다. 그리고 또 나는 역설적인 모순어법을 좋아합니다. 왜냐하
면 진리는 역설적이고 모순된 것이기 때문입니다.

이 세상에서 대부분의 일은 식색(食色) 두 가지에 귀착된다. 예수, 석가,
톨스토이, 간디는 명백히 식색의 두 가지를 따라서 살아서는 안된다고 말하
였다.

■ 비점담론

다석의 이 말씀은 《근사록(존양류)》과 《소학(외편 가언)》에 나오는 말에 덧붙인 말입니다.

불교에서는 '도업(道業)을 이루기 위하여 음식을 먹는다' 는 오관게(五觀偈)가 있습니다.

그런데 다석은 "식색은 지옥문이니 힘을 주어 식색을 끊으면 여기가 바로 천국이다." 라고 했습니다. 식색(食色; 음식과 생식) 조절이나 절제가 아니라 일절 끊으라고요? 그러면 죽을 것 같은데요.

실제로 배가 고픈 자의 입장에서는 배가 고픈데 먹을 음식이 없다면 그것은 불행한 겁니다.

그리고 이렇게 배가 고픈 자에게는 《식경(食經)》조차 아무 소용이 없는 법입니다.

섹스문제도 마찬가지일 것입니다. 섹스하고 싶은데 같이 사랑할 이성이 없다면 그것도 불행한 겁니다. 이러한 사람에게 《소녀경(素女經)》과 《카마수트라》가 무슨 필요가 있겠습니까?

■ 다석어록

교미한 뒤에는 허전하고 후회되는 때가 어디 없는가. 경험 있는 분들은 어디 얘기해보라. 그것이 쾌락인가. 그것이 쾌락이라고 하여서 남녀가 자꾸 얼러붙는데, 정액을 쏟는 일보다 더 슬픈 것은 없다. 우리의 알짬을 쏟아버리는 것이 제일 후회되는 일이다.

《고문진보》에서 한무제(추풍사)는 "환락이 극도에 달하면 서글픈 심정을 느끼게 된다."라고 말했으며, 《예기(곡례상)》에서는 "즐거움은 한껏 누리지 마라. 즐거움을 끝까지 누려서는 안된다. 쾌락을 좇는 마음은 한이 없는 것이며, 그 궁극에는 권태와 절망이 기다리고 있다."라고 말했습니다.

그래서 홍자성은 《채근담》에서 "쾌락이 극도에 가면 도리어 슬픔이 오는 것처럼, 세상의 일은 모두 이렇게 변화한다. 그러므로 이런 이치들을 빨리 알아서 방향을 돌려야 한다."고 말했을 것입니다.

다석은 "교미한 뒤에는 허전하고 후회되는 때가 있다. 정액을 쏟는 일보다 더 슬픈 것은 없다. 우리의 알짬을 쏟아버리는 것이 제일 후회되는 일이다." 라고 말했습니다.

그러나 교미한 후에 허전하고 후회하는 사람은 교미를 제대로 한 것이 아닙니다. 교미를 제대로 하면 도리어 교미한 후에 심신이 깨끗이 청소한 것 같으면서도 충만하고 행복해지는 법입니다.

다석은 "정액을 쏟는 일보다 더 슬픈 것이 없다"고 했는데, 그러면 정액을 쏟지 말고 그냥 사랑하는 맘으로 교접(交接)만 하면 되지 않습니까?

다석 선생이 섹스하는 모습을 상상하니, 니체가 숭배하고 찬양했던 디오니소스신이 생각납니다. 다석은 디오니소스신을 가장 싫어하겠지만, 인간에게는 누구나 디오니소스적인 면을 가지고 있는 법입니다. 사람이기 때문입니다.

남녀의 정사를 쾌락이라고 하지만 다 어리석은 짓이다. 이렇게 말하는게 포탄을 쏘는 말인데 이에 반대하는 사람이 많을 것이다. 류영모란 사람은 정력이 약해서 그런 소리를 한다고 할는지 모른다. 그러나 나는 다른 사람보다 더 정력이 강할 것이다. 나같이 마른 사람이 색골(色骨)이라 하지 않는가. 나는 16살(만15살)부터 성경을 보지 않았으면 내가 어떻게 되었을지 모른다. 나는 51살까지 범방(犯房)을 했는데 그 이후부터는 아주 끊었다.

다석은 자기 아내와 한 방을 사용하지만 섹스를 끊은 지는 오래되었다고 했습니다.

웃으며 말합니다. 섹스가 어리석은 것이 아니라 어떤 섹스를 기대하고 상상하는 사람의 마음이 어리석은 겁니다.

생각건대, 아무리 음탕한 짓이라도 그 가운데 사랑이 있으면 아름다운 겁니다.

그런데 아무리 고결 순수한 인생일지라도 그 가운데 사랑이 없으면 추한 겁니다.

그러니까, 중요한 문제는 섹스를 하는가, 하지 않는가 하는 행위에 있지 않고, 마음에 있다는 것입니다.

그리고 잡담 한마디. 다석은 "나는 다른 사람보다 더 정력이 강하다. 나같이 마른 사람이 색골(色骨)이라 하지 않는가."라고 말했습니다.

다석의 신상(身相; 신체모양)을 보니 젊었을 때에는 정력이 매우 센 분 같습니다. 왜 제가 그런 생각을 하는가하면, 나폴레옹이나 발자크나 김정일처럼 키가 작고 몸집이 다부지게 생긴 신체를 가진 사람들은 동서양을 막론하고 대개 키 큰 사람들에 대한 열등감이 심한 편입니다. 왜냐하면 문제는 항상 여자인데 여성들은 키 작고 땅딸막한 몸집의 사람들을 좋아하지 않기때문입니다. 그런데 현실적으로 보면 키 작고 몸집이 다부진 사람들이 주로 미인을 거느리고, 돈도 잘벌고 건강하고 활발하고 정력적으로 바람도 잘 피우며 삽니다. 왜냐하면 키 작은 열등감을 다른 것(강력한 섹스, 배짱, 야망, 돈벌이, 운동 등)으로 채워서 여성들을 정복하기때문입니다. 그러나 동시에 그렇기 때문에 이런 남자는 대개 아집이 강하고 독선적이고, 이기적이고, 질투가 매우 강하고, 교활하다는 약점도 갖고 있습니다.

이러한 법칙은 여성들에게도 마찬가지로 적용되는데, 대개 못생기고 몸집이 작은 여성들이 실력과 재력과 권력이 많고 성공도 잘해서 사회적으로도 지도자급 생활을 하는 분이 많습니다. 또 이런 여성들은 자기 배우자로 키 크고 잘난 남자를 선택하는 것 같습니다. 제 말이 믿어지지 않으면 키 작고 다부진 몸집을 가진 50대 남녀들을 한번 관찰해보시기 바랍니다.

■ 다석어록

극락이란 맘이 빈 지경이다.

■ 비점담론

그런데 정말 맘이 비워지면 극락과 지옥도 같은 것이 되어버립니다. 그러니까 맘이 비었다는 말과 맘이 꽉 차 있다는 말은 서로 같은 말이 된다는 것입니다.

이상국가(유토피아)로서의 극락에 대해서는, 《남화진경(산목)》에 설해지고 있는 남월에 있는 건덕이라고 하는 나라가 생각납니다.

이 건덕국은 있는 그대로 평화스럽고, 사람들은 자유롭게 살며, 전쟁이 없고, 서로 배척하는 일도 없고, 또 사람을 속박하는 법률도 없으며, 국민들을 통치하고 탄압하는 군주도 없고, 모든 소망이 자기 생각대로 되는 곳입니다. 그렇다면 이상국가로서의 극락국과 천국과 건덕국은 서로 같은 나라입니다.

하지만 한 사람의 독재자 또는 소수 특정계급의 영원한 권세를 위해 전국민이 희생되고 통제받는 지옥같은 국가란 참으로 끔찍한 현실 일 것입니다.

■ 다석어록

공자, 맹자는 40에 불혹(不惑)이라 하였지만 그것은 큰 이의 일이고 보통은 오히려 더욱 혹한다. 2, 30대에 정욕이 가장 성한데 그 정욕이 쇠하면 맘이 풀어져버린다. 40이 지나면 풀어져버려 도무지 뭐가 뭔지 모르게 된다. 여색에 빠져버리게 된다.

■ 비점담론

저는 10대에 씨알 먹고, 20대에 싹 틔우고, 30대에 꽃피우고, 40대에 수정하고, 50대에 낳고 있습니다.

그런데 마흔살(40세)을 한글자 뜻풀이로 설명한다면, 겨우 꼴을 갖춘 것이 왼쪽에서 오른쪽으로, 안에서 밖으로 진행하는 운동력이 최대 최다상태에

도달했다는 뜻입니다.

그래서 마흔살에는 흐르고, 흐릿하고, 흐느적 거리고, 흐느끼고, 흐리며, 호들갑스러운 행동들이 더 이상 움직이지 않게 되어, 자기관점이 확실하게 정립되고 분별심과 판단력이 갖추어지게 됩니다. 이것이 바로 사십불혹(四十不惑)의 의미입니다. 일반사회에서 보통으로 하는 말중에 "마흔살에는 대개 철이 든다"는 것도 이런 이유에서 하는 말입니다.

그런데 다석은 "40세가 지나면 풀어져버려 도무지 뭐가 뭔지 모르게 된다. 여색에 빠져버리게 된다."고 말했습니다.

사실을 말한다면, 삶의 욕망은 성(性; 생식)의 욕망입니다. 어머니 배속에 있는 태아도 자기 자지를 세우고 만지고 빨고, 90대 노인도 죽을 때 마지막으로 발기하며 죽는데 40대의 성욕에 대해서는 더 이상 무슨 말을 할 필요가 있겠습니까?

■ **다석어록**

나는 20살 전후에 불경과 노자를 읽었다.

■ **비점담론**

스무살(20세)이란 하나의 형체를 완성하기 위해 강한 기운을 자기 몸밖으로 내보는 운동을 강하고 계속하고 있는 나이입니다. 그러므로 인간 20대는 체력이 가장 왕성할 때이며 전진과 발산을 가장 많이 하는 때입니다. 이에 따라 타협과 휴식보다는 투쟁과 활동을 좋아하게 되고, 행동은 과격하고 성급해지며, 분별과 판단력이 부족하여 잘못된 곳에서 오는 유혹을 잘 받아들일 수 있는 행동태도를 나타내게 되는 나이(단계, 시절, 때)입니다.

20세는 '물올랐다'는 나이로 인간 일생에 가장 생기있고 힘차고 발랄할 때입니다. 이 때에 다석은 불경과 노자 도덕경을 읽었다고 했습니다.

그런데 저는 17세에 힌두교 경전인 《바가바드 기타》와 《우파니샤드》를 정말 열심히 읽었습니다. 그리고 20대중반에는 열심히 영한사전을 찾아가면서 원고를 작성한 바가바드 기타와 우파니샤드를 단행본으로 출판해보기도 했습니다. 30대에는 《팔천송반야경》과 《금강반야경》에 관련된 책을 여러 권 출판해 보았습니다. 그리고 40대에는 노자 《도덕경 제멋대로 읽기》라는 책도 내어보았습니다. 그리고 50대에는 《번뇌를 지닌 채 부처가 된다》《정반대의 조화》《하나의 꽃에 다섯 잎이 피어난 뜻은》이라는 선도비점(禪道批點)을 출판해보기도 했습니다.

그리고 요즘 나는 니체의 《차라투스트라는 이렇게 말했다》를 《니체 대사 자후경 비점담론(A New Interpretation And Discourse About Thus Spake Zarathustra of Nietzsche)》이라는 제목으로 집필중에 있습니다.

이렇게 고전에 관한 책이야기를 하면 저도 할 말이 많습니다. 그러나 잘못하면 '잘난 체 한다'는 오해를 받을 수 있기에 더 이상 말을 하지 않기로 합니다.

다만 한마디 하고 싶은 말씀은, 십자가 신앙을 가지고 있는 기독교인은 아무리 베다와 우파니샤드와 바가바드 기타와 노자, 열자, 장자와 각종 불교 경전들과 황제음부경, 천부경 등을 읽는다 하더라도 거기서 거기입니다.

공정하게 말한다면, 그 어디에도 종교소속이 없는 맘으로 경전이나 고전들을 읽어야 제대로 깨달을 수 있습니다. 맘에 이미 어떤 종교적인 물이 들어버린 사람(신앙인)은 정말 너무 어렵습니다.

■ 다석어록

관(觀)이 둘 있는데 비관 아니면 낙관이다. 나도 젊을 때는 낙관하려고 해봤다. 이제는 철저한 비관이다. 내가 이런 철저한 비관에 도달할 줄은 몰랐다.

■ 비점담론

내 경험에 의하면, 비관도 극에 도달하면 낙관이 되고, 낙관도 극에 도달하면 비관이 됩니다. 그러므로 비관도 낙관도 초월하여 경우에 따라 비관도 하고 낙관도 하는 게 좋을 것입니다.

다석은 말하기를 "이제는 철저한 비관이다. 내가 이런 철저한 비관에 도달할 줄은 몰랐다."고 했습니다.

하지만 저의 경우는 다석옹과는 반대인 천성이 있어서 그런지 어렸을 때부터 매사에 비관적이고 부정적이고 비판적이고 공격적이었습니다. 청년시절 제 필명도 투우, 전사, 사무라이였습니다.

이로인해 나는 마음이 고독한 편이었는데, 아름다운 이성교제를 통해 감성이 순화되고, 나이가 40대부터는 경제형편이 조금 나아지면서 사회생활에 여유가 생기고 대인관계도 원만한 편입니다.

그러나 사상문제에 관련해서는 아직도 민감하고 날카롭고 비판적이고 공격적인 데가 많습니다. 이것은 사상가로서의 나의 운명이라고 여겨집니다.

사실 인생의 생활감정과 대인감정에 대해서는 구조적으로 비관적입니다. 모든 일이 내 뜻대로 되는 것이 없기때문입니다. 그러나 정신적인 활동은 행복한 편입니다. 왜냐하면 비관조차도 차원높게 해소하는 지적인 능력이 있다면 이 또한 인생의 멋이기때문입니다.

나는 요즘 순간이 곧 최후라는 것과 살아있는 것 자체를 즐기는 마음으로 소소한 일이나 무의미한 일에도 만족하며 지냅니다.

■ 다석어록

예수, 석가는 상대세계에 대해서는 철저한 부정이다. 철저한 부정을 안하려면 불교, 기독교 믿지 말아야 한다.

■ 비점담론

150년경에 제작된 《도마복음(16)》에서, 예수는 "사람들은 내가 이 세상에 평화를 주려고 온 줄로 알고 있다. 하지만 나는 이 세상에 분열을, 불과 칼과 전쟁을 줄려고 왔다. 만약 한 가족에 다섯 식구가 있으면 이제부터는 셋이 둘과, 둘이 셋과 맞서고, 또 자식이 그 부모와, 부모는 자식과 맞설 것이니, 그들 모두 홀로 서 있게 될 것이다.(마태복음 10장 34절도 참조)"라고 말했습니다.

《도마복음(55)》에서 예수는 또 "부모와 형제와 자매를 미워하지 않는 사람은 나의 제자가 될 수 없다. 나처럼 자신의 십자가를 지지 않는 사람은 나에게 어울리지 않는다.(누가복음 14장 26절도 참조)"라고 말했고, 또 《도마복음(101)》에서도 "나처럼 자신의 부모를 미워하지 않는 사람은 나의 제자가 될 수 없다. 나처럼 자신의 부모를 사랑하지 않는 자도 나의 제자가 될 수 없다. 왜냐하면 내 어머니는 내게 거짓된 것을 주었으나, 내 진정한 어머니는 내게 생명을 주었기 때문이다."라고 말하기도 했습니다.

이러한 말씀의 의미는, 자기 부모를 원수처럼 알고, 자기 부모를 지옥처럼 아는 자만이 이해할 수 있을 것입니다.

예수는 또 《도마복음(44)》에서 "부모를 모독하거나 자식을 모독하는 자는 용서받을 수 있다. 하지만 거룩한 인간의 정신을 모독하는 자는 땅에서도 하늘에서도 용서받지 못할 것이다."라고 말했습니다. 이래서 예수는 "누가 내 어머니요, 내 동생들인가? 보라, 하나님의 뜻대로 행하는 자가 곧 내 형제요, 자매요, 어머니이다.(마가복음.3장 33-35절)"라고 말했을 것입니다.

"예수, 석가는 상대세계에 대해서는 철저한 부정이다. 철저한 부정을 안 하려면 불교, 기독교 믿지 말아야 한다."는 다석의 명제에 대해 다시 또 성찰해봅니다.

부정을 부정하면 긍정이 됩니다. 그러므로 철저한 부정은 곧 온전한 긍정입니다.

기독교는 무조건 믿음(박티; 타력신앙과 희생적인 헌신)의 종교입니다. 그러나 무조건 믿음은 참된 진리를 가리고 있는 장애물 일뿐입니다.

불교는 깨달음의 종교입니다 그러나 깨달음도 없습니다. 왜냐하면 깨달음이라고 하는 자체성, 본체성, 실체성이 별도로 있는 것은 아니기 때문입니다.

바로 이것이 나의 철저한 부정입니다.

우리는 분명히 빛깔에 갇혀 있다. 그래서 우리는 원대한 것을 생각할 수가 없다. 이것은 나의 70평생에 한마디다.

■ 비점담론

다석의 일기(1963.12.5)에 70세에 대한 소감이 있으니 관심있는 분은 참조해보시기 바랍니다.

2천년 이상 된 대승불교의 모든 사상을 압축한 핵심적인 한마디는 "색즉시공(色卽是空; 모든 형상의 물질은 통일장이 만든 것)이요, 공즉시색(空卽是色; 에너지가 곧 물질이라는 것)입니다."

관심있는 분은 대승불교 반야부 경전들을 참조해보시기 바랍니다.

우리가 빛깔에 갇히는 것은 밝고 빛나는 것에 대한 집착때문입니다.

■ 다석어록

우리말에서 제일 긴요한 것은 「빔」「제계」「·」이다. 이게 나의 결론이다.

■ 비점담론

다석의 진가는 바로 이렇게 우리나라 순수 한글로 표기하며 성찰한다는 것에 있습니다. 저는 바로 이러한 점 때문에 다석을 존경합니다.

지금 우리들에게는 이렇게 순수한 한글로 성찰하는 사상가가 필요합니다.

여담으로, 지난 2백 년 동안의 한국 철학사를 돌이켜볼 때, 우리는 두 개의 커다란 흐름이 마치 서로 전혀 모르는 듯이 평행선을 달려왔음을 알 수 있습니다.

이 중 하나의 흐름은 우리나라 지배계급이 중국이나 유럽과 미국에서 들여와 정착시킨 철학들이고, 또 다른 하나의 흐름은 우리 역사적 체험의 한 가운데에서 발생한 철학들입니다.

우리는 전자를 강단철학, 수입철학, 대학교 철학이라고 부를 수 있으며, 후자를 자생철학, 민중철학, 민족철학, 재야철학 등으로 부를 수 있을 것입니다.

물론 한국의 자생철학의 인물사상사에 대해 일목요연하게 말할 수는 없습니다.

하지만 최치원, 원효, 김시습처럼 류영모(1890-1981), 함석헌(1901.1.23-1989.2.4) 선생도 단 한 개의 종교 관념으로는 이해하기 어려운 분이라는 것은 사실일 것입니다.

저도 자칭 자생적인 사상가라고 말합니다만 실제 그런지에 대해서는 회의적입니다. 왜냐하면 나는 석가모니 불교의 영향도 받은 자이기 때문입니다.

예전에 진지하게 읽었던 《한국에서 철학하는 자세들(집문당1986)》과 이규태 님의 《인간유형으로 본 한국인(신태양사,1989)》이라는 책이 생각납니다.

하지만 나는 아직 한국 철학사에서 내 성격과 일치되거나 합치되는 사상가를 아직 발견하지 못하고 있습니다. 제가 만약 앞으로 그런 분을 발견한다면, 나는 그 분의 저서를 내 평생의 경전으로 받들면서 후학들에게 소개할 것입니다. 그러나 저는 아직 우리나라에서 제 사상의 선조를 찾아내지 못하고 있습니다. 생각건대, 제 사상의 선조는 아예 처음부터 없는 것입니까? 아니면, 제가 눈이 어둡고 정보와 지식이 없어서 찾아내지 못하고 있는 것입니까?

다석은 말하기를 "친숙한 사이에도 이견이 많은데, 처음 만난 생명부지의 사람인데도 서로 말을 주고 받으면 공명(共鳴)을 느껴 금방 동지가 될 수 있다. 이런 일은 흔하지가 않다. 죽을 때까지 사귈 수 있는 친구도 이렇게 맺어지는 경우가 많다. 이것은 사상이라는 것이 있기 때문이다."라고 하신 바 있습니다. 당연한 말씀입니다.

《주역(건 문언95)》에 "같은 소리는 상응하고, 같은 기질은 서로 구한다"는 말이 있고, 또 《주역(계사상)》에 "같은 마음에서 하는 말은 좋은 난초의 향기와 같다"는 공자의 말씀도 있으니, 사상을 통해 좋은 친구를 만나는 것은 행복한 일입니다. 그러므로 위대한 천재는 다른 위대한 천재에 의해서 만들어진다는 말은 맞는 말입니다. 하지만 그것은 서로 동화하고 연대하는 것으로 만들어지는 것이 아니라 서로 마찰하는 것으로 만들어지는 것인지도 모릅니다. 왜냐하면 진정한 사상은 학연이나 지연이나 혈연이나 종연에 의해 생성되는 것이 아니기 때문입니다.

이상이 "우리말에서 제일 긴요한 것은 「빔」「제계」「ㆍ」이다. 이게 나의 결론이다."라고 말한 다석에 대한 비점담론을 하기에 앞서, 독자에게 드리는 저의 서론적 소감입니다.

이제 본론으로 들어갑니다.

빔은 불교용어인 공(空, Emptiness)의 한글 번역어이며, 노자 장자에서 말하는 허(虛)의 한글 번역어입니다.

그리고 이 공(空)이나 허(虛)의 실상은 결코 허무한 것이 아니라 텅 빈 충만의 상태를 뜻합니다. 왜냐하면 색즉시공(色卽是空; 물질은 에너지의 집합체 이외의 아무것도 아니라는 것, 또는 질량은 에너지가 겉으로 드러난 것)이요, 공즉시색(空卽是色; 에너지는 기본입자의 형태를 취하고, 그 형태로 나타남으로써 물질이 된다는 것)이기 때문입니다.

노자도 《도덕경(3장, 16장)》에서 "허기심(虛其心)"이니 "치허극(致虛極)"이니 말했고, 장주도 남화진경(내편, 덕충부)에서 허이왕실이귀(虛而往 實而歸: 虛로 갔다가 實해져서 돌아온다)라고 했고, 또 장자(잡편 경상초)에서도 "올바르면 안정되고, 안정되면 명찰(明察)해지고, 명찰하면 허심해지고, 허심해지면 스스로 일부러 하지 않아도 모든 일을 쉽게 이루게 된다(正則靜, 靜則明, 明則虛, 虛則無爲而無不爲也)"라고 말했습니다.

이상이 불교와 노자, 장자로 이해한 다석의 빔 사상입니다. 하지만 다석(과 함석헌)의 진면목은 기독교 신앙에 있습니다.

그러므로 기독교에서 다석의 사상과 비슷한 원조를 찾아보려면 나는 플로티누스(205-270), 아우구스티누스(354-430), 토마스 아퀴나스(1225-1274), 마이스터 요한네스 에크하르트(1260-1327), 떼이야르 샤르뎅(1881-1955)을 주목해야 한다고 생각합니다.[22]

즉, 중세 예수교 이단자이며, 독일의 예수교 신비주의 사상가인 M.에크하르트도 "사람은 비어 있어야 한다."고 말했습니다. 어느 정도 비어야 하는가 하면, "하나님에 대한 지식도 비우고, 하나님에 대한 모든 의지도 비우고, 하나님의 뜻에 따르겠다는 의지까지도 비어야 한다"고 말했습니다. 이것이

---

22) "플로티누스(205-270)는 신플라톤주의의 실질적인 창설자이며, 서양 고대 세계의 마지막 비종교적 철학자이다. 그는 열렬한 플라톤 추종자이었고, 자신을 플라톤주위자라고 말했지만, 실제로는 나름대로의 독자적인 철학체계를 창안하여 서양 고대 사상사의 산맥을 장엄하게 장식한 마지막 큰 봉우리로서 《고백록》으로 유명한 아우구스티누스(354-430)이나 마이스터 에크하르트(1260-1327)에게 결정적인 영향을 끼친 분이다." 도미니크 J. 오미라가 쓴 《플로티노스 – 엔네아데스 입문》 안수철 번역, 탐구사(2009.6) 참조. 이밖에 누멘출판사에서도 플리티노스의 철학과 지혜를 출간한 바 있다.

바로 빔의 경지입니다.

그 다음, 재계(齋戒)는 '목욕 재계한다' 할 때의 제(齋)인데, 사전적인 의미는 제(齋)를 지닐 사람이 몸과 마음을 깨끗이 하고, 더러운 음식과 부정적인 언행을 멀리 삼가하는 일을 뜻합니다.

그런데 이러한 재계를 유교나 도교에 맞추어서 해설해보면, 재계(齋戒)는 주경(主敬: 공경함을 위주로 하는 것)의 심리에서 생기는 당연한 행위입니다. 재는 제(齋)입니다. 그러나 여기서 주체는 제(齋)가 아니라 마음(心)입니다. 그래서 심제(心齋)라고도 하는데, 노자와 장자는 이 마음(心)을 허심(虛心)이라고 했습니다. 그런데 이렇게 되면 이 마음(心)은 마음(心)도 아닌게 되어서 마음의 주(心主)라는 주체성도 있을 수가 없게 됩니다. 즉 상아(喪我) 망아(忘我) 무심(無心)이 되어 버립니다. 그러니까 진인(眞人), 진군(眞君), 대인(大人)도 없는 것입니다.

이것이 바로 만물일체(萬物一體)요, 물아일여(物我一如)요, 신아일여(神我一如)요, 아불일여(我佛一如)입니다. 장자는 이 경지를 천지일지(天地一指)요, 만물일마(萬物一馬)라고 했습니다.

그 다음 〈·〉은 하늘이요, 〈_〉는 땅이요, 〈ㅣ〉는 인간입니다. 여기서 〈·〉은 형체는 없지만 운동은 하는 것입니다. 중국 신유학의 용어로 표현하면 〈·〉은 무극에서 태극으로 진행하는 첫 번째 상태를 뜻합니다. 그래서 〈·〉가 평면공간인 〈_〉를 만나면 존재가 생겨나는데, 〈·〉이 좌우상하 내외 인연에 따라 만물이 성립하게 됩니다. 그리고 〈·〉이 입체수직공간인 〈ㅣ〉를 만나면 만물작용의 효능이 완료되고 맺어지는 결과가 생기게 됩니다.

■ 다석어록

석가도 단번에 모든 것을 다 알은 줄 알지만 그렇지 않다. 돈오(頓悟) 뒤에도 점수(漸修)를 해야 한다. 돈오도 한번만 하고 마는 게 아니다. 인생의 길이란 꽉 막혔던 것 같다가도 탁 트이는 수가 있고, 탁 트였다 싶다가도 또 꽉 막히고 그런 것이다.

■ 비점담론

모든 체험은 생각에서 비롯됩니다. 그리고 모든 생각은 언어에서 비롯됩니다. 그리고 모든 언어는 경험된 지식이 소리로 나타난 겁니다. 그리고 이 지식이 자아를 돕는 원군이 되어서, 마음에서 자아의 성(城)을 견고하게 지으며 장엄(莊嚴)을 하는 것입니다.

그러므로 돈오돈수(頓悟頓修)와 돈오점수(頓悟漸修)란 모두 몽유병 환자의 헛소리에 지나지 않는 것입니다. 다시말하면, 돈오돈수든 돈오점수든 이것은 모두 자기중심적인 수행법입니다. 그렇기 때문에 당연히 꽉 막히다가도 탁 트이고, 탁 트이다가도 또 꽉 막혀 버리는 것입니다.

■ 다석어록

식(食)문제 다음에는 성문제이다. 이 세상에는 온갖 문제가 많지만 마침내는 남녀 문제와 생산 문제에 귀착하게 된다.

■ 비점담론

음식 문제 다음에 섹스문제가 아니라 음식과 섹스는 같은 것입니다. 배가 고프면 당연히 음식을 구하듯이, 섹스가 고프면 당연히 이성을 찾게 되어 있는 겁니다.

여기서 정말 문제는 음식과 이성을 영원한 소유의 대상으로 인식하여 행동한다는 점에 있습니다. 결혼은 명백히 상대방의 성의 독점적 소유와 안전한 생식활동의 국가적 보장입니다.

인간의 음식문제와 남녀의 섹스문제는 정말 엄청나고 심오한 주제이므로 여기서 쾌락의 기호(嗜好)문제로 간단히 이해하고 넘어갈 문제는 아니라고 생각합니다.

■ 다석어록

사춘기의 그리움은 치정(癡情)이다. 치(痴)의 결과로 혼인하게 된다. 사람이 정욕에 붙으면 뗄 수 없게 된다. 식탐(食貪)에서 시작하여 색탐(色貪)이 일어난다.

■ 비점담론

여기서 문제는 음식과 섹스가 아니라, 음식과 섹스에 대한 인간의 탐욕 입니다.

유하 시인의 〈나도 네 이름을 간절히 부른 적이 있다〉라는 시가 생각납니다.

"간교한 여우도, 피를 빠는 흡혈박쥐도, 치명적인 독을 가진 뱀도 자기의 애틋함을 전하려 애쓰는 누군가가 있다. 그들이 누군가에게 애틋함을 갖는 순간, 간교함은 더욱 간교해지고, 피는 더욱 진한 피냄새를 풍기며, 독은 더욱 독한 독기를 품는다. 나도 네 이름을 간절히 부른 적이 있다. 돌이켜보면, 결국 내가 내게 깊이 취했던 시간이었다."

■ **다석어록**

나는 말을 함부로 하는데, 연놈들이 들러붙는 것처럼 좋은게 없다고 그러
는데, 연놈들이 들러붙는 것처럼 보기 싫은 꼴은 없다. 다 속아서 하는 일이
다. 루터, 칼빈이 개혁하였다지만 개혁된게 뭐 있는가. 오히려 성(性) 문제에
있어서는 로마서 8장 3절에서 6절까지의 바울의 말이 옳다.

■ **비점담론**

함석헌 선생도 자기 조카 조순명 씨의 애인을 가로채 열정적인 성생활을
하며 연애를 하다가 조순명 씨의 경멸과 증오를 생전과 사후에도 계속 업보
처럼 당하고 있습니다.

조순명 씨는 《거짓 예언자 함석헌》이라는 책을 끈질기게 여러 번 출판한
바 있습니다.

그런데 함석헌 선생은 자기가 한 사랑에 대해 당당하거나 그의 섹스철학
을 후학들에게 위대한 깨달음처럼 자기폭로(또는 지인들이 공유할 수 있는 성
찰을) 하지 않은 점에서는 평범한 위선자라고 여겨집니다. 왠지 지금 폴 존
슨이 쓴 위대한 《지식인들》이라는 책이 생각납니다.

하지만 "연놈들이 들러붙는 것처럼 보기 싫은 꼴은 없다. 다 속아서 하는
일이다."라고 함부로 말씀하시는 다석에 대하여 저도 말을 함부로 해보기로
합니다.

"다석의 말에는 유쾌한 익살이 없다."

“다석의 명상록이란 혼자 중얼거림에 지나지 않는 것이다.”

“다석의 여성관은 여자로부터 협력과 기쁨과 위안을 받지 못한 반발심에서 나오는 시기질투의 수준과, 섹스 그 자체에 대한 기독교적인 원한의 감정을 넘어서지 못하는 글이다.”

“다석의 여성관은 설현욱의 성지식도 없고, 롤랑 바르트의 우아함과 심미성도 없고, 에리히 프롬의 사회심리적 분석도 없고, 시몬느 드 보바르의 《제2의 성》처럼 여성을 자각시켜주는 글도 아닌 글로서 짜증나는 글들이다.”

■ 다석어록

이 세상은 어른이 없는 시대다. 영화 광고에 키스가 무언가. 어린애들에게 성생활을 하게 허용 않으려면 대낮에 극장 앞에 그런 그림 붙이지 말아야 한다. 어린애들이 저희들이 입만 맞출 것 같은가. 그렇게 커가지고 뭘 할 것인가. 이건 우리가 단단히 싸워야 할 것이다.

■ 비점담론

그런데 시대는 이미 인터넷 시대가 되어버려 초등학교 3학년 아이들이 섹스라는 단어를 잘 알고 있고, 중고등학생들도 포르노 사이트에 접속해보지 않은 아이들이 없고, 대학생들과 일반청년들은 인터넷을 통해 섹스파트너를 구하고, 중년의 사람들은 인터넷을 통해 불륜을 예사로 저지르고, 이제 노인섹스에 관한 영화인 《죽어도 좋아》라는 영화가 화제가 되고 있을 정도입니다.

과연 다석은 이러한 섹스가 범람하는 시대풍조와 어떻게 단단히 싸우시겠습니까? 섹스산업에 대해 그저 냉소적으로 힐난한다고 이길 수 있다고 생각하십니까? 구체적인 대안은 없습니까?

섹스철학의 고수는 O.라즈니쉬(1931-1990)입니다. 그리고 라즈니쉬 사상의 진수는 탄트라 불교에 있습니다. 권하건대, 섹스중독자 또는 섹스문제에 관심있는 분은 O.라즈니쉬의 《탄트라 비전》을 정독해보시기 바랍니다.

■ 다석어록

자유당정권이 이렇게 된 것은 모두가 프란체스카와 박마리아 때문이다. 이승만, 이기붕이 아니다. 권력을 잡은 놈들은 제 계집의 허영심을 만족시키자는 것이다. 사내가 출세하면 그 계집의 걸음걸이가 달라진다는 것이다.

■ 비점담론

이승만 대통령(재위기간 1952-1960)의 아내 프란체스카 도너 리(1900.6.15-1992.3.19)와 이기붕 부통령의 아내 박마리아(1906.3.26-1960.4.28)의 허영심과 사치가 아무리 심했다 할지라도 미국 제16대 대통령이었던 에이브러함 링컨(1809-1865)의 부인 메리 토드와 미국 제 35대 대통령 존 에프 케네디(1917-1963)의 부인인 재클린 케네디 오나시스와 로널드 레이건(1911-2004) 대통령의 부인인 낸시 레이건이나 필리핀 전대통령의 부인인 이멜다 마르코스(1929.7.2-)와는 비교도 할 수 없습니다.

다석의 말씀도 일리는 있지만 정확한 역사해석은 아니라고 판단됩니다. 사실 자유당 정권타락문제를 이승만(1875.3.26-1965.7.19)이나 이기붕(1896-1960.4.28)의 책임론보다도 이들의 부인들의 성격이나 사치 허영심에 초점을 맞추어서 이야기 한다는 것은 너무 여성매도에 치우치는 관점이라고 느껴집니다.

다석이 어떤 이유로 편협된 말씀을 이렇게 함부로 하시니, 다석의 말씀을 촌평하는 저의 말씀 또한 편협되어 함부로 말한 셈이 될까봐 신중해집니다.

생각건대, 토론이란 누가 먼저 어떤 주장을 하면 곧 그 주장에 대한 반대가 있고, 그래서 그렇게 의견이 분분하다가 나중에는 모든 의견을 총정리해서 균형된 답을 정하는 것이 토론의 이상적인 모습일 겁니다.

■ 다석어록

프로이트가 일체를 성욕에 근원한다고 하는 것은 큰 잘못이다. 이 사회가 망하게 된 것은 성욕론때문이다.

■ 비점담론

하지만 다석은 성욕문제에 관련하여 1764년에 출간된 데이소의 오나니즘에서부터 1957년에 나온 바타이유의 에로티시즘에 이르기까지 65여권이나 되는 책을 모두 읽고 숙고해보았습니까?

인간만사 관찰해보면 모두 성욕에 기인되지 않는게 하나도 없습니다. 다석도 말한 바와 같이 인생의 모든 문제는 성관계와 식생활에서 나온 것입니다.

그런데 다석과 제가 다른 점은 다석은 억압 금지로 성문제를 풀려고 하고, 저는 성문제를 억압이나 금지로 풀지 않고 해소하는 방법으로 성문제를 푼다는 점입니다.

만약 공창의 장소를 모두 깨끗하게 없애버린다면 이 인간사회에 무슨 현상이 나타날까요? (저는 물론 창녀촌에 단 한번도 가 본 적은 없습니다. 그러나 제가 그런 곳에 안간다고 해서 다른 모든 사람들도 전연 안간다 할 수는 없습니다. 여기서 토론은 그런 곳에 가서 자신의 성적인 에너지를 해소하는 사람들이 엄청나게 많다는 사실을 인정하고 이야기를 전개해보는 겁니다.) 수요는 엄청나게 많은데 공급이 하나도 없다면 그 사회는 사회심리학적으로 실제로 불안정해질 수밖에 없을 겁니다.

또 만약 국가에서 모든 남자들에게 '결혼절대금지'를 법령으로 선포해보세요. 그러면 이 사회에 무슨 현상이 나타날까요? 아마 남녀관계가 극도의 불안정한 상태에서 엉망진창이 될겁니다.

성문제는 이렇게 단순한 개인의 기호문제나 윤리의 문제가 아닙니다. 그러므로 사회를 망하게 하는 것은 인간의 성욕이 아니라 성의 독점적 소유와 억압과 탄압이라고 저는 생각합니다.

다석은 "이 사회가 망하게 된 것은 성욕론때문이다." 라고 지적했습니다만, 정말 망한 사회란 무엇입니까? 활기가 없고 창백하고 우울하고 변태적이고 위선적이고 폐쇄적인 사회가 아닙니까?

■ 다석어록

인생의 모든 문제는 성관계와 식생활에서 나온다. 다른 것은 문제가 아니다.

■ 비점담론

그래서 섹스란 무엇인가? 음식은 무엇인가? 에 관한 질문은 존재란 무엇인가, 삶이란 무엇인가 하는 질문과 동의어라고 생각합니다.

밀란 쿤데라의 《정체성》이라는 소설에 보면 다음과 같은 이야기가 있습니다.

임산부의 자궁내에 있는 태아의 모습을 촬영한 적이 있는 사람의 말에 의하면, 우리는 흉내 낼 수도 없는 곡예적 자세로 태아가 자신의 콩알만한 성기를 빨고 있었다고 합니다.

"성생활을 하는 태아, 생각해봐요! 의식도, 개체성도, 아무런 감각도 없는데 이미 성적 충동, 쾌락을 느낀대요. 우리의 성은 자신에 대한 의식에 선행하는 셈이죠. 우리의 자아는 존재하지 않지만 우리의 탐욕은 이미 있는 거예요."

이토록 대단한 성문제에 대해 다석은 오로지 "이건 우리가 단단히 싸워야 한다."고 할 게 아니라, 이해를 할 줄 알아야 한다는 것입니다. 무슨 이해며, 어느 정도의 이해냐 하면, 나는 이 성문제를 종교적인 금욕으로 투사의 정신으로 해결하지 않고, 도리어 "성이란 무엇인가?" 하는 근원적인 질문을 던지고, 이에 관련한 지식과 정보를 찾아보았습니다. 그런데 그 결과 저는 이 성을 혐오시하기보다는 바로 이 성 지식과 성 자각으로 인해 큰 깨달음을 이루었다는 것입니다.

제 말이 믿어지지 않으면 린 마굴리스(세포생물학과 미생물 진화연구에 많은 기여를 한 대단한 생물과학자)가 쓴 성 논문의 내용을 확인해보시기 바랍니다.

■ 다석어록

살맛이란 살(血肉, 情慾)에 맛 붙이는 거다. 우리가 다 이거다. 제가 저를 속이는 게 살(肉)맛이다.

그러나 저는 그렇게 말하지 않습니다.

그토록 사랑하는 연인의 살맛은 구원의 맛입니다. 인간의 두뇌는 정말 사랑하는 연인의 몸 살에서만 달콤한 평안과 아름다움을 경험을 하게 됩니다.

부흡선혜는 "나는 밤마다 부처를 안고 자고, 아침마다 다시 같이 일어난다." 라고 말한 바 있습니다.

한용운(1879~1944) 스님은 〈님의 얼굴〉이라는 시에서 "님의 입술 같은 연꽃이 어디 있어요? 님의 살빛 같은 백옥이 어디 있어요?" 라고 썼고, 〈오셔요〉 라는 시에서는 "당신은 나의 품으로 오셔요, 나의 품에는 부드러운 가슴이 있습니다" 라고 썼으며, 〈슬픔의 삼매〉에서는 "그대는 만족한 사랑을 받기 위하여 나의 팔에 안겨요. 나의 팔은 그대 사랑의 분신인 줄을 그대는 왜 모르세요?" 라고 썼으며, 〈생명〉이라는 시에서는 "나의 생명을 님의 가슴에 으스러지도록 껴안아 주세요. 그리고 부서진 생명의 조각조각에 입맞춰 주세요." 라고 쓴 바 있습니다.

그리고 불경인《화엄경(입법계품)》에 나오는 선재동자도 구도적인 여행길에서 만난 창녀로부터 "만약 어떤 사람이 나를 포옹한다면, 그 사람은 모든 중생을 받아들이는 명상법을 얻게 될 것이다. 또 만약 어떤 사람이 나에게 키스를 한다면, 그 사람은 모든 사람들이 갖고 있는 공덕에 접하게 될 것이다." 라는 가르침을 들은 바 있습니다. 바로 이런게 살맛이요, 얼맛입니다.

그러므로 다석은 남녀 성문제에 항상 혐오감, 증오심, 부정, 비난만 할 것이 아니라, 성문제도 긍정적으로 활용하면 이렇게 의미깊은 시와 음악과 철학과 종교의 경지에로의 입문이 가능하다는 것을 이해해야 할 것입니다.

불교는 육체, 섹스, 욕망을 부정한다고 배운 분들은 《반야이취경》을 반드시 참조해보시기 바랍니다. 불교는 기독교처럼 결코 이분법(二分法)적이지 않습니다.

■ 다석어록

제법 이 거죽(몸)이 70년 80년 가는데, 다 비눗방울 같은 것이다. 불경에서는 육신이란 거품이라고 하였다.

■ 비점담론

하지만 바울은 《고린도 전서(12장 12–27절)》에서 "여러분은 모두 그리스도의 몸이요, 여러분 각자가 그 몸의 부분들이다."라고 쓴 바 있습니다.

여든살(80세)이란 한글자 뜻풀이로 말한다면, 안으로 많은 힘이 오른쪽에서 왼쪽으로 진행되는 나이입니다. 사물의 진행은 본래 왼쪽에서 오른쪽으로 진행하는 것이 순리인데, 이와반대로 진행하고 있으니 바른 진행은 아니고, 역행하는 나이입니다. 그래서 잇빨이 새로 나기도 하고, 흰머리카락이 빠지고 검은 머리카락이 새로 나기도 합니다.

하지만, 심리적으로 여든살이란 완고한 보수성과 고집 그리고 노욕만 남아있는 상태입니다.

다석은 "불경에서는 육신이란 거품이라고 하였다."고 인용하고 있지만, 《유마경(제8 불도품)》에서는 육신(肉身)을 여래의 종자 즉 부처의 씨알(Seed)이라고 말하고 있습니다. 이 뿐만 아니라 애욕과 무지와 탐욕과 증오와 어리석음도 부처의 씨알이라고 말하고 있습니다. 관심있는 분은 직접 열람해보시기 바랍니다.

■ 다석어록

여러분은 내 앞에 온 편지다. 내가 여러분의 편지다. 일체 사물이 모두 말의 재료다. 다 편지다.

■ 비점담론

제가 지금 여기서 다석의 말씀에 비점을 하는 행위는 다석의 편지에 대한 저의 답장입니다. 이 편지를 보고 다석의 추종자들은 저의 거칠고 사나운 지혜에 자극을 받을 것입니다.

그러나 저는 지금 한가하게 시비를 위한 시비를 하고 있는 것이 아닙니다. 저는 다석의 사상에 대해 일부러 시간을 내어 진지한 맘으로 법보시를 하고 있는 것입니다.

에피쿠로스의 말입니다. "정신적인 대화에서 패배한 자라고 할지라도, 무엇인가를 배운 것이 있다면 그것은 이긴 것과 다름 없다."

■ 다석어록

내가 22살 때 20살의 동생이 죽었다. 그때부터 나는 이 세상에서는 완성된게 없다고 생각하였다.

■ 비점담론

거미줄처럼 얽힌 인연도 "너는 죽어야 한다"는 단 한마디로 해서 천갈래

만갈래 찢기고 맙니다.

인간이란 고집스러운 동물이라서 자기 삶을 새롭게 바라보려면 강한 충격이 필요합니다. 가족의 일원 중에 누가 사망하는 것도 마찬가지입니다.

J.크리슈나무르티도 자기 동생의 죽음을 충격적으로 경험한 바 있지만, 하여튼 중요한 것은, 죽은 자는 이미 죽은 자이고, 산자는 그 죽음에 대해 충분히 자각하는 일을 해야 할 것입니다.

다석은 "동생이 형보다 먼저 죽었으니 급한 하나님의 사명이 있었겠지.(1965.12.6)"라고 했습니다.

시인 마종기의 〈묘지에서〉 라는 시가 생각납니다.

"1) 동생이 죽어 묻힌 외국의 공원묘지, 일년이 지나도 풀이 잘 자라지 않는다. 한글로 이름 새긴 비석에 기대 앉으면 땅 밑의 너, 땅 위에는 낮은 하늘이 몇 개, 여기가 과연 느슨한 인연의 어디쯤인가. 2) 네가 떠난 후에도 매일 날이 밝고 밤이 어두워졌다. 어쩌다 잘못 꺾어든 길에서 너는 끝이 났지만 고맙다, 지난 수십년, 착한 동생으로 내 옆에서 살아 준, 가끔은 건방진 내 마음의 발길에 채여 아파했을 너. 멍도 풀고 한도 풀고 하늘도 풀어서, 우리가 다시 만나 기뻐 뛰며 울 날까지- 건강해라. 깊고 깊은 숨 속에서 건강하거라. 3) 묘지 근처의 모든 공기는 언제나 생각에 잠겨 있다. 묘지 근처의 공기는 언제나 먼 곳을 보고 있다. 조용하고 가득한 냄새만 사방에 번진다. 일년이 지나도 갈색 빛을 지키는 땅바닥에 나는 너무 아프다고 중얼거린다. 멀찍이서 울던 새 한마리 갑자기 입을 다물어버린다. 묘지의 공기가 힘 죽이고 땅 밑으로 스며들고 있다."

■ 다석어록

죽음이 없었다면 종교 신앙도 없다.

■ 비점담론

죽음이 아니라 죽음에 대한 공포가 없었다면 종교도 신앙도 없었을 겁니다.

종교를 직업(돈벌이 방법)으로 갖고 있는 사람은 인간의 공포와 절망과 슬픔을 이용해서 먹고 사는 교활하면서 영악스러운 인간동물들일 뿐입니다.

■ 다석어록

나는 죽음 맛 좀 보고파, 그런데 그 죽음 맛을 보기 싫다는 게 뭔가. 이 몸은 내던지고 얼은 들려야 한다.

■ 비점담론

삶은 오렌지 같이 달콤한 맛이고, 죽음은 비타민 C같이 쓴 맛일까?

내 경험에 의하면 삶의 맛은 단 맛, 매운 맛, 짠 맛, 신 맛, 쓴 맛이 섞여 있는 것이고, 죽음의 맛은 아직 모릅니다. 하지만 분명한 것은, 이 모든 맛이 사라지는 맛일 것입니다. 과연 누가 내 죽음의 맛을 느끼고 보고 깨달을까?

다석은 이미 죽은 몸입니다. 그리고 언젠가 저 또한 죽을 겁니다. 그런데 묘한 인연법은, 죽기는 우리가 죽는데 맛은 항상 살아있는 다른 이가 느낀다는 것입니다.

《터미네이터④》 영화 첫 장면인 롱뷰 교도소에서, 사형 당하기 직전인 마커스(1975.8.27–)가 마지막으로 면회 온 세레나에게 키스를 한 후 "이게 죽음의 맛이었군." 하고 말했습니다.

다석이 맛보고 싶어 하는 죽음의 맛은 어쩌면 엉뚱한 곳에 있는 것인지도 모릅니다.

■ **다석어록**

이 세상에 왜 책이 많이 나오나 책을 읽어도 깨닫지 못하고 깨달아도 그대로 행치 않으니 책이 많이 나온다. 모든 게 모순이다.

■ **비점담론**

책은 도구요 재료일 뿐입니다. 그러므로 도구나 재료는 많을수록 좋습니다. 1950년도에 비해 2009년 현재 한국의 일인당 국민소득은 2만불이 넘습니다. 그런 만큼 책은 많이 출판되어야 합니다.

그런데 문제는 인문학(특히 불교인문학) 관련 책이 많이 번역되지 않고 있고, 또 종교관련 책도 조로아스터의 《젠드아베스타》경전이나 중국의 《도장경(道藏經)》전집이나, 인도의 《브라흐마나》서나 스리랑카의 《남전대장경》전집이나 《용수보살저작전집》, U.G.크리슈무르티의 책들, 또는 《버나드 쇼의 평론전집》은 아직 번역 출간되지 않고, 오로지 돈 버는 방법과 기술에 관한 책들과 건강에 관한 책들이 주류를 이루고 있는 점을 생각해보면 한국출판계는 아직 멀었다고 여겨집니다.

그리고 다석은 "모든 게 모순이다."라고 했는데, 사실 모순 아닌 게 없습니다. 제 경험에 의하면, 출판사와 저자의 관계에서부터가 진흙과 연꽃의 관계입니다.

독자들은 연꽃만 보고 진흙을 보지 못합니다. 독자가 저자를 대하는 마음과, 출판사 운영자들이 저자를 대하는 마음은 아주 많이 다른 것입니다.

왜냐하면 책에 관련하여 독자들은 감성이 문제되지만, 출판사 운영자들은 사업(돈벌이 타산)이 우선 문제이기 때문입니다. 생각하건대, 정말 훌륭한 원고는 훌륭한 출판인들에 의해 책으로 만들어졌으면 합니다.

세상에서 가장 좋은 책이 세상에서 가장 못된 사기꾼의 이해타산에 의해 출판되었다면, 이 또한 모순이라고 생각합니다.

■ 다석어록

조금도 흔들리지 않는 비행기가 지구다. 이 우주선 비행기를 타고 우주 여행을 하고 있다. 새삼스럽게 우주선을 만들어 타고 우주 여행을 한다고 야단할 것 없다.

■ 비점담론

그러나 우주도로가 비포장 도로라 큰 돌도 많고, 큰 별도 많아서 언젠가는 이 지구도 행성과 충돌하여 크게 흔들리거나 부서지는 때가 올 것입니다. 그리고 우주여행 중에 태양의 불이 꺼질 수도 있습니다.

《은하수를 여행하는 히치하이커를 위한 안내서(2005년 개봉)》 영화가 생각납니다. 저는 이런 영화를 아주 좋아합니다. 어쩌면 우리는 모두 우주를 방황하는 순례자일지도 모릅니다.

■ 다석어록

참으로 사람이란 우스운 것이다. 요새 사람들이 모두 애쓰는 것은 육체의 건강, 수명의 연장에만 신경을 쓴다.

■ 비점담론

"세상을 알게 된 자는 육체를 발견한 것이다." "세상을 알게 된 사람은 시체 하나를 발견한 것이고, 시체 하나를 발견한 사람에게는 이 세상이 아무 가치가 없다."는 예수의 말씀(도마복음,80. 56)이 생각납니다.

생각건대, 건강염려증도 일종의 질병입니다. 그래서 예수는 "걱정한다고 해서 자기 수명을 한순간인들 늘릴 수 있는 사람이 당신들 가운데 한명이라도 있는가?" 라고 물은 바 있습니다.

어느 것에도 집착하는 바가 없이 있는 그대로 주어진 삶을 긍정적으로 만족하며 살면 되는 것입니다.

과거 1960년도와 달리 요즘 2006년도는 특히 웰빙(Well-Being)이라는 시대풍조에서 건강식품관련 사업은 떼돈을 벌 수 있는 분야로 떠올라 있는지가 오래입니다. 자칭 성명쌍수(性命雙修)한다는 선도(仙道)의 대가라는 우모 80대 노인조차 내게 건강식품을 선전하며 자신이 운영하는 피라밋 마케팅에 나와 내 지인들을 끌어들이려고 합니다. 이렇게 타인의 돈 욕심을 이용하여 돈벌이하려는 80대 늙은이의 인생관과 종교관이 한심합니다.

이제 사찰에서도 된장과 간장 팔고, 교회에서도 죽염 팔고, 화장품 팔고 팬티도 팝다. 대단합니다. 오늘날의 종교는 〈돈교〉〈육체건강교〉〈수명장수교〉인 것 같습니다. 미래에도 마찬가지일 것입니다. 왜냐하면 종교는 진리 그자체가 아니라 인간 삶의 종교이기 때문입니다.

■ 다석어록

이 세상 떠날 때는 맘이 시원해야 한다. 그렇지 못하면 아직 준비가 못된 것이다.

■ 비점담론

다석은 1981년 3월 3일, 18시 30분에, 90년 10개월 21일을 살다가 이 세상을 떠나셨습니다. 그런데 이 지옥같은 더러운 세상를 떠나시고 나니 시원하십니까?

하지만 아미타불(법장스님)과 지장보살은 말하기를 "죄업에 빠진 중생 가운데 단 한사람이라도 성불하지 못하면, 나는 성불하지 않는다.(영역은 Not until the hells are emptied will I become a Buddha; Not until all beings are saved will I certify to Bodhi.)"라고 했습니다.

사실 우리 모두가 함께 천당에 이르지 못하면 아무도 천당에 갈 수 없다는 이 사고방식은 대승불교의 자비의 절정입니다.

그래서 유마거사도 "보살의 병은 광대한 자비로부터 생긴 것이다. 이와같이 중생이 병들었으므로 나도 또한 병이 들었노라. 그러므로 중생의 병이 나을 때 나의 병도 또한 나을 것이다."라고 말했습니다.

이렇게 "보살이 원하는 것은 악하고 더러운 세계로 들어가는 것이다. 이 자비의 대원(大願)에 의해 가장 높고 깊고 넓은 깨달음을 이루어낸다."고 비화경은 전하고 있습니다.

이러한 불교의 말은 다석의 말처럼 "이 세상을 시원하게 떠날 준비가 못 되어서 말한 것"이나 또는 단순한 어떤 보살비구의 서원과 맹세가 아니라 진리가 그러하기 때문에 이렇게 말한 것입니다.

예를들면 원효(617-686) 스님은 "열반과 세속은 털끝만치도 다르지 않다." 고 갈파한 것이 바로 이 진리입니다.

■ **다석어록**

성탄이란 바로 내 일이지 남의 일이 아니다. 내 가슴에서 순간순간 그리스도가 탄생해야 한다. 끊임없이 성불해야 한다.

■ **비점담론**

"사월초파일이 곧 내 생일이요, 성탄일이 곧 내 생일이다." 라고 말할 수 있는 직관적 논리는 '탓트밤 아시(그것은 바로 너다)' 이기때문입니다.

대승불교에서도 "부처는 바로 네 마음이다." 또는 "미륵불은 바로 너다" 라는 가르침이 있습니다.

그러나 저는 이렇게 말합니다; "우리는 아무 것도 아니다. 잘난 체 하지 마라."

■ **다석어록**

나는 기도, 찬송, 성경 해석은 안한다. 그런데 요샌 나는 참선과 기도를 한다. 이같이 참선하고 기도하는 게 내가 기울어지는 데다.

기도와 찬송은 감정의 움직임과 상관이 있고, 성경해석은 전도를 위한 해석과 진리탐구를 위한 해석과 상관이 있는 것입니다.

그런데 목사와 신부가 성경 해석한다고 무조건 올바른 것은 아닙니다. 목사와 신부들일수록 신학교에서 신학훈련을 철저하게 받은 사람들이기때문에 고정관념이 매우 강합니다.

이에 비해 신학의 훈련배경이 없는 이의 성경해석에서 뜻밖에 좋은 말씀이 있을 수 있는 것입니다. 한 예를 들면 달라이 라마 텐진갸초의 성경해석입니다.

다석이 "나는 기도, 찬송, 성경 해석은 안한다. 그런데 요샌 나는 참선과 기도를 한다. 이같이 참선하고 기도하는 게 내가 기울어지는 데다."라고 말했습니다.

그러나 다석의 방식대로 참선 기도한다면 그러한 참선기도는 백날 만날 해도 거기서 거기일 것입니다. 왜냐하면 다석은 보통 기독교인들과 똑같은 유신론자이며, 톨스토이나 괴테같은 범신론자이며, 기독교 관념론자이기때문입니다.

그래서 그는 기껏 해보아야 "마음이 순수하게 무심한 상태에 이른 사람은 어떤 기도도 갖지 않는다. 마음이 텅 비고 없는 무심(無心)한 사람은 아무것도 원하지 않으며, 빼앗기게 될 수도 있는 그 어떤 것도 일절 소유하지 않는다. 그래서 그는 어떤 기도도 하지 않는 것이다. 기도가 있다면 하나님과 일치되기 해서만 기도할 뿐이다."라는 M.에크하르트(1260~1327)의 수준 이상을 넘어가지 못하는 것입니다.

그런데 M.에크하르트는 "나는 나에게서 하나님을 없애달라고 하나님에게 기도한다."고 말하기도 했습니다. 대단한 분입니다.

다석은 "요샌 나는 참선과 기도를 한다. 이같이 참선하고 기도하는 게 내가 기울어지는 데다."라고 말했습니다.

하지만 대승불교 반야부 사상의 논리는 "참선과 기도는 참선과 기도가 아니라 그 명칭이 참선과 기도이다." 라고 합니다. 성찰하건대, 기도와 참선이 문제가 아니라, 기도와 참선을 이루어 준다는 신이나 부처에 대한 고정관념이 문제입니다.

이제 새로운 사상은 새로운 '가죽 부대(즉, 언어문자의 새로운 배열)'에 담아야 한다고 생각합니다.

■ 다석어록

불교에서는 우리가 난 것부터가 고(苦)라고 하였다. 그러나 우리의 성(性)은 불생불멸한다고 한다. 이 말의 의미는 불교를 믿지 않으면 모른다.

■ 비점담론

다석의 이 말씀은 틀린 말입니다. 왜냐하면 괴로워하는 마음과 불생불멸의 바탈이 서로 다른 것이 아니기때문입니다.

다석은 "이 말의 의미는 불교를 믿지 않으면 모른다."고 했지만 다석처럼 이런 식으로 불교공부를 한다면, 불교를 믿어도 모릅니다. 왜냐하면 불교는 불교가 아니라 그 명칭이 불교이기때문입니다.

그러므로 다석처럼 "불교에서는 우리가 난 것부터가 고(苦)라고 하였다.

그러나 우리의 성(性)은 불생불멸한다고 한다. 이 말의 의미는 불교를 믿지 않으면 모른다.”는 식으로 불교가 말해지고 설해져서는 안됩니다. 왜냐하면 이것은 불교를 왜곡하는 것이요, 불교를 저열한 수준으로 타락시키는 것이 기되기때문입니다.

그러므로 다석처럼 말하고 설하는 것보다는, 불교에서 왜 인생은 괴로운 것이라고 하는가? 불교에서 왜 바탈(性)도 덧없는 것이라고 하는가? 묻는 것이 불자다운 지성인입니다.

그리고 이러한 질문에 대해 불교논리적으로 “그것은 바로 일체가 인연기멸(因緣起滅)의 무아(즉, 모든 것은 수많은 원인과 조건에 의해 생겨나고 없어지는 것이기에 고정불변의 실체성이 없다는 것)이기 때문에 그런 것이다.”라고 설명하는 방식으로 불교는 말해지고 설해져야만 불교다운 것입니다.

■ 다석어록

불교를 믿는다는 것은 불성이 자기에게 있음을 믿는 것이다.

■ 비점담론

다석의 이 말씀은 틀린 말입니다. 다석이 “불교를 믿는다는 것은 불성이 자기에게 있음을 믿는 것이다.”라고 말하는 수준은, 불교계 보통 포교사나 동양고전 좋아하는 기독교 목사의 설교 수준에 지나지 않는 것입니다. 이러한 말은 깨달은 자의 말이 아닙니다.

불교란 불성이 자기에게 없음을 깨닫는 것이기 때문입니다.

우리가 평소 학습하고 있는 대승불교의 청정불성, 진여자성이나, 선불교의 절대자성론은 석가모니의 불교가 아닙니다.

그런데 불자들은 대부분 불교를 불성론이라고 알고 있고, 대학교에서 불교학과 학생들도 그렇게 교육받고 있지만, 그것은 대승불교의 방편적인 믿음(무지한 신앙심)때문에 생겨난 미신입니다.

본래 불성이나 절대자성은 없습니다. 그리고 불성을 갖고 있는 몸도 없습니다. 그리고 그 몸을 움직이는 주인공도 없습니다. 있다면 그것은 불교가 아닙니다.

그래서 저는 평소 수천년동안 습관적으로 학습된 불교 또는 교화된 무지(Learned Ignorance)를 넘어서야 진정한 부처(망상에서 깨어난 자)의 불교가 보일 것이라고 말합니다. 석가모니 부처의 관점에서는 진여자성(眞如自性)을 주장하는 대승불교와 선불교는 사이비 불교입니다.

《유마경(불도품)》에서, 유마거사는 문수보살에게 "어떤 것이 여래의 씨알, 또는 불성인가?" 물었습니다. 그러자 문수보살은 "육신, 무지, 망상, 애욕, 분노, 어리석음이 곧 여래의 씨알이다." 라고 말했습니다. 이렇게 온갖 번뇌가 곧 여래의 씨알이라고 하는 것이 불교의 경지입니다.

"불교를 믿는다는 것은 불성이 자기에게 있음을 믿는 것이다."라는 다석의 명제에 대해서 다시 또 기독교식으로도 성찰을 해봅니다. 《요한복음(14장 6-10절)》에서 빌립은 예수에게 "하나님을 보여 달라"고 했습니다. 그러자 예수는 "너는 이미 하나님을 보고 있다."고 말했습니다. 신(神)의 육화(肉化). 이것은 모든 종교의 비밀입니다.

"나는 내 비밀을 알 자격이 있는 사람에게만 내 비밀을 말한다."는 예수의 말씀(도마복음,62)이 생각납니다.

이 세상에 가장 좋은 것은 무엇보다 석가, 예수, 간디 등이다.

석가, 예수, 간디의 공통점은 모두 종교적인 삶을 중시한 분들이라는 점일 겁니다.

석가는 자기가 믿는 신앙의 대상이 없었던 분이니 성자나 현자의 이미지가 강합니다.

이에 비해 예수는 신을 믿었고, 신앙심과 헌신을 위주로 해서 사람들을 가르쳤으니 예언자의 이미지가 강합니다.

그런데 다석의 수제자인 김흥호(1919.2.26-) 님은 "예수는 전체를 가진 개체다. 무극이태극(無極而太極)이다." 라는 엄청나게 비약적인 깨달음의 말을 하고 있습니다.

그 다음, 간디는 현대사에서 실존했던 인물이므로 그의 업적과 사상관련 정보는 이미 충분히 공개되어 있는 분입니다.

간디는 매일 바가바드기타를 암송하는 힌두교 신앙인이면서도 기독교도 잘 알고 있는 정치가로서 영국으로부터 인도독립을 쟁취해낸 투사입니다.

그런데 제가 석가모니를 좋아하는 이유는 "지혜로운 자들이여, 금세공인이 금을 불에 달구고 자르고 문질러봄으로써 금을 시험하는 것과 똑같이, 그대들도 나에 대한 존경만으로 내 말을 받아들이지 말고, 내 말을 충분히 검토한 후에 받아들여라."고 말했기 때문입니다.

이런 자신감과 여유있는 말씀은 아무나 할 수 있는 말이 아닙니다.

종교(religion)라는 영어 낱말 어원중에는 '다시읽기(read again)'와 '자기를 어떤 것에 거듭 묶어서 고정시켜 버리는 것'이라는 뜻이 있는데 이 중에서 '다시읽기(read again)'라는 종교의 의미는 불교에 참 적합한 말이라고 여겨집니다.

그리고 예수는 젊은 나이에 끔찍한 십자가 처형을 당해 죽었기 때문에 나는 젊은 예수만 생각하면 그 당시 예수를 고발한 유대교 성직자들의 시기질투와 모함에 대해 화가 나고 슬퍼집니다.

그리고 간디는 예수보다 더 오래 살면서 거의 기적같은 방법으로 제국주의 영국으로부터 인도독립을 쟁취해낸 인도의 국부급 인물이지요.

그러나 저는, 간디보다는 천민계급 출신인 인도헌법의 국부인 암베드카르(1891-1956)를 더 존경합니다. 관심이 있는 분은 직접 조사해보시기 바랍니다.

그런데 제가 살고 있는 한국은 현재 일제식민지 통치하에 있는 시절도 아니고, 남북이 분단은 되어 있지만 휴전상태이며, 일인당 국민소득이 2만 불이 넘는 경제수준인 만큼 보통사람들의 개인적인 일상생활이 매우 중시되는 시대입니다.

그러므로 간디처럼 평생 투사로, 예수처럼 강박적인 예언자로, 석가처럼 초연한 출가도인으로 사는 것이 제 삶의 모범이 될 수는 없는 것입니다.

해서 하는 말인데, 입만 열면 석가 예수 간디에 대해 이야기하고, 성자들의 흉내를 내는 것보다는, 일반적인 시와 음악과 문학과 대인관계 처세와 경제적 독립 등에 관한 문제에 관심 갖는 것도 인생도움이 될 것이라고 생각합니다. 저는 개인적으로 레너드 노먼 코헨(1934.9.21-)의 노래도 아주 좋아합니다.

과연 생명진화에 있어서 마지막 인간의 모습은 어떤 것인지… 참고로, 칼 야스퍼스는 1957년에 《위대한 사상가들》이라는 책을 낸 적이 있는데, 그 책에서 칼 야스퍼스는 소크라테스, 석가, 공자, 예수 4대 성인들의 고통점과 차이점에 대해 논한 바가 있습니다. 참조하시기 바랍니다.

생각건대, 종교적 삶의 핵심은 자타(自他) 구원을 위한 각종 시설(施設)입니다.

관세음보살은 《천수경(또는 천수와 천안을 가진 관세음 보살의 광대하고 원만한 무애대비심의 다라니경)》에 "내가 만약 칼산을 향하면 칼산이 스스로 부서지고, 내가 만약 화탕을 향하면 화탕이 스스로 소멸하고, 내가 만약 지옥을 향하면 지옥이 저절로 고갈하고, 내가 만약 아귀를 향하면 아귀가 절로 포만하고, 내가 만약 아수라를 향하면 악한 마음이 스스로 조복하고, 내가 만약 축생을 향하면 스스로 큰 지혜를 얻게 되어지이다." 라는 발원이 생각납니다.

또 중국 당나라 설봉의존(822-908)의 제자였던 이산교연 스님의 발원문도 생각납니다.

"내 모양을 보는 이나, 내 이름을 듣는 이는 보리 마음 모두 내어 윤회 고해를 벗어나되 화탕지옥 끓은 물은 감로수로 변해지고, 검수도산 날쌘 칼날 연꽃으로 화하여서, 고통 받던 저 중생들 극락세계 왕생하며, 나는 새와 기는 짐승, 빚진 이들, 갖은 고통 벗어나서 좋은 복락 누려지이다.

모진 질병 돌 적에는 약풀 되어 치료하고, 흉년드는 세상에는 쌀이 되어 구제하되, 여러 중생 이로운 일 한가진들 빼오리까. 천겁만겁 내려오던 원수거나 친한 이나 이 세상 권속들도 누구누구 할 것없이 얽히었던 애정 끊고 삼계 고해 뛰어나서 시방세계 중생들이 모두 성불하사이다.”

나는 석가, 예수, 간디보다 종교와 정치가 없이 이런 마음을 가진 사람을 좋아합니다.

《마태복음(9장 13절)》에서, 예수도 “나는 의로운 사람을 부르러 온 것이 아니라 죄인을 부르려고 왔다.”고 말한 바 있습니다. 진정한 종교사상의 핵심이란 바로 이것입니다.

그리고 이제 불교의 개인적 덕성 훈련방법 지침서로는 묘협 스님의 《보왕삼매론》이 유명하니 관심있는 분은 참조해보시기 바랍니다.

이 보왕삼매론은 절간에서는 흔한 글이지만 아직 읽어보지 못한 일반 독자들을 위해 이 글 전문을 소개해보기로 합니다.

《보왕삼매론》은 중국 원나라(1280-1368) 말기와 명나라(1368-1644) 초기 무렵을 살았던 묘협 스님의 저서 《보왕삼매론염불직기(제17편 십대애행)》에 나오는 구절입니다.

“1) 몸에 병 없기를 바라지 마라. 몸에 병이 없으면 탐욕이 생기기 쉽다. 그래서 옛 사람은 말하기를, 병 때문에 앓는 고통을 좋은 약으로 삼으라고 한 것이다.

2) 세상살이에 어려움 없기를 바라지 마라. 세상살이에 어려움이 없으면 업신여기는 마음과 사치한 마음이 생기기 쉽다. 그래서 옛 사람은 말하기를, 가난함과 괴로움으로써 세상을 살아가라고 한 것이다.

3) 공부할 때에는 마음에 장애가 없기를 바라지 마라. 마음에 장애가 없으면 배우는 것이 넘치게 된다. 그래서 옛 사람은 말하기를 장애 속에서 해탈

을 얻으라고 한 것이다.

4) 수행하는데 악마가 없기를 바라지 마라. 수행하는데 악마가 없으면 맹세한 일이 굳건해지지 못한다. 그래서 옛 사람은 말하기를 모든 악마들로써 수행을 도와주는 벗을 삼으라고 한 것이다.

5) 일을 꾸미되 쉽게 되기를 바라지 마라. 일이 쉽게 되면 뜻을 경솔한 곳에 두게 된다. 그래서 옛 사람을 말하기를 여러 생을 겪어서 일을 성취하라고 한 것이다.

6) 친구를 사귈 때에 내가 이롭기를 바라지 마라. 내가 이롭고자 하면 의리를 상하게 된다. 그래서 옛 사람은 말하기를 순결로써 사귐을 길게 하라고 한 것이다.

7) 남이 내 뜻대로 순종해 주기를 바라지 마라. 남이 내 뜻대로 순종해 주면 마음이 스스로 교만해지기 쉽다. 그래서 옛 사람은 말하기를, 내 뜻에 맞지 않는 사람들로써 그 동산의 수풀을 삼으라고 한 것이다.

8) 보시를 할 때 대가를 바라지 마라. 대가를 바라면 도모하는 뜻을 가지게 되기 쉽다. 그래서 옛 사람은 말하기를, 보시했다는 마음을 헌 신발처럼 버리라고 한 것이다.

9) 이익을 분에 넘치게 바라지 마라. 이익이 분에 넘치면 어리석은 마음이 생겨나기 쉽다. 그래서 옛 사람은 말하기를 적은 이익으로써 부자가 되라고 한 것이다.

10) 억울함을 당해도 밝히려고 하지 마라. 억울함을 밝히면 원망하는 마음을 돕게 되기 쉽다. 그래서 옛 사람은 말하기를 억울함을 당하는 것으로써 수행하는 문을 삼으라고 한 것이다."

그리고 또 이왕에 말이 나온 김에,《잡보장경(제4권)》의 글도 소개합니다. 부디 독자들은 이 경구들도 복사하여 널리 퍼뜨려 모든 사람들이 다함께 접할 수 있도록 하시기 바랍니다.

"유리하다고 교만하지 말고 불리하다고 비굴하지 마라. 자기가 아는 대로 진실만을 말하여, 주고받는 말마다 악을 막아, 듣는 이에게 편안과 기쁨을 주어라. 무엇을 들었다고 쉽게 행동하지 말고, 그것이 사실인지 깊이 생각하여 이치가 명확할 때 과감히 행동하라. 자신의 몸만을 위해 악행하지 말고, 핑계대어 정법을 어기지 말며, 지나치게 인색하지 말고 성내거나 질투하지 마라. 자기의 이기심만을 채우려고 정의를 등지지 말고, 원망을 원망으로 갚지 마라. 위험에 직면하여 두려워 말고, 이익을 위해 남을 모함하지 마라. 객기로 만용을 부리지 말고 허약하다고 비겁하지 말며, 지혜롭게 중도의 길을 가야 한다. 이것이 지혜로운 이의 모습이니 사나우면 남들이 꺼려하고, 나약하면 남이 업신여기니, 사나움과 나약함을 버려 중도를 지켜야 한다. 침묵할 때에는 벙어리처럼 하고, 말을 할 때에는 대왕처럼 하며, 냉정할 때에는 차가운 눈처럼 하고 뜨거울 때에는 불처럼 정열적으로 한다. 그리고 태산같은 자부심이 있어도 항상 누운 풀처럼 자기를 낮춘다. 임금처럼 위엄을 갖추고, 떠도는 구름처럼 한가할 줄도 알아야 한다. 역경을 참아 이겨내고, 형편이 잘 풀릴 때 조심해야 한다. 재물을 쓰레기처럼 볼 줄 알고, 터지는 분노를 잘 다스릴 줄 알아야 한다. 때로는 마음껏 풍류를 즐기고, 또 사슴처럼 두려워 할 줄 알면서도, 때로는 호랑이처럼 무섭고 사나울 줄 알아야 한다. 그리고 항상 때와 처지를 살필 줄 알고, 부귀와 쇠망이 교차됨을 알아야 한다. 이것이 바로 지혜로운 불교인의 삶이다."

다석은 "이 세상에 가장 좋은 것은 무엇보다 석가, 예수, 간디 등이다."라고 썼지만, 나는 이러한 글(가르침)을 좋아합니다.

■ 다석어록

나는 저녁(夕)을 좋아해서 나를 다석(多夕)이라고들 한다지만 나는 그런 척 한다. 날마다 밤이면 별꽃을 구경하는 하늘이다.

■ 비점담론

나는 청소년 시절에 신천옹 함석헌(1901.1.23-1989.2.4) 선생을 공부해보기 위해 그의 책들을 닥치는대로 구입해 읽은 적이 있는데, 일제시대에 간행된 《성서조선》 잡지는 도저히 구해볼 수 없었습니다. 그런데 우연히 부산 보수동 헌책방 민중서점 주인이신 박동호 선생님으로부터 성서조선 잡지를 창간호부터 마지막 권까지 모두 구입해 보게 되었습니다. 박동호 선생님은 함석헌 선생님의 초기제자들중의 한 분이었는데, 제가 어릴 때에 매일 만난 분으로 평소 알게 모르게 영향을 많이 받은 분이지요. 욕심이 없으시고, 순수하고, 어진 어른이셨습니다.

그런데 이 《성서조선》 잡지에 함 선생님의 최초의 글도 보고, 또 함 선생의 선생님이신 다석 류영모 선생님의 글도 보며 참으로 의미심장한 하루를 보낸 기억이 납니다.

이 《성서조선》 잡지에는 다석의 유명한 〈저녁찬송〉이라는 글도 실려 있는데 정말 대단한 경지가 담겨있는 글로서 다석의 여러 글들중에서 최고봉으로 기억됩니다. 관심있는 분들은 직접 열람해보시기 바랍니다.

다석의 수제자이신 박영호 선생님은 〈다석의 유래〉라는 글에서, 다석(多夕)이라는 호 이외에도 단단(斷斷), 의알단(宜歹旦) 또는 알단(歹旦)이라는 호가 있다고 전하고 있습니다.

그래서 다석의 일기장에서 찾아보니 1965년 12월 26일의 일기에 단단(斷斷)이라는 글자가 보이고, 1972년 7월 1일자와 7월 3일자에 알단(歹旦)이라는 표기가 보입니다.

다석은 "나는 저녁(夕)을 좋아해서 나를 다석(多夕)이라고들 한다지만 나는 그런척한다. 날마다 밤이면 별꽃을 구경하는 하늘이다."라고 했습니다.

하지만 나는 저녁 해 지는 무렵과 다가오는 새벽 무렵에는 항상 까닭모를 고독감에 젖어, 나와 이 지구에 대해 어떤 슬픔을 느껴보기도 합니다.

■ 다석어록

우리 입이란 열린 무덤이다. 식물, 동물의 시체가 들어가는 문이다. 식사는 장사(葬事)다.

■ 비점담론

다석의 수제자이신 박영호 님의 〈하루 한끼 먹기〉라는 글에서도 이 글이 인용되고 있군요. 독자는 그의 글을 참조해보시기 바랍니다.

저도 평소 "인간은 자기 건강을 위해 음식을 꼭꼭 오랫동안 잘 씹어 먹어라 하지만, 씹히는 입장에서는 얼마나 끔찍한 일인가!"하고 말합니다만, 그렇다고 음식물을 먹지 않을 수도 없습니다.

다석은 "우리 입이란 열린 무덤이다. 식물, 동물의 시체가 들어가는 문이다. 식사(食事)는 장사(葬事)다."라고 하셨는데, 우리 인간들 또한 다른 입으로 들어가는 시체들입니다.

그리고 만약 식사(食事)가 장사(葬事)라면, 장사 이후는 어떻습니까? 죽은 자들의 분자, 원자는 다시 흙이 되고, 풀이 되고, 나무가 되고, 동물이 되고, 인간이 되어 더 풍요로운 생을 실현해내니 신기하지 않습니까?

그리고 또 장자의 말씀(남화진경, 내편, 대종사)처럼, 생을 죽이는 자는 죽지 않고, 생을 살리는 자는 생하지 않으니 이 또한 얼마나 신기합니까?

■ 다석어록

태양의 빛은 가리는 빛이다. 우리는 풍광이라는 장막 속에 갇혀 있다. 우리 눈이 눈이 아니다. 영원한 소식은 저 무한한 별에서 오는데 저것을 태양이 가리고 못보게 한다. 태양도 큰 먼지다.

■ 비점담론

이렇게 말하는 다석과 그 후학들은 옥스퍼드 대학 초대총장이며 대학자였던 로버트 그로스테스트를 매우 좋아할 것 같습니다. 관심있는 분은 직접 확인해보시기 바랍니다.

M.에크하르트(1260-1327)는 말하기를 "내가 하나님을 보는 눈은 하나님께서 나를 보는 눈과 같다. 나의 눈과 하나님의 눈은 같은 것이고 하나이다. 보는데 있어서도 하나이고, 아는데 있어서도 하나이고, 사랑하는데 있어서도 하나이다." 라고 했습니다. 그렇다면 그 무엇이 이러한 눈을 가릴 수 있겠습니까?

예수도 말하기를 "나와 아버지는 하나다. 그러므로 나를 본 사람은 내 아버지를 본 것이다. 나는 아버지 안에 있고, 아버지는 내 안에 있다."라고 했습니다. 그렇다면 그 무엇이 이러한 하나됨을 깨뜨릴 수 있겠습니까?

이 예수와 M.에크하르트의 하나됨의 경지에 대하여 고대 이집트 출신의 고대 로마 철학자인 플로티누스(205-270)는 《엔네아데스》에서 다음과 같이 설명하고 있습니다.

"통찰 속에서 보는 그것은 이성이 아니라 이성보다 위대하고 앞서 있는 어떤 것이다. 자기 자신을 단일한 존재로 보는 사람은 자신과 하나가 될 것이며, 자신이 그렇게 된다는 것을 느낄 것이다.

보는 자와 보여지는 자를 구별하는 것이 가능하고 이 양자가 하나라고 과감하게 단정할 수는 없을지라도, 우리는 그가 볼 것이라고 말해서는 안되고, 그가 보고 있는 상태라고 말해야 한다.

이 상태에서 아는 자(관찰자)는 양자를 보거나 구분하거나 상상하지 않는다. 그는 다른 사람이 된다. 그는 자신이 되는 것을 그만 두고 자신에게 속하는 것을 그만 둔다. 그는 두 개의 동심원처럼 신에게 속하며, 신과 더불어 하나이다."

지두 크리슈나무르티도 "관찰자가 곧 관찰대상이다(The observer is the observed.)"라는 말을 습관적으로 하는데, 이러한 말은 이미 플루티누스가 사용했던 말입니다. 보는 자와 보여지는 자와의 관계. 아는 자와 보여지는 자의 관계.

생각건대, 이 '관찰자가 곧 관찰대상' 이라는 명제는 '관찰자는 곧 참여자다' 라는 의미도 내포하고 있습니다. 즉, 관찰자는 관여자 또는 관계자이기에 참여자입니다. 하지만 관조의 입장만 고수하는 관조자는 관찰도, 관계도, 참여도, 상호작용도, 진화도 불가능합니다.

그리고 이러한 모든 진리를 이해하는 나는, 어떻게 이러한 인간들이 이 지구에서 출현하게 되었는지 놀라움으로 가득 차게 됩니다.

다석은 "태양도 큰 먼지다."라고 말했지만, 우리 인간은 태양과 달과 지구의 아들입니다. 그런데 태양과 달과 지구가 먼지라면, 우리 인간은 미세한 먼지의 먼지일 것입니다.

하지만 먼지와 같고, 박테리아 같은 우리 인간의 눈은 이 광대무변한 우주를 상상의 눈으로 자기내면 속에서 바라봅니다.

그러므로 이러한 인간존재와 현상은 태양계와 은하계와 우주만큼이나 신비한 것입니다.

그런데 이 인간존재와 현상이 순간보다 더 빠른 순간적인 것(즉, 덧없이 변하는 것, 또는 생사윤회하는 것)이라는 점을 성찰해 볼 때, 신비감은 절정에 도달합니다.

■ 나와 함석헌

〈나와 함석헌〉이라는 제목으로 이백자 원고지 15매 내외로 써서 2000년 12월 22일까지 함석헌 선생 탄신 백주년 기념사업회로 글을 보내달라는 원고청탁서를 받았다.

함석헌 선생 탄신 백주년 기념문집에 싣기 위해서라고 한다.

이로 인해 나는 〈나와 함석헌〉이라는 제목을 두고 잠시 생각에 잠겨본다.

여기서 '나'라고 하는 것은 물론 나의 '자아'일 것이다. 그런데 이 날의

'나'가 되기까지는 무언가 함석헌 선생님의 영향이 받은 것이 있었을 것이니, 그것을 한번 말해보라는 것일 게다. 미소.

그러나 나는 함 선생님으로부터 체계적인이고 전문적인 가르침을 받은 적이 없다. 다만 함 선생님께서 부산모임에 오시면 반드시 참석하여 그의 말씀을 내 성정(性情)을 다해 경청하였을 뿐이다.

지금 회고해보면, 함 선생님의 말씀은 그 당시 정치와 사회가 돌아가는 현상에 대해 주로 성경의 사회윤리와 정치철학을 설하신 것 같았다. 물론 예수님의 인생론에 대해서도 말씀하셨다.

그리고 노자와 장자와 공자와 맹자와 바가바드 기타에 관한 말씀도 많이 하셨다.

내가 이 부산모임에 나가서 말씀을 듣게 된 계기는 그 당시 부산의 유명한 헌책방 거리인 보수동의 민중서점 주인 박동호 선생님의 소개로 인한 것이었다. 이 분은 함석헌 선생님의 초기 제자분들 가운데 한 분이셨다.

나는 십대에 이미 보수동 헌책방을 누비고 다녔기 때문에 그 골목의 모든 서점 주인들과는 각별히 친한 상태였는데, 특히 외모가 헤르만 헤세와 닮은 박 선생님은 나를 만날 때마다 톨스토이, 간디, 위고, 헤세 등의 사상을 말씀해주셨다.

그런데 어느 날 나는 우연히 《사상계》라는 잡지에서 함석헌의 글을 읽고 나서 감격하여 《죽을 때까지 이 걸음으로》와 《인간혁명》과 《뜻으로 본 한국역사》라는 책을 구해 읽게 되었다. 나는 마음속에 강한 감동과 충격을 받았다.

"우리나라에도 이렇게 훌륭한 분이 계셨구나!" 싶어서 기쁜 맘으로 민중서점에 달려가서 박선생님께 함석헌이라는 분에 대해 이야기하기 시작했다.

그런데 "세상에!!" 박 선생님은 함선생에 대한 정보를 나보다 더 많이 알고 있었다. 당연히 그럴 수 밖에 없는 것이, 박동호 님은 함선생님의 초기제자들 중에서도 한 때 가장 총애를 받았던 분이었던 것이다. 그래서 한때 함 선생님이 박 선생님을 사위로 삼으려고까지 했다고 한다.

그리고 그 날 더 놀라운 것은 함 선생님께서 한 달에 한 번씩 직접 부산에 오셔서 장기려(1911~1995) 박사님의 자택에서 강연을 한다는 것이다. 그러면서 그 모임장소와 약도와 시간표까지 알려주시는 것이 아닌가!

나는 그날 이후, 함 선생님의 책은 모두 구해서 닥치는 대로 독파해버렸다.

지금 내가 가지고 있는 일제시대에서 나온 김교신님의 《성서조선》잡지들 원본도 그때 구한 것이다. 이《성서조선》잡지에는 27세의 청년 함석헌의 글도 있는 대단히 귀한 것이었다.

하여튼 함 선생님의 강연회에 갔다 온 후로 그는 내 가슴에 위대한 정신세계의 별이 되었다.

함 선생님은 부산에 매월 한 두번은 오셨다. 하얀색의 긴 머리카락, 하얀색의 한복, 하얀 색의 가죽구두, 잘 생긴 성자의 얼굴, 말씀 도중에 간간히 한 번씩 성경을 보기 위해 금줄이 달린 안경을 사용하는 세련된 제스처, 열정적인 말씀과 고요한 침묵의 명상 등으로 좌중을 압도하는 그의 강연은 내 인생의 진로를 바꾸어 놓기에 충분한 것이었다.

지금 회고해보면, 나는 그 당시 그에게 지식 그 자체에 대한 가르침을 받은 것보다는 강력한 정신적 자극을 받았다고 생각한다.

다시 말하면 함석헌 선생님은 내 속에 잠재해 있는 어떤 정신의 씨알을 심어 주었다는 것이다.

물론 내가 지금 활짝 피운 꽃('반야바라밀')의 이름은 서로 다르지만, 그래도 내 어린시절에 함석헌 선생님을 만났다는 것은 일종의 행운이었다고 생각한다. 어느 누구든지 간에, 어린시절에 감동과 자극을 받지 못하고 지낸다는 것은 정말 얼마나 불행한 일인가!

나는 그를 이용한 적이 없고, 그 또한 나를 이용한 바 없다. 물론 내 동료들과 의논하여 지방에서의 강연회 주선 일이나 내 친구 결혼 주례사 일이든지, 이런 일로 종종 초청부탁도 올리고, 행사 전후 옆에서 잔심부름같은 일은 많이 했지만, 그것은 서로 이용이 아니라 얼마나 기쁨에서 이루어졌는지 경험해보지 못한 사람은 모를 것이다. 아! 순수한 그런 청춘의 시절이 나에게도 있었구나!

내게 주어진 글 제목이 〈나와 함석헌〉이라고 했지만 나는 함 선생님으로부터 개인적인 지도를 받은 바가 없다. 이 말은 나는 그의 학생이 아니라는 뜻이다.

누구나 그런 것처럼, 다만 나는 어릴 때 가난한 영혼의 방랑자였고, 수많은 책속의 현인들을 만난 것처럼 그렇게 그의 책과 그 사람을 만났을 뿐이다.

그는 스승 다석 류영모에게 항상 복잡한 여성문제로 죄책감을 갖고 있었고, 또 그 자신은 교사경력이 있는 분이었으면서도 사회에서 만나는 이들에 대해서는 별도로 제자로 키우는 법이 없었다. 그는 항상 홀로 가는 분이었던 것 같다. 그러나 그의 내면적 영향력은 특히 한국 기독교의 사상계에서는 지대하였다.

그는 지식의 단순한 전달자가 아니었다. 그는 종교인이었다. 아마 미래의 한국기독교는 다석 류영모 선생님이나 신천옹 함석헌 선생님 같은 분이 한 국인이었다는 대해 대단한 자부심을 갖게 되는 날을 맞이하게 될 것이다.

그런데 함석헌 선생님은 나와 말씀을 나눌 때에 보면, 말씀의 가지와 잎들 이 너무 많았다. 그러나 그는 한마디도 한 바 없다. 그러므로 그는 나에게 아무것도 준 바가 없고, 나 또한 받은 바가 없다.

다만 여기서 내가 지금 분명히 말할 수 있는 것은 그는 그의 인생을 위해 최선을 다해서 살았고, 나는 내 인생을 위해 최선을 다하고 있을 뿐이다, 라 는 것이다.

(이 글은 2001년 4월21일 도서출판 한길사에서 출간된 《다시 그리워지는 함석헌 선생님》책에 게재된 것임)

■ 함석헌 옹과의 대화

진오 스님 : (선혜 스님을 가리키며) 이 스님은 강남 봉은사에 거주하면서 《봉은》이라는 잡지를 만들고 있는 선혜 스님입니다. 이 스님은 또 다도(茶 道)에 대한 강의로 유명하신 분이고, 또 차를 직접 재배 판매보급도 하는 스 님이지요. 이 스님은 합천 해인사 일타 스님의 제자이며, 다도의 스승은 최 범술(1904~1979) 스님이랍니다.

선혜 스님 : 선생님을 이렇게 가까이 뵙고 인사드리게 된 것은 처음입니다. 하지만 먼거리에서는 몇 번 뵈었습니다. 노자 도덕경을 강론하실 때에도 뵈었고, 선생님의 존함은 일찍이 들어왔습니다만, 이렇게 오늘 찾아 뵙게 되어서 올해 을축년에는 정말 매우 대단한 기억으로 하나 남겠습니다.

진오 스님 : (상덕 스님을 가리키며) 이 스님은 동국대학교 대학원에 다니시는 분입니다. 옥수동 미타사의 주지 스님 이랍니다.

함석헌 : 요즘은, 제가 노벨평화상 후보로 추천받은 것 때문에, 많은 분들이 방문해오고 있습니다.

상덕 스님 : 멀리서 뵙기보다는 아주 정정하십니다.

함석헌 : 감사합니다.

상덕 스님 : 좋은 책을 많이 보셔서 그러신가 봐요.

함석헌 : 책도 많이 못봐요. 요즘 제가 맡은 일이 있어서, 참고로 이 책을 읽고 있습니다. 이 책은 나의 선생님에 관한 책입니다. 일본의 우찌무라 간조의 전기인데, 재미있게 읽고 있습니다.
(우찌무라 간조의 전기 책을 가리키며) 이 책 쓴 사람은 우찌무라 간조 선생님의 직제자 입니다.
지금 남아있는 제자는 마지막 한 사람이나 두 사람 밖에 없을 것입니다. 이 책을 쓰신 분은 일제시대 말년에 전쟁을 반대한 사람입니다. 그때 일본 군대에 대한 반항이란, 정말 죽음을 각오하지 않으면 못하는 거지요.

진오 스님 : 요즈음, 선생님께서는 남강 이승훈 님에 대한 전기를 준비하

시고 있다는 소식을 들었습니다. 어디서 청탁이 들어 왔습니까?

함석헌 : 그것은 오산학교에서 청탁이 왔습니다.

상덕 스님 : 현재의 한국불교에 대해서 어떻게 느끼고 있습니까?

함석헌 : 저도 불교 좋아합니다. 특히 산에 있는 불교가 좋습니다. 그런데 시대의 현실이 이래서 아무래도 산에만 있을 수는 없지 않겠습니까? 물론, 산에서 살고 있다고 세상일을 모르는 것은 아니지요, 또, 여기 이 세상에 나와 있다고 해서 반드시 세상일을 올바르게 본다고 할 수도 없습니다. 좀 더 말하면, 조선 왕조때에는 불교를 아주 억압하였지요. 그러나 지금은 그렇지는 않은 것 같습니다.

상덕 스님 : 불교의 사상적인 면에 대해서는 어떻게 생각하십니까?

함석헌 : 사상적인 면으로는… 나는 주로 기독교 쪽 사람들에 대해서는 충고를 많이 하지요, 불교는 어떤지 모르겠습니다. 기독교에는 몇십년 전부터 자기와 다른 종교는 극심하게 배척해오고 있습니다.

그래서 그것은 좀 그렇게 하지 마라고, 기독교 편 사람들에게 충고합니다. 지금은 옛날과 달라서 내 종교만이 유일한 것이다, 그럴 수는 없지요. 물론 믿는 자기로서는 자기 종교에 충실해야 하지만.

그러나 사상으로야 서로 몰라서야 되겠습니까? 또 남의 종교를 존경해야 합니다. 옛적에 다른 종교가 있는 줄을 모를 때에는 그랬지만, 이제 다 알고 있는데, 내 종교만이 절대다, 그렇게 하면 안됩니다. 기독교 사람들은 아직도 이런 생각을 못하는 사람들이 많이 있을 겁니다. 그래서 그것은 말해 줄 필요가 있습니다. 불교는 어떤지, 그것에 대해서는, 난 모르겠습니다.

진오 스님 : 선생님께서 일본 제국주의 시대때, 성서조선 사건으로 감방에 잠깐 들어가 계실 때에, 불교의 경전을 독서했다고 이야기들은 적이 있습니다. 그때 구체적으로 어떤 경전을 보셨는지요?

함석헌 : 음, 그것은 감방에 들어와서 보니, 아무 것도 없었어요. 나는 집이 시골이라서 차입이 들어오기 어려웠습니다. 그런데, 그때에 형무소에는 죄수들에게 불교 교리를 가르치는 포교사 스님이 있었는데, 그 스님에게, 여기서 책을 좀 볼 수 없는가 하고 의논을 하였더니, 그 스님이 불교 책을 주었습니다. 그래서 난생 처음으로 무량수경을 읽어 보게 되었습니다.
흥미있게 읽었습니다. 그리고 제 신앙생활에 영향을 많이 받았습니다. 기독교 신앙과 많이 통하는 경전 같았습니다. 그것이 제가 처음으로 접하게 된 불교 경전이었습니다.

진오 스님 : 무량수경은 정토종 계통의 경전이지요. 그러나 불교는 정토종 계통의 경전만 있는 것은 아닙니다. 정토종 계통의 불교는 전체 불교에서 한 종파에 지나지 않는 것입니다.

상덕 스님 : 그동안 지내오시면서, 불교계의 스님과 친분이 있는 분은 누
구세요?

함석헌 : 존경하는 분은 별로 없습니다. 운허 스님, 그 분은 정주사람이거
든요. 그래서 몇번 만났지요. 봉선사에 계실 때에 가서 한두번 만났고, 또
여기 역경원(불교 경전을 한글로 번역하는 곳)에 와 계실 때에도 만났고… 내
가 오산학교에 있을 때 모두 잘 아는 분이었지요. 더구나 춘원 이광수의 사
촌형제간이니까, 그런 분이니까, 그래서 알고, 또 내가 오산에 있을 때에도
한번 봤던 일도 있지요.

진오 스님 : 효봉 스님과도 친분이 있었다고 들었는데요.

함석헌 : 그 분은, 한광섭이라고 해방직전에 금광 사업을 하는 분이 있었
는데, 그분에게 소개를 받아서 알았습니다. 구체적으로 만나게 된 계기는,
효봉 스님이 동화사에 계실 때에 석대허 라는 이의 안내로 함께 찾아가 만
나게 됐습니다.

진오 스님 : 탄허 스님과도 친분이 있었다고 들었는데요.

함석헌 : 그는 고려대학교 뒤에 있는 무슨 암자에서 있을 때, 그때 찾아가
서 만났었습니다. 노자의 도덕경 강의도 한번 들어 본적도 있습니다. 탄허
스님 소개도 한광섭이가 내게 해 주었습니다. 그래서 알았습니다. 고려대학

339

교 뒤에 있는 암자 이름이 뭐지, 기억이 안납니다.

진오 스님 : 대원암입니다.

진오 스님 : 해인사의 성철 스님은 만난 적 있습니까?

함석헌 : 성철 스님은 만난 적이 없습니다. 요근래 이름이 났기 때문에 그래서 알고 있지요. 신문에 발표되고 그럴 때까지는 난 모르고 있었습니다.

진오 스님 : 그렇습니까.

함석헌 : 산중에 가만이 앉아 있으니, 우리가 어떻게 알 수 있겠습니까?

진오 스님 : 선생님께서 《뜻으로 본 한국역사》책을 다시 쓰실 때, 그때 해인사 부근에 있는 여자스님들의 암자(삼성암)에서 그걸 쓰셨다고 언젠가 선생님께 직접 들었는데 그때에도 성철스님을 몰랐습니까?

함석헌 : 그때도 몰랐지. 그때 알았으면, 지금 알기로 그렇게 알았으면, 찾아가서 어쩌면 만났을 것입니다. 그런데 그땐 몰랐습니다. 그땐 그저 내가 글쓰기 위해 갔는데, 그것은 서울에서 누가 그 곳에 가면 조용하다고 해서, 여승들이 있는 그 절에 가게 됐지.

상덕 스님 : 불교는 다른 종교와 다르게 수행을 많이 강조하는데요. 불교의 수행에 대해서 선생님의 느낌이라든가 또는 선생님이 보실 때에 이건 이렇게 했으면 좋겠다 하는 점이 있으시면, 한 말씀 해주세요.

함석헌 : 저는 기독교인들에게도 참선이야기는 합니다. 그런 수행은 있어야 됩니다. 기독교에서는 그런 수행은 안하고, 믿음만 강조하고 있지요. 수행 그것은 있는 것이 옳습니다. 저의 생각은 그런 편이지요. 왜냐하면, 사람의 이 몸이라는 것은, 훈련을 해야됩니다. 말로만 가지고는 안되는 것입니다.

상덕 스님 : 불교는 역사적으로나 보나, 모든 면으로 보나, 민족종교라고 해도 과연 아닐 정도로 역사가 매우 깊은 것입니다. 그런데 불교를 비방하는 기독교인들이 많습니다. 이것에 대해서는 어떻게 생각하십니까?

함석헌 : 글쎄, 그것은 조선왕조의 분위기 때문에 그렇게 되었지요. 우리가 어렸을 때에는 중놈이라고 그랬지. 스님이라고 안했지요. 그것은 왜냐하면, 유교의 주자학이 아주 정권을 잡고, 그 사람들이 양반노릇을 했기 때문이지요. 그때에는 중을 탄압해서 아주 사회적 지위를 떨구어서, 중을 사람으로 보지 않고, 천민보다 더 천하게 되었지 않았었습니까? 그렇지만 박해를 받을 수록, 종교라는 것은 도리어 순교정신이 나와야 되는데, 그것이 안됐단 말입니다.

진오 스님 : 반대로 기독교의 역사는 박해받으면, 생명을 걸고 저항하는

순교의 역사였다 해도 과언이 아니지요.

함석헌 : 그렇지, 그렇지요. 그런데, 그때 당시 불교라는 종교를 그렇게 천대 박대하면서도, 사람이 죽으면, 저승으로 간다고 그랬습니다. 내가 그런 말을 처음으로 들은 것은, 나의 친척이 되는 매우 유명한 분이 나에게도 설명하면서도 사람이란 전생과 현생과 후생이 있다. 그리고 이것이 윤회한다.

그러면서 이것이 불교의 말씀이라는 말은 안했습니다. 나는 지금도 그가 내게 해 준 이야기를 기억하고 있습니다. 다시 태어난다고 하는 윤회와 전생한다고 하는 생각은, 유식한 사람과 무식한 사람을 막론하고, 모두 꽉 들어가 있는 생각이었지요. 요새는 그런 생각이 많이 약해져지만, 옛날에는 당연한 것으로 생각하고 있었지. 그런 것을 보면, 민중들 층에도 상당히 불교의 인생관과 우주관이 들어가 있었습니다. 물론, 민중들의 그러한 사고방식들이 과연 진지한 신앙이라고 할 수 있겠는가 할지는 몰라도, 일반적으로 하나의 인생관과 우주관 처럼 되어 있었던 것은 사실이지요. 우주관은 아주 불교적인 우주관으로 되어 있었지요.

상덕 스님 : 그렇다면, 불교가 우리민족의 피와 살이 되어 있다고 해도 과언이 아니겠습니다.

함석헌 : 그런데, 그러면서도 우리가 생각해볼 것은 무엇인가 하면, 불교는 아무래도 처음 들어 올 때부터 저 위에서 정치적으로, 왕궁으로, 귀족으로, 들어왔지, 민중으로 들어오지는 않았거든요. 물론, 신라 때는, 그래도

민간에서는 불만이 있으면, 절에 가서 산신당과 칠성각에서 빌고 그렇게 토착화한 것은 사실이지요.

그리고 고려때는 불교가 성했고, 조선 왕조에 와서는 아주 유교 파가 성해서 불교를 억압하고 말아지요.

상덕 스님 : 제가 선생님께 지금 질문한 것은, 불교와 한국민중의 성격에 대한 것이 아니고, 요즘 현저하게 느껴지는 것으로 기독교인들이 극심하게 불교를 비방하는 것이 굉장히 많아요.

그런 현상에 대해 기독교의 지도자급 위치에 있는 분으로서 어떻게 느끼시고 있는지 그것을 여쭈어 본 것입니다.

함석헌 : 나는 어려서부터 교회에서 자라났기 때문에 그것은 잘 모르겠습니다. 내가 젊었을 때 직접 경험 한 일인데, 묘향산에 갔을 때, 거기에는 중비로와 하비로와 상비로 가 있습니다. 상비로는 못 올라가고 하비로에만 갔었는데, 그 중턱에 있는 절에 갔는데, 처음에는 하루를 묵고 가도 좋다고 그러더군요. 그런데 나중에 우리들에게 기독교 냄새가 나서 그런지, 종교가 뭡니까 하고 물었습니다.

그래서 우리가 기독교인이라고 그러니까, 그 스님이 말이, 아, 안되겠습니다. 하루 묵고 가게 할 수 없겠다는 것이었습니다. 그래서 왜 그러냐고 차차 자세히 물으니까, 어느 목사님이 와서 기도하면서 있겠다고 해서 방을 하나 빌려드렸더니, 거기서 있으면서 여기 기도하러 오는 부인들을 보고, 이건 미신인데 왜 믿느냐 그러더라는 겁니다. 그래서 스님들이, "어, 이거 안되겠다. 그래서 그런다"는 겁니다. 또 김 교신의 말을 들으면, 어느 목사가 설교하면서, 우리 예수님은 석가가 오면 이쪽 발로 차 버리고, 또 뭐시기가 오면, 저쪽 발로 차 내버리고 그렇게 말하는 걸 들었답니다.

진오 스님 : 요즘도 기독교인들이 불교에 대한 비방과 폭력을 행사하고 있는데요. 예를 들면, 삼각산 석불(石佛)에 붉은 페인트로 십자가를 그어 놓는다거나, 또는 일간신문에 불교교리를 비방하는 광고를 싣는다거나 하는 것 등으로서 불교인에 대해 매우 자극적인 행동을 하고 있는 것은 사실이지요. 한마디로, 불쌍한 것들이라고 생각합니다.

함석헌 : 그것은 상식이 없어서 그래요.

진오 스님 : 그런데, 그것이 왜 그럴 수 밖에 없는지 그 원인에 대해서 한 말씀 해주십시오.

함석헌 : 글쎄, 그것은 처음에 서양의 선교사들이 동양으로 오면서 그렇게 된 겁니다. 동양에는 우리나라는 고사하더라도, 인도에도, 종교도 없고 철학도 없는 나라다 라고 그랬다는 겁니다.

그저 우리 동양국들이 정치적으로 약소 국가이다보니, 야만인종으로 보고 깔봤던 겁니다. 그랬다가 차차 시간이 지나가면서, 동양의 사상을 발견하게 된 겁니다.

인도 경전이라든지, 또 그 무슨 신지학회 인가 하는 단체, 거기서 크리슈나무르티 났다는 그 단체 말이요. 그 사람들이 그것을 처음으로 인정하기 시작했고, 근래에는 이제 인도에 대해서는 많이 달라졌습니다.

옛날 본래 기독교에서는 우상을 섬기지 말라 그랬고, 구약에는 더구나 그러지 않았습니까? 그러니까, 그 가풍이 내려와서 그렇게 된 겁니다. 그것은 잘못 된 것이지요. 상식도 없는 잘못된 목사들이 신자들을 잘못 지도해서 그런 겁니다.

그리고 옛날에는 어느 곳에서나 다 그렇게 했지요. 옛날에 사람과 사람, 나라와 나라, 민족과 민족간에 교통이 별로 없고, 그런 때는 자기 종교만이 유일한 것으로 알 수 도 있겠지만, 지금은 상황이 다릅니다.

또 구약성경을 보고 있노라면, 구약은 더구나 지독하게 배타적인 것이 많습니다.

불교역사에도 뭐 그런 일이 있는지 나는 모르겠습니다. 어쩌면, 있을 수도 있었을 겁니다. 옛날 종교는 모두 다 그랬으니까, 말입니다.

상덕 스님 : 없었던 걸로 알고 있습니다.

함석헌 : 그래도 인도에서는 본래 토착민에게는 베다 경전을 알려주면, 죄가 됐지 않았습니까? 만약 베다 경을 재래의 섬주민이 그것을 읽으면, 바로 죽여버린다는 겁니다.

만약 원주민이 베다 경을 들으면, 그 사람의 귀에다 펄펄 끓는 기름을 붓거나 또는 쇳물을 부어 넣어서 죽인다 그러지 않았습니까?

그것은 왜 그런가하면, 이 종교 경전의 가르침으로 자기네들의 민족이 이

만큼 흥왕하고 이렇게 되었으니까. 이런 것을 온전히 지켜나가기 위해서는 그것이 더럽힘을 입으면 안된다. 그래서 그랬다는 겁니다.

하지만, 요즘은 어디 그렇게 할 수 있겠습니까. 이제 이런 미신은 먼 옛날의 이야기입니다.

지금 내가 구약을 언급했지만, 어제 주일날 나가서 그 얘기 했습니다.

예를들면, 어느 지방을 들어가서 싸움을 해서 점령을 하면, 거기 있는 짐승들이든지 물건들은 전리품으로 다 없애지 않고 가지지만,

사람은 남자와 여자 할 것 없이, 어린애까지 싹 죽어버려라. 왜냐하면, 하나님이 명령했다 그런다 말입니다.

지금 우리가 생각하는 하나님이 그렇게 명령했겠는가, 그럴리가 없지 않습니까?

그러면, 그 하나님의 명령이라는 것을, 어떻게 이해해야 하는가, 이것도 문제입니다.

불교에서는 본래 살생을 안 한다고 했으니까, 그렇게까지는 안되어 있을 겁니다.

그래도, 필시 불교가 국교가 되고 그러면, 나라와 나라 사이에서는 그런 짓들을 옛날에는 하지 않았었습니까?

그런데 대체적으로 보면, 이 기독교가 아주 더 심한 것이지만, 옛날에는 대개 종교가 원인이 되어서 전쟁이 많이 일어났지요. 그러니까, 결국 신과 신의 싸움이다 라고 말하기도 했지요.

그럴 수도 있지. 자기네들 믿는 신이 자기네들을 살려주는 것이라고 믿고 있으니까, 말입니다.

그러나 지금은 그렇게는 할 수 없다는 것을 가르켜 줘야지.

진오 스님 : 그러니까, 구약성서에 대한 재해석이 필요하다는 말씀이군요.

함석헌 : 어떻게 보면, 모세가 사상적으로 상당히 앞선 사람입니다.[23]

모세의 사상은 놀랍게 지금 이 시대에 와서 이야기해도 손색이 없는 것입니다.

가령, 예를 들면, 옛날은 동서양을 할것 없이 노예는 당연히 있는 걸로 그렇게 인정했단 말입니다.

노예를 두는 것이 잘못인 줄을 생각 못했었지요. 그것은 기독교안에서도 마찬가지 였습니다.

그러니, 기독교 구약시대에는 물론 그렇지요.

그런데, 그 당시 모세는 아무리 노예라 하드라도 7년이 지나면 해방시켜 주어라, 그랬습니다.

그리고 또, 무슨 빚을 주었다 하드라도 7년 지나가면 받지 말라는 가르침, 또, 땅을 갈아 먹어도 7년 갈아 먹고는 그 다음에는 한해 쉬어라 그런 가르침은 오늘날에도 우리가 실천하지 못하는 것들입니다.

더 구체적으로 말하면, 피를 먹지 말라. 왜 피를 먹지 말라, 그러는가 하면, 피는 생명이다. 옛날 사람들은 사람에게 피가 너무 많이 나오면 죽으니

---

23) 하지만 실제의 모세 그 사람에 대한 언급은 공석하 선생이 쓴 책 《예수는 없다》 뿌리출판사 (2008.10), 161-164쪽 까지 참고해보시기 바람

까, 이것은 생명이다. 그러니 고기는 먹지만, 피는 먹지 말라. 생명은 네가 먹을 자격이 없다. 그렇게 해서는 안된다. 등등 이런 가르침은 오늘날에도 통용될 수 있는 가르침입니다.

　진오 스님 : 기독교나 불교나 할 것 없이, 고전은 이제 재해석되어져야 한다고 생각합니다.

　함석헌 : 내가 동양고전 보는 것도 그것과 관계가 있는 겁니다. 요즈음 내가 이것을 주장을 하면 비난 많이 받을 겁니다. 비난 많이 받을 줄도 알면서도 하는데, 말하기가 좀 어려운거지만 그래도 할말은 해야 됩니다. 이것은 저의 계시이기 때문입니다.

　불교에서는 이 계시라는 사상이 있는지는 모르겠습니다. 하여튼, 불교나 힌두교에서도 계시라고 하는 사상이 있을 겁니다.

　본래 인도 사람들은 내가 생각해서 깨닫는다고 그러지 않습니까?

　내가 깨닫는다. 대오철저, 크게 깨친다 그러지않습니까?

　하여튼, 지금 기독교에서는 지금까지 말이, 하나님은 아주 인격적으로 계신다 이렇게 강조하고 있습니다. 인격신이라고 했기 때문에, 그것이 강점입니다.

　우리 하나님은 우리가 기도를 하면 들어 주시고, 죄를 용서해 달라 하면 용서해 주고, 아주 이제 그저 하나의 사상으로 그렇게 하는 것이 아니라, 아주 인격적으로 계신다. 그런 것을 강조하는데 그것은 좋긴 좋아요.

　그렇지만, 인격신이 계신다 하는 것이 이제 지금 이렇게 학문이 발달되고 모든 사람들의 교육정도가 올라가고 이성이 발달해서 좀 이렇게 종교가 높아지는데 오면, 잘못하면, 그거 이제 이 미신이 되기 쉽다는 것입니다.

어린애들이, 내가 지나가면, "야! 저기 하나님이 간다." 수염이 이렇게 허여니까, "저기 하나님 간다." 그럽니다.

그 애들에게는 그럴 때 종교적인 교육을 하기에 쉬울런지는 모르지만, 그 애들이 이 다음에 자라나면 그게 거짓말이라는 것을 알게 되지요.

이렇게 종교교육이 도리어 반대되고, 해가 될 수 있다는 겁니다.

개명되어 있는 현대인들은, 하나님이라는 분은, 본래 하나님이라는 바로 그 자리 라고 표현합니다.

이것은 불교도 마찬가지입니다. 부처라는게 뭡니까? 그 세계는 절대 세계니까. 있다고 할 수도 없고, 없다고 할 수도 없고, 그러니까, 불교에서 사람의 진면목이 어디 있는가? 물으면, 그것은 「불사선 불사악(不思善 不思惡)할 때 있다」고 하면서, 그게 바로 사람의 진면목이다. 그러지 않아요?

물론, 사람으로서 그 지경에 가기는 어렵습니다. 하나님이 내가 말을 하면, 기도를 들어 주시고, 다 알려주고, 깨우쳐 주시는 말씀을 참 고맙게 들을 수 있습니다.

하지만, 그렇지 못하고, 그 하나님이 인간적으로 우리 현실세계에 상대계에 의식을 가지고 한다면, 그 의식을 떠나지를 못하고, 그러다 보면, 그것이 그만 신앙을 해치는 좁은 생각이 되고 만다 말입니다. 그러니까, 인도적인 계통으로 생각하는 사람은, 그 폐단이 비교적 적다고 봅니다.

생각을 주로 하는 불교에서는, 나도 잘 모르지만, 아예 처음부터 아트만이 없다고 그러지요.

힌두교에서는 아트만을, 브라흐만이 내게 오면 그것이 아트만이고, 그것이 전체로 말하면 브라흐만이고, 그리고 모두 이것은 하나다. 그래서 이 대우주, 소우주, 대아, 소아, 그렇게 말하는데, 그렇게 생각하는 사람도 잘못될 수 있기는 있을 겁니다. 요즘 신학하는 사람들은 그렇게 생각 안할 겁니다.

그러니까 이제 종교가 지금 문제란 말입니다. 이대로는 그냥 있을 수가 없이 된 겁니다.

진오 스님 : 그것은 비기독교적인 사고방법이라 느껴집니다.

함석헌 : 글쎄, 그 말은 거기서 보기에 그렇다면, 여기 있는 이쪽 교회에서 보는 것은 더구나 그렇지 않겠습니까? 하나님은 내가 무슨 말로 할 수 없다. 칭찬을 하면 할수록 하나님에게는 도리어 모독이 되지. 왜냐하면, 선하다 선이 아닙니다. 선악을 초월한 것이 하나님이지 어째 선악이냐. 그러면, 악이 반드시 있어야 되는 그런 선 가지고는, 하나님 선이라는 것은 알수 없다는 겁니다.

그러니까 이런 것을 이해하는 점에 있어서는 불교적인 생각을 배우는 것이 훨씬 깨우치는데는 낫습니다. 그래서 나는 그런 생각을 자꾸 강조합니다.

하지만 내 말에 반박하기를, 성경은 축자영감설이라고, 한자 한자가 하나님이 불러 주어서 썼다고 그런다 말입니다.

고집이 센 정통파를 만나면 말이 안돼는 것은 그래서 그래요. 그런데 그것은 언젠가는 깨지고야 말겁니다. 그리고 힌두교나 불교에서도 그렇습니다.

가령, 참선을 한다고, 앉아서 정신통일 한다고 하지만, 정신 소리 잘못하면 안됩니다. '정' 자는 물질적인 것이고, '신' 은 정말 그 신적인 것입니다.

그러니까 정신통일 한다 하지만, 정신통일 하는 것이 아니라 의식을 통일 하는 정도를 가지고 정신 통일이라고 한다면, 안됩니다.

이 '의식' 정도는 부정하고 들어가는데는 뭐 기독교나 불교나 마찬가지이 지요.

불교에서 '맘이 없다' 그래잖아요 혜가가 그랬나요. 결국 맘을 찾아도 없 습니다. 그러자, 달마대사 말이, '그러면, 됐다' 그래서 진리를 가르쳐주었 다는 것 말입니다. 그런데 그런 말을 알아 듣기가 그렇게 쉽겠습니까? 기독 교에서는 더구나 알아 듣기가 어렵겠지요.

지금은 하늘에서 오는 계시를 받으려고 그래도, 내 맘이 어떻게 준비가 됐 냐, 그게 있어야 된단 말입니다. 그저 무조건 주는 줄로만 아는 것은 잘못 입니다. 그런 의미에서는 훈련이 필요합니다.

육신은 육신이니까요. 노자와 장자 말로하면 맘을 비워야 될 겁니다.

하지만, 그 비운다는 것, 그 지경에 가는 것은 어렵습니다.

더구나 기독교 사람들은 아마 거기에 가는게 더 어려울겁니다.

진오 스님 : 그렇다면, 기독교인들은 노자 장자나 불교 공부를 좀 해야 되 겠군요.

함석헌 : 지금은 서양에서도 퀘이커가 동양적이다 라는 말을 듣고 있지요.

서양의 기독교 사람들도 동양의 영향을 받은 사람들이 많지요. 그 사람들 은 모두 노자 · 장자 연구 많이 합니다.

어느 지난주에 들었는데, 뉴욕의 어느 신학교에서는 아주 노자·장자 모르면 안된다고 그런 말도 들었어요.

상덕 스님 : 기독교가 역사적으로 한국에 들어올때부터 교육사업이라든가 병원사업을 잘 해 가지고 사랑의 정신을 적극적으로 잘 표현하고 있는 것 같습니다.

그런데 불교는 수행 위주다 보니까, 자비사상의 실천을 크게 적극적으로 못하고 있었습니다.

그래서 불교의 그런 면은, 선생님은 어떻게 보고 계시는지요?

함석헌 : 기독교가 들어올 때, 학교 건설과 병원 건설한 것은 잘한 것인데, 그래서, 적극적으로 선교사업을 성공했다고 볼 수 있습니다.

그러나 불교는 아까도 말이 나왔지만, 왕궁 위주였고, 교리 위주였고, 수행 위주고 하다 보니까, 진짜 민중과는 거리가 멀어진 겁니다.

그리고 옛날 인도 왕궁에서는 아쇼카 왕 같은 사람은 굉장히 좋은 일을 많이 했습니다. 그런데 왜 우리나라에서는 잘 안됐다 말입니다.

그런데, 또 하나 신라는 불교가 타락해서 망했습니다.

신라가 불교 폐단으로 망했기 때문에, 고려에 들어와서는 불교 배척하게 된 겁니다.

상덕 스님 : 불교 때문에 삼국이 통일이 됐다고 보는 학자도 있는데, 어떻게 생각하십니까?

함석헌 : 삼국이 통일 됐나? 통일이 못됐지. 삼국이 통일됐다고 보면 잘못이야, 그저 고구려와 백제가 망했을 뿐이지. 어떻게 통일이 된 겁니까? 통일이 됐다면, 저 멀리 만주까지 갔어야지, 그래야 통일이지. 고구려까지 갔다 돌아와서 만주는 잃어버렸지 않아요.

상덕 스님 : 그 전에 이념적으로 삼국이 모두 불교사상을 갖추어 있었고, 또 일본에 전파도 하고 했잖아요.

함석헌 : 그렇지.

상덕 스님 : 또, 있잖아요. 신라든가 고려라든, 불교가 찬연했을 때에는, 그 역사의 꽃이 화려하게 피고 , 문화라든가 어느 면에서든 화려했었구요.
불교를 탄압했을 때 결국 조선왕조때는 문화면이든가 교육면이요, 모든 면이 전부 수준이 낮았던 것 같은데요.

함석헌 : 이제 그런 면을 이야기하면 그런데, 그러나 그당시의 불교는 양반의 종교였지, 민중은 당초 생각을 안했지요.

상덕 스님 : 그러나 원효 대사라든가, 그런 분이 나타나신 건요, 바로 그런 것을 자각해서 된 것이라고 생각합니다. 그래서 현실에서 우리 불교가, 우리 젊은 승려들이 볼 때에는 부처님 자비사상을 적극적으로 표현을 못해서 그런 것 뿐이라고 봅니다. 선생님이 보실 때, 어떻게 느끼시는지요?

함석헌 : 그것은 글쎄, 그것은 내가 도리어 불교인에게 묻고 싶은거야.

일 동 : 웃음

함석헌 : 정치의 압박이 있은 건 사실이지만, 정말 종교 같으면 정치의 압박이 있을수록 들고 일어날 수 있는데, 그거는 왜 못했나?

진오 스님 : 그것은 혁명적인 저항의 정신이 없어서가 아닐까요?

함석헌 : 그러니까. 그것은 우리나라 민족성에 근본적인 결함이 있다고 봅니다. 왜냐하면, 우리 민족은 깊이 뚫고 들어가는 힘이 부족합니다. 정치적으로 압박해서 그랬다, 그건 말이 안돼요.

선혜 스님 : 그런데, 기독교에서도 하나님에게 제사 지내는 의식이 있습니까?

함석헌 : 제사는 본래 구약 시대에만 제사가 있었고, 신약에 오면 제사가 없지. 그게 예수님의 놀라운 사상이란 말이예요.

선혜 스님 : 그러면 그 제사를 지내지 않게 된 이유는 어디에 있다고 보십니까?

함석헌 : 음, 글쎄, 하나님은 성경의 말대로 하면, 천지가 이거 다 내가 지은 건데, 너희가 뭐 따로 집을 지어서, 내게 바치려고 하느냐, 이 말은 성경에도 구약에도 벌써 있어요.

선혜 스님 : 제사 지내는 것을 금한다는 말씀 말입니까?

함석헌 : 글쎄, 그것은 껍데기요, 그때 당시 사람들의 수준으로서는 그럴 수밖에 없지만, 차차 시간이 지나오면서, 맘이 열려가지 않습니까. 세상은 나빠지면서도 개인의 맘과 이성은 자꾸 자라는 겁니다. 시대가 지나가면 계몽되는데, 거기에 적응을 못해서 그렇지.

선혜 스님 : 유교에서 제사를 지내는 것과 기독교에서 제사를 금하는 것은, 무슨 공통점이 있다고 보십니까?

함석헌 : 기독교에서는 아무래도 강조하는 것은 하나님, 모든 것에 근본되는 건 하나님이라고 하는데, 비해 우리 동양에서는 어떻게 생각하는가 하면, 조상에게 제사를 드려, 조상이 자손을 잘 살게 한다, 조상의 영이 복을 준다. 이렇게 생각하니까, 그것은 잘못된 생각이지. 부모님을 기념하는 의미에서 하면 그건 별거 없습니다. 그런 의미에서 기독교에서는 제사를 지내지 않아요. 그날은 예배도 하고, 음식도 만들어서 나누어 먹고, 그러지요. 옛날 모양으로 조상의 영혼이 자손에 복을 준다 그렇게는 생각 안합니다. 만약 그렇게 생각하면 기독교 신앙에는 방해되는 생각이지.

선혜 스님 : 아까 말씀하신 중에, 전생과 금생과 내생과 이렇게 삼생은 어렸을 때 말씀 많이 들으셨다고 하셨는데 전생과 금생과 내생을 불교에서는 윤회한다고 믿고 있는데, 선생님께서는 어떻게 생각하고 계시는지요?

함석헌 : 글쎄요, 그것도 그래요.

가령, 우리도 어렸을 게 조용한 방에 보드라운 재를 갖다가 요렇게 놓으면 거기에 무슨 자리가 난다. 그 나는 것을 봐서, 그 사람이 새가 되갔는지 뭐가 되갔는지 알 수가 있다 그러는 것 그렇게 굳어지면 그렇게 미신이 되고 말거든. 그건 그런 의미가 아닌데. 생명이란 것은 영원한 것이다.

이 생과 사라, 깊은 생각으로 하면, 산다는 것과 죽는다는 것은 무엇인가? 그것도 깨달아야 설명할 수 있는 겁니다. 그것으로 인해 깨달음을 얻는다면, 그것도 도움이 돼지만, 그렇지 않고, 이제 어느 동물로 태어났다든지 그런 식으로 생각한다면 그거는 방해되는 겁니다.

진오 스님 : 제 기억으로는 선혜 스님의 이 질문과 똑같은 질문을 언젠가 선생님께서 인도 가셨을 때, 간디의 후계자인 비노바 바베님도 이와 똑같은 질문을 선생님께 했다고 이야기들었습니다. 그때, 선생님은 '예, 윤회를 믿습니다' 라고 대답하였다 하셨지요?

함석헌 : 아, 그래요, 그랬었지요.

진오 스님 : 그러니까, 윤회를 생명 에너지의 흐름으로 보신다는 점에서

선생님은 기독교인으로서는 독특한 윤회관을 갖고 계시는 것 같습니다.

함석헌 : 그 세계는 우리로서는 말로는 할 수 없는 차원입니다.
그 말로 할 수 없는 차원을 답답한 마음한테 깨우쳐 줄려고 하다보니,그 말이 그렇게 된겁니다. 그러니까, 처음에는 그렇지만, 차차 가면서 그 깨치는 자리까지 가야 됩니다.

진오 스님 : 선생님께서 말씀하시는 그런 의미의 윤회관은 우리 승려들에게는 쉽고 익숙한 불교의 사상입니다만. 일반 보통 신도들에게는 아무래도 설화식의 설명과 같은 것이 불교의 윤회관을 이해시키는데 효과적이라고 봅니다.

함석헌 : 지금은, 이제 그것은 학문적으로도 되는 겁니다. 왜 그런가하면, 이제는 잠재의식이 있다고 하는 건만은 누구나 모두 인정한단 말입니다. 내가 어린애는 천진난만하다 그것은 괜히 하는 옛날 소리고, 사실에서는 천진난만이 아니지요. 이거 백지로 오는 것이 아니라 벌써 기록을 해 가지고 나온다 말이야. 기록은 제가 한 것이 아니라, 그 전에 언제 된 것인지 그것은 알 수 없지만, 말하자면 그렇다 그 말입니다. 여기서 카르마(Karma)라는 말이 성립이 되는 말이지.

진오 스님 : 그것은 칼 융의 사상이지요. 그리고 칼 융은 불교영향을 많이 받은 분입니다.

함석헌 : 출생입사라 나오면 생이고, 들어가면 사다, 바다에서 물 한잔 떠
내었으면 이것은 나라고 그러는 것이고, 죽었다면, 도로 바다에 쏟았다 이
것이 어디서 났는지 모르지만 또 태어 날겁니다

그런데 이것도 물질적인 생각이지 본래 자리에 들어가면 그것도 아닙니다.

그러니까, 그저 그 자리를 깨우친 사람은, 기쁨이 이 이상 없다. 천지가 무
너지고 야단이 일어나도 문제 없다. 그러지요.

상덕 스님 : 우리 불교에서는 극락천당 지옥이 있고, 또 기독교에서도 천
국 지옥이 있는데, 그 선악의 인과응보에 대해서는 어떻게 보십니까?

함석헌 : 천당 지옥도 마찬가지입니다.

천당이 물질적으로 장소적으로 있는 것도 아니고, 지옥이 있는 것도 아니
고, 본래 천당지옥이라는 말은 불교에서 있는 말을 빌어다 쓰는 겁니다.

상덕 스님 : 기독교에서 말한 천국 지옥이라는 말도 과거에 불교에 있는
말을 빌어다 쓴 것이다, 이겁니까?

함석헌 : 그렇지. 그렇지. 기독교에서는 킹덤 오브 더 갓(하나님의 나라)라
든지 천국이라고 그럽니다.

천당이라 하면 좀 작아지니까, 하여튼 그 말은 불교에서 빌려 온 겁니다.

진오 스님 : 정치적으로 미국의 식민지 비슷한 나라사정이 상당히 불안하

고 장래가 어떻게 될지 상당히 걱정되는 바가 있는데, 그 문제에 대해서 한 말씀해주시기 바랍니다.

함석헌 : 앞을 봐야지. 물론 지나간 것도 잊어서 안 될 것은 없지만 앞을 봐야지, 앞에 뭐가 올거냐? 그런 생각을 해야 하는데, 많이 달라질꺼요.

이 종교자체도 나는 굉장히 달라지리라고 봅니다. 종교생활 이대로 있지 못할 겁니다.

지금 사람들 보세요. 믿는건 흥미가 없으니까, 안 믿는 사람들이 많습니다.

그것은 나 하는 식대로 말하면, 각 시대가 제 말씀을 가진다, 그러면, 이 시대는 이 시대의 말씀을 가져야 합니다. 그런 의미에서 가령 이제 석가 말씀으로 한다면, 석가는 정말 자기 말씀을 그 시대 말씀으로 하신겁니다.

진오 스님 : 선생님의 근본은 역시 정치 경제보다 종교사상 이시군요.

시대의 말씀은 정치경제적 현실의 상황과 동떨어져 있는 것이 아니라고 생각하는데요.

함석헌 : 그러니까 아주 자세히 하면, 뭐 시시각각으로 달라지는 거지만, 사람이니까 시시각각으로는 못 느끼는 것이고, 몇해를 가다가 크게 달라질 겁니다.

이제 날마다 날마다 걸레질해야 하지만 그렇게 하기가 어려우니까, 한 주일에 한 번이든지 한 달에 한 번 씩이라도 걸레질을 해야 합니다.

소위혁명이라는 것, 시대가 달라지는 것 그런데 그러면 어제 하는 것과 근

·359

본은 같겠지만, 그래도 말은 새로 표현이 되어야합니다.

그런 의미에서 인도역사에서 한다면 석가님은 참 놀라운 분이예요.

그 당시에 다른 것은 못해도 사회계급 철폐라니, 지금도 안되는 건데 그때 벌써 계급 떠나야 된다하니 놀라운 거요.

상덕 스님 : 선생님 보신 불교 경전중에 인상적으로 기억하는 구절 같은 것 있으시면 소개해주십시오.

함석헌 : 구절 같은 것은 없고, 맨 처음에 무량수경을 재미있게 보았습니다. 그 무량수경의 사십팔원중에서 제일 중요한 것은 17, 18번인데, 억만대 네가 고통을 받는다 하드라도 이 다음에 네가 성불한 후에 내 이름을 한순간만 불러도 구원받게 된다. 그런 걸 위해서라면 내 억만대의 고통이라도 달게 받겠습니다. 그것을 소원으로 부처님께 기도 드렸다는 이야기, 그것은 참으로 매우 놀라운 서원이요, 무량수경이 셋이지요.

진오 스님 : 정토 삼부경.

함석헌 : 지금 다 잊어버렸어. 그땐 무량수경을 참 재미있게 읽었습니다. 그래서 내 기독교 신앙 믿어나가는데도 그것이 영향이 많이 되었지요.

그 다음에 사상으로 책을 보면, 타고르 책보고, 또 간디 책보고, 많이 생각이 달라졌지요. 내 신앙은 기독교이지만 모든 종교는 결국은 하나입니다.

진오 스님 : 그 생각은 기독교 자체내에서는 매우 이단적이라고 하겠네요.

함석헌 : 그래요 이단이지. 내가 이단자가 된 겁니다. 난 자라나기는 장로교이지만, 장로교회에서는 이야기 해본 적은 별로 없습니다.

선혜 스님 : 명동에서 노자 · 장자 강의는 요즘도 하시는지요? 한 10년전부터 해오신 걸로 아는데 쭈욱 해오시면서, −저희들도 장자를 많이 봅니다만− 선생님께서 생각하시는 노자와 장자에 대하여 한 말씀 해주셨으면 합니다.

함석헌 : 명나라 때 태어났던 감산스님의 노자 해석본을 요즘 일본판으로 보았지요. 그리고 구마라즙의 번역이 왜 좋다고 하냐 하면, 그 글이 참 좋기 때문에 인심(人心)에 먹혀 들어갈 수 있었다는 겁니다.

구마라즙 번역이 좋다는 것은 그래서 그렇습니다. 그 영감 노자와 장자를 굉장히 좋아해요.

상덕 스님 : 노자와 장자의 학문이 현실적으로 실현 가능성이 있는 것인가요?

함석헌 : 실현이라는 것은 그렇지요. 실현이 보여야 실현이 되는 것은 아니지요. 아마 그대로 실현이 된다면 틀린 점이 많이 있을 겁니다.

중국이 지금 저렇게 내려왔는데, 공자와 맹자만 있고, 노자와 장자의 사상이 없다고 그래 보시오, 어떻게 되었겠나?

물론, 공자님과 맹자님도 자기 체험이 있는 분들입니다.

주역을 보면, 굉장히 생각을 깊이 하신 분이라는 것을 알 수 있습니다.

공자님은 중류사람들의 실천도덕, 일상생활에서 나날이 행할 수 있는 것을 가르쳐 준 분입니다.

어떤 제자가 "선생님, 죽음이란 무엇입니까" 하고 깊은 문제를 물으니, 공자님 대답이 "야, 산것도 모르는데 죽은 것을 알 수 있겠는가" 했습니다.

물론, 이에 대해 공자님이 몰라서 그러신 것은 아니고, 그 사람에게 가르쳐 주느라고 그렇게 했을 꺼요.

그러니까, 실천도덕은 그렇지만 그것만이 있었다면, 사람은 만족이 안되는거든요. 그래서, 노자 · 장자의 뜻을 그대로 옮긴 것은 아니지만, 도교라는 것이 있는 겁니다. 아마 중국 사람에게 도교가 없으면 중국사람 제대로 못살아 왔을 겁니다. 당대에 와서는 도교에서 경전도 만들어졌지요.

상덕 스님 : 불교, 기독교, 또 카톨릭 등 여러 종교들이 많은데요. 그 각 종교들이 서로 시대적으로 선생님 보기에는 타협적으로 이루어지지 않을까요? 어떻게 보십니까?

함석헌 : 그것은 이제 그럴꺼요. 언제가서 될런지는 몰라도, 지금은 옛날 어느 때 보다도 이렇게 매스컴 통신이 잘 되는, 참 좋지 않아요? 이제 옛날 처럼 다른 종교 배척은 못할꺼요.

옛날에는 서로 죽이고 그랬지만, 이제 그렇게야 하겠어요.

기독교에서는 자기네들이 부족한 것 불교에서 배우고, 불교에서는 자기네들이 부족한 것 기독교에서 배우고, 그래도 자기 특색은 있는 겁니다. 그런 것은 지켜도 좋아요.

난 간디가 옳은 사람이라고 생각합니다.

누가 간디 보고, 선생님 저도 저 힌두교도가 되겠습니다. 가르쳐 주십시오., 하니, 간디 말씀이, "너는 네 종교 믿어, 왜 내 종교 믿겠다고 그러니, 네 종교로도 갈 수 있으니, 굳이 개종해서 힌두교 믿을 필요가 있나" 그랬다는 겁니다.

나도 어떻게 되어서 어려서 우리 동네에 기독교가 들어왔으니까 그렇지, 안들어 왔으면 카톨릭이 되었는지 누가 알아요.

일단 그게 내 종교가 되었으면, 또 거기 충실하는 것은 마땅한겁니다.

그래서 종교는 결혼하고 마찬가지요, 결혼하기 전에는 어떤 여자, 남자를 만나도 괜찮은데, 일단 그 중에서 택한 사람이 있으면 그 사람에게 정절을 보여야지, 또다른 그건 못쓴다 그러니까, 장박사님이 두번 우는 것 봤습니다.

장박사가 나와 가까운데, 무교회 신앙으로도 그렇고, 장로교회 신앙으로 그렇고, 내가 근래 이러니까, 말을 안하지만, 염려를 많이 하신가봐.

아마 너무 저렇게 하면, 신앙을 잃어버리지 않을까. 그래서 그랬는데 년 전에 부산에 내려와서 누가 물어서 노자와 장자 얘기 하다가, 아무리 내가 노자, 장자 좋아한다 그러지만 내가 내 주님이라 한다면, 그게 예수님이지 다른데 또 있을리 있냐 하니까, 그때 장박사님이 우셨어. 너무 감격해서 두번 그랬어.

상덕 스님 : 장박사님은 누구신데요?

진오 스님 : 장기려(1911–1995) 박사님. 부산에서 유명한 의사.

함석헌 : 그러니까, 천생 이 세상이라는 데는 현실적으로 있는 거니까, 내가 영국에서 났으면 내가 영국사람이 됐겠지만, 여기 이나라에 태어난 다음에는, 어쩔 수 없이 내가 지고 나가는 거니까, 내가 여기 사는 동안에는 그걸 지고 나가는 거지.

또 그런걸 통해서 사람노릇 하는 거지. 어디를 가서 잘 살기 위해서 이걸 버리고, 버린다고 하는게 잘못이 있단 말이야.

그거 말고 다른 것이 어디 있나? 그러니까 여기서 보는거지.

진오 스님 : 그러면, 그건 일종의 운명론입니까?

함석헌 : 기계적으로 보면 운명론이지만, 거기다 뜻을 붙여보면 즉 하늘의 뜻이다. 그렇게 되는 거지. 부부살림이 사람을 고르는데 중심을 둔다면, 사람을 골라야 하는데, 그것을 고르는 재주가 없거든. 그건 이 세상이 그것을 고를 수 있게 되어 있지 않아서 그래요.

그러니까, 부모님의 말이나, 어느 선생님의 말을 참작을 해서, 가능하면 이 사람을 작정하는 게 중요한 문제지. 이게 이 우열이 없단 말이야.

부족하기는 다 마찬가지야, 이제 결혼에다 비유하면 그런건데 이제 종교에서도 인도사람은 구루라고 그러지 않아?

구루를 누구로 택하느냐 생각할 때 신중히 생각해야 하지만, 일단 택하고
나면 그이에게서 보도록 그래야지.

물론, 부득이 하다면, 또 그것도 버리고 다른 데로 갈 수 있지. 갈 수 있지
만, 그건 여간 불행한 일이 아니지.

진오 스님 : 지금 선생님께서는 나의 종교, 남의 종교 구분해서 말씀하시
지만 정말 참된 경지에 들어가면은 자기가 꼭 고집해야 할 종교자체도 아마
이렇게 사라질 수 있지 않나 그런 걸 느낍니다.

그러니까, 선생님의 그 고백은 우리 인생은 정업이다. 그렇게 받아들이는
측면에서는 옳으신데 정말 참된 경지에 들어가면은, 선생님께서 안들어 갔
다는 말은 아닙니다만.

예를들어 부처님 그때 당시 당신이 깨달았다고 하지만 그때 당신에게 불
교라는 종교 창시자라는 그런 의식은 없었을 것 입니다. 깨닫는 그 즉시에
는, 말입니다.

함석헌 : 그거야, 그거는 그분들은 다 그렇지

진오 스님 : 그러니까, 그런 점에서는 저는 지두 크리슈나무르티를 상당
히 존경합니다. 왜냐하면, 자기를 메시야로 키워 준 그 교단자체로부터 그
메시야 역할을 거부하고 그저, 맨 사람으로 이 지구촌을 다니면서 강연도
하고, 대화도 하고 그러시는게 참 좋게 보이더라고요.

대개의 우리는 종교라는 미명하에서 착취도 하고 생활방식은 일반사회인

과는 다르지만 그 맘은 세속적인 것과 다를 것이 전혀 없는 것 같아요.

함석헌 : 어느 사람을 다 같이 말할 순 없어요. 이제, 앞에서도 말했지만, 인도 식으로 하면 카르마가 있으니까, 제각기 제 까르마가 있으니까, 저는 저대로 누군가를 만나게 되어 있어요. 그런 의미에서는 예정설이 맞는 겁니다.

상덕 스님 : 많은 성인들 가운데에서도 인생문제를 궁극적으로 확실하게 이렇게 제시한 분이 있고, 또 어느 중간만 제시한 분도 있고, 그렇게 생각할 수도 있잖아요.

함석헌 : 그건 젊어서 그래요. 젊었을 때 이렇게 종교심이 나오니깐 나오는데 그땐 생각도 이렇게 하고, 책도 많이 보고, 될수록이면 결정하기 전에 생각 많이 해야지요. 어느 좋은 선생님이 계셔서, 그 인연으로 되면 참 좋고, 그러니까, 간디 같이 비범한 분에게 누가 묻기를 "선생님, 브라흐만을 직접 연구하면 어떻습니까?" 그러니까, "그건 그럴수만 있다면 물론 좋다. 하지만 그건 사람으로서는 절대를 직접 간다고 하는 것은 그건 어렵다. 그러니까, 제일 좋은 길은 아바타르 화신을 믿는 거지."

그러니까, 이 세상에 메시야라든지, 부처님이라든지 믿는거. 불교는 종교가 아니라, 철학이라 그랬지만, 어쩔 수 없이 신앙으로 오게 돼 있는 겁니다. 그러니까, 무량수경이 그런겁니다.

진오 스님 : 선생님께서 말씀하시는 그 신앙적인 태도는 박티, 신앙을 말

씀하시는 거지요. 그러나 불교는 정토사상만 있는 것이 아니고, 또 즈나나
의 길(반야바라밀)도 있거든요.

물론 종류로는 박티의 길도 있고, 까르마의 길도 있고, 즈나나의 길도 있
는데 선생님은 박티의 길만 말씀하시는 것 같아요.

함석헌 : 그렇지. 간디도, 바가바드 기타 이야기도 그런거니까. 바가바드
기타는 이거 옳다. 이거 옳다 그러는게 아니고 이건 이렇고 이건 이런데, 그
건 다 하나다. 어느 것이든지 다 살려서 그건 다 하나로 가는 길이다. 이렇
게 기독교도 그렇다 그런거지요.

진오 스님 : 그렇지요. 기독교도 박티의 길이라고 할 수 있지요.

함석헌 : 그렇지요. 이것도 믿음을 강조하는 거니까.

진오 스님 : 그런데, 제가 알기로 불교의 진면목은 즈나나의 도(반야바라
밀)에 있다고 봅니다.

함석헌 : 요즘 내가 바가바드 기타를 해석하면서 보면, 결국 마지막은 바
가바드기타와 기독교 신앙과 같은 거요.

진오 스님 : 그래도 제가 알기로는, 인도사상에서는 아바타르를 수많이
인정하고 믿는데 비해 기독교는 오직 단 한분의 아바타르 즉 예수만이 처음

이자 마지막으로 국한 시키는데 그 차이점이 있지 않나 싶습니다.

함석헌 : 그런데 그것은 절대계에 가서 이야기를 하면, 하나도 없고, 여럿도 없는 것입니다. 그러니까 그것만 깨우쳐 주면 되는 거요.

진오 스님 : 그러면 하나도 없고, 여럿도 없다면, '깨우쳐 주면 된다'고 하는 이는 누구입니까? 그것은 어떤 의미입니까?

함석헌 : 그러니까, 나이 많은 할머니에게 그런 신앙 가지고는 못갑니다, 라고 그럴 필요가 없다는 겁니다. 여기서 조금이라도 선한 일을 하면서, 이렇게 보시라도 하나 행하면 극락에 가게 될 것이다, 그렇게 믿게 하면 됩니다.

진오 스님 : 현실적으로 기독교인들이 잘하는 전도의 과잉의식, 도전적이고 광신적인 여러 현상들을 의식해서 묻는 건데요,
수많은 아바타르에 대한 신앙을 가진 사람과 단 하나의 아바타르를 신앙하는 사람들중에 어느 쪽이 더 결과적으로 병폐가 있겠는지, 선생님은 어떻게 보십니까?

함석헌 : 예수님은 그런 경우에 이렇게 말씀하셨어요. 아버지께서 내게로 오기를 허락해 준 사람만을, 내가 끝까지 지켜 볼 겁니다. 모든 사람들이 다 온다, 그렇게는 안했습니다.

진오 스님 : 조금전에 선생님께서는, 절대계에서는 여럿(多)도 없고, 하나(一)도 없다는 경지의 말씀을 하셨는데, 저는 절대계라는 것에 대해서, 그런 것은 본래 없는 것이라고 봅니다.

불교에서 터득한 제 안목으로는, 예수님이 따로 지켜서 건질 중생이 어디 있고, 중생이 의지할 예수라는 것이 어디 있는 겁니까? 그거, 다 실체가 없는 환상이라고 보는데 어떻습니까?

함석헌 : 그 자리에 가기는 사상으로는 가능한데, 실지로 그 자리에 가기는 참으로 어렵습니다.

글쎄, 부처님, 예수님 그런 분들은 아마 그 자리에 갔다 그러지. 그러니까 우리가 믿고 그러지요.

그리고 그 다음의 사람은, 감히 그 자리에 갔다 그럴 수는 없어요. 하지만 믿을 수는 있어요. 그러니까, 우리 기독교에서도 행함으로 구원 얻는게 아니라, 믿음으로 구원 얻는다고 그러지요.

진오 스님 : 그것은 바울(15-67)의 말씀이지요.

함석헌 : 본래 예수의 뜻이 그러니까, 바울이 많이 강조 했지요. 내 소리라는 것도, 그것도 결국 그것을 깨달은 소리입니다.

(이 원고는 1985년 3월에 함석헌 옹의 자택에서 있었던 대화의 내용을 녹음 테이프로부터 옮긴 것입니다.)

■ 함석헌옹을 마지막으로 병문안 하고 와서

영원한 생명론이나 하나님의 존재에 대한 신앙심(망상)이 없이도 평온하게 죽음을 맞이할 수 있는 사람이야말로 정말 도인이라고 여겨진다.

그런데 서울대 병원에서 담도암으로 투병을 하고 있었던 함석헌 선생은 죽음 앞에서 독실한 기독교 신앙심을 고백하면서도 너무 힘들게 죽어가셨다.

나는 함석헌(1901. 1. 23 –1989. 2. 4) 선생의 이런 모습을 바라보며, 마음속으로 삶과 죽음의 기술은 아무리 배워도 지나치지 않다는 속담을 생각해보았다.

그리고 말콤 드 샤잘(1902–1981)이 절묘하게 표현한 “죽음은 영적인 항문에 가해지는 강력한 압력에 배설하려는 영혼의 장(腸) 운동이다.” 라는 말도 상기해보았다.

■ 뜻대로 되지 않은 함석헌 선생의 유언

2008년 1월 중순에 출판일로 현대불교신문사에 갔다가 볼일을 끝내고 일부러 함석헌 선생이 살던 집(서울시 용산구 원효로 4가 70번지 씨알의 집)을 찾아가보니 옛날의 흔적은 하나 없고, 그 자리에 4층 연립주택이 들어서 있었다.(내가 씨알의 소리사에 갈 때마다 항상 감동받는 족자의 글은 ‘씨알은 죽지 않는다’ 라는 김조년 님의 붓글씨였다. 그 족자의 서예글씨는 지금 어디에 있을까?) 외국인이 함석헌 기념사업회 재단에 와서 함석헌 선생님의 자택(원효로 씨알의 집, 또는 한국민주화 투쟁의 성소(聖所))을 보고 싶다고 할 때 그들을 어떻게 대할 것인가?

함선생의 유언은 자택을 남강재단 오산학교에 관리해달라는 의미로 기증

한다는 것이었다. 그것은 이 집을 오산학교에서 사후 잘 관리해달라는 의미이다. 그런데 오산학교는 함선생의 깊은 뜻을 알지 못한 채 집을 팔려고 해서 가족들이 1억 8천만원에 샀다. 그런데 가족들이 이 집을 기념사업회에 기증하지 않고 다시 4억5천만원에 팔아먹었다.

당시 함선생님의 자택 총매매가는 4억 5천만원.

이 중에서 첫째 사위 장기홍 님은 9000만 원 내고 2억 5천만 원을 차액을 벌었고,

둘째 사위 최진삼 님은 3천만 원 내고 7천만 원 벌었고,

함우용 아드님은 6천만 원 내고 1억 2천만 원 벌었지만 아드님은 기념사업회에 돈을 모두 내어놓았다.

그런데 함석헌 선생님의 사위들은 한 푼의 돈도 《함석헌 기념사업회》에 내어놓지 않고 모두 꿀꺽 삼켜먹은 상태이다. 《함석헌 기념사업회》회원들은 이 문제에 대해서 어떻게 생각하는가?

나는 어릴 때부터 함선생님 집을 들락거리며 장기홍 님, 최진삼 님, 함우용 님을 존경해온 분이다. 왜냐하면 장기홍 님은 소로우의 시민불복종론을 번역하실 정도로 분별력이 있는 분이고, 최진삼 님은 최응일의 아버님으로 정의감이 매우 강하신 분이다. 하지만 함선생님 자택 처리문제는 잘못 하셨다.

그러므로 내 말의 요점은, 당시 집을 팔아서 챙긴 차익금을 지금이라도 모두 《함석헌 기념사업회》에 무조건 내놓으라는 것이다. 나는 함선생과는 아무런 혈연적 관계에 있는 자는 아니지만, 그래도 함선생님의 씨알 자격으로 이 말을 한다.

■ 함석헌 옹의 묘지가 이장된 것에 대하여

함석헌 옹의 묘가 4.19 국립묘지가 아니라 대전 국립묘지로 이장한 것은 역사의식이 부족한 사람의 짓이다.

■ 함석헌 기념사업회에 함석헌 기념관이 없다

《함석헌 기념사업회》건물에 함석헌 기념관이 없다는 것은 무엇을 의미하는가?

함석헌 기념사업회가 지금 할 일은, 함 선생의 사상에 관해 세미나 열고 강연회 열면서 교수들에게 돈벌이 또는 취미생활이나 소일거리 하게 하거나, 학생들의 석박사 학위논문 작성으로 함선생 사상을 박제화하는 일이 아니라 함석헌의 노자강의 같은 미발표 원고나, 함석헌 육필원고 전집, 또는 함석헌의 책 영어번역 작업 등을 기획 출판하는 일과, 함석헌 기념관을 만드는 것이다.

내가 왜 이런 이야기를 하는가 하면, 나는 함 선생님의 친필 원고라든지, 붓글씨라든지, 성서 조선 원본 잡지라든지 기증할 물건들을 조금 가지고 있는데, 이 물건들을 기쁘게 기증할 단체나 사람이 없기 때문이다. 함석헌 선생님의 수많은 지인들도 마찬가지 일 것이다.

제 4부

서구 사상가들의 명제에 대하여

&

F.니체의 말이다. "나는 왜 이리도 똑똑한가? 나는 왜 이리도 좋은 책을 쓰는가?" 바로 이것이다! 특히 작가에는 이런 자기도취가 필요하다. 그런데 두뇌는 왜 이런 자아도취로 자신을 착각하게 만드는 것일까? 일을 끝까지 하게 만드는 에너지 자가충전(自家充電) 때문일까?

석진오

&

"한 사람이 어떤 철학을 선택하는가는 그 사람이 어떤 종류의 사람인가에 달려 있다."

J.G.피히테(1762−1814)

대학교 강단 철학교수란 독창적인 사상가들을 빨리 발견하고 그의 작품을 정밀하게 해부하고 재조립하는 모방응용의 전문기술자라는 사실을 인정해야 할 것이다. 그러므로 대학교의 철학 교수는 외국보다 자국의 천재들을 빨리 발견하고 해외 소개하며 수출하는 일에 인색해서는 안된다. 열정적인 출판인들의 역할도 마찬가지다.

생각건대, 2009년 4월 현재 세계 33위인 한국의 국가브랜드 순위를 2013년까지 15위로 끌어올리려면, 정부에서 국가브랜드 위원회를 설치해서 한국의 먹거리를 선전하는 것 보다 우선 한국인들의 인문학적인 정신과 사상의 수준을 하루 빨리 해외독자들에게 세련된 언어 문자로 선보이는 것이 바람직한 방법이다. 모름지기 인문학의 힘은 깊은 사상의 절묘한 표현능력에 있다. 한국에는 현재 세계적인 영향력을 주도하는 어느 학파의 수장이 되는 현대 철학자가 단 한명도 없다.

중국은 예부터 일부러 가짜 경전을 저작하고 제작하면서 중화제일주의를 세련된 표현으로 집중적으로 선양하고 있는데, 한국인은 중국인과 일본인에 비해 너무 순진하고 고지식해서 학연과 지연이 없는 사람에게는 무정하고, 서로 연대 협력할 줄 모른다. 물론, 현대 한국인은 여전히 애국심과 효심이 강하고, 동양의 미덕인 겸손함 즉 자기를 내세우지 않고 뒤따라가는 능력에 뛰어나고, 또 어느나라에서든 생활의 적응력도 강하고, 또 정이 많은 만큼 시기 질투심도 강하고, 경쟁적인 학습 능력에도 매우 뛰어나다. 그러나 매사에 진지하고 심각하고 심오한 자기 개인만의 독창적인 철학이 없고, 또 이런 철학이 대중적으로도 가치와 인기가 없다. 왜냐하면 주로 돈 잘

벌고, 잘 먹고, 잘 놀고, 편안하게 뒤따라가는 행복의 도에만 익숙한 낙천적인 민족이기 때문이다. 그래서 그런지 리처드 플로리다가 조사한 바에 의하면, 한국인 일인당 창조지수(Creative Quotient)는 세계 40개국에서 38위로 매우 낮은 수준을 면하지 못하고 있는 것이다.

그러나 이제는 달라져야 한다. 만약 달라지지 않는다면, 한국이 국제사회에서 아무리 돈을 많이 벌어도 미국과 일본과 중국과 러시아와 조선민주주의 인민공화국(북한)의 영향력에서 한 발짝도 나아가지 못할 것이다.

현재 한국은 경제력 수준과 달리 군사적으로는 미국과 일본의 통제력 때문에 약소국이다. 그러나 우리들의 몸과 정신 속에는 학제적으로 원융회통하는 불교계 원효와 유교계 율곡과 기독교계 류영모와 함석헌의 피가 흐르고 있다. 이제 모든 분야가 하이브리드(잡종)인 시대가 왔다. 그러므로 이제는 한국에서도 현대적인 세계 사상가들이 많이 출현하는 원인과 조건들이 힘을 얻어야 한다고 생각한다. 그러므로 이제 외국으로부터 철학사상 수입만 하지 말고, 앞으로 국내에서도 문학적인 사상서들을 많이 만들어 번역 수출할 생각도 해보시기를!

동양적인 미덕인 겸손함을 뒤에 던져 놓고 우스개말로 스스로 자아도취적인 예를들면, 내 책들은 모두 한글이 원서다. 그래서 학생들이 힘들게 시간을 들이며 번역할 필요도 없다. 한글만 알아도 충분히 텍스트로 삼을 수 있는 책이기 때문이다. 그런데 왜 한국 인문학계 대학교수들은 내 책이 꼭 유럽(특히 프랑스와 독일)에서 히트를 치고 그 곳에서 인정과 권위를 받아야만 비로소 알게 될까? 나는 웃으며 말한다. 내가 세계적인 사상가가 되기 전에(즉, 해외선진국에서 어떤 똑똑한 독자가 내 사상의 소유권을 만들어내기 전에)

미리 국내에서 선견지명으로 나를 빨리 발견하고 주목하여 투자하는 셈치고 평소 공부를 챙겨두시기를 바란다. 내 책은 내 책을 소개하는 사람을 결코 쪽팔리지 않게 할 자신이 있다. 즉, 내 사상은 국제무대에 내놓아도 얼마든지 경쟁상품이 될 만한 성격과 힘과 박학다식과 통찰과 열정이 있다. 이것은 잘난 체하거나 교만이 아니라 사실을 그대로 말하는 것이다. 그러니 지금 내가 국제무대에서 무명의 사상가로 평범할 때 미리 투자하는 셈치고 공을 들여 연구해두면 장차 큰 기쁨과 보람이 있을 것이다. 미소.

나는 예부터 고난이 많은 한국의 역사 속에서 살아온 보통의 한국인답게 평소 낮은 자존감과 네거티브 나르시시즘(자기 부정적인 자아도취)에 시달리는 자기비하와 열등감이 많은 사람이다. 그런데 이런 내가 마치 "나는 나자신을 찬양하고, 나를 위한 노래를 부른다."라는 월트 휘트먼의 말처럼 높은 자존감과 포지티브 나르시시즘(자기 긍정적인 자아도취)을 드러내는 것은 니체처럼 정신병 초기 징후일까? 아니면 정말 전업적인 사상가라서 이런 말을 하는 것일까? 아니면 나의 강한 자기보존 본능의 집착에서 이런 말을 하는 것일까? 아니면 완벽하게 혼자인 자가 느끼는 영적인 생식의 불확실한 미래 때문일까?

■ 사자의 길: 홀로 서는 용기

나는 그 동안 아는 사찰, 아는 스님, 불교계 소식들을 일부러 멀리하며 지낸 지가 오래 되었다. 나는 모든 관념에 걸림이 없는 자유인으로 살고 싶다.

이제 나는 제법 서구적인(개인적인) 의미로 사상가의 길을 걷고 있는 것 같다.

■ 사상가의 길

사람들이 사상가를 경이원지(敬而遠之; 공경은 하지만 멀리함)하는 것은 이해한다. 왜냐하면 원래 스승이란 존경은 하되 가까이는 할 수 없는 것이기 때문이다. 그래서 스승의 길은 외로운 길이다.

그리고 사상가의 길은 인식(認識)의 전사(戰士)로서 고독장군(孤獨將軍)이 가는 길이기에 더욱 외로운 것이다.[24]

■ 부처(깨달은 자, 또는 아는 자)의 고독한 자아

외로움과 고독은 서로 다른 것이다. 왜냐하면 외로움에 깊이가 생겨날 때 비로소 고독이 무엇인지 체험할 수 있기 때문이다.

여기서 '깊이'란 자아의 지적 깨달음과 특출한 개성을 의미한다.

■ 정말 필요한 것은 그렇게 많지 않다

안토니 가우디(1852,6,25-1926,6,10)는 "자 두 개와 줄 한 개만 있으면 모든 건축이 가능하다."고 말했다.

나도 볼펜과 종이만 있으면 언제 어디서나 니체와 비트겐슈타인의 메모 같은 글쓰기가 가능하다.

---

24) 옛 중국(명나라)의 화가 서위(1521-1593)의 묵포도도(墨葡萄圖)에 다음과 같은 문구가 있다. "반평생 헛되이 보내고, 이제 노인이 되어 밤바람이 윙윙거리는데 나 홀로 서재에 서 있다. 내 붓에서 나온 진주는 팔 곳이 없으니 덩굴사이에나 흩뿌려놓을까." 요즘의 내 심정이다.

■ 본지풍광의 삶

칸트(1724-1804)의 말이다. "우리는 철학(진리의 명증성에 관한 것)을 배울
수 없다. 왜냐하면 철학이 어디에 있는지, 누가 철학을 소유하는지, 무엇에
의해서 철학임이 인식되는지 우리는 알 수 없기 때문이다. 우리는 단지 철
학하는 것을 배울 수 있을 뿐이다."

비트겐슈타인(1889-1951)도 다음과 같이 썼다. "철학은 학설이 아니라 탐
구활동 바로 그것이다."

석가모니의 불교도 마찬가지다. 불교는 학설이나 관념적인 지식이나 이
론 체계가 아닌 일체개고(一切皆苦; 모든 대인관계는 자기 뜻대로 되지 않는다는
것), 제행무상(諸行無常; 모든 것은 다 지나간다는 것), 제법무아(諸法無我; 영원
한 존재는 없다는 것)이 나타나는 본지풍광(本地風光)이다.

그리고 생각건대, 불교를 공부한다는 의미는 곧 자기를 조리있게 잘 설명
하거나, 창조적으로 표현할 줄 아는 방법을 배운다는 것을 뜻한다.

■ 칸트의 취미판단과 니체의 취미변화

칸트의 취미판단(기분이나 감성과 연결되어있는 주관적 판단)과 니체의 취미
변화.

니체는 《차라투스트라》에서 "삶이란 취미와 기호(嗜好)를 둘러싼 다툼이
다." 라고 말했다. 취미와 취향을 알면 그 사람은 거의 파악이 된 셈이다.

나의 취미판단은 판단취미이다. 그리고 내 판단취미는 비평이다.

즉, 불교든, 도교든, 기독교든, 이슬람교든 종교란 일종의 취미 판단의 문
제일 뿐이라고 여겨질 때가 있다. 서양철학과 동양철학에 대한 기호와 취미

판단도 마찬가지다.

■ 역행적인 사고방식

남들이 중시하는 것을 경시하고, 남들이 경시하는 것을 중시하는 나의 취미판단은 어디서 생겨나는 것일까?

■ 칸트의 선험적 인식과 후천적 인식에 대하여

내가 이해하는 인간의 선험적 인식이란 인간의 유전자 노트에 입력되어 있는 대로 작용하는 것을 의미한다.

그리고 후천적 인식이란 자기가 처해있는 환경조건과 의식상태와 내용 (즉, 생각, 인상, 기억, 아이디어, 환상, 기분, 느낌, 감정, 자극 등)으로 유전자를 새롭게 조합하고 개선하는 것을 의미한다.

■ 칸트 목사의 철학

"신앙을 위한 자리를 확보하기 위해 지식을 포기해야만 한다."고 《순수이성비판》의 머리말에서 주장한 칸트의 철학은 철학이 아니라 신학이다.

■ 내가 비트겐슈타인의 글보다는 니체나 시오랑의 글을 좋아하는 이유

아무 것도 아닌 사유에 무슨 대단한 경지가 들어 있는 것처럼 난해한 문장을 구사하는 비트겐슈타인의 글보다는, 신경성 질환에 시달리는 듯한 니체의 글이나 허무주의자인 에밀 시오랑의 글이 더 좋다.(여기서 좋다는 말은 나에게 적합하다는 뜻이다.) 니체나 시오랑의 글 속에는 나와 똑같은 사람이 있다. 그 체취(體臭)가 익숙하다.

■ 동기감응 유유상종(同氣感應, 類類相從)

지적인 자극을 느끼려고 무진 애를 써보아도 잘 감응이 되지 않는 괴테와 도스토예프스키와 니코스 카잔차키스와 원효의 불경 주해와 릴케의 시어들과 유럽의 현대 프랑스 철학자들.

이에 비해 니체와 비트겐슈타인과 버나드 쇼와 에밀 시오랑과 롤랑 바르트의 '사랑의 단상'은 그냥 책을 펴서 아무 대목이나 읽어도 저절로 쉽게 감응(Empathic understanding)이 잘 되고, 또 매우 강한 지적 자극을 받는다.

■ 나와 니체

대개의 경우 서양철학자들의 문체는 난해하고 지루하다. 마치 건조한 철학사전을 읽는 기분이다. 그런데 니체는 다르다. 내가 니체의 문체에 매력을 느끼는 것은 그의 이성과 감성이 격렬하게 섞여서 내 영혼의 입맛에 깊은 자극을 주기 때문이다. 바로 이러한 이유에서 니체의 철학은 내게 심오한 섹스이다. 그런데 니체의 그리스 로마 신화관, 그의 역사관, 그의 기독교관은 나의 사상과 정반대의 관점을 보여준다.

그러면 우리는 즉시 헤어져야하는가? 아니면 서로 다투면서 계속 함께 살아야 하는가? 미소. 니체와 진오가 똑같이 좋아하는 헤라클레이토스는 다음과 같이 말한 바 있다. "서로 투쟁하면서 함께 간다. 각기 다른 길을 가면서 가장 아름다운 결합을 이룬다."라고.

■ 니체 사상의 핵심에 대하여

니체가 주장한 허무주의는 기독교의 신(神)이 부재(不在)한다는 사상과 똑같은 말이다.

그러나 불교의 허무주의는 이와 달리 제행무상(모든 존재와 현상은 변한다는 것)과 똑같은 말이다.

즉, 니체의 허무주의는 사신신학(死神神學)이다. 그러나 불교의 허무주의는 '모든 것은 변한다' 는 법을 의미한다.

그리고 니체의 능동적 허무주의도 일종의 신학이다. 왜냐하면 니체는 신 대신 초인을 만들어냈기 때문이다.

그리고 니체가 비판하는 불교의 소극적 허무주의론은, 불교에 대한 그의 지식이 편협하다는 사실을 드러낸다. 왜냐하면 불교의 허무는 허무가 아니라 그 명칭이 허무이기 때문이다. 무슨 말인가 하면, 부처는 브라만과 아트만을 적극적으로 단호하게 부정했지만, 후기 대승불교는 후득지(後得智; 무아 공성의 깨달음을 얻은 이후의 타인에 대한 자비로운 상호의존적인 지혜)를 적극적으로 주장하고 실천해오고 있기 때문이다.

니체의 사상의 전략은 그리스 로마 라틴어 문헌학이라는 니체 자신의 아집(즉, 자신의 전공과목, 기준, 관점, 시각)을 벗어나지 못했다. 즉, 니체는 고대 그리스인들의 다신(多神)적이고 초인(超人)적인 문명의 숭배자였기 때문이다.

이에 비해 부처와 나는 아집(중심, 집착점, 생각의 밧줄, 전공과목)이 없다. 왜냐하면 지구상의 모든 인류 문명은 수많은 원인과 조건에 의해 생성하고, 발전하고, 쇠퇴하고, 멸망하며, 순환 반복하는 것일 뿐이기 때문이다.

■ 니체의 차라투스트라에 대하여

내가 F.니체(1844-1900)라면, '차라투스트라'라는 이름보다 '부처(buddha)'라는 이름을 정직하게 사용했을 것이다.

그러나 F.니체는 부처라는 이름을 사용하지 않았다. 왜냐하면 F.니체는 용기가 없었기 때문이다.

이에 비해 H.헤세(1877-1962)는 《싯달타》라는 이름으로 노벨문학상을 받은 바 있다. 니체보다 헤세가 더 정직한 셈이다.

F.니체 사상의 내용을 겉으로 언 듯 보면 매우 복잡하고 난해하다. 왜냐하면 자기가 그동안 읽은 모든 사상을 한권의 책속에 모두 섞어 놓았기 때문이다. 그것도 은유적으로. 아주 애매하게.

그러나 나는 어린이처럼 단순한 눈과 마음으로 말한다.

F.니체는 부처의 사상을 훔쳤다. 그런데 이 사실을 숨기기 위해 그는 부처라는 이름보다는 차라투스트라라는 이름을 차용했다. 마치 니체사상이, 인도 브라만 신의 부재(不在)와 아트만의 무자성(無自性)을 선포한 부처보다는, 철저한 유신론자인 고대 페르시아의 예언자 차라투스트라와 무슨 관계가 있는 것처럼! 하지만 이것은 니체가 독자를 기만하는 것이다. 특히 한국의 독자는 차라투스트라의 생애와 사상의 성격에 대해 전혀 모른다. 요점만 말한다면, 차라투스트라는 초인이 아니라 아후라마즈다라는 유일신을 주장하는 자기 종교의 예언자일 뿐이다. 이에 비해 부처는 신 없이 자기를 극복한 자이고, 보통 인간성을 넘어서 버린 자이다. 즉 니체의 위버멘쉬(Overman)이다. 그런데 왜 니체는 차라투스트라 대신 부처라는 이름을 사용하지 않았는가? 그것은 니체가 자기가 도둑질 한 것을 들키지 않고 독자

에게 비싸게 팔아먹으려는 야비하고 교활한 면이 있는 사상가였기 때문이다. 그것은 창조행위가 아니다. 그리고 니체가 "살아가기 위해 거짓말이 꼭 필요하다는 사실은 인생의 잔인한 측면이다." 라고 말해도 소용이 없다. 그는 이미 잘못을 한 것이다.

나는 말한다. 유신론에 익숙한 서양인 독자들의 눈은 속여도 (오천년의 역사적 유전자를 가지고 있는) 한국인인 나의 눈을 속일 수는 없다. 왜냐하면 나는 불교사상 전문가이기 때문이다.

즉, 나는 때와 장소를 가리지 않고 내 '물건(불교라는 물건)'을 너무나 잘 안다. 왜냐하면 이것은 평소 내가 익숙하게 사용하는 물건이기 때문이다. 그런데 F.니체가 훔친 불교의 물건들은 극히 일부분이다. F.니체가 모르는 불교는 아직도 무궁무진하게 남아 있다. 고로 니체사상의 후손들은 이 사실을 니체 대신 자백하고, 앞으로는 보다 더 교묘한 도둑질을 해야 한다.

나는 귀한 가치를 아는 도둑들에게도 순진하다. 그리고 나는 가지고 있는 것이 너무 많다. 그래서 나는 이 불교라는 물건을 닥치는 대로 낭비한다. 마치 누구에게나 무료로 나누어 주는 선물처럼!

F.니체가 M.하이데거, 질 들뢰즈 이하 수많은 현대 서구 사상가들이 말하는 모든 것 이상이 한국 불교에 아직도 무진장 남아있다. 그리고 이 무진장은 한국불교의 비밀창고에 보관되어있는 것이 아니라 한국인 모두 어디서나 누구나 산소처럼 사용하는 너무나 흔한 무진장(無盡藏)이다.

그러므로 니체사상의 서구 후손들은 먼저 한국에 와서 한국불교사상을 막집어가기를 바란다. 여기서 임자는 먼저 집어가는 자가 임자다. 물론, 고대와 중세의 중국불교 사상도 마찬가지다.

이제 불교가 서구철학자들이라고 하는 대단히 세련된 언어 문자 디자이너들, 또는 사상의 편집자들의 손에 들어가는 날 불교는 또 새롭게 거듭 태어날 것이다.(하지만 이런 말을 하는 나는 지금 우리 한국인들의 발아래 보물이 있다는 사실을 지적하고 있다.)

■ 똑같은 정신의 영원한 반복

F.니체가 여기 저기 떠돌며 메모하는 방식의 글쓰기를 하고 있을 때, 내 영혼은 어디에 있었을까?

그리고 지금은 반대로, 내가 여기저기 떠돌며 이렇게 메모하는 방식의 글쓰기를 하고 있을 때, F.니체의 영혼은 어디에 있을까?

■ 니체가 불교에서 훔쳐간 사상들

기독교의 유일신 관념과 직선적인 시간과 존재에 젖어 있는 서양인들에게는 F.니체가 주장한 '영원회귀'라는 단어가 매우 난해하고 신비하게 들릴 것이다.

그러나 이 개념도 F.니체가 불교에서 훔친 것이다. 즉, F.니체의 영원회귀론은 불교에서 기본적으로 일상적으로 말하는 '인연법의 영원한 순환'을 의미하는 것이기 때문이다.

그런데 F.니체가 훔친 불교는 극히 일부분이다. F.니체가 모르는 불교는 아직도 무궁무진하게 남아 있다. 우리는 이것을 현대 서양 철학자들에게 계몽(enlightenment)시켜주어야 한다. 불교의 목표는 해탈(즉, ~으로부터의 자유와 ~무엇에로의 자유)을 완성하는 데 있다.

■ 사상가가 글을 쓴다는 것

L.비트겐슈타인은 "사유(思惟, Speculate)에도 경작할 때와 수확할 때가 있다. 매일 글을 많이 쓰는 것은 나에게 만족을 준다."고 썼다.

이제 나도 지천명(知天命)의 나이가 되었으니 독창적으로 무르익은 글을 써서 남에게 보여줄 때가 된 것 같다.

■ 나의 사상의 시작

내 사상은 기존의 모든 사상적인 고정관념(고정되어 있는 사고방식)에 대한 도전적인 질문에서 시작한다.

■ 이미 죽어있는 명제

나는 장전된 총을 들고 명제 앞에 다가간다.

그러나 명제는 나를 두려워하지 않는다.

왜냐하면 명제는 살아 있는 것이 아니기 때문이다.

■ 종교와 철학의 차이

종교는 무조건 믿음과 헌신적인 봉사에 기초해 있는 것이지만, 철학은 올바른 의심과 명확한 질문에 기초해 있는 것이다.

■ 담론을 활기 있게 하는 것은

상대방을 무기력하게 만드는 완벽한 논리적 평론보다는, 상대방을 지적으로 활기 있게 만드는 열정적이며 심오하고 집중적이며 자극적인 평론이 더 좋다. 마치 섹스처럼.

■ 헤라클레이토스의 명제에 대하여

헤라클레이토스(540~480.B.C.E)의 말이다. "많이 배웠다고 해서 깨닫는 것은 아니다."

그러나 배운 것이 없는 사람이라고 더 잘 깨닫는 것도 아니다.

인생이란 시행착오다. 그러나 이 시행착오를 더 나은 것으로 변형시키는 것은 많은 배움과 깨달음이 있어야 한다.

■ 헤라클레이토스의 투쟁에 관한 명제에 대하여

헤라클레이토스(540~480.B.C.E)의 말이다.

"투쟁은 만물의 아버지요, 모든 존재의 왕이다. 투쟁은 어떤 것을 신으로 만들고, 어떤 것은 인간으로, 또 어떤 것은 노예와 자유인이 되게 한다."

이렇게 모든 것이 투쟁에 의해 비롯되는 것이라면, 인간은 평생 마르크스와 레닌과 모택동과 김일성처럼 투쟁만 해야 하는가?

■ 내가 동서양 고대와 중세의 신비주의 책들을 좋아하는 이유

칼 마르크스의 책에서는 지적인 상상력의 자극을 얻을 수 없다. 왜냐하면 오로지 계급간의 치열한 이해타산적인 전투와 선동과 정치혁명적인(실천적인) 구호만이 있기 때문이다.

이에 비해 동서양 고대와 중세의 신비주의자들의 책에서는 수많은 지적인 자극을 많이 받는다.

특히 부정적 신비주의(Negative Mysticism)에서.

■ 헤라클레이토스의 명제에 대하여

헤라클레이토스(540~480.B.C.E)는 "아무도 똑같은 강물 속으로 두 번 들어
갈 수 없다."고 말했다.

아니다. 수 천 번 들어가 보아도 똑같은 강물이다.

모든 현상과 존재도 마찬가지다.

■ 멜리소스의 명제에 대하여

멜리소스(B.C.E.400년경)의 명제다. "허공은 전혀 실재하지 않는다. 왜냐하
면 허공은 아무것도 아닌 것이기 때문이다."

하지만 이것은 진리의 명제가 아니다. 허공이야말로 모든 존재의 근원이다.
왜냐하면 허공(또는 통일장)이 없다면 그 어떤 것도 있을 수 없기 때문이다.

■ 멜리소스의 명제에 대하여

멜리소스(B.C.E.400년경)는 "만약 그것이 무한하다면 하나이다."라고 말했다.

그러나 만약 무한한 것이 하나라면, 무한한 것은 이미 무한한 것이 아니
다. 왜냐하면 '무한한 것은 하나' 라고 그가 설정해버렸기 때문이다. 그러므
로 정말 무한한 것이 되려면 이 하나도 없어져야 할 것이다.

■ 왜곡된 헤라클레이토스, 외로운 헤라클레이토스

헤라클레이토스의 통합적이고 전체적이고 순환적이고 연결적인 논법을

이해하지 못한 소크라테스와 플라톤은 얼마나 어리석고 반철학적인 인물들인가!

■ 생활사의 성격이 비슷한 사람들

생활사(生活史)의 성격이 비슷한 사람들.

피타고라스(570-490.B.C.E)와 구르지예프(1872-1949).

■ 똑같은 이야기

석가모니(623-544.B.C.E)의 전생담과 피타고라스(570-490.B.C.E)의 윤회론은 똑같은 이야기이다.

그런데 니체도 '똑같은 것의 영원한 반복' 을 주장한 바 있다.

생각건대, 사상에도 창작은 없다. 모방응용이 있을 뿐이다. 그리고 계속 되먹이며 반복하면서 발전을 도모하는 피드백이 있을 뿐이다.

■ 신비주의자들의 은유

피타고라스(570-490.B.C.E)가 코사 강을 건너고 있을 때, 강이 그에게 인사말을 했다든가, 매 맞고 있는 개가 전생의 자기 친구였다고 말한 것은 은유다.

■ 은유의 효능

비유와 은유는 생각하는 능력을 키워주고, 상상력을 키워 준다.

■ 에피쿠로스와 사드

에피쿠로스(342-270.B.C.E)의 쾌락주의는 지극히 합리적이고 건전하고 이상적인 것이다. 이에 비해 사드(1740-1814)의 쾌락주의는 향략적이고 사치스럽고 방탕하고 이기적인 쾌락주의로 정신병 환자의 쾌락주의다.

사실 사드의 가학증은 전형적인 정신병(이상심리)의 특징을 모두 보여주고 있다. 이에 비해 에피쿠로스의 쾌락주의는 차라리 윤리학이라고 말해도 될 정도이다. 즉 에피쿠로스의 쾌락주의는 명료한 이성의 사고력, 올바른 분별력과 판단력, 중화의 절제력에 입각한 가장 이상적인 쾌락주의 이다.

■ 제논의 명제에 대하여

제논(489-420.B.C.E)의 명제다. "날아가는 화살은 날아가지 않는다."
그런데 왜 화살(또는 총알)을 맞는 동물은 죽는가?

■ 제논의 명제에 대하여

"모든 것은 운동하지 않는다."는 것이 제논의 명제다.
그러나 나의 명제는 다르다. "가장 고요한 존재(공성, 통일장)조차 운동이다."

■ 실제의 이빨보다 언어 문자의 이빨이 더 아프다

아리스토텔레스는 "단어 〈개〉는 물지 않는다."고 말했다.
아니다. 단어 〈개〉는 실제의 개보다 더욱 집착적으로 치명적으로 물어뜯는다.

■ 너무 지나친 중도의 불균형

아리스토텔레스는 "모든 일에서 중도를 택하라."고 하였다.

그러나 중도도 너무 지나치면 조화가 아니라 부조화를 초래한다.

■ 중도에도 집착하지 마라

중도에 집착하는 자는 양극단에 집착하는 자와 똑같다.

■ 학력보다 중요한 것은 심력(心力)이다

아리스토텔레스(384~322.B.C.E)는 "교육받은 사람과 교육받지 못환 사람의 차이는 산사람과 죽은 사람의 차이만큼이나 큰 것이다." 라고 말했다.

그러면 시간당 300달러 임금을 받는 사람은 산사람이고, 시간당 7달러 임금을 받는 사람은 죽은 사람이란 말인가?

아리스토텔레스는 대체 생자와 사자를 어떻게 이해하는 자인가? 물론 학벌이 높을수록 임금은 많이 받는다. 그러나 학벌이 낮아도 얼마든지 부귀해질 수 있다는 점도 강조해야 한다.

그리고 학교교육을 받지 않은 전세계 성현군자는 고대사회에서 오늘날에 이르기까지 수두룩하다. 그러므로 문제는 아리스토텔레스가 이런 고정관념의 말을 함으로서 학벌 있는 자와 학벌 없는 자 사이를 인위적으로 구조적으로 운명적(karmic)으로 차별하여 불평등사회를 고착화해서는 안된다는 것이다.

모든 사람은 지적인 유전자를 갖고 있다. 그리고 학교 교육자와 교육정책 그리고 이들에게 임금을 주는 국가 정부는 신이 아니다. 그러므로 학교교육을 받는 문제는 앞으로는 자유로워야 한다. 왜냐하면 참 교육은 곧 자기교육이며 자기교양을 의미하는 것이기 때문이다.

"교육은 너무 중요해서 학교 교육자들에게만 맡겨 둘 수는 없다."는 프랜시스 케펠(1916-1990)의 말이 생각난다.

■ 모방인용의 역사가 이루어내는 것

이형기(1933-)선생은 말하기를 "영향을 받는다고 두려워 할 까닭은 조금도 없다. 영향을 두려워할 만큼의 허약한 정신은 아무 것도 창조해내지 못한다. 겨우 모방꾼이 될 뿐이다. 참으로 독창적인 정신은 영향을 두려워하지 않을 뿐만 아니라 때로는 뻔뻔스럽게 남의 것을 훔치기도 한다. 훔친 것도 삼켜서 소화해버리면 내 것이다." 라고 한 적이 있다.

생각건대, 소크라테스와 플라톤과 아리스토텔레스의 사상이라는 것도 모두 이렇게 해서 나온 것이다.

이 뿐만 아니라 이 세 사람이 태어나기 이전의 철학자인 헤라클레이토스(540-480.B.C.E)도 피타고라스(570-490.B.C.E)에 대해 "피타고라스는 어느 누구보다도 더 탐구에 힘썼고, 그 글들을 발췌해서 자신의 지혜, 즉 박식과 술책을 만들었다." 라고 말한 바 있다.

또 데모크리토스(460-370.B.C.E)도 아낙사고라스(500-428.B.C.E)에 대해 "해와 달에 관한 그의 견해는 아낙사고라스 자신의 것이 아니라 오래된 것인데, 그가 몰래 자신의 것으로 삼았다."고 적대적으로 말한 바 있다.

현대의 모든 작가들도 마찬가지다. 나는 교수와 작가들이 내 사상을 잘 훔쳐가라고, 일부러 아포리즘(Aphorism) 문장으로 쓴다.

■ 나의 독자들에게 필요한 것

우공이산(愚公移山)처럼 여유를 가지고 모든 일을 끊임없이 연습(피드백) 하듯이 할 것.

하이에나처럼 남의 것을 뻔뻔스럽게 가로채고, 물고 늘어지는 인내력과, 뼈까지 갈아먹는 소화력이 필요하다.

■ 사유와 있음에 관한 명제

데카르트는 《철학의 원리(1, 7)》에서 "나는 생각한다. 그러므로 나는 존재한다.(ego cogito, ergo sum: I think, therefore I am.)" 라고 설파했다.

그러면 내가 생각하지 않으면 나는 존재하지 않는가? 생각이 없는 지구라는 무정물(無情物)은 존재하지 않는가?

르네 데카르트(1596-1650)의 이 명제는 고대 희랍철학자인 파르메니데스(520-450.B.C.E.)가 "사유함과 있음은 같은 것이다." 라고 말한 것에서 기인한다고 여겨진다.

그러나 이러한 사유와 존재에 관한 불교의 명제는 무상(無想)이며, 진공(眞空)이다.

그러므로 자아와 이성을 중시한 근대철학의 시조인 데카르트의 생각의 약점은, 현대 해체주의의 시조인 니체(1844-1900)처럼 신과 자아에 대해서 철저히 부정적으로 사유하지 못했다는 점이다.

■ 명료화란 무엇인가

L.비트겐슈타인은 "명료화 작업이란 언어의 명료화 작업이다." 라고 말

했다.

그런데 명료화란 옳고 그른 것을 구별하는 명확성인가? 사물과 문제를 있는 그대로 분명히 보고 완료한다는 것인가?

불교적 관점에 의하면 명료함과 애매함은 동의어(同義語; 똑같은 뜻의 말)이다.

■ 명백하다는 것

K.지브란(1883-1931)은 "아무리 명백한 것 일지라도 누군가 그것을 간단히 표현할 수 있을 때까지는 알 수 없다."고 썼다. 여기서 명백하다는 것은 빛이 흠뻑 적셔져 있다는 뜻이다.

인텔리 은둔자가 있는 곳에는 항상 지적인 빛으로 가득 차 있다.

■ 니체의 흥겨운 지혜

니체의 말이다. "독창성이란 모든 사람들의 눈앞에 있으면서도 아직 이름을 가지지 않고, 아직 불린 적이 없는 것을 보는 것이다. 사람은 언제나 이름이 있고나서야 비로소 사물을 보이게 된다. 창조적 인간이란 명명자이다."

그런데 니체의 새로운 가치들이란 독창적인 것이 아니라, 그리스 로마 신화에 나오는 신들만큼이나 오래된 헌 것이다.

■ 비트겐슈타인 책의 인기비결

F.니체와 L.비트겐슈타인의 책이 난해한데에도 인기가 좋은 이유는 이들

이 아포리스트이기 때문이다.

■ 아포리스트란

박학다식하고, 요약할 줄 알고, 진액을 만들 줄 아는 사람만이 아포리스트가 될 수 있다.

■ 깨달은 만큼 간략해지는 명제들에 대하여

글을 짧게 쓰려고 하니, 생각보다 시간이 훨씬 더 많이 걸린다.

왜냐하면 깊이 성찰해야 하고, 또 핵심을 찌르는 절묘한 표현을 할 줄 알아야 하기 때문이다.

■ 말할 수 없는 것은 없다

말할 수 없는 것은 없다. 다만 우리가 적합한 표현방법을 아직 찾아내지 못하고 있을 뿐이다.

■ 나의 철학은 언어비판이 아니라 존재비판이다

L.비트겐슈타인은 말하기를 "모든 철학은 언어비판이다."라고 하였다.

그러나 나의 철학은 언어비판이 아니라 존재비판이다.

존재철학과 존재신학적인 사고관념에 대한 비판, 말이다.

■ 비트겐슈타인의 물음에 대하여

비트겐슈타인의 물음이다. "이 세계 안에 선험적인 질서가 있는가?"

생각건대, 선험적인(내 식으로 표현하면, 선대로부터 받은 유전적) 질서가 일종의 고정된 구조의 의미라면, 또 우주의 설계라면, 그것은 이미 주어져 있다.

그러나 무엇이 그것을 있게 하는가? 그것은 불확정적인 운동이다. 예측할 수 없는 충동이다.

■ 비트겐슈타인과 노자와 공자의 말의 유사성과 부처의 가르침

L.비트겐슈타인은 "말할 수 없는 것에 대해서는 침묵하라."고 말했다. 이 말은 공자가 《논어(위정편)》에서 "네가 모르는 것은 모른다고 말하는 것. 그것이 아는 것이다."라고 말과 같은 뜻이다.

그리고 또, L.비트겐슈타인의 이 명제는 "아는 자는 말하지 않으며, 말하는 자는 알지를 못한다."고 하는 노자의 말과 같은 뜻이다.

석가모니 부처는 《증일아함경》에서 다음과 같이 말했다.

"말로 표현할 수 없는 문제는 말로 표현할 수 없는 것으로 그대로 받아들여라. 그리고 이러한 쟁점들에 대해 두려워하지 말고, 근심하지 말고, 흔들리지 말고, 절망하지도 마라. 왜냐하면 이런 쟁점들은 단지 견해에 지나지 않은 것으로, 갈망의 한 표현이며, 인지의 한 표현이며, 단지 상상일 뿐이며, 관념적인 확산일 뿐이며, 움켜쥠의 경향이며, 그저 후회의 원천일 뿐이기 때문이다." 라고.

■ 비트겐슈타인의 평범성

L.비트겐슈타인은 "사고(thinking) 속에 평화가 깃드는 것이 철학자가 열망하는 목표다."라고 말했다.

그러나 그가 생각(thought) 속에는 결코 평화가 깃들 수 없음을 이해했다면, 그는 사고(思考)보다는 무념무상(無念無想; 잡된 생각이 없는 순수의식)과 무여열반(無餘涅槃)[25]의 도를 가르쳤을 것이다.

■ 인간적인 구분

인간이 생각을 통해서 얻는 것은 차별하고 분별하는 지식과 판단밖에 없다.

■ 생각과 기억

생각은 기억의 운동이다. 기억은 경험과 지식을 언어로 번역해서 저장해 둔 두뇌에서 일정하게 나오는 관념의 작용이다.

■ 사고의 욕망

'존재는 시간'이라는 사실을 아는 생각은, 영원한 생존을 위해 욕망을 만들어낸다.

■ 피해의식 또는 나쁜 기억을 유용하게 사용하는 방법

내 경우, 나쁜 기억을 유용하게 사용하는 방법은, 그 나쁜 기억을 철학적

---

25) 무념무상(無念無想)이란 과거의 경험적인 기억에서 이끌어내는 생각이나 사고방식이 아닌, 현재의 완전한 주의력에서 나오는 무한정이고 무제약적인 깨달음을 의미한다. 다시 말하면 무념무상이란, 단편적이고 파편적이고 한정적이고 대립적이고 투쟁적인 생각이나 사고방식이 아닌 전체적이고 평등한 깨달음을 의미한다. 그리고 무여열반(無餘涅槃)이란 본질(존재와 현상의 무아적인 본질)을 자각할 때 얻어지는 궁극적인 평화를 의미한다.

인 주제로 설정하여 치열하고 심오하게 사고하며 글로 표현해보는 것이다.

이렇게 하면서 자신의 두뇌를 성숙시켜 나가면 나중에는 그 나쁜 기억들(고난의 기억들, 또는 상처를 받았다는 피해의식)조차 매우 즐거운 것 또는 의미심장한 것이 되고 만다.

■ 사고를 초월한다는 의미

나의 생각은 물질적인 육체다. 이밖에 아무 것도 아니다. 그러므로 생각을 초월한다는 것은 크게 한 번 죽는 것을 의미한다.

단 한 번의 육체적인 죽음만으로 곧 모든 사고의 종말은 충분하다. 이 말이 믿어지지 않으면 실제로 한 번 죽어보시기 바란다.

■ 비트겐슈타인의 명제에 대하여

비트겐슈타인은 《쪽지》에서 "사고(speculate)는 문장의 시작에서 이미 완성되어 있다."고 썼다.

그러나 사고(思考)는 개인이 선조로부터 이어받은 주관적인 사고의 충실성을 뜻할 뿐이다.

즉, 나의 사고는 이미 완성되어 있는 고정된 사고가 아니다. 나의 사고는 사고하는 자와 사고과정과 사고하는 대상은 아무 것도 아니다(즉, 실체라는 본질을 갖지 않은 존재) 라고 생각한다.

왜냐하면 이 모든 사고(thinking)는 신기루와 같이 실체가 없는 현상일 뿐이기 때문이다.

■ 철학의 목표와 불교의 목표

L.비트겐슈타인은 《논리철학 논고》에서 "철학의 목표는 생각에 대한 논리적 해명이다." 라고 썼다.

불교의 목표는 무념무상(상념의 근거는 인연법이기에 실체가 없다는 것)과 무여열반(완전히 평온한 심리상태를 의미함)과 걸림이 없는 자유로운 해탈(ego-transcending)이다.

■ 무의미의 의미

사실은 무의미한데 일부러 의미를 만들어낸다는 것.

이 점에서 무의미의 의미와 의미의 무의미는 동의어다.

■ 경험의 깊이와 반응의 깊이

전쟁터(긴장 불안 공포와 공격과 방어 그리고 오로지 죽느냐 사느냐 하는 절박한 상황)에서 유일하게 살아남은 자라고 해서 모두 위대한 깊이를 가진 철학자가 되는 것은 아니다.

■ "정해진 운명은 없다 우리가 만들어가는 것이다."

최고의 영화 《터미네이트⑷》에서, 인간의 씨를 말리기 위한 기계(터미네이트)와의 전쟁에서는 "당신이 누구든지간에 귀한 존재다. 그것을 알기 바란다."라는 존 코너의 사상은 내게 희망을 준다.

■ 실제세계에서 언어적 명제의 의미

"모든 철학은 언어비판이다."라고 했을 때, 이 말은 언어비판의 도구 또한 언어라는 점에서 동감하는 명제다.

그러나 언어를 넘어서, 두뇌가 만들어낸 언어가 아닌 실제의 세계에서도 이 명제는 여전히 유효할까?

■ 모순어법

모순어법이란 어떤 진리나 사물의 전체적인(다면적인) 본성을 언어문자로 표현할 때 생기는 부작용이다. 나는 이 부작용을 감수한다.

논리가 아닌 논리. 언어가 아닌 언어. 문자가 아닌 문자.

■ 비트겐슈타인의 명제에 대하여

비트겐슈타인이 "언급 될 수 없는 것이 존재한다."고 하면서 "말할 수 없는 것에 대해서는 침묵해야만 한다."고 말할 때, 비트겐슈타인의 철학은 존재신학(存在神學; 즉 현상적인 존재자가 아니라 궁극적 존재에 관한 신학)적 철학이 될 뿐이며 매우 불명료한 철학이 된다.

왜냐하면 설사 그의 명제를 인정한다하더라도, 만약 언급될 수 없는 것(말할 수 없는 것)이 존재한다면, 이미 언급도 불가능하고 존재여부도 알 수 없고, 따라서 진술과 해명이 불가능하게 된다.

그런데 그는 "언급될 수 없는 것이 존재한다."고 말했고, 더 나아가 설교조로 "말할 수 없는 것에 대해서는 침묵해야만 한다."고 말했다.

이것은 철학을 '말할 수 없는 것의 하인'으로 만든다는 점에서 나는 그의 명제를 부정한다.

언급될 수 없는 것은 언급될 수 있는 것과 서로 관련이 있다는 점에서, 존재한다는 것은 비존재와 서로 관련이 있다는 점에서 이 모든 언어적 관념은 무수한 원인과 조건에 의해 발생하고 소멸하는 것일 뿐이다.

■ 비트겐슈타인의 명제의 한계

비트겐슈타인은 《논리철학 논고》에서 "말할 수 없는 것에 대해 우리는 침묵해야 한다."고 설파했다.

그러나 이 말은 철학자가 할 수 있는 말이 아니다.

왜냐하면 철학자는 침묵대신 '근본적이고 엄밀한 물음'으로써 '말할 수 없는 것'에 대해 논할 수 있기 때문이다.

■ 쇼펜하우어와 비트겐슈타인의 명제에 대하여

표상주의자(즉, 우리는 우리의 표상속에 있는 세상만을 경험한다는 사상가)인 A.쇼펜하우어는 "인간은 누구나 자기 상상력의 한계를 세계의 한계라고 생각한다.(또는 사람들은 자기 비전의 한계를 세계의 한계로 생각한다. 또는 모든 사람은 제각기 자신의 시야만으로 세상의 한계를 정한다.)"고 썼다.

L.비트겐슈타인도 《논리철학 논고》에서 "내 언어의 한계는 내 세계의 한계를 의미한다."고 썼다.

내가 더 정확히 말하면, 나의 언어의 한계는 내 두뇌가 언어로 인지하는 세계의 한계다. 그러므로 실제의 세계는 언어가 아니다. 그것은 인간의 언어 밖에서, 언어 없이 존재하는 숲과 지구와 우주의 세계다.

■ 비트겐슈타인의 명제에 대하여

L.비트겐슈타인(1889-1951)은 "우리가 생각할 수 없다는 사실을 우리는 생각할 수 없다. 그러므로 생각할 수 없다는 사실도 말할 수 없다." 라고 썼다.

예수교 신비주의 시인인 W.블레이크(1757-1827)도 "인식의 욕망은 그의 인식에 의해 규정된다. 인식하지 못한 것을 원할 수 있는 인간은 없기 때문이다."라고 쓴 바 있다.

그러나 우리는 우리들의 생각을 넘어서 존재하는 특이점(Singular Point)과 특이점의 배후에 대한 '질문을 통해서' 우리는 우리가 생각할 수 없다는 사실에 대해서도 생각하며 말할 수 있다.

L.비트겐슈타인은 "물음은 대답이 있는 곳에서만 있을 수 있다."고 썼지만, 나는 대답이 없는 곳에서도 물음을 던진다. 그냥 묻는다. 마치 음식을 먹는 것처럼. 그게 나의 천성이다.

■ 비트겐슈타인의 명제에 대하여

L.비트겐슈타인의 말이다. "지혜는 모두 차갑다. 그러므로 어리석다. 지혜는 열정이 없다. 그러므로 지혜로써는 삶이 정돈될 수 없다. 지혜는 삶을 은폐할 뿐이다. 그러나 이에 비해 믿음은 열정이 있다."

하지만 아니다. 뜨거운 열정이 있는 지혜도 있다. 그러므로 예수교 신자들처럼 어리석은 열정의 믿음(광신)이야말로 삶을 은폐할 뿐이다.

중요한 것은 지식과 지혜가 아니라 지식과 지혜의 방향이다.

■ 비트겐슈타인의 논리철학논고의 명제에 대하여

좀 더 명료하게 말한다면, 세계는 일어난, 일어나고 있는, 일어날 사실들의 총체다.

사실의 총체라고 말하는 이 세계는 우주세계에서 매우 희미한 티끌의 총체다. 이것은 137억년이나 된 사실이다.

L.비트겐슈타인은 사실이라는 언어적인 명제에 의하여 세계를 사실의 총체라고 확정했다. 그러나 이 세계라는 연기(緣起; 무수한 원인의 원인과 조건의 조건에 의해 발생한 세계)는 공(空)의 전화(轉化)일 뿐이다.

그러므로 이 세계는 논리적 공간이 아니라 색즉시공(色卽是空) 공즉시색(空卽是色)이라는 현상적 공간이요, 변동하는 공간이다.

■ 비트겐슈타인이 명료한 철학자가 아닌 이유

L.비트겐슈타인이 아무리 '명료한' 철학자라고 할지라도 "말해질 수 없는 것에 대해서는 침묵을 해야만 한다."라고 단정적으로 말할 때 그는 이미 명료한 철학자라고 할 수 없다.

왜냐하면 그 어떤 말해질 수 없는 것(예를 들면 하느님의 존재, 또는 진공)과 말할 수 있는 것(색수상행식(色受想行識)) 모두는 색즉시공(色卽是空) 공즉시색(空卽是色)의 인연기멸(因緣起滅; 직접적인 원인과 간접적인 조건이나 여건에 의해 생성하고 소멸하는 것)이기 때문이다.

■ "말해질 수 없는 것"의 불명료성

말해질 수 없는 것(말로 표현할 수 없는 것)이 삶의 실존적인 것이라고 할지라도, 왜 그는 단순한 것을 복잡하게 또는 매우 복잡한 것을 단순하게 말하는가!

그의 말대로, 말해질 수 없는 것은 말해진 것 속에 이미 내포되어 있지 않은가!

"말해질 수 없는 것에 대해서는 침묵을 해야만 한다."는 비트겐슈타인(1889-1951)의 명제보다는 "자기 자신을 죽일 수 없는 사람은 인생에 대해 침묵을 지켜야 한다."는 까뮈(1913-1960)의 명제가 더 설득력이 있다.

■ 비트겐슈타인의 명제에 대하여

L.비트겐슈타인은 "세계는 사실들(facts)의 집합체이지, 사물들(things)의 집합체가 아니다."라고 말했다.

이 명제는 틀린 말이다. 세계는 사물의 집합체이지 사실의 집합체가 아니기 때문이다.

이 세계가 사실의 집합체라고 하는 것은 사실이라고 '인지' 하고 '믿는' 사람의 두뇌 안에서의 작용일 뿐이다.

이에 비해 사물은 우리들의 두뇌의 의식작용과 상관없이 그냥 있는 그대로 존재하는 사물이다. 비록 덧없는 시간성(時間性) 안에 갇혀 있는 사물이기는 하지만.

■ 세계는 가능성이 아니라 이미 가능해버린 세계다

L.비트겐슈타인은 "세계는 일어날 수 있는 모든 가능성이다."라고 말했다.

이 명제는 틀린 말이다. 왜냐하면 이 세계는 가능성이 아니라 이미 가능해버린 세계이기 때문이다. 세계는 이미 일어난 사건이다.

■ 비트겐슈타인의 사상적인 냄새

L.비트겐슈타인이 아우구스티누스, 키에르케고르, 도스토예프스키, 톨스토이를 매우 좋아하고 그 '영향을 창조적으로 받았다' 할지라도 나는 L.비트겐슈타인에게 유신론적 철학자(더 일반적으로 말하면, 신비론적 철학자)의 냄새를 맡는다.

즉 L.비트겐슈타인이 "세계 최고의 본질로서의 의식(意識)"을 주장할 때 그는 분명히 신비주의자이다.

후기불교에서도 이 '세계 최고의 본질로서의 의식'에 대한 설명이 나온다.

관심 있는 분은 《성유식론(제7권)》을 참조해보시기 바란다. 그리고 또 현장(600~664) 스님이 창립한 유식종(또는 법상유식종 또는 법상종)의 가르침을 참조해보시기 바란다.

■ 비트겐슈타인과 나

L.비트겐슈타인이 "하느님을 믿는다는 것은 삶에 의미가 있다는 것을 아는 것이다." 라고 썼을 때, 그는 더 이상 철학자나 사상가가 아니다.

철학자나 사상가란 "하느님이란 무엇인가? 믿음이란 무엇인가? 삶이란 무엇인가? 의미란 무엇인가?" 스스로 질문하고 성찰하고 통찰하는 사람이다.

그리고 또 "우리는 왜 이러한 질문을 하는가? 이러한 질문을 통해 우리가 얻고자 하는 것은 무엇인가? 그 성취는 나에게 궁극적으로 어떤 의미가 있는 것인가?" 라고 물을 때, 비로소 우리는 사상가가 되는 것이다.

■ 비트겐슈타인의 언어게임은 글자그대로 말장난이다

L.비트겐슈타인의 언어게임(일반언어철학, 언어분석철학, 언어철학, 구조주의 등)은 자세히 성찰해 보면 아무 것도 아니다.

그의 언어게임은 글자 그대로 '말장난(언어유희)' 이다.

■ 비트겐슈타인의 명제와 나의 명제

비트겐슈타인은 《논리에 관한 초고》에서 "모든 명제는 참이 아니면 거짓이다. 따라서 명제는 두 극을 갖는다. 우리는 이것을 명제의 의미라고 부른다."고 썼다.

그런데 이 명제는 참이 아니다. 왜냐하면 참과 거짓은 구분할 수 없는 것이기 때문이다. 따라서 모든 명제는 참되면서도 동시에 거짓된 것이요, 거짓이면서도 동시에 참된 것이다. 그러므로 모든 명제는 두 극이 아니라 극 자체가 없는 것이다. 왜냐하면 상극(相剋)은 곧 바로 서로 통해버리는 것이기 때문이다. 나는 이것을 '명제의 의미' 라고 부른다.

그래서 비트겐슈타인도 나중에 《노트》에서 "명제가 참이기 위해서는 거짓일 수 있어야 한다."고 썼고, 《논고》에서는 "긍정적인 명제는 필연적으로 부정적인 명제를 전제로 하고 있으며, 그 반대의 경우도 마찬가지다."라고 썼을 것이다.

■ 비트겐슈타인의 명제 비점

비트겐슈타인은 《논리철학논고》에서 "명제는 실제의 그림이다." "명제는 사실에 대한 서술이다."라고 썼다.

그러나 명제는 실제가 아니며, 명제는 사실자체가 아니다.

비트겐슈타인은 《논리철학논고》에서 "실제의 그림인 명제가 참된 것인지 거짓된 것인지를 말하기 위해서는 우리는 실제와 비교해야 한다."고 썼다.

그러나 실제는 실제가 아니다. 그것은 다만 이름이 실제일 뿐이다.

즉, 실제는 단지 여러 가지 구성요소로 이루어져 있는 것이므로 분해해버리면 실체가 없는 것이다. 그러므로 실제(natural state, 진여(眞如), 또는 본래적으로 존재하는 것들)는 진공이다. 그러므로 실제와 실제의 그림은 모두 평등한 공(空)이다.

■ 정반합의 명제

이미 주어져 있는 어떤 명제(logos, naming, saying).

그리고 이 명제를 부정하는 명제.

그리고 이 명제를 다시 종합하는 명제.

우리들의 모든 담론은 이 안에서 이루어진다.

■ 이해한다는 것은 무슨 뜻인가

이해란, 모든 존재와 현상의 무수한 원인과 조건(여건, 상황)에 대한 앎이다.

■ 나의 관찰

사물은 조건지어져 있다는 것.

사실은 관념적인 사실이 아니라 실제의 사실이라는 것.

현실이란 상호반응과 영향력의 충돌이라는 것.

진리는 사실 그대로 존재하는 것. 믿을 수 있는 것.

두뇌가 생각하는 사물과 사물자체는 다른 것.

그리고 사물자체는 생사원인과 조건에 의해 항상 변하는 것.

두뇌가 생각하는 현실과 현실 자체는 다른 것.

그리고 현실자체는 이해득실이라는 원인과 조건에 의해 항상 변하는 것.

모든 존재와 현상은 서로 내적 연관성이 있다는 것.

■ 노자 도덕경의 명실론(名實論)과 비트겐슈타인의 언어게임 이론에 관한 논문을 보고 싶다

노자 도덕경 제 1장과 L.비트겐슈타인의 언어분석철학에 대해 논문으로 담론한 분은 없는가?

이재권(1959-)박사의 《중국 고대 사상에 대한 언어철학적 탐구》라는 논문이 있기는 하지만 이 논문은 노자와 L.비트겐슈타인 사상과의 집중적인 비교담론은 아니다.

그래서 대학원에서 박사과정을 시작하려는 누군가가 이 지적인 작업을 한 번 했으면 한다. 노자 도덕경의 명실론(名實論)과 L.비트겐슈타인의 언어게임 이론.

■ 도와 명칭에 대한 노자 철학에 대하여

노자(Old Teacher)는 《도덕경》에서 "세상 사람들이 말하는 도는 영원한 도가 아니다. 세상 사람들이 부르는 이름은 영원한 이름이 아니다." 라고 설파했다.

하지만 영원한 도(常道)와 영원한 이름(常名)이란 없다. 왜냐하면 모든 도(道)와 모든 이름은 무수한 원인과 조건에 의해 생기고 없어지는 것이기 때문이다.

그런데 노자는 왜 영원한 도(常道)와 영원한 이름(常名)을 주장하는가?

생각건대, 저 우주의 태양도 언젠가는 흔적도 없이 소멸되어지는 것인데 우주세계에서 먼지보다 더 작은 먼지(즉, 변형된 태양빛)에 지나지 않는 인간이 영원함(常)에 대하여 집착과 소망으로서 상도(常道)와 상명(常名)을 설립한 것이다. 현대의 중국도가도 여전히 영생을 꿈꾸고 있다.

이에 비해 나는 상도(常道)와 상명(常名)에 대해 약간의 관념적인 설립(設立)도 소망도 없는 그저 무주도인(無住道人; 한 곳에 머물지 않고 계속 길 가는 사람, 또는 어떤 관념에도 사로잡히거나 집착하지 않고 자유롭게 성찰하고 통찰하는 자)일 뿐이다.

■ 나의 언어싸움은 언어싸움이 아니다

L.비트겐슈타인은 "나는 언어와 싸운다. 나는 언어와 교전중이다."라고 썼다.

생각건대, 인간이란 지식과 말에 의존해서 서로 맞서 싸운다. 시비를 가리는 것은 주도권을 쥐기 위해서이고, 자기주장을 끝까지 고집하는 것은 이익 때문이다.

그러므로 나는 언어와 싸우지 않는다. 나는 언어와 교전하지 않는다. 나는 다만 언어를 언어이게 하는 것을 고요히 바라볼 뿐이다.

■ 비트겐슈타인은 깨달은 자인가

L.비트겐슈타인에게 있어서 삶의 경지(부모재산 상속포기, 6년동안 시골초등학교 교사생활, 정원사 조수, 병원의 환자운반원 등으로 산 경지)란 무엇인가? 과연 그는 "평상심(平常心; 근본적인 마음, 또는 마음 그 자체를 의미하는 것)이 곧 도(道)다." 라는 경지를 체득한 사람이었는가?

비트겐슈타인의 후학들은 별 것도 아닌 비트겐슈타인의 사상을 우상숭배, 신화화 하는 작업에 몰두하고 있는 것 같다.

■ 비트겐슈타인의 종교성

L.비트겐슈타인의 종교성은 예수교 전통적인 십자가 신앙은 아니지만 톨스토이(무자년,경신월,을묘일,무인시)적인 예수교 사상의 냄새는 매우 진하게 난다. 그러므로 그의 윤리학은 톨스토이적인 예수교 윤리학이다.[26]

■ 윤리학은 자기구속적이다

L.비트겐슈타인의 명제다. "윤리학은 초월적이다."

그러나 나의 명제는 "윤리학은 자기 구속적이다." 라는 것이다.

윤리는 자신과 타인을 위해 스스로 제한하고 절제하는 것이다. 이 점에서 윤리학은 내재적이다.

---

26) 러시아 정교회로부터 출교 당한 바 있는 톨스토이(1828–1910)의 예수교 관점은 다음과 같다. "나는 정신으로서, 사랑으로서 모든 생명체의 근원으로 이해되는 신을 믿는다. 나는 신이 내 속에 있으며, 나는 또 신속에 있음을 믿는다. 나는 신의 의지가 인간예수의 가르침 속에 알기 쉽게 명백히 표현되어 있다고 믿는 것일 분, 예수를 신으로 생각하고 그에게 기도드리는 것을 가장 큰 모독이라고 생각한다."

■ 석가모니와 비트겐슈타인의 단순성

석가모니(623-544.B.C.E)는 한창 젊었을 때에는 다음과 같은 선언을 한 적이 있다.

"나는 모든 것을 이긴 자요, 모든 것을 다 아는 자이다. 나는 모든 번뇌로부터 자유롭고, 모든 굴레에서 벗어났다. 내 스스로 욕망을 파괴하여 해탈을 얻었고, 가장 높은 지혜를 성취하였다. 그런데 이러한 내가 누구를 스승으로 삼을 수 있겠는가? 나에게는 스승이 없고, 하늘과 땅 아래에서도 나와 견줄 자가 없다. 나는 이 세상의 성자요, 가장 고귀한 스승이며, 진리를 깨달은 부처다. 나는 모든 감정으로부터 고요함을 얻었고, 나 홀로 열반(모든 번뇌와 갈등을 종식할 때 얻어지는 마음의 완전한 고요와 안정)을 증득하였다. 그래서 이제 나는 진리의 왕국을 세우기 위해 베나레스의 카시로 간다. 저 어둠의 세계 속에서 영원히 퍼져나갈 북소리를 울리겠다."

L.비트겐슈타인(1889-1951)도 "나는 문제를 결국 해결했다."고 호언장담했다.

그런데 이러한 선언의 말들은 대체 무슨 의미가 있는 것인가? 아직도 문제는 여전히 생생히 살아 있지 않은가!

■ 비트겐슈타인의 주관적인 심리

L.비트겐슈타인이 "나는 종교적인 관점에서 모든 것을 볼 수밖에 없다."고 말했을 때, 비트겐슈타인의 철학에 있어서 이 말뜻은 무엇인가?

누구든지 절망적인 전쟁을 겪고 나면 종교를 믿게 된다. 자기가 지은 살인죄라는 의식의 구제를 위하여. 참회하는 방식으로.

그러나 이러한 종교행위는 '진리란 무엇인가?' 하는 객관적인 사실과는 무관한 인간동물 심리적인 행위이다.

■ 비트겐슈타인의 관상

L.비트겐슈타인이 박장대소(拍掌大笑)하는 얼굴을 한 번 보고 싶다. 그의 얼굴은 빈틈이 없고, 강직하고, 날카롭고, 불안정하다.

■ 비트겐슈타인이 지은 건축의 미학

L.비트겐슈타인이 지은 마르카레테의 건물을 보니 매우 딱딱한 직선적인 고딕형이다. 마치 수용소 건물 같다.

■ 비트겐슈타인은 왜 그랬을까

치열하고 난해한 언어분석철학의 대가이며 동시에 매우 부유한 집안의 아들인 L.비트겐슈타인이 시골초등학교에서 6년동안 무명의 교사생활을 하다니!

1925년 오테르탈에서 초등학교학생들과 함께 찍은 L.비트겐슈타인의 사진을 보고. 감동하다.

■ 비트겐슈타인은 강단철학자가 아니었던 것 같다

세상에! 철학의 천재인 L.비트겐슈타인이 "나는 내게 다시 규칙적으로 철학을 공부할만한 능력이 있는지를 알지 못한다. 틀림없이 그런 능력이 없을 것이다." 라고 말하다니!

그는 정말 강단철학자가 아닌 삶(말로 표현할 수 없는 것, 언어도단과 불립문자)의 진정한 철학자였던가? 마치 쇼펜하우어와 니체가 강단철학자가 아니었던 것처럼!

■ 비트겐슈타인의 창조적 자존심과 러셀의 권위적 아집

L.비트겐슈타인 같은 천재가 자신의 철학을 B.러셀(1872-1970)에게 설득력 있게 이해시키지 못하고 우정에 결별을 고하다니! (철학적 대화를 단절하다니!)

이것은 L.비트겐슈타인의 창조적 자존심 때문인가? 아니면 B.러셀의 권위적 아집 때문인가?

나는 이 두 분을 모두 존경한다. 그래도 러셀보다는 비트겐슈타인의 성질이 나와 더 비슷한 사상가라고 여겨진다.

■ 비트겐슈타인의 흔적과 결함

비트겐슈타인(1889-1951)은 철학적 명제들은 진술할 수 없다고 말했음에도 불구하고, 철학적인 명제를 진술한 철학서를 저술하였다.

이러한 비트겐슈타인에 대해 B.러셀(1872-1970)은 "그는 말해질 수 없는 것에 대해서는 침묵하라고 주장했음에도 불구하고, 그 자신은 이 말해질 수 없는 것에 관해 상당히 많은 것을 말하고 있다"고 지적한 바 있다.

그러나 러셀의 비판은 정곡을 찌른 것이 아니다. 왜냐하면 비트겐슈타인의 침묵은 종교적 침묵이기 때문이다. 그러므로 러셀은 비트겐슈타인의 신학적인 사고의 한계와 결함을 지적했어야 했다.

■ 비트겐슈타인의 언어게임

비트겐슈타인의 언어게임은, 언어와 행동들까지 포함하는 전과정이라는 점에서 인간 생활 그 자체를 의미한다.

■ 죽을 때도 짜증을 내는 사람이 진국이다

L.비트겐슈타인이 죽으면서 "나는 멋진 삶을 살았다."고 말한 한, 그는 내가 생각하는 진정한 철학자가 아니다. 죽을 때도 짜증을 내는 사람이 정말 철학자다.

진실하게 말한다면, 철학자란 근본적으로 회의론자다. 왜냐하면 우리들의 모든 삶은 회의적인 것이기 때문이다.

■ 내 철학의 근원은 짜증이다

내 글은 모두 짜증(불만족)에서 나온 것이다.

■ 인간관계의 어려움

나는 마음이 좁다. 그래서 나는 짜증과 화를 잘 낸다. 그래서 좋은 점도 있고, 나쁜 점도 있다.

나쁜 점은 외톨이가 된다는 점이고, 좋은 점은 인간의 심리를 깊이 파고드는 사상가가 될 수 있다는 점이다.

다행스럽게도 내 직업은 패거리나 인맥을 중시해야하는 현실 정치가가 아니라 독신의 은둔 사상가이다.

■ 생각이 없거나 게으른 비트겐슈타인

왜 L.비트겐슈타인은 부모의 엄청난 재산을 그대로 모두 상속받지 않았는가? 나라면 그 유산을 가지고 매우 유익한 일(예를 들면, 빈민국의 아동복지와 교육사업, 선진국에서의 출판문화사업 등)에 모두 다 사용하고 죽었을 것이다.

■ 이 세상이 기적처럼 존재하는 이유

L.비트겐슈타인은 "어떻게 존재하느냐가 아니라 존재한다는 그 자체가 신비스럽다.(다른 번역: 이 세상이 어떻게 존재하느냐가 아니라 이 세상이 존재한다는 것 자체가 신비롭다.)"고 말했다.

그러나 존재 그 자체도 신비하지만, 그 존재가 어떻게 존재하는가에 대해 알아보면 정말 경외감에 휩싸일 정도로 신비함을 느끼게 된다.

■ 비트겐슈타인의 명제에 대하여

비트겐슈타인은 《철학적 탐구》에서 "본질은 문법에 의해서 표현된다."고 썼다. 그러나 우리가 본질에 대해 표현하는 문법은 본질적인 것과 전연 다른 것일 수도 있다.

■ 비트겐슈타인의 명제에 대하여

비트겐슈타인은 《철학적 탐구》에서 "한 문장을 이해한다는 것은 한 언어를 이해하는 것을 의미한다."고 썼다.

그러나 '이해할 수 없는 것'이 있다. 그 이해할 수 없는 것은 문장과 언어 속에 부재(不在)하는 것이다. 이 부재하는 것은 문자 언어의 논리적 문법에 의해 표현될 수 없다. 왜냐하면 문자 언어의 논리적 문법은 인간적인 발상의 문법일 뿐이므로 이 부재하는 것과는 실제로 아무런 상관이 없는 것이기 때문이다.

부재하는 것(眞空)은 문법이 없다. 그것은 통째로 '없이' 있다.

■ 비트겐슈타인의 사상어법과 나의 모순어법

L.비트겐슈타인의 사상어법과 나의 모순어법.

L.비트겐슈타인의 언어게임과 나의 역설적인 언어들.

■ 비트겐슈타인의 인간성

L.비트겐슈타인의 말이다. "나는 내 의지대로 세계에서 일어나는 사건들을 조정할 수 없고, 거기에 대해서는 완전히 무력하다. 사건들에 대한 영향력 행사를 단념함으로써 나는 단지 세계로부터 나 자신을 독립시킬 수 있을 따름이다."

그런데 이렇게 말한 사람이 어떻게 왜 전쟁터의 군복무를 적극적으로 지원했는가? 이 뿐만 아니라 군사적 목적으로 특히 자신이 속해 있는 포병대를 위해 왜 많은 돈을 기부하기까지 했는가?

■ 비트겐슈타인 철학에서의 활동의 의미

비트겐슈타인이 "철학은 학설이 아니라 활동이다.(철학은 이론이 아니라 하나의 행위다.)"라고 썼을 때, 그는 어떤 활동을 한 사람이었는가?

■ **철학은 행동하는 인간정신과 심리분석적 성찰이다.**

비트겐슈타인의 명제이다. "철학은 가르침이 아니고 행동이다."

그러나 나는 그렇게 생각하지 않는다. 철학은 행동하는 인간정신에 대한 심리 분석적 통찰이다.

통속적으로 말하면, 행동과 행동의 결과는 정치가의 운명이다. 그러나 철학자의 운명은 행동과 행동의 결과에 대한 전존재적 질문과 성찰이다.

■ **내 철학의 방법은 지혜의 변증법이다**

나의 철학의 방법은 지혜의 변증법이다. 그리고 나는 (대학교의 관념적인 강단철학자가 아닌) 재야적 삶의 길을 가는 자이므로 내 철학이야말로 이론이 아니라 활동이다.

바로 이 점에 대해 나는 명료한 사고와 논리로 내 잡다한 해명을 하고자 한다.

■ **기존의 개념을 새롭게 조합할 줄 아는 것**

나의 일상생활은 정말 단순하다. 그러므로 나는 평소 아무런 할 말이 없다. 그러나 나는 대학교 도서관에 들어가면 사고가 복잡해진다.

왜냐하면 수많은 사람들이 제 각각 모든 분야에서 수많은 주제를 걸고 수많은 지식과 지성을 보여주고 있기 때문이다.

나의 두뇌는 이러한 분위기에서 비로소 활기를 되찾고, 섹스하고 임신하고 자라고 탄생한다. 얼마나 기쁜 일인가! 여기서는 고통(새로운 개념들이 탄생할 때의 진통)조차 삶의 보람인 것이다.

새로운 사고방식과 새로운 표현방식이란 우리 두뇌 속에 있는 기존의 개념을 새롭게 조합할 줄 아는 것을 의미한다. 그래서 B.베르베르(1961-)는 《여행의 책》에서 "새로운 것을 만들기 위해서는 창의성이 있어야 하는데, 이 창의성은 여러 관념들을 새로운 방식으로 결합하는 데에서 나온다. 그러므로 정신권에 그대의 뇌를 접속하라. 그러면 기억의 용량이 커진다. 그리고 그대 전용의 정신적인 실험실에서 정신권의 관념들을 저장하고 비교하고 교배하고 진화시켜라. 바로 여기서 그대의 분석능력과 종합능력이 발전한다. 중요한 것은, 모든 것을 명료하고 가뿐하고 간단하게 사물과 문제의 실체를 파악하는 일이다." 라고 썼을 것이다.

■ 복잡성의 법칙

V.S.라마찬드란은 "모든 철학은 이전에 논의되었던 것을 다시 꺼내고 부활시켜 되씹어 본 다음 다시 뒤섞는 과정이다." 라고 말했다.

그러나 이 모든 철학을 '누가' 다시 꺼내고 부활시키고 되씹는가에 따라 결과는 V.S.라마찬드란이 전연 원하지 않는 것이 나올 수도 있다. 마치 니체와 나의 사상처럼.

■ 비트겐슈타인이 내게 인상적인 것은 그의 성격과 기질이다

비트겐슈타인은 편인격의 운명을 가지고 있는 사람의 특징을 모두 보여주고 있다. 편인격(偏印格)이란 사주팔자 해석학의 전문 용어로, 누구에게나 인정을 받는 실력을 갖추고 있으면서도 한 쪽으로 너무 치우쳐 있는 변덕이 심한 정서 때문에 대인관계 장애를 경험한다는 성격이다.

그리고 여기서 참고로, 《격치고(1893)》와 《동의수세보원(1894)》의 저자로 유명한 동무 이제마(1837-1900)선생의 사상의학(四象醫學) 용어로 표기한다면, 편인은 소음인 성향이 강한 자라고 할 수 있다. 권도원(1922-) 박사의 사람체질 분류학 용어로는 목음체질의 사람이라고 표기할 수 있겠다.

비트겐슈타인의 비정상적으로 정교하고 자극적인 문체(스타일)에서도. 나와 비슷한 사람이다.

그러나 나는 비트겐슈타인이 아니라 프랑켄슈타인이다.

■ 비트겐슈타인의 《쪽지》를 보고

나는 일생일대의 사상을 써도 아무도 알아주지 않고 번역도 가치평가도 해주지 않는다.

그런데 비트겐슈타인은 메모지에 쓴 것조차도 모두 모아 책을 만들고, 또 이 책들을 온 나라 말로 번역하여 천하에 전하니, 참 불공평하기도 하다.

나는 백락(伯樂) 또는 니체의 브란데스 교수 또는 카프카의 번역가 밀레나를 만나야만 하는가? 대학의 강단 철학자들이란 재야의 전업사상가들이 창작한 것을 정밀하게 분해하고 재조립할 줄 아는 학문의 기술자들이다.

웃으며 말한다. 왜 그들은 아직도 나를 발견하지 못하고 있을까?

"오, 평소 낮은 자존감(즉, 자신이 충분히 훌륭하지 못하다는 느낌 또는 자기의 가치에 대한 자부심이 낮은 느낌)과 자기 부정적인 자아도취(negative narcissism; 자기비하)에 젖어 있는 내가 이런 투의 말을 하다니! 과연 열등감과 자존감은 서로 별개의 다른 것이 아닌 하나요, 자기 부정적 자아도취와 자기 긍정적 자아도취도 서로 별개의 다른 것이 아닌 하나로구나.

그런데 내 사후가 아니라 내 생전에 내 사상이 발견될 수는 없을까? 내 '삶' 에는 결코 후하지 않고, 내 '죽음' 에 대해서는 매우 후한 이상한 우리 민족의 성격은 시기 질투, 원한의 감정이 너무 강한 것 같다.

■ 강단철학은 철학이 아니다

철학은 맛있게 조리된 음식 또는 언제나 구입해 쉽게 먹을 수 있는 통조림 이 아니다. 철학은 오직 정교한 질문을 하는 행위이다.

나는, 안전하게 월급받고 가정도 행복하고 사회적 명예도 누리는 대학교 철학자들에게 결코 시기질투로 하는 말이 아니다. 강단철학은 철학이 아니 다. 강단철학은 항상 사후관점(死後觀點, 죽은 철학자들에 대해 뒤늦은 꾀, 뒷 궁리)이다. 대학은 기성제품 공장일 뿐이다. 즉, 개인의 창조 의지대로 사고 하고 실천할 수 있는 자유로운 곳이 아니다. 그래서 진정으로 살아있는 창 조적 철학자가 되려면 대학교를 과감하게 사직한 후에서만 가능하다고 나 는 관찰한다.

그런데 왜 나 같은 생의 철학자들은 자신의 생활철학이 대학교에서 교재 로 채택되어 연구 강의 되어지기를 바라는 것일까? 그것은 자신의 철학적인

---

27) 작가의 원고내용에 대해서는 출판인과 도서평론가들보다 작가가 가장 잘 안다. 왜냐하면 원고 내용은 작가자신이 쓴 것이기 때문이다. 그래서 하는 말인데, 이 책은 30년 전부터 내가 출판 한 책들에서 보이는 나의 사상사적 발전에서 내 진면목을 가장 많이 선명하게 드러내는 책이 다. 즉, 이 책은 내 개인사(個人史)에서 사고의 절정과 전환점을 분명히 보여주는 책이다. 이제 내 지성의 날개는 동양철학을 넘어 서양철학을 향해 점점 더 강력해지고 있다. 나의 시력과 함께. 나는 요즘 니체의 '차라투스트라는 이렇게 말했다' 를 비점담론하는 글을 집필중이다. 《난폭한 지혜의 정글(The Jungle of Wild Wisdom)》이 책은 나의 몸이요, 피다! 그러므로 모 든 곳에서 뜨거운 피를 구하는 굶주린 사상의 드라큐라는 결국 나를 찾아낼 것이다. 똑같은 정신을 가진 사람의 영원한 생의 반복을 위하여.

후손을 안전하게 잇고 싶은 영적인 생식의 욕망때문일 것이다.[27]

나는 대학교의 강단 철학은 철학이 아니라 말했다. 그러면서 동시에 나는 석진오 사상이라는 귀신이 들릴만한 소질이 있는 교수와 해외 번역가를 찾는 마음이 있다. 마치 철학 전공자도 아니고 유명하지도 않은 무명의 문학적인 사상가 니체의 책을 대학에서 최초로 강의했던 브란데스 교수처럼. 또는 카프카의 책을 열정을 갖고 번역한 밀레나 여사처럼.

물론, 나는 대학교 교수들을 우러러 본다. 마치 고아가 어떤 가족을 우러러보듯이. 그러나 다만 그뿐이다. 왜냐하면 내가 우러러본다는 것과 진리란 무엇인가 하는 문제는 또 다른 별개의 문제이기 때문이다.

■ 사상가의 긴 탄생

사상가는 대학교에서 만들어지는 것이 아니다.

사상가는 자기 삶의 불리한 조건과 지적능력으로부터 만들어지는 것이다.

■ 사상가는 아무나 될 수 있는 게 아니다

솔직하지 못한 사상가는 정확한 것을 말할 수 없다.

■ 성숙한 이기주의자와 이타적 개인주의자로서의 나

화이트헤드(1823-1905)는 《과정과 실재》에서 말하기를 "서양철학의 역사란 결국 플라톤 철학에 붙인 일련의 각주(脚註)에 지나지 않는 것이다." 라고 하였다. 그렇다면 플라톤은 어떤 철학의 각주인가?

나의 철학은 한마디로 규정할 수 없는 모순적이고 역설적인 내 삶에 붙이는 각주이다.

■ 쓸데없는 고백

나는 내 사상의 가능성을 각성하고 개발하고 싶다. 사실 나는 내 재능이 무엇인지 아직도 잘 모르고 있다. 그래서 나는 평소 사상의 매니저를 만나고 싶었다. 왜냐하면 사상가와 사상가의 열정적인 만남에서 발전적인 영감이, 새로운 창조가 이루어지기 때문이다.

그런데 모든 것을 나 혼자 해야만 하는 이 일이 내겐 너무 힘들고 속도도 너무 느리다. 예를들면, 내 나이 50세가 넘어서 비로소 내 경쟁상대는 궁극적으로 서양철학자들이라는 사실을 깨달았다. 그렇다면 나는 그동안 내가 맞지 않는 곳에서 헛수고를 한 셈인가? 30년전부터 수많은 책을 써내도 불교학계에서 누구 한 명 내 책에 대하여 전문적인 서평을 제대로 써주는 사람이 없다는 것은! 나를 마치 불교계에 존재하지도 않는 유령처럼 취급한다는 것은! 얼마나 흥이 나지 않는 일인가! 나는 이 지루함을 도 닦는 마음으로 여태까지 견디어왔다. 그러나 이제는 더 이상 참을 수 없다. 나는 이제 불교경전을 담론하는 책은 쓰지 않기로 한다. 대신 서양철학의 세계로 이주해가기로 한다. 왜냐하면 서양철학자들은 기본적으로 나와 성격이 맞는 것 같다. 내 생각과 정반대의 생각을 가지고 있는 사상가들조차도!

■ 쇼펜하우어의 명제에 대하여

쇼펜하우어는 "의지로부터 풀려나면, 지성은 대상을 있는 그대로 볼 수 있다."고 말했다.

그러나 지성(알려고 하는 본성)도 의지다. 그러므로 지성은 대상을 있는 그대로 볼 수 없다.

그런데 지구촌의 수많은 현자들은 왜 한결같이 "온갖 존재와 현상에 대해 있는 그대로 본다는 것"에 대해 이토록 집착을 할까? 이 또한 지성의 의지(意志)이다.

쇼펜하우어는 "지성은 모든 것을 분해하고, 직관은 모든 것을 통일한다."라고 설파했다.

그러나 모든 것을 분해하는 것은, 지성이 아니라 인연기멸법(因緣起滅法; 무수한 원인과 조건에 의해 발생하고 소멸하는 법칙)이요, 모든 것을 통일하는 것은 공성(空性; 텅 비어있는 바탕, 또는 원인과 본질의 근원이 없는 상태, 또는 통일장)이다.

■ 하이데거의 존재론과 나의 실존주의

M.하이데거는 "사상가는 존재를 말하고, 시인은 성스러움을 말한다." 말했다.

아니다. 사상가는 산 채로 자살하고, 시인은 박장대소하며 통곡한다. 왜냐하면 사상가는 존재가 아니라 자신의 고독한 실존을 발견하고, 시인은 자신의 결핍을 채우려는 욕망과 좌절과 갈증으로 죽어가는 외로운 방랑자이기 때문이다.

■ 시인과 명상가들이 말하는 정확한 것이란

시인이나 명상가들이 말하는 정확한 것이란, 정확한 것이 아니라 상상된 정확한 것이다.

■ 하이데거와 레비나스의 명제에 대하여

존재(Being)가 문제가 아니라 존재자(Thing)가 문제다.

존재자가 문제가 아니라 생성과 소멸이 문제다.

생성과 소멸이 문제가 아니라 이것이 무엇인가가 문제다.

이것이 무엇인가가 문제가 아니라 이것이 왜 무엇이어야 하는가 라고 묻는 것이 문제다.

이것이 M.하이데거와 E.레비나스(1906-1995)의 명제에 대한 나의 비판적 성찰이다.

■ 하이데거의 생각에 대하여

하이데거가 《휴머니즘에 관한 서한(1947)》에서 "언어는 존재의 집이다."라고 썼을 때, 언어라는 존재의 집에는 누가 살고 있는가? 생각과 기억이 살고 있다.

그렇다면 생각과 기억은 무엇으로 사는가? 대체 이 생각과 기억이란 무엇인가?

하이데거는 존재자의 존재로부터 본질을 듣고 응답하는 것을 생각이라고 정의했다.

그러나 이러한 생각을 나는 뇌의 가상(假想: 실제 사실이 아닌 가정적인 생각, 망상)이라고 부른다.

그렇다면 어째서 하이데거의 생각이 가상(假想, 妄想)인가? 그것은 존재자도 존재도, 경험자도 경험되는 것도, 청취자와 응답자도 모두 무지개 빛 같은 환상에 지나지 않는 것이기 때문이다.

■ 노자 도덕경의 사상과 논리를 많이 차용한 하이데거 철학

하이데거가 《진리의 본질에 관하여(1943)》에서 "존재는 밝히면서 감추는 것을 근본구조로 하고 있다. 또 진리도 그렇다." 라고 썼을 때, 그는 분명히 노자 도덕경의 논리(즉, 밝은 도는 마치 어두운 것 같이 보인다는 역설적이면서도 전체적인 논리)를 차용했다고 여겨진다.

■ 유럽 철학자들의 현학적인 언어문자에 대하여

하이데거의 '존재자의 존재 또는 존재의 존재자' 라는 용어는 신학적이며 현학적이다. 여기서 존재(Being)란 대승불교 용어로는 표기하면 '절대 자성적인 존재' 를 의미한다.

그리고 사르트르의 '존재와 무' 라는 용어도 실존적이며 현학적이다. 또 사르트르가 잘 쓰는 '즉자적(in itself; 사실성의 의미)' 이라는 말과 '대자적(for itself; 초월성의 의미)' 이라는 용어도 무슨 전문가들끼리에서만 서로 통하는 암호같이 난해하다.

그러나 나는 가리지 않는다. 아무리 교묘한 지혜의 말일지라도 그것이 상상과 거짓말에 불과한 것이라고 통찰되는 순간 미련 없이 잘라 버리거나 아니면 의미를 연금(錬金)해서 재활용한다.

■ 강단철학자들은 일부러 난해한 단어를 사용하는가, 아니면 자기도 사실은 잘 모르면서 사용하는가

일반인들이나 고등학생들을 위한 철학 관련 책이라고 하면서 일어 한자 냄새가 나는 어려운 한자 단어를 그대로 표기하는 것은 일부러 그러는 것인가, 아니면 자기도 사실은 잘 몰라서 어릴 때 암기한대로 그냥 사용하는 것인가? 예를들면, 표상, 물자체, 비본래성, 본래성, 즉자적 존재, 대자적 존재 등이다. 언어문자에 민감하지 않은 철학자는 진정한 철학자가 아니다.

이 문제와 관련하여, 나는 일반인 독자들에게 말한다; 이해하려고 하지마라. 너는 이미 알고 있다.

그런데 대학교 철학 교수들이 암호처럼 난해한 단어를 난해하게 사용하고 있을 뿐이다. 자기직업의 방어에서? 아니면 허영심과 과시욕에서?

■ 투명한 진리는 알기 쉬움과 엄밀함을 동시에 드러낸다

비밀이다. 암호화 되어 있다 라는 진리만큼 사람을 미혹시키는 것도 없다. 맑고 투명한 진리는 알기 쉬움과 엄밀함을 동시에 드러낸다.

■ 하이데거와 히틀러의 관계

서점에서 우연히 《M.하이데거와 윤리학》이라는 책 제목을 보았다. 그런데 M.하이데거는 히틀러의 나치즘에 적극적으로 동참한 철학자가 아니었는가?

■ 한 때 애인관계였던 M.하이데거와 H.아렌트에 대하여

M.하이데거는 죽음을 향해가는 존재자의 불안에 대해 탐구한 철학자였고, H.아렌트(1906,10,14-1975,12,4)는 삶을 향해가는 존재자의 희망에 대해 역설한 정치 철학자였다.

■ 하이데거의 물음에 대하여

M.하이데거는 "왜 도대체 그 무엇인가 없지 않고 있는가?" 라고 물었다. 하지만 M.하이데거는 지금 있는가? 왜 그는 지금 도대체 있지 않고 없는가?

■ 하이데거의 말장난

M.하이데거가 비본래성(非本來性)과 본래성(本來性)으로 인간존재를 이해할 때, 또는 그가 세속적인 일상성과 참된 존재로 인간의 삶을 이해할 때, 그는 아직도 플라톤의 이데아(형상 그 자체라는) 철학적 수준을 넘어서지 못한 사람이라고 여겨진다.

■ 여성 또는 사회적 약자의 운명과 사유

제르멘 드 스탈(프랑스 1766-1817)여사는 "철학을 사유의 아름다움"이라고 말했고, 스탈여사의 영향을 많이 받은 라엘 레빈 파른하겐(독일 1771-1833)은 "해방될 수 있는 유일한 길은 사유(思惟)다."라고 말했다.

18세에 유부남 하이데거의 연인이었던 H.아렌트(독일 1906-1975)의 설명이다. "사유란 계몽된 방식의 마술과도 같아서 경험, 세계, 인간, 사회가 들

어설 자리를 마련해주고 두드러지게 해준다.”

■ 하이데거 철학의 한계

존재자(Thing)의 존재(Being)에 관한 존재철학은 철학이 아니라 존재신학이다.

이러한 사실은 내가 토마스 아퀴나스의 신학대전과 M.하이데거의 책들을 동시에 읽어나가면서 느낀 것이다. 즉, M.하이데거의 존재가 본질과 동의어라는 점에서 존재(Being itself)는 예수교 신학적인 용어이다. 하이데거의 이 존재(存在)를 불교에서는 진여(眞如)라고 한다.

나는 이 모든 것을 부정하는 인식의 전사다.

■ 하이데거 철학은 일종의 신학이다

M.하이데거가 본래성(복귀)과 비본래성(추락)과 결단성(선택)을 말하는 순간 그의 철학은 신학적 철학이다.

■ 본래성이라고 하는 실체는 없다

본래성은 전(前)존재의 유전자가 현존재(현재 실재로 존재하는 것)의 시간성(時間性; 무상성(無常性))과 투쟁하는 인간적 사유(思惟)다.

■ 하이데거철학에 있어서 말의 가면

비본래성(非本來性)이란 인간이 인간일 수 있는 인간으로서의 고유한 성질이 아닌 것을 뜻한다.

그러나 이러한 비본래성은 실재하지 않는다. 왜냐하면 그 어떤 비본래성
도 전(前)존재의 본래성(本來性: 復歸)이기 때문이다.

■ 하이데거의 존재의 본질에 관한 명제에 대하여

내가 지금 존재한다고 해서 내 존재가 곧 영원불멸의 본질은 아니다.

바로 이 존재의 본질이라는 언어만큼 일반사람들을 결정적으로 착각하게
하는 것도 없다고 나는 성찰한다.

■ 사르트르의 명제에 대하여

사르트르는 "존재는 본질에 앞선다." 고 말했다.

그러나 존재도 본질도 없다.

만약 있다고 해도, 본질은 존재가 아니며,

존재는 본질이 아니다.

■ 바로 지금 이 순간이라는 현재의 무상성(無常性)

현존재(즉, 지금 여기 있는 것, 또는 현재 나타나 있는 존재)는 끊임없이 변동하
는 것이다. 존재자(存在者; 존재하는 것들, 만유(萬有))가 시간 속에 있는 한.

■ 멜리소스의 명제에 대하여

멜리소스(B.C.E.400년경)는 "어떤 것이 있다면 그것은 영원히 있는 것이다.
그리고 아무것도 아닌 것에서는 아무것도 생길 수 없다." 고 말했다.

하지만 이 명제는 사실이 아니다. 왜냐하면 그 어떤 것도 변화하는 것이기

때문이다. 모든 것은 아무것도 아닌 것(즉, 겨우 존재하는 것 또는 무(無))에서 생겨났기 때문이다.

■ 범주를 구분하지 않는 사람의 의식

엠페토클레스는 "나는 전생에 소년이었고, 소녀였으며, 나무였고, 새였으며, 물고기였다."고 말했다.

나도 2000년도에 《우리는 전생에 거대한 숲이었다(시학사)》라는 모든 존재의 일체성을 은유하는 제목의 책을 낸 적이 있다.

장자와 천룡 선사와 구지 선사도 손가락을 가리키며 "이 손가락이 모든 것이다." 라고 외친 바 있다.

■ 손가락만 보고도 안다

천룡 선사와 구지 선사는 손가락을 들어 만물이 일체임을 역설했다.

그런데 어떤 사람은 손가락을 보고 그가 출생 전에 테스토스테론 호르몬에 얼마나 노출되어 있었는가를 알아내니, 손가락의 설법은 참으로 오묘하다.

■ 보리스와 구지선사의 한 손가락

평생 동안 한 손가락 법문으로 사람들을 가르쳤던 청룡 선사와 구지 선사도 보리스(아칸소스테가) 물고기의 손가락에 대해서는 아무것도 모르고 있었다.

만약 보리스의 최초의 손가락이 없었다면 청룡 선사와 구지 선사의 손가락도 결코 있을 수 없었을 것이다.

■ 범주 구분을 잘하는 사람들의 정체

범주(Category)를 확실하게 구분하는 사람은 둘 중의 하나다. 광신자이거나, 아니면 방법을 사용하는 사람이다.

■ 뇌의 생긴 모양대로 행동하는 사람들

절대적인 것은 아니지만 그럼에도 불구하고 대개의 경우, 뇌의 생긴 모양만 보고도 그 사람의 천성을 판단할 수 있다.

■ 존재하는 무아

나는 생각한다. 그러므로 나는 존재한다.

나는 기억한다. 그러므로 나는 존재한다.

나는 반응한다. 그러므로 나는 존재한다.

■ 나는 존재한다고 말할 때, 무엇이 존재하는가

나는 존재한다고 말할 때, 과연 누가 존재하는가?

나는 과연 1억년 전에 존재한 적이 있는가? 나는 지금 존재하고 있는가? 나는 10억년 후에 존재할 수 있는가?

만약 이 존재를 확인하는 의식과 자아를 두뇌에서 삭제해버린다면 그 때 존재는 어떤 존재인가?

그리고 이러한 존재는 무수한 별들의 존재 즉 무수한 미진(微塵)의 존재와 다른 것이 무엇인가?

'나는 존재한다' 는 말은 자아의식의 틀에서 벗어나지 못한 자아의식적인 명제라고 여겨진다.

■ 생명과 죽음의 관계

생명이 곧 죽음이요, 죽음이 곧 생명이다.

■ 존재이유와 비존재 이유

아무런 이유가 없이 우리는 존재 또는 비존재이다.

■ 내가 J.크리슈나무르티의 책을 선택한 이유

침묵을 최고의 경지로 주장하는 J.크리슈나무르티는 말이 너무 많다.

그런데 내가 J.크리슈나무르티의 책을 좋아하는 이유는 그가 말이 매우 많다는 점 때문이다.

무슨 말인가 하면, 만약 그가 한마디 말도 없이 그저 침묵만 지켰다면 후학은 자기 스스로 찾고 깨달아야 하는 일을 감당해내어야 하기 때문이다.

그러나 나는 이 통찰력의 게임에서 판돈(목표를 약간 높게 정하는 것)을 더 올리고 싶다. 바로 이것이 왜 내가 J.크리슈나무르티가 주장하는 명제들을 집중적으로 다루는가 하는 이유이다.

■ 내가 J.크리슈나무르티의 사상을 논평 대상으로 선택한 이유

조직 폭력배 같은 칠살(七殺)은 칠살이 강한 자를 내세워 소탕한다. 왜냐하면 칠살은 칠살을 잘 알기 때문이다.

국가반역적인 상관(傷官)들은 상관성(傷官性)이 강한 사람을 내세워 소탕한다. 왜냐하면 상관은 상관을 잘 알기 때문이다.

J.크리슈나무르티 같은 논사는 J.크리슈나무르티와 똑같은 U.G.크리슈나무르티같은 논사로 격파한다. 왜냐하면 논사는 논사를 잘 알기 때문이다.

나의 성격과 기질 또한 J.크리슈나무르티의 성격과 기질과 닮은꼴이기에 그가 무엇을 말하려고 하는가를 나는 본능적으로 잘 안다. 그런 만큼 나는 그의 글말에 좀 더 민감하게 비판적 이성으로 반응해보기로 한다. 나는 그의 사상에 대해 아첨하고 싶지 않다.

■ 고단수 아첨

즐겁게 웃으며 말한다. 상대가 눈치 채지 못하게 아첨하는 사람은 얼마나 지혜로운 사람인가!

■ 내 삶의 견본은 누구인가

내 삶의 견본은 모든 것을 다 버리고 어디론가 떠나버린 고타마 싯달타가 아니다. 나는 가능한한 이 생을 사랑하는 사상가이다.

생각건대, 석가모니는 왕자였지만 자기 불교 공동체의 교주였던 고대의 인간이며, (율장에 의하면) 질서를 중시하는 도덕주의자이며, 평생을 설법사로서 지낸 분이다.

이에 비해 J.크리슈나무르티는 자기 종교의 교주 노릇도 포기하고 넘어서 아무런 지위없이 평생을 설법사로서 지낸 분이다.

이제 나는 누구인가? 나는 석가모니처럼 막강한 출신배경이나 J.크리슈나무르티처럼 막강한 후원자들은 한 명도 없고, 거기다가 현재 돈과 사회적 영향력도 없는 사람이다. 하지만 홀로서는 심리적 용기로 사자처럼 그렇게 살다가 죽고 싶다. 그런데 한국사회는 아직 나 같은 사상가의 필요성을 느끼지 않고 있다.

바로 이것이 내가 왜 현재 '침묵의 설법사'로서 글만 쓰고 있는가 하는 이유이다.

대학교 또는 매스컴에서 설법을 하는 사람은 대부분의 경우 정보의 넓이와 깊이가 있는 책을 쓸 여유가 없다. 바쁘기 때문이다. 이 점에서 책이란 고독한 저자의 독백이다.

■ J.크리슈나무르티와 나의 다른 점

J.크리슈나무르티는 기존 종교의 신을 부정하고 비판하고 있지만, 자기 자신의 신(a sacredness; 신성한 것)은 절대적인 실재(實在. fact)로 주장하고 있다.

여기서 신성한 것이란 인간의 초의식(Super Conscious Mind)도 넘어서 실재한다는 '신성한 지혜'를 의미하는 것이라고 여겨진다.

J.크리슈나무르티의 신(a sacredness; 신성한 것)은 무념무상(無念無想; No-thought, Thoughtless, Non-thought, 또는 사유(Thingking)와 의식(Consciousness)를 초월하는 체험)의 신이요, 열반적정(분열과 대립과 갈등과 투쟁의 번뇌가 완전히 종식된 세계 또는 그 마음의 세계) 또는 무주처열반(절대 고요한 세계에도 집착하지 않는 그 마음의 세계) 또는 해탈(Freedom)과 침묵에서만 볼 수 있는 신이다.

하지만 나는 이 모든 신관(神觀)을 '차원 높은 망상'이라고 통찰한다.

J.크리슈나무르티의 말대로 신(God, Godhead, Divine, Sacredness)은 단어가 아니다. 그러나 단어가 아닌 신도 없다.

■ 지두 크리슈나무르티의 책을 읽고

언어 문자와 관념을 철저히 부정하는 J.크리슈나무르티는 얼마나 언어와 문자에 민감한 관념론자인가!

그런데도 나는 캐나다 에드몬톤의 긴 겨울 밤을 오직 그의 대화록(절박한 변혁(The Urgency of Change(1973)))만 읽으며 지내고 있다.

J.크리슈나무르티가 가르치는 ‘완전한 주의, 알아차림, 있는 그대로 본다’ 는 것은 위빠사나(비교와 차별과 선택이 없이 주시하는 것, 또는 완전하게 보는 마음의 상태에 관한) 불교의 일상적인 경지이다.

■ J.크리슈나무르티의 권위에 대하여

“아무런 권위가 없다”고 말하는 J.크리슈나무르티는 얼마나 큰 권위를 가지고 있는 사람인가!

■ 자기 독백적인 글도 좋지만 대화록은 더 좋다

나는 2008년 10월 캐나다에 청하출판사판 《니체 전집(10권)》을 가지고 들어왔다. 6개월 동안 통독하고 싶은 마음이 있기 때문이다.

그러나 니체의 차라투스트라는 가상의 대화록(자기 독백)이다. 물론 나는 니체의 글에서 종종 부정적인 에너지(Energy)와 영감을 받는다.

하지만 J.크리슈나무르티의 책은 다양한 사람들과의 직접적인 만남과 대화록이라는 점에서 훨씬 더 현실감이 있고, 그의 주장을 객관적으로 이해하거나 검증(檢證)할 수 있어서 좋다. J.크리슈나무르티는 위빠사나 불교(완전한 주의력을 가지고 모든 존재와 현상을 있는 그대로 정확하게 보아야 한다는 불교)와 똑같은 이야기를 하고 있다. 그러나 대화중에, 자신이 이미 알고 있으면서도 "나는 그것을 알아내려고 한다."는 상투적인 말은 대화에서 상대방의 두뇌를 낮추어보는 교만이라고 여겨질 때가 있다. 서양철학계의 왕 소크라테스도 이런 교만함을 가지고 있었다.

■ 역설적인 모순어법에 강한 사람들과의 대화법

J.크리슈나무르티가 거의 모든 대화록에서 습관적으로(즉 반복적인 말을 통해 이미 굳어져버린 마음의 습관으로, 또는 지적인 변비처럼) 하는 말은 다음과 같은 것이다.

"나는 그저 함께 탐구하자는 것이다." "제 말이나 생각은 일절 무시하고 살펴보기로 하자." "나는 스승이 아니다." "나는 아무것도 아니다."[28] "나는 아무것도 모른다."

그러나 이렇게 말하는 J.크리슈나무르티는 어느 누구에게도 결코 설득당하지 않는다. 오로지 J.크리슈나무르티 자신만이 모든 것을 전부 알고 있는 것[29]처럼 말한다.

이런 사람들에게는 객관적 사실만 제시하고, 구체적이고 현실적인 질문을 하는 대화법을 사용하는 게 현명하다.

■ 사물 자체란 것도 없다

단순한 사실을 매우 복잡하게 세련된 언어로 표현하는 재능의 천재인 J.
크리슈나무르티는 "이름과 명칭은 사물자체가 아니다."라고 말했다.

하지만 사물자체란 것도 영원한 실재가 아니고, 매순간 끊임없이 변하는
것이므로 사물자체도 사물이 아니다.

■ 모든 존재는 무아의 공성이다

J.크리슈나무르티는 "마이크라는 단어가 마이크 자체는 아니다."라는 말
을 자주하는데, 이야기가 여기서 그쳐서는 안된다. 더 앞으로 나아가는 통
찰을 해야 한다. 즉, 마이크 자체(또는 사물자체)라는 것도 분해가 가능한 (즉,
해체 가능한, 소멸의 끝이 있는) 존재이기에, 근원적으로 실체적으로 영원히

28) 이러한 말은, 자기에 대한 관심을 끝내버린 사람만이 할 수 있는 말이다. 그리고 이러한 말은
    안정된 마음상태에서만이 가능한 말이기도 하다. J.크리슈나무르티는 인도 바라나시에서 불교
    신자들과의 대화(1985,11,9)에서 다음과 같이 말한 바 있다. "나는 개인적으로 명성을 바라지
    도 않으며, '나는 알고 있는데 너는 모른다.' 고 우쭐대고 싶지도 않다. 천성적으로 나는 매우
    미천하고 부끄러움을 잘 타고, 부드러운 사람이다."

29) 대승불교 최초기의 반야경전인 《팔천송반야경》에 '모든 것을 아는 자성(自性)' 이라는 표현이
    나온다. 그래서 그런지 J.크리슈나무르티는 어느 누구에게도 결코 설득당하지 않는다. 오로지
    J.크리슈나무르티 자신만이 모든 것을 전부 알고 있는 것처럼 말한다. 그래서 J.크리슈나무르
    티와 대화를 원하는 사람은 차원높은 아첨(또는 결코 들키지 않는 아첨)의 기술을 모르면 그
    와 대화 진전은 불가능할 것이다. 실제로 J.크리슈나무르티와 대화하는 분들은 대부분 아첨의
    대가라고 여겨진다. 확인하고 싶으면 그의 대화록 책들(이중에서도 특히 '통찰력의 탐험' 이라
    는 책)을 참조해보시기 바란다. 미국의 전국무장관이었던 헨리 키신저는 자신의 외교 협상 경
    험을 다음과 같이 쓴 바 있다. "대부분의 지도자들은 빈틈없기가 이루 말할 수 없을 정도다.
    그들은 모두 하나같이 남들을 조종하되 조종을 당하는 것은 극도로 싫어한다. 그래서 지능이
    높은 사람은 지능이 높은 사람으로 대해야 한다. 무엇보다도 우선 신중해야 한다. 즉, 상대방
    으로 하여금 당신이 매우 그를 매우 진지하게 대하고 있다는 것을 즉시 알도록 만들 필요가
    있다. 그리고 상대의 자존심을 높여주어야 한다. 아첨이란 상대방으로 하여금 자신이 자신의
    문제를 해결할 수 있다는 것을 믿도록 만드는 기술일 뿐이다."

고정불변으로 실재하는 것은 없다. 따라서 마이크 자체(또는 모든 존재자체)도 무아의 공성이다.

이렇게 성찰해볼 때 "마이크라는 단어가 마이크 자체는 아니다."라는 논리는 "무엇은 무엇이 아니다. 다만 그 명칭이 무엇이다."라는 시설즉비시명(是說卽非是名; 이 명제는 명제가 아니기에 명제라고 부른다 라는 논리, 또는 다르면서 동일한 것을 전일적으로 증명하는 논리)의 문구가 매우 많은 금강경 사상의 모방응용이다.

그러므로 J.크리슈나무르티가 주장 또는 주의시키는 사실(즉, 사실이라고 생각하는 것이 아니라 진짜 사실 그 자체)이란 것도 결코 사실이 아니다. 왜냐하면 사실이란 없는 것(무아의 공성)이기 때문이다.

■ 과거와 현재와 미래는 모두 무아의 공성이다

J.크리슈나무르티는 "미래는 바로 지금(Now)"이라고 설파했다. 그러나 여기서 그쳐서는 안된다. 앞으로 더 나아가며 통찰을 해야 한다. 즉, 지금(Now)이란 것도 고정불변의 실재가 아니라는 것이다. 왜냐하면 지금(Now)이라는 정지된 실체는 없고, 다만 그 명칭이 지금(Nowness)이기 때문이다.

■ '바로 지금 여기'에 집착하는 사상가들

현재만을 절대적으로 인정하는 자는 그 절대적 현재가 과거의 결과라는 사실을 알아야 한다.

과거가 없는 현재란 이론상으로만 가능한 것일 뿐 실제는 없다.

■ J.크리슈나무르티가 주장하는 '안정된 마음의 본성'에 대하여

안정된 마음의 본성(본래 주어져 있는 성질)이란 없다. 왜냐하면 상호인연법(원인과 조건의 진리) 없이 독립독존으로 영원히 고정 불변하게 실재하는 안정된 마음의 본성이라고 하는 실체는 없기 때문이다.

■ 사랑의 우상

지성과 논리와 분석 능력으로 그토록 잘난 체 하는 J.크리슈나무르티도 모든 문제의 해결을 사랑에서 구하니, 사랑만큼 대단한 것도 없는가보다.

그 놈의 사랑! J.크리슈나무르티는 사랑한 사람인가? 사랑을 받은 사람인가? 아니면 사랑을 사랑하는 사람인가? 나는 그 어떤 종류의 사랑에도 집착하지 않는다. 나는 사랑을 과대하게 평가하지 않는다. 나는 사랑[30]을 모든 문제의 해결로 착각(또는 망상)하지 않는다.

■ 채움과 비움의 진리

J.크리슈나무르티는 "명상이란 의식이 담고 있는 모든 내용물을 비워내는 것이다." 라고 말했다.

---

30) J.크리슈나무르티는 모든 문제의 해결로 사랑과 자비심만이 유일하게 성스럽고 완전한 것이라고 주장했다. 그런데 J.크리슈나무르티는 이렇게 말하면서도 어떤 대화모임에서는 "동정과 공감, 애정, 연민은 모두 사랑이 아니다." 라고 부정하기도 했다. 예를들면, 누가 J.크리슈나무르티에게 물었다. "당신은 왜 〈사랑은 사랑이다〉말하지 않고 〈사랑은 신이다〉라고 말했는지 설명해주실 수 있습니까?" J.크리슈나무르티가 말했다. "나는 사랑이 신이라고 말하지 않았습니다." 그러자 질문자가 말했다. "나는 당신의 책들을 읽었는데 거기에 그 문구가 분명히 적혀 있습니다." J.크리슈나무르티가 다시 말했다. "미안합니다만 책들은 읽지 마십시오!" 미국 뉴욕시 1971년 4월 25일 J.크리슈나무르티와 대화에서

그러나 의식이 담고 있는 모든 내용물을 비워버리는 가장 확실한 방법은 죽음이다. 그런데 죽으면 아무 것도 할 수 없다.

그러니까 내 결론은, 태양 에너지를 가능한 많이 받아서 느리게 연소시키려는 생명체의 근원적인 욕망이 있는 한 '의식이 담고 있는 내용물을 버리는 일은 불가능하다'는 것이다.

그러므로 살아있는 자(우주적인 상호작용을 하고 있는 생명체)는 의식이 담고 있는 모든 내용물을 부정하지 말고 심오하게 긍정하는 것이 더 좋다. 왜냐하면 지구에서 살고 있는 우리는 모두 태양의 변형된 빛이기 때문이다.

그래서 여기서 산다는 것은 이 빛을 물질로 변화시키는 것이다. 본지풍광(本地風光)이다.

■ J.크리슈나무르티의 명제에 대하여

J.크리슈나무르티는 "사고는 두뇌 속에 저장된 기억과 지식과 경험의 반응이다. 그러므로 사고는 결코 새로울 수 없다. 사고의 반응은 항상 과거로부터 나온다. 그러므로 사고는 한정되어 있다." 라고 단정했다.

그렇다면 이렇게 말하는 J.크리슈나무르티의 사고는 자기 두뇌에 축적된 경험과 기억과 지식의 반응이 아닌가?

지두는 과연 생물적으로 부모 없이 태어났으며, 그의 사상은 선대의 수많은 현자들의 지식이 없이 가능한 것인가?

나는 그렇게 생각하지 않는다. 왜냐하면 문제는 두뇌에 담겨있는 의식의 모든 내용물을 없애버리는 것이 아니라 도리어 이 모든 것을 풍부하게 하는 데 있다고 나는 생각하기 때문이다.

과학적 신비주의자인 그렉 브레이든은 《디바인 매트릭스》에서 "홀로그램적 관점에서 본다면, 여기는 이미 거기이며, 과거는 늘 현재이다."라고 설파한 바 있다.

■ 내면의 새로운 질서와 혁명을 요구하는 사상을 바라보며

J.크리슈나무르티의 예리하고 민감하고 즉각적인 통찰력은 마치 비밀경찰이나 스파이처럼 마음 곳곳을 다니다가 과거, 사고, 기억, 이미지 등 현재의 삶에 필요 없는 것들(?)을 보면, 심문도 하지 않고 바로 그 자리에서 총살해버리는 사람이다.

그러므로 J.크리슈나무르티의 마음속에 있는 모든 과거의 경험들, 기억, 이미지들은 철저히 숨어 있을 수 있다.(즉, 깊이 억압되어 있을 수 있다.) 즉, 독재정치하에서 살아남기 위해 철저히 은신해 사는 지성인들이나, 복종 잘하는 보통의 서민들처럼.

이에 비해 나는 가능한 한 마음 곳곳을 다니다가 만나는 모든 정기신(精氣神)의 에너지와 우호적인 악수를 청하고, 발전적인 대화를 하며, 함께 의미와 보람을 느끼며 생존하는 법을 운용하는 편이다. 나는 전사가 아니라 여행자다.

■ 내 자아가 통치하는 내 마음속의 사회

내 두뇌 속에도 비밀경찰이 있다.

그러나 상부기관(자기중심적인 자아를 상징하는 단어)의 강박적인 명령이나 지시가 없기에 내 두뇌 속에 있는 비밀경찰들은 매우 느슨하고 관대한 편이다.

물론 비상시에는 자아와 행동이 달라질 것이다. 그러나 현재는 평화시기이다.

그러므로 언 듯 보면 내 안의 사소한 범죄자들(실수 행위를 상징하는 단어)들로 넘쳐나 매우 혼란스러운 것 같이 보이지만 그래도 비교적 안정적인 편이다.

그러므로 내 두뇌 속에 있는 비밀경찰들은 내 마음속에서 활개 치는 사소한 범죄자들을 보는 대로 즉시 거칠게 체포하거나 심문하거나 구속하지 않고 좋은 말을 해주면서 훈방하는 편이다. 이렇게 해도 현재 내 인생이 잘 돌아가는 편이다.

■ J.크리슈나무르티와 나의 다른 점

J.크리슈나무르티는 왜 '사고(Thinking)'를 철천지 원수처럼 대할까?

그가 말하는 사고(思考)란 과거 자신의 경험과 기억과 지식에 대한 반응을 의미한다.

왜 그는 분리와 갈등이 없는 전체성과 사랑에 그토록 집착할까? (로저스도 통합성과 전체성을 갖춘 개인을 진정한 사람이라고 가르친 바 있다.)

헤라클레이토스와 석가모니에게 사고가 없었다면,

노자와 열자와 장자와 귀곡자에게 사고가 없었다면,

아인슈타인이나 보어나 왓슨 같은 과학자들에게 사고가 없었다면,

베토벤 같은 음악가에게 사고가 없었다면,

톨스토이와 간디와 마틴 루터 킹에게 사고가 없었다면,

내가 만약 사고가 없었다면 어떻게 이런 명석한(?) 글을 써 낼 수 있을까?

과거가 없는 현재가 어디 있으며, 기억이 없는 창조가 어디 있으며, 언어 문자가 없는 문화가 어디 있으며, 이미지 또는 상상력이 없는 영화예술이 어디에 있는가?

사고(思考)란 어떤 문제나 이치를 곰곰이 헤아려 깊이 파고들면서 상세하게 정리하며 문제의 방법이나 이치의 옳고 그름을 판단하고 추리하는 의식의 작용을 뜻한다.

민중서림에서 간행한 《한한대자전(1966)》에 보니 "사지사지귀신통지(思之思之鬼神通之)라는 문구가 보인다. 생각하고 생각하면 귀신처럼 통한다는 뜻이다.

■ 사고는 지식이 끝나는 시점에서 시작한다

어떤 지식이 고정화되고 절대화되면 창조와 변화를 위한 사고가 시작된다.

■ 인간의 사고

훌륭한 독자는 "두뇌가 아닌 척추로 책을 읽는다."고 하는 말조차도 두뇌에서 나온 글이다.

■ J.크리슈나무르티와 내 사상의 다른 점

J.크리슈나무르티 자신의 깨달음과 언어문자를 사고(思考; 과거의 기억인 생각, 또는 생각 자체)와 분리하려는 것은 이원론(즉, 두뇌와 마음은 서로 완전히 다르다는 것, 또는 개념과 실제는 서로 다르다는 것, 또는 기억과 지혜는 서로 다르다는 것, 또는 사념과 해탈은 서로 완전히 다른 것이라는 관념)적인 사고방법일 뿐

이다.

나는 이 문제에 대해 일원론자(비이원적 의식을 가지고 있는 사람)이며, 동시에 일원론에도 실체를 부여하는 집착을 하지 않는 사상가이다.

■ 그 놈이 바로 그 놈이라는 것

생각과 청정무구한 마음을 별개의 것으로 보는 사람은 아직 무지한 사람이다.

■ 나는 온갖 종류의 공간을 있는 그대로 바라본다

사고(단편적, 한정적, 대립적, 갈등적, 투쟁적인 사고)의 공간이든 무사고(전체적, 통합적, 화합적인 사고)의 공간이든 공간은 공간이다.

우리 인간은 무생물이 아니라 생물이다. 그런데 어떻게 생물(감정이 있는 생명체)에게 무생물(감정이 없는 사물)이 되라고 하는가?

생물의 공간이든 무생물의 공간이든 공간은 공간이다. 우리는 이 모든 공간을 비교 차별하지 말고 있는 그대로 보는 것이 좋다.

나는 인류의 사고(思考)도 이 우주에서 기적과도 같은 경이로운 현상으로 체험하거나 바라본다.

■ 모든 것이 깨달음의 대상이다

내 경험에 의하면, 덧없이 오고 가는 생각의 단편들은 나를 어떤 깨달음으로 인도한다.

지구상의 거의 모든 현인들은 한결같이 '생각'에 대해 왜 그토록 시기 질투하는 것일까?

도대체 '생각'을 완전히 굴복시키고 지배해서 무엇을 어떻게 하겠다는 것일까?

생각을 완전히 굴복시키고 자기 마음대로 지배하고 통치하겠다는 것 또한 일종의 간지(奸智; 교활한 지혜)라고 여겨질 때가 있다.

■ 올바른 깨달음과 올바른 생각의 관계

깨달음과 올바른 생각은 동의어이다.

■ 사고에 대한 공포 또는 사고에 대한 질투

만약 생각이 죽음에 대한 공포가 없다면, 생각은 생각의 주인(자아 또는 개체적 존재)을 매우 위험한 상황에 처해지게 할 것이다. U.G.크리슈나무르티(1918,7,9-2007,3,22)는 교통사고로 죽었다고 한다.

생각은 불안공포든 안정과 평온이든 그것을 느끼라고 만들어져 있는 것이다.

모든 생각은 생각의 주인을 위해서 있는 것이다. 그러므로 때로는 하찮은 생각조차도 유익한 것이 되곤 한다.

그런데 왜 J.크리슈나무르티는 생각(Thinking)에 대해 그토록 거칠고 난폭하게 심문하고, 조사하고, 분석하고, 평가하고, 천대하는가?

■ 불안과 공포의 느낌을 존중하라

식물과 동물과 사물을 두려움 없이 똑바로 보는 것이 언제나 바르거나 현명한 것은 아니다. 어떤 경우에는 두려움이 없었기 때문에 죽음을 당하기도 하기 때문이다.

그러므로 경우에 따라서는 육체적인 공포든 심리적 공포든 공포를 느끼고 무조건 도망가는 것이 자기 목숨을 살리는 것이 되기도 한다.

모름지기 인간만사란 일률적인 고정관념으로 젤 수는 없는 것이다.

■ 불안과 공포의 가치

불안과 공포가 없다면 어떻게 생존할 수 있겠는가!

■ 제 모습을 똑바로 보아야한다는 의미

J.크리슈나무르티는 "어떤 지위를 찾는 성자는 매우 공격적이다." 라고 썼다.

하지만, 지위만 지위가 아니다. 명성과 영향력도 일종의 지위다.

나는 J.크리슈나무르티와 U.G.크리슈나무르티만큼 공격적인 책을 읽어본 적이 없다. 이들은 가장 정중하고 진지한 형태의 싸움꾼(戰士)이다. 니체의 책도 마찬가지다. 나도 마찬가지다.

■ 휴게소에서 싸우는 사람들을 바라보며

낯선 사람들이 서로 언쟁하는 것은 내 모습을 비추어보는 좋은 거울이 된다.

■ 무한한 공간을 주장하는 명상은 망상이다

외부 자연계에 있는 저 광활한 공간을 두뇌가 상상하여 만들어내는 공간이 바로 마음의 광활한 공간이다.

그러나 이러한 마음의 공간은 두뇌의 환상의 공간이다.

따라서 무한한 공간의 존재와 무한한 자유를 주장하는 명상은 망상이다.

■ 망상과 명상

망상과 명상을 분별하여 망상은 나쁜 것이고, 명상은 좋은 것이라고 하는 고정관념은 인간 지성의 허영심에서 나온 주장이라고 성찰된다.

나는 망상(妄想)이든 명상(冥想)이든 똑같은 것으로 또는 있는 그대로 본다.

있는 그대로 본다는 의미는 사실 그대로 본다는 뜻이다. 또는 파편적으로, 부분적으로 보지 않고 전체적으로 본다는 뜻이다. 그러나 전체성이라고 하는 고정된 실체는 실재하지 않는다.

■ 대립 투쟁의 가치성

대립하는 생각만이 치열하게 사는 진리(진정한 이치)다.

■ 이미지에서 지식을 구하는 자에 대하여

이미지로 보면, 이미지 아닌 게 없다. 그러니까 '이미지 없이' 라는 말도 이미지다.

그래서 이미지에서 지식을 구하는 자는 어리석은 자이다.

■ 현재를 절대시 하는 마음도 버려라

'바로 지금 여기'는 바로 지금 여기가 아니다. 실제로 현존적인 것(현재 실재로 있는 존재 또는 현상의 모습)만큼 비실재적인 것도 없다.

왜냐하면 현재주의의 배후에는 과거와 미래의 관념이 숨어 있기 때문이다.

■ J.크리슈나무르티의 자부심에 대하여

J.크리슈나무르티는 종교 조직과 선진국에서 왕자처럼 대우받으면서 멋진 청년으로 양육되었다. 그런데 왜 그는 종교조직에 불만이 많을까? 왜 그는 국가를 추악하게만 볼까? 그의 이러한 기질과 성격은, 마치 기존의 종교조직과 국가로부터 외로운 소외와 무관심한 대우를 받는 일개 신흥종교 교주가 무의식적인 반감으로 종교조직과 국가의 부정적인 면만을 힐난하며 부정하고 또 부정하며 어떤 새로운 종교와 국가의 변혁을 요구하는 것에서 기인하는 것일까?

J.크리슈나무르티는 단 한 번이라도 생존을 위해 공장에서 일해 본 경험이 있는가?

J.크리슈나무르티가 만약 리드비터 선생과 안니 베잔트 여사에게 입양되지 않고 인도에 그냥 남아 자라났다면 과연 그는 오늘날의 그가 될 수 있었을까?

그의 반항적인 기질과 매사 부정적인 성격은 영국 또는 프랑스의 어느 대학교의 어떤 교수의 어떤 지도법에 의해 자극되고 촉발된 것일까?

그는 경전이나 심리학 관련 책 한권 읽은 적이 없다는 거짓말을 자랑스러운 듯 말하며 자기 사상의 독창성을 과시하고 있다.

그러나 J.크리슈나무르티의 인간정신과 심리분석은 이미 대학교에서 오래전부터 충분히 체계적으로 가르치고 있는 개인 심리학과 사회심리학 또는 정신분석학이다.

내 말이 믿어지지 않으면 독자가 직접 확인 대조해보시기 바란다.

■ J.크리슈나무르티의 명상은 숲속의 정적과 침묵을 모방 하여 응용한 것이다

J.크리슈나무르티가 주장하는 커다란 정적과 침묵은 그의 것이 아니라 거대한 아메리카 삼나무 숲의 정적과 침묵이다. 그러므로 이러한 정적과 침묵은 인간이 인위적으로 만들어내거나 초대할 수 없다. 그런데 J.크리슈나무르티는 생각이 많고 시끄럽다. 나만큼이나.

■ J.크리슈나무르티를 생각하며

최소한 준비가 되어있는 사람들(추종자, 신자들)과 함께 이야기하고 지낸다는 것은 얼마나 손쉬운 일인가?

그는 나처럼 아무것도 아닌 자가 대인관계를 운영하는 일이 얼마나 어렵고 힘든 일인가를 모른다.

그가 만약 적군을 죽여야만 하는 군인이었다면.

그가 만약 사악한 여자를 만난 남편이었다면.

그가 만약 자기만 아는 고집만 센 윗사람을 모셔야만 하는 아랫사람이었다면.

■ 의사소통이 불가능한 것

J.크리슈나무르티는 자신이 진리를 모두 알고 있는 것처럼 말한다. 그러나 그도 틀릴 수 있고, 모를 수도 있는 것이다.

그런데 이런 단순한 이야기도 J.크리슈나무르티와 그의 추종자들에게 통하지 않는다. 왜냐하면 이들은 모두 자신이 인정하고 부정하는 판단기준이 너무 굳건하기 때문이다.

■ 가리는 사람이 더 어기는 사람이라는 것

J.크리슈나무르티의 《일기(1973,10,12)》에서 다음과 같은 글을 읽었다.

"그 스승은 집안에 들어오려고 하지 않았다. 왜냐하면 결혼한 사람들의 집에는 결코 들어가지 않기로 맹세했기 때문이다."

그런데 내가 이런 글을 읽으면서 크게 웃음이 나온 것은, J.크리슈나무르티를 상대하는 그 스승의 말이나 질문의 수준은 '결혼한 사람들의 집'에서 나오는 그런 종류와 똑같은 것이었기 때문이다.

즉, 아첨과 자기 합리화와 어리석은 질문과 내용이 없는 형식적인 진지성과 자기기만이 나의 예민한 지성에 포착되었기 때문이다.

■ 사기꾼과 위선자의 평판

마술사 사이바바는 사기꾼이다. 그러나 사람들이 그를 좋아하는 이유는 사회에 많은 돈을 희사하기 때문일 것이다.

J.크리슈나무르티는 자기사상의 논사이다. 그러나 사람들이 그를 싫어하는 이유는 그가 위선적이기때문일 것이다.

■ 다양한 종류의 중독

O.라즈니쉬나 J.크리슈나무르티나 중국선사들처럼 코카콜라를 좋아하든, 탐정소설을 좋아하든, 깨달음을 좋아하든 좋아하는 것은 모두 같다.

마약 중독자들처럼 종교인들은 종교 중독자들이다.

■ J.크리슈나무르티의 대화록을 읽고

자기의 깨달음만이 완전하고 올바르다고 주장하는 아집이 강한 사람이 무의식적으로 선택하는 대화의 방식.

상대방을 무기력하게 만드는 대화방식. 상대방을 골목으로 몰아가서 꼼짝 못하게 해놓고 강간하는 대화의 방식.

어떤 결론적인 관념을 미리 품고 매우 진지한 듯이 진행하는 대화방식. 이것은 박덕한 대화방법이다.

■ 강간하는 사상

폭력만 폭력이 아니다. 폭력에는 비폭력의 폭력 또는 자비의 폭력도 있을 정도로 그 종류가 많다.

만약 어떤 사상가가 자기 제자 또는 자기 추종자를 코너로 몰아 무기력하게 만든 후 자기사상으로 강간하듯이 공격하는 일방적인 주장을 한다면 이것도 일종의 명백한 폭력행위라고 할 수 있다.

■ J.크리슈나무르티의 모순

이미지를 갖지 말라고 가르치는 사람이 더 끈질기게 집요한 이미지를 갖고 있다.

J.크리슈나무르티는 "자유인이 되기 위해서는 내면적으로 가난해져야만 한다."고 주장했다. 하지만 그는 평생 동안 얼마나 내면적인 부(富)를 누리다가 간 분이었는가!

J.크리슈나무르티는 "생각의 자유 같은 것은 없다. 생각이란 낡은 것이다." 라고 말했다. 하지만 그는 평생 동안 얼마나 생각의 자유를 누렸었는가! 얼마나 새로운 생각(想)을 집착하고 말하고 주장했는가!

J.크리슈나무르티는 "나는 아무것도 가르칠 것이 없다."고 말했다. 하지만 그는 평생 동안 얼마나 많이 가르쳐왔는가!

J.크리슈나무르티는 "관계를 탐구해야만 자기 자신을 알 수 있다."고 말했다.

하지만 그는 평생 동안 얼마나 관계로부터 초월적(강자적) 자유를 누려왔는가!

■ 자기사상의 희생자들

"관찰자(자기 경험과 관념과 기억의 뭉치 덩어리)가 곧 관찰대상이다. 관찰자가 없이 대상을 보라"고 주장한 J.크리슈나무르티만한 관찰자(자기만의 체험과 관념과 기억의 뭉치 덩어리)도 없을 것이다.

■ 통찰

관찰자란 알아차리는 자이다. 그러나 이 알아차리는 자도 실체로 알아서는 안된다. 왜냐하면 관찰자와 관찰대상과 관찰과정이란 모두 순간적인 존재로 모두 덧없는 것이기 때문이다.

■ 관찰자가 곧 관찰대상이라는 명제에 대하여

J.크리슈나무르티는 "관찰자가 곧 관찰대상이다.(보는 자가 곧 보이는 대상이다.)" 라는 말을 평생 습관적으로 했다.

그러나 이것은 양자역학의 명제를 모방 응용한 것이다.[31]

존 휠러(1911-)는 "관찰자라는 낡은 단어를 지워버리고 대신에 참여자라는 새로운 단어를 써야 한다."고 쓴 바 있다.

그래서 존 휠러는 관찰자 대신 관찰자―참여(Observer-Participatory) 또는 '참여하는 우주(Participatory Universe)' 라는 표현을 하고 있다.

여기서 '참여하는 우주' 란 서로 호환적이며 재창조적인 경험자로서 우주와 일체가 되는 것을 의미한다.

■ J.크리슈나무르티의 명제에 대하여

J.크리슈나무르티는 "관찰자와 관찰대상 사이의 분열이 곧 갈등의 원천이다."라는 말을 습관적으로 한다.

그러나 정말 완전한 분열은, 무관심과 무기억 때문에 갈등을 느끼려고 애를 써도 갈등을 느낄 수 없다.

31) 프리초프 카프라(1939-)는 《현대물리학과 동양사상》에서 "과학적인 객관성에 대한 고전적인 이상은 이제 더 이상 지지될 수 없다. 과학의 탐구는 참여자로서의 관찰자를 포함하며, 따라서 관찰자인 인간의 마음도 포함된다. 관찰자인 인간과 아무런 상관이 없는 객관적인 자연의 성질이라고 하는 것은 존재하지 않는다." 라고 설명한 바 있다.

내 경험과 관찰에 의하면, 갈등은 관찰자인 내가 관찰대상인 너를 하나로 통합하려고 하는 욕망에서 기인하는 것이다. 그러므로 관찰자도 없고, 관찰대상도 없다면 갈등 또한 없는 것이다.

J.크리슈나무르티의 설명을 요점만 정리를 하면, 관찰자와 관찰대상간의 문제는 거리 또는 간격이 있기 때문이다. 그리고 이것은 관찰자와 관찰대상이 분리되어 있음을 의미하고, 이 분리는 곧 갈등과 다툼과 슬픔을 만들어낸다.

그러나 관찰자가 곧 관찰대상이라는 것은, 관찰자와 관찰대상간의 거리 또는 간격과 분리와 갈등과 다툼과 슬픔이 없기 때문에 전체적인 사랑이 되는 것이다. 인간은 서로 분리되어 있기 때문에 서로 파괴한다는 것이다.

그러나 나는 J.크리슈나무르티와 다르게 생각한다.

내 경험에 의하면, 관찰자와 관찰대상 사이에 거리 또는 간격이 없고, 분리되어 제각각 독립되어 있지 않다면(완전한 하나로 통합되어 있다면) 온갖 종류의 비정상적인 일들이 생겨난다. 그러므로 나의 관점은 오히려 관찰자와 관찰대상 간에는 어느 정도의 공간과 거리 또는 간격이 필요하다는 것이다.

나는 요즘(2008년 12월 8일) 캐나다 앨버타주 에드몬톤에서 이 글을 쓰고 있다.

캐나다 이 곳의 아름다움은 넓은 공간이 있고, 사물과 사물 사이에 거리 또는 간격이 있고, 완전히 분리되어 있기에 행복하고 평온하다.

이에 비해 내 조국 코리아는 국가의 땅이 작고 좁고 바다에 막혀 있는데다가 인구는 정말 지나치게 많고, 사물과 사물 사이는 거리 또는 간격이 없고 분리됨이 없다. 그리고 사람들도 서로 끈끈한 정으로 공간과 거리 또는 간격과 분리를 결코 허용하지 않는 광신적인 혈연과 지연과 학연과 종연을 신앙으로 언제나 변함없이 하나 되어 있기만을 바란다. 그러나 나의 관찰방법에 의하면 우리 한국인들만큼 신경증적이고 영향을 잘 받는 사람들도 드물 것이다.

■ 생각은 인간의 운명이다

백화점에서, 술집에서, 카지노에서 관찰자가 없다면, 도둑과 난동과 무질서가 생겨날 것이다.

인간생활의 모든 분야에서 관찰자가 존재하기 때문에 그나마 질서가 유지되고 있는 것이다.

이와같이 관찰자는 사고이지만 관찰자의 사고는 질서를 유지해내기도 한다.

물론, 도둑질 하는 것, 난동을 부리는 것, 무질서를 초래하는 것도 사고이다. 그러나 사고는 이런 짓만 하는 것이 아니라 동시에 질서를 유지하기도 한다.

J.크리슈나무르티의 공상대로 관찰자가 관찰대상과 분리되지 않고 일체가 된다면, 도둑과 경찰이 일체가 된다면, 사기꾼과 정치가가 일체가 된다면 오히려 무질서가 초래할 것이다.

인간 사회생활과 숲속의 침묵과 질서는 서로 같은 것이 아니다.

■ 캐나다 앨버타주 에드몬톤시의 주택가

일반 주택가에서 밤낮으로 좀도둑이 매우 많다는 것은 무엇을 의미하는 것일까? 20년 전의 상황과 많이 달라졌다. 인구가 많이 불어난 이유 때문일 것이다.

  밤에 남의 밭에 몰래 들어가 마음대로 파헤치며 감자를 훔쳐가는 이웃에 사는 대학생들. 자동차를 훔쳐가서 부속품만 빼고 차 껍데기는 길거리에 놔 놓고 도망가는 차도둑 전문가들(2008년 12월 현재 1년 동안 에드몬톤시의 차량 절도 범죄 건수가 8천 건이 넘는다.) 주인이 방심한 사이에 귀신처럼 집에 들어가 지갑 등 훔쳐가기, 어느 집에 마당에 자기 맘에 드는 물건이 보이면 밤낮으로 기회를 엿보다가 결국 나중에 훔쳐가기. 얼마 전에는 늙어서 은퇴한 수녀만 사는 이웃 집 밖에 세워둔 마리아 조각상도 떼어 훔쳐갔다. 또 한적한 골목길을 혼자 가는 할머니 가방을 빼앗는 10대 학생들은 여사로 있다. 칼이나 총으로 길가는 할머니를 협박하는 차이나타운의 불량 인디안들의 이야기. 소녀납치. 도서관에서 여학생들에게 성적협박과 폭력을 여사로 하기, 남의 무덤의 비석을 뽑아 버리기. 또 얼마 전에는 밭에서 일하는 할머니를 협박해서 집에 끌고 들어가 강간한 20대 청년들이 있었다. 이런 이야기 나열하면 끝이 없을 정도이다. 신문에 보니 캘거리는 에드몬톤보다 더 범죄가 심하고, 살인을 여사로 하는 갱들도 많다.

  오늘도 나는 《밸류 빌리지(각종 중고품 쇼핑센터)》에서 물건들을 산 후 피곤해서 의자에 앉아 잠간 쉬는 시간에, 내가 산 물건을 훔치는 좀도둑(유럽계 백인)을 보고 나는 점잖은 목소리로 "익스큐즈미." 하고 말했다. 그가 내게로 왔다. 나는 웃으며 "그것은 나의 물건이다."라고 말했다. 그러자 그는 내 물건을 제자리에 갖다 놓았다. 나는 "땡큐!" 하고 말했다.

■ 돈 한 푼 없이 다니다가 생명을 잃을 수도 있다

이제 캐나다의 밤거리에서도 호주머니에 약간의 돈을 가지고 다니는 것은 현명하다. 왜냐하면 뜻밖에 강도를 만났을 때 그에게 내는 일종의 생명보험료이기 때문이다.

■ J.크리슈나무르티 사상의 전문가들에게 묻는다

J.크리슈나무르티 사상의 전문가들(또는 J.크리슈나무르티로부터 자유를 원하면서도 동시에 그에게 소속되기를 바라는 사람들)에게 묻는다. 하지만 "나에게 대답하지 말고 당신자신에게 대답하라.(이 말은 J.크리슈나무르티가 습관적으로 사용하는 말이다.)"

관찰자가 관찰대상과 분리하지 않는다면 어떻게 관찰자와 관찰대상이 변혁될 수 있겠는가?

관찰자가 관찰하지 않는다면 어떻게 관찰자가 자기 기능을 다 할 수 있겠는가?

보는 자가 보여지지 않는다면 어떻게 볼 수 있겠는가?

제어하는 자가 제어하지 않는다면 어떻게 제어가 제 기능을 다 할 수 있겠는가?

생각하는 자가 생각하지 않는다면 어떻게 생각이 제 기능을 다 할 수 있겠는가?

변혁하는 자가 변혁하지 않는다면 어떻게 변혁이 제 기능을 다 할 수 있겠는가?

깨닫는 자가 깨닫지 않는다면 깨달음이 무슨 소용이 있겠는가?

참선하는 자가 참선하지 않는다면 어떻게 참선이 제 기능을 다 할 수 있겠는가?

사랑하는 자가 사랑하지 않는다면 어떻게 사랑이 제 기능을 다 할 수 있겠는가? 사랑하는 자와 사랑 받는 자가 서로 분리되어 제 각각 독립적으로 있지 않다면 어떻게 사랑을 할 수 있겠는가?

창조주와 창조물사이에 분리가 없다면 어떻게 창조주가 제 존재의 역할(창조성)을 다 할 수 있겠는가?

지각하는 자가 지각되는 것과 완전히 일체라면 어떻게 지각하는 자가 제 기능을 다 할 수 있겠는가?

작가와 작품이 분리되지 않는다면 어떻게 작가가 자기 사상의 역량을 다 발휘할 수 있겠는가?

깨달음과 언어 문자 사이에 거리 또는 간격이 없다면 어떻게 깨달음을 말하고 쓰고 전할 수 있겠는가?

■ 관찰자가 없다면 누가 관찰하는가?

관찰 속에 관찰자가 없다면 어떻게 그것이 관찰이 될 수 있겠는가?

사고 속에 사고가 없다면 어떻게 그것이 사고가 될 수 있겠는가?

행동 속에 행동이 없다면 어떻게 그것이 행동이 될 수 있겠는가?

자아 속에 자아가 없다면 어떻게 그것이 자아가 될 수 있겠는가? 이러한 자아는 곧바로 위험한 상황에 처해질 것이다. 왜냐하면 관계라고 하는 삶은 야생의 정글이기 때문이다.

■ J.크리슈나무르티와 화엄경 사상과 부처의 관점의 차이

관찰자가 곧 관찰대상이다. 그래서 관찰자도 없고 관찰대상도 없다. 있는 것은 전체성[32] 또는 사랑이 있을 뿐이다.

이것이 내가 이해하는 J.크리슈나무르티의 깨달음이다.

그런데 이러한 깨달음은 그가 알든 모르든 대승불교 화엄경 사상을 모방하여 응용한 것이다.

하지만 전체성(또는 전존재, 또는 진짜 사랑)이라고 하는 실재는 없다.

왜냐하면 전체성이라는 것도 무수한 원인과 조건에 의해 나타나 있는 것이기에 무아(일시성, 비실재, 환상)이기 때문이다.

이것이 내가 이해하는 석가모니의 깨달음이다.

나는 다음과 같이 생각한다.

관찰자와 관찰대상을 분리할 수 없는 전체성으로 보아야 한다는 전체론적인 관점은 숲속의 적막과 침묵에서 영감을 얻은 일종의 신비주의이며, 방향이 없는 것이며, 인류발전과 진화를 불가능하게 만든다.

나는 전체가 아닌 단편이며 파편 조각적인 개체로, 다양하고 창조적인 개성과 관점을 구성하는 개인이다. 바로 이 점이 나의 발전과 진화가 가능한 이유이다.

---

32) J.크리슈나무르티와 몇 차례 대담한 적이 있는 영국 물리학자 데이비드 봄도 《전체성과 감추어진 질서(1980)》에서 '분리되지 않는 전체성(Undivided Wholeness)'이라는 사상을 주장하고 있다.

■ 전체성이라는 망상에 대하여

J.크리슈나무르티가 말하는 전체성이란 추상적인 것으로 실재하는 것이 아니다.

즉 J.크리슈나무르티의 전체성이란 J.크리슈나무르티 자신의 상상이나 이미지의 투사일 분이다. 예를 들면, 감기 걸린 내가 여기서 기침을 하면 전 지구가 곧바로 감기에 걸리는가?

■ 나의 관점

지구상의 거의 모든 종교계 현인들이 한결같이 주장하는 전체성(모든 것이 서로 그물망처럼 얽혀 있다는 것)은 진리가 아니다. 왜냐하면 전체성이란 독립 독존의 영원한 고정불변의 본체가 아니기 때문이다.

우리가 인지하는 전체성이란 무수한 원인의 원인과 조건의 조건에 의해 나타나 있는 것(태양계와 은하계와 우주계)이다.

■ 내 사상의 출발점; 전체와 부분의 관계에서

내게 있어서 전체란 우주세계 자체를 의미한다.

그리고 태양과 달과 지구와 인류 생명체의 존재는 이 우주세계의 한 부분이다. 내 사고(思考)의 전개는 바로 여기서 출발한다.

■ 관찰자와 관찰대상을 배제한 관찰이란 상상적 신비주의 관점이다

관찰자는 없고, 단지 관찰만 있다는 것은, 관찰자와 관찰대상을 동일시하지 않고 보는 것을 의미한다.

그러나 보는 행위 자체가 관찰자와 관찰대상에게 그대로 영향을 준다는 것은 사실이고, 또 우리는 이 영향에 의해 퇴화하거나 진화하는 동물인간이다.

이렇게 볼 때 관찰자와 관찰대상을 배제한 관찰(주시 또는 주의력)만 있다는 것은 관찰만 중시하거나 집착하는 추상적인 신비주의 관점이라고 여겨진다.

■ 관찰자 없는 관찰이란 신비주의 망상에 대하여

그 어떤 관찰도 관찰자가 없으면 생리적으로 심리적으로 무의미하다. 왜냐하면 생리적으로는 불가능한 것이고, 심리적으로는 목적과 동기가 없는 것이기 때문이다.

물론, 그 어떤 관찰자도 관찰이 없으면 무의미한 것이다.

관찰자가 없는 관찰이란 마치 얼굴이 없는 얼굴, 눈이 없는 눈과 같은 것으로 추상적이고 신비주의 관점이다.

왜 J.크리슈나무르티는 관찰만 있는 것이라고 주장하는가? 정직하게 말하면 아무리 새롭고 신선한 관찰일지라도(과거 기억의 총체인) 관찰자가 없이는 불가능한 것이다.

이렇게 상상으로만 가능한 이론을 마치 구체적인 현실에 적용하는 행위는, 깊은 망상(즉, 일반상식이 전혀 비집고 들어갈 여지가 없는 매우 정교하고 완벽하게 구축해놓은 망상)의 결과라고 여겨진다.

내 독서경험에 의하면, 대승불교 경전들과 중국 조사선 어록들에도 이런 신비주의 망상이 매우 많다.

■ 명칭이 곧 사물자체는 아니다 라는 명제에 대하여

J.크리슈나무르티는 평생 동안 "명칭이 곧 사물자체는 아니다."라고 습관적으로 말한다.

이러한 명제는 대승불교 반야부 경전에 이미 매우 흔하게 널려 있는 문구이다.

그러나 나는 다음과 같이 생각한다.

명칭이 곧 사물자체는 아니지만, 명칭이 없는 사물이란 그냥 존재하는 것으로서 무의미한 것이다.

왜냐하면 사물자체의 의미와 가치는 인류의 언어문자들(즉, 명칭)에 의해서만 비로소 (인간의 두뇌의식의 장(場)에서) 성립되는 것이기 때문이다.

그러므로 명칭을 하대하고 사물자체만 우대하고 특화하는 사상은, 일종의 공상적 신비주의 또는 지적 허영심의 논리일 뿐이다.

■ 사물자체도 진리가 아니다

명칭이 곧 사물자체는 아니라는 말은 당연한 상식이다. 이보다 더 깊은 관찰은 사물자체도 실체가 아니라는 깨달음이다.

■ J.크리슈나무르티의 생각을 바라보며

J.크리슈나무르티의 《일기(1975.4.23)》에서 "무엇인가가 된다는 것, 무엇인가를 달성하는 것, 무엇인가를 얻는 것에 집착하는 한, 불확실성과 불안정함이 있고, 상실과 죽음의 공포가 있는 것이다."라고 썼다.

그러나 무엇인가가 되려고 하는 것 이전에 우리 자신은 이미 무엇인가가 되어 있다. 이것으로 충분한가?

왜 J.크리슈나무르티는 완전히 안정되어 있는 것, 죽음이 없는 상태에 대해 이토록 집착하는 것일까?

왜 사고가 현실화한 것은 진실이 아니며, 오직 비현실적인 무만이 진실이고 명석함이라고 주장할까?

나는 인류의 과거 경험과 기억과 지식과 자유와 진보의 진리를 신뢰하고 희망하고 즐긴다. 대체 무엇이 왜 문제인가?

■ J.크리슈나무르티의 틀린 명제들

"마음과 두뇌는 서로 완전히 다른 것이며, 아무런 상관이 없는 것이다. 그리고 마음은 두뇌보다 우위에 있다."

"선과 시간은 서로 다른 것이다."

"선과 악은 서로 완전히 다른 것이다."

라는 말은 지두 크리슈나지의 주장대로 완전히 혁명적인 진리의 명제가 아니라 이론상으로만 가능한 환상이나 상상이다.

왜냐하면 두뇌를 제거해버리면 마음도 없는 것이며, 시간을 제거해버리면 선도 없는 것이며, 악을 제거해버리면 선도 없는 것이기 때문이다.

그러므로 마음과 두뇌의 관계도 서로 별개의 다른 것이 아니다. 즉 두뇌는 부모이고, 마음은 그 자식일 뿐이다.

우리는 가능한 한 이 두뇌의 세계를 있는 그대로 보아야 한다.

■ 지성과 두뇌의 불가분의 관계

J.크리슈나무르티는 "지성은 두뇌와 아무런 상관이 없다."고 주장했다.

그러나 이 말은 틀린 명제이다. 왜냐하면 두뇌를 제거해버리는 순간, 지성은 그 존재를 찾을 수 없기 때문이다.

■ 사랑의 경청과 객관적 이성의 경청

인식이 없고, 특성이 없는 지성이란 실재하는 것이 아니다.

인식 없이, 이해하지 않고, 해석하지 않고 듣는 행위[33]는 순수한 믿음인 사랑의 상태에서만 가능하다. 그러나 사랑은 얼마나 맹목적이고 비이성적이고 혼돈스러운 것인가!

사랑은 좋은 것이지만 절대적으로 믿고 집착할만한 것은 아니다. 왜냐하면 사랑은 사랑한 만큼 고통을 주는 것이기 때문이다. 쾌락은 순간적이고 괴로움은 긴 것이 사랑이다.

---

33) S.프로이트 정신분석학에서도 분석기술의 한 방법으로 부동(浮動)하는 주의(注意)라는 용어가 있다. 옥따브 마노니의 《프로이트》를 번역한 변지현 님의 설명에 의하면, 부동(浮動)하는 주의(注意)란 분석하는 사람이 분석당하는 사람의 말을 들을 때 취해야할 태도로서, 분석하는 사람은 임의로 분석당하는 사람이 말하는 이야기의 특정한 요소에 중요성을 부여해서는 안된다는 것이다. 즉 분석하는 사람은 특정한 주의를 집중시키게 하는 개인적 취향, 편견, 이론적 전제 등을 완전히 포기한 상태에서 환자의 말을 들어야만 환자의 무의식의 흐름을 발견할 수 있다는 것이다. 그리고 S.프로이트는 무의식을 분석하는 규칙에 대해서도 다음과 같이 말하고 있다. "무의식을 억압하거나 피하려고 하거나 변명하지 말고 무의식이 자유롭게 나타날 수 있게 그냥 내버려 두라. 당신의 무의식은 당신 책임이 아니다. 그러므로 무의식에 대해 그 어떤 도덕적 판단도 하지 마라. 무의식에는 대극(對極)이 존재하지 않는다. 그러므로 무의식에 대해 변명하는 것은 정신적으로 불안정을 초래할 뿐이다."

■ 주의 깊은 경청에 대하여

J.크리슈나무르티는 청중에게 주의 깊은 경청을 강조하는데, 주의 깊은 경청도 일종의 차원 높은 아첨이다. 그리고 아첨은 사랑과 존경의 마음이 있어야 가능한 것이다.

그런데 사랑과 존경심은 어떤 이미지에서 나오거나 아니면 자기애(自己愛)에서 나오는 것이다. 그렇다면, 왜 강사는 청중이 가지고 있는 이미지 또는 자기애를 이용하는가? 아니다, 강사가 청중을 이용하는 게 아니라 청중이 강사를 이용하는 것이다. 아첨함으로써.

■ 교주와 추종자들은 모두 닮은 꼴이다

교주의 사고방식에만 맞추어서 생각하고 말하고 행동해야 하는가? 추종자는 바보인가?

제자를 향해 "자신의 견해를 항상 멀리하고 집착하지 마라."고 가르치는 스승이 자신의 견해에 더 강한 집착을 보이는 경우는 매우 흔하게 볼 수 있는 사실이다.

■ 세계는 내가 아니며 나는 세계가 아니다

"세계는 당신이며, 당신은 세계다. 명상이란 분리와 대립과 투쟁을 야기하는 사고와 그 활동을 완전히 변혁시키는 것이다." 라고 주장한 J.크리슈나무르티의 의식(意識)은 왜 아직도 인간세상을 변혁시키지 못하고 있는가?

이 세계는 고사하고 최소한 J.크리슈나무르티를 추종하고 학습하고 선전하는 사람들(즉 J.크리슈나무르티 책의 전문번역가들과 J.크리슈나무르티 책의 전문 독서가들)의 의식(意識)조차 왜 아직도 변혁시키지 못하고 있는가?

아부하지 않고 정직하게 말하면, J.크리슈나무르티의 사상은 지적인 아집이 강한 사람들의 특별한 정신적 음식(또는 치료효과가 있는 가짜약)이 되고 있을 뿐, 실제로 개인관계상, 사회, 국가, 민족, 세계적으로 변화를 준 것은 없다.

■ 사랑의 길과 근원적인 지성의 길

J.크리슈나무르티는 "오직 사랑하는 사람만이 혁명적이다." 라고 말했다.

그러나 그렇다고 세상의 모든 어머니가 혁명가는 아니지 않은가? 그러므로 진정한 혁명은 사랑의 길보다는 근원적인 깨달음의 길에 있다고 여겨진다.

혁명이란 새로운 삶을 뜻하는데 이 새로운 삶을 시작하려면 사랑의 마음은 매우 중요한 것이다. 하지만 나처럼 지성의 방법을 선택한 사람들에게는 근원적인 깨달음이 더 중요한 것이다.

사랑의 길은 자기 희생하는 마음으로 헌신을 다하는 부모와 같은 심정을 가지면 된다. (이 강력한 모성애는 모든 암컷 생명체가 대부분 갖고 있는 것이다.)

하지만 이 이전에 진정한 사랑이 뭔지, 사랑하는 자와 사랑을 받는 자의 관계의 근본이 무엇인지, 사랑은 어디서 생성되는 것인지 등에 관한 근원적인 깨달음은 단순히 부모가 되는 것만으로는 알 수가 없는 것이다.

그러므로 나는 진지한 성찰과 통찰명상을 통해 이 모든 것을 깨달아보는 것이 더 중요하다고 말하는 것이다.

■ 사랑하는 사람은 혁명적이다?

J.크리슈나무르티(1895-1986)는 "사랑은 국경도, 계급도, 인종도 가지고 있지 않다는 의미에서 혁명적이다." 라고 말했다.

그런데 이렇게 말한 J.크리슈나무르티는 헬렌 니어링(1904-1995)을 배신했다. 자신의 상류사회의 귀족적인 인간관계 유지를 위해.

이미 고인이 된 J.크리슈나무르티에게《THE NOTE BOOK(2004.11.26.개봉작)》이라는 영화를 소개하고 싶다. "모든 사람을 사랑하는 사람은 단 한사람도 사랑하지 않는다" 라는 말을 건네면서.

이 영화는 슬픈 영화가 아니다. 사랑 그 자체에 관한 이야기이기 때문이다.

이 영화는 주인공이 "난 대단한 사람이 아닙니다. 평범한 사람이죠. 남다른 인생도 아니었고요. 나를 기리는 기념탑도 없고, 내 이름은 곧 잊혀지겠죠. 하지만 한 가지 눈부신 성공을 했다고 자부합니다. 그것은 한 사람을 지극히 사랑하고 있으니 그것으로 나는 더 할 나위 없이 족합니다." 라는 혼잣말로 시작한다.

어느 나라든 어떤 계층의 사람이든 사랑하는 사람들은 정말 대단한 것 같다.

■ 아무 것도 아닌 사람과 대단한 사람과의 차이

J.크리슈나무르티는 다음과 같이 말했다.

"아무 것도 아닌 사람, 무엇인가 대단한 사람이 되고 싶어 안달하지 않는 사람, 그저 있는 그대로 자기 자신을 이해하고 있는 사람, 그런 사람만이 거만과 자만으로부터 자유롭다. 그리고 자유롭다는 것은, 하고 싶은 것을 하거나, 자신을 구속하는 외적인 환경에서 과감히 뚫고 나오는 것이거나, 의

존이라는 문제를 모두 이해하는 것이다."

이러한 의미에서 왕자의 직위를 버리고 출가한 석가족의 싯달타나, 이슬람의 바하우딘 샤 수피는 정말 대단한 인물이라고 여겨진다.

그런데 문제는 천민이나 나같은 일개 평민으로서 '아무 것도 아닌 자' 가 아무런 이상도 희망도 노력도 하지 않는다면, 그는 정말 대단히 곤란한 '아무 것도 아닌 사람' 이라고 여겨진다.

■ 독서와 진정한 자유에 대하여

J.크리슈나무르티보다 더 직설적인 논사인 U.G.크리슈나무르티 (1918,7,9- 2007,3,22)는 다음과 같이 말했다.

"J.크리슈나무르티의 《아는 것으로부터의 자유》라는 책을 읽어보았는가? 매우 근사한 제목이다. 그래서 읽는다. 그러나 여러분이 자유로워지기 위해서는 바로 그 책으로부터 자유로워져야 한다. 만약 그 J.크리슈나무르티가 여러분을 자신의 책에서 자유롭게 하지 못한다면, 그는 실패한 것이다." 라고.

하지만 니체(1844-1900)와 J.크리슈나무르티(1895-1986)의 책들은 내게 부정적인 자극적인 영감을 많이 준다. 무엇으로부터의 자유인가? 무엇으로의 자유인가? 무엇을 위한 자유인가 에 관해서.

■ J.크리슈나무르티의 비관념적인 관념에 대하여

J.크리슈나무르티의 글말이 구체적인 인간관계에서 발생하는 갈등과 슬픔과 사랑에 관한 대화인데도 불구하고 왜 J.크리슈나무르티의 말들이 추

상적으로 느껴질까?

J.크리슈나무르티의 책은 일상의 생활에 적용할 수 없는 것이다. 왜냐하면 J.크리슈나무르티가 일상의 진리로 주장하는 "알아차림, 있는 그대로 보기, 사랑"조차도 매우 비일상적인 것으로 추상적이고 신비적이고 초월적이기 때문이다.

■ 박덕한 깨달음

U.G.크리슈나무르티(1918-2007)는 "깨달음은 없다." "깨달음도 버려라."고 말했다.

그러면 그 다음은? 깨달음은 없다는 '깨달음'을 가지고 살라는 것인가? 내 경험에 의하면 이것은 박덕한 깨달음이다.

한국 고대 종교사상서에는 "허(虛)가 지극하면 정(精)이 생기고, 정(精)이 지극하면 지혜가 생기고, 지혜가 지극하면 융성한 덕(德)이 생긴다."라는 덕담이 있다.

■ 부정적인 비판에 능한 논사가 박덕한 이유

사람들이 열망하는 것을 부정만 하고, 대안은 제시하지 않는 자는 덕을 얻을 수 없다.

■ 말하기 위해 존재하는 것처럼 느껴지는 사람들

왜 스님은 설법하고, 목사는 설교하는가? 말하는 것이 직업이기 때문이다.

언젠가 누가 J.크리슈나무르티에게 "당신은 왜 이런 일을 하는가? 왜 말을 하는가?"라고 물었다. 그러자 그는 "그것은 마치 길가에 피어있는 꽃에게 너는 왜 피워있니? 라고 묻는 것과 같다." 라고 말했다.

동감한다. 누가 종달새의 지저귀는 소리를 막을 수 있겠는가?

■ 인간의 모순점

권위를 부정하는 사람이 더 권위적이다.

무집착을 주장하는 사람이 더 집착을 한다.

무아를 주장하는 사람이 더 아집이 강하다.

무념무상(not-thinking)을 주장하는 사람이 더 많은 사고를 한다.

무욕을 주장하는 사람이 더 탐욕적이다.

근원을 주장하는 사람이 더 지엽적이다.

현실을 주장하는 사람이 더 추상적이고 관념적이다.

무소유를 주장하는 사람이 더 가진 것이 많다.

도덕윤리를 주장하는 사람이 더 비도덕 비윤리적이다.

질서를 주장하는 사람이 더 무질서하다.

평화를 주장하는 사람들이 더 분열적이고 대립적이고 투쟁적이다.

믿음을 주장하는 사람이 더 믿음이 없다.

자유를 주장하는 사람이 더 구속을 한다.

인연무아의 법을 주장하는 사람이 더 절대적인 실체를 원한다.

침묵을 주장하는 사람이 더 시끄럽다.

무조건을 주장하는 사람이 더 조건 지워져 있다.

변화를 주장하는 사람이 더 고정되어 있다.

■ 교주는 교주이기에 구제가 불가능한 것이다

그 어떤 종교의 교주든, 교주의 지식과 논리도 틀린 것일 수 있다.

그런데 교주들은 자신이 스스로 완전무결하다는 깨달음에 사로 잡혀 있다.

이쯤 되면 나는 교주들에게 폭력을 사용할 수밖에 없다. 즉, 덕산과 임제의 폭력적인 설법과 행동하는 법문을 사용할 수밖에 없다.

■ 내가 경계하는 사람들

나는 J.크리슈나무르티(1895-1986)처럼 고전을 한 권도 읽지 않는 성현들을 경계한다.

그리고 또, 단 한 권의 성서이나 코란만 읽는 사람도 경계한다.

그리고 또 나는 류영모(1890-1981)나 함석헌(1901-1989)처럼 중국고전에서 읽은 것을 마치 자기 사상인 것처럼 말하고 쓰는 성현들을 경계한다.

■ J.크리슈나무르티와 나의 다른 점

J.크리슈나무르티는 확신에 찬 어조로 말했다. "그 어떠한 책도 성스럽지 않다. 이것은 명백하다. 마치 신문처럼 그것도 다만 종이에 인쇄된 낱말의 모임에 불과하다. 성스러운 것이 없기는 신문이나 다른 책이나 모두 마찬가지가 아니겠는가?" 라고.

그러나 그렇지 않다. 신문기사 내용과 종교경전의 내용은 다르기 때문이다. 마치 J.크리슈나무르티의 강연과 책이 일반 포르노 잡지 책과 다르듯이.

물론 언어문자는 소리요, 기호일 뿐이다. 그러나 인간의 언어문자에는 의미가 담겨 있다. 그래서 어떤 언어문자의 의미에는 언어문자의 개념을 넘어서는 심오한 진리가 스며 있기도 한다.

예를 들어 내가 지금 "가장 거룩한 것이 가장 천박한 것이요, 가장 천박한 것이 가장 거룩한 것이다." 라고 말할 때, 독자는 이 명제에 대하여 어떻게 느끼는가?

이 하나의 명제에 대해 각 사람의 혜안에 따라 수많은 깨달음의 의미가 폭발하는 파편처럼 흩어지는 법이다. 내가 종교적 고전들과 선인들의 글을 소중하게 대하고 읽는 이유는 바로 이러한 이유 때문이다.

그러므로 J.크리슈나무르티처럼 낡은 두뇌의 운동요법으로 탐정 추리소설을 즐겨 읽는 것도 좋지만, 나처럼 내가 성스럽게 느끼는 고전들을 즐겨 읽는 것도 두뇌의 활력소가 된다고 말하고 싶다.

물론, 나는 인도의 시크교도들처럼 황금가마 안에 비단 보자기로 둘러 싼 경전을 숭배하듯 모시는 행위에서 활력소를 느끼는 사람은 아니다.

내게 있어서 중요한 것은 책이라는 물건이 아니라 내 지성과 감성과 통찰로 책의 내용을 꿰뚫어 보는 그 과정에서, 그 담론에서, 그 비점(批點)에서의 활력소인 것이다.

■ 성자는 사회적인 벼슬이 없어도 두렵거나 외롭지 않다?

J.크리슈나무르티의 말이다. "아무 것도 아닌 사람은 두려움도 없고 야심도 없다. 그는 혼자이지만 결코 고립[34]되어 있지 않다."

하지만 나는 그렇게 보지 않는다.

만약 아무 것도 아닌 사람이 자기 처지에 만족하고 그 어떤 희망도 없이 홀로 산다면, 그는 정말 아무 것도 아닌 사람이다.

그러나 J.크리슈나무르티 같은 사람은 사회적으로 아무런 직위와 권력이 없어도 두려움과 고립을 느끼지 않을 것이다. 왜냐하면 J.크리슈나무르티는 결코 '아무 것도 아닌 사람'이 아니기 때문이다.

그는 어릴 때부터 선진국의 부와 지성을 모두 갖춘 상류층 신지학회의 지도자 리드비터와 안니 베잔트 여사에게 '메시아'로 입양된 운 좋은 사람이다. 내게는 그런 운이 없었다.

J.크리슈나무르티는 욥 또는 예수의 시련에 가득 찬 고통을 조금이라도 겪어본 사람이 아니다. 그는 어렸을 때부터 너무 관념적으로 키워졌다고 여겨진다. 여기서 관념적이란 괴로움을 겪지 않고 배운 사상이나 깨달음을 의미한다.

■ 말하고 쓰는 모든 것은 기억이다

나는 건망증이 심해서 어떤 단상이 떠오르면 어떤 행위중이라도 즉시 하는 일을 멈추고 메모지에 적는다. 그리고 조용한 공간에 있게 되었을 때 그 메모지에 적힌 것을 보고 사색한다.

나는 건망증이 심해서 어떤 대단한 자연의 풍경이나 생물이나 물건들을 보았을 때 휴대용 카메라로 사진을 찍는다. 그리고 조용한 공간에 있게 되

---

34) 나와 너의 관계는 두 가지 생각(과거 기억의 반응) 사이에 있는 서로 구분하고 한정시키는 공간이라는 점에서 (다시 말하면, "나는 안다. 그러나 너는 모른다."라는 자기중심적인 생각의 공간을 가지고 있다는 점에서) 고립적이다. 그래서 자신의 야심과 좌절과 분노와 성적 매력과 성장과 명상과 열반에 도달하려는 노력을 하면 할수록 자기고립을 더욱 강화한다.(J.크리슈나무르티와 J.니들맨 교수의 대화(캘리포니아주 말리부1971.3.26)에서. J.크리슈나무르티의 말의 요점을 상기하며)

었을 때 이 사진들을 다시 보면서 생각한다. 그런데 무엇이 왜 문제인가?

왜 J.크리슈나무르티는 단 한 순간의 단 한 번의 직접적인 접촉(관찰자와 관찰대상 사이에 분리가 있는 한 아름다움이나 사랑은 없다는 것)만을 인정하고, 이 밖의 언행은 모두 사고(과거의 시간에 이미 경험되고 기억되어진 것)라고 하면서 비난을 하는가? 왜 그는 사고(思考; Thinking)에 대해 이토록 시기하고 질투하고 있는 것일까?

내가 메모지에 무엇인가를 적고, 사진을 찍는 행위는 물론 전체적으로 몰두하는 의식이나 전체적인 주의는 아니다. 왜냐하면 내 사고는 사물사이에 분리 거리 또는 간격에서 발생하기 때문이다.

그러나 이것은 내게 매우 중요한(즉, 내 삶의 의미와 보람을 느끼는 내 삶의 존재이유인) 지적 작업의 일부이다.

그리고 J.크리슈나무르티도 일기를 쓴 적이 있는데 그가 일기를 쓰는 것(이미 지나간 과거의 경험인 기억을 추억하며 다시 되새기며 어떤 단상을 적는 것)과 내가 메모지에 적고 또는 사진을 찍는 것과 무슨 차별이 있는가?

J.크리슈나무르티의 일기만 전체적이고 즉각적이고 통합적이고 거대한 깨달음이고, 나의 메모지에 적은 것과 사진들을 이용하는 행위는 단편적이고 점진적이고 분리적이고 자아중심적인 사고인가?

J.크리슈나무르티가 지어내는 책만이 신비와 교감이고, 무사고이며, 무기억, 무추억이며, 완벽한 침묵이며 절대 진리이며,

내가 J.크리슈나무르티의 사상에 대해 통찰하고 비판하는 언행이나 글들은 무조건 단편적이고 파편적이고 분리적이고 파멸적인 사고, 기억, 분석, 비평으로 헛된(무익한) 것인가?

■ J.크리슈나무르티의 일기를 읽고

오늘(2008, 12, 10)은 폭설이 내려 교통이 두절되었다. 나는 깊어가는 캐나다 앨버타주 에드몬톤의 겨울밤에 J.크리슈나무르티의 일기(Krishnamurti's Journal; 1973,9,15에서부터1975,4,24일까지 쓴 것. 이 책은 1982년 영국에서 출판되었다)를 처음으로 읽어보았다.

나는 이 《일기》를 읽으면서 J.크리슈나무르티가 왜 "완전한 침묵만이 종교적 정신의 가장 높은 형태다."라고 쓴 이유를 알게 되었다.

그런데 J.크리슈나무르티는 숲속에서 식물과 동물들의 생명력은 찬양하면서 왜 인간의 생명력은 하대 천시하고 부정하는 것일까?

왜 그는 숲속의 나무들과 동물들과 자연의 풍광에 대한 목격과 접촉은 신비와 교감이라고 하면서, 남녀 이성간의 알몸의 목격과 접촉은 신비와 교감이라고 말하지 않을까? 왜 그는 자신의 섹스 경험에 대해서는 단 한마디 언급도 없는 것일까? 왜 그는 솔직하지 못한 것일까? 나는 그가 젊었을 때부터 몇 명의 여성과 지속적인 성관계를 맺어왔다는 사실을 알고 있다.

생명력이란 '관계'라는 거친 정글 속에서 자기 사랑과 자기 보존과 우주 자연의 의미와 보람을 확대해나가는 살아있는 존재의 에너지이다.

그런데 왜 J.크리슈나무르티는 자연의 식물과 동물과 풍광에서만 영감을 얻고, 도시의 남녀 인간관계에 대해서는 긍정적인 아름다움과 경이로움과 영감을 얻지 못할까?

그것은 그가 올바른 남녀간의 사랑을 제대로 경험하지 못했기 때문인지도 모른다.

■ J.크리슈나무르티에 대하여

J.크리슈나무르티는 이론상으로만 가능한 진리, 상상력으로만 가능한 진리, 언어문자로만 가능한 진리를 설교하며, 또 매우 단순한 사실을 아주 복잡하고 세련된 언어로 묘사하거나 분석하거나 표현하는 재능의 천재인 것 같다.

이런 재능은 아마도 그가 어릴 때 받은 영국과 프랑스 교육의 영향 때문이라고 여겨진다.

그리고 J.크리슈나무르티의 천성을 사주팔자 해석학으로 이해한다면, 나와 똑같이 식신상관(食神傷官; 기존의 관념을 부정하는 말을 잘 하는 것)의 천성을 강하게 타고난 사상가라고 여겨진다.

여기서 식신상관이란 동무 이제마(1837-1900) 선생의 사상의학(四象醫學) 용어로 표기한다면, 상관(傷官)은 태양인의 특성이 강한 자로 표기할 수도 있다.

그리고 권도원(1922-) 박사의 사람체질 분류학 용어로는 금양체질과 금음체질을 가리키는 것이라고 표기할 수도 있다.

그리고 또 에니어그램의 9가지 성격유형학으로 말하면, 상관(傷官)은 에니어그램 제 1번 개혁자 유형에 속하는 사람이라고 할 수 있다.

■ J.크리슈나무르티의 사고의 한계

J.크리슈나무르티가 "내 안의 빛(내면적인 빛, 내적인 빛)"을 이야기하면서, 이 빛을 하느님, 종교, 기반(The Ground), 거대한 무엇, 위대한 존재, 사고를 초월한 저편에 있는 것, 시간과 언어를 초월한 영원한 것(Eternal being), 시

간에 구애받지 않는 항구적인 어떤 것, 정말 성스러운 어떤 것 등으로 표현하는 한, 그는 애매한 신비주의자라고 이해된다.[35]

그러니까 그는 겉으로는 석가모니 부처처럼 신(神)이나 아트만(영원한 생명 또는 그 불멸의 실체, 또는 인간의 절대적 욕망이 투사된 실체성)을 부정하는 것 같은데 자세히 이야기를 살펴보면 그는 신(神)에 해당하거나 신과 똑같은 본체나 실체(보편적인 이성의 지성적인 실체)를 주장하고 있다.

《바가바드 기타》에도 "실재하지 않는 것은 존재하는 것이 아니며, 실재하는 것은 존재하지 않는 것이 아니다. 이 진리는 참된 것을 볼 수 있는 사람만이 볼 수 있다."라는 문구가 있다.

왜 J.크리슈나무르티는 '없는 것(또는 실재하지 않는 것, 또는 무아의 공성)'을 문제로 만들어 내어, 그것을 어떻게 깨달을 수 있는가를 담론하고 있는가?

내가 볼 때, J.크리슈나무르티는 구체적이고 현실적인 문제를 직시하라고 말은 습관적으로 하면서도 실제 직시하거나 경험하지 않은 것 같다. 왜냐하면 구체적이고 현실적인 주제에 대해서도 그는 매우 추상적인 분석과 인식

---

35) J.크리슈나무르티는 《스승의 발아래에서(At the Feet of the Master)》라는 글에서 분명히 다음과 같이 주장하고 있다; "정말로 중요한 것은 인류를 위한 신의 계획에 대한 앎이다." "만약 사람이 신의 편에 선다면 그가 어느 종교와 국가의 사람이든 문제가 되지 않는다." "신의 편에 서는 것이 참된 분별력이다." "당신 안에 내재하는 신을 발견하라." "신은 사랑일 뿐만 아니라 지혜이다. 그러므로 당신이 신의 지혜를 많이 가질수록 더욱 그 분(신)을 나타낼 수가 있다." "사람이나 사물이 아무리 표면적으로 아무리 악하게 보일지라도 그 속에서 신을 볼 수 있어야 한다." 그러나 J.크리슈나무르티의 이러한 주장은 그의 표현대로 말한다면, 세상에서 가장 악한 것 중의 하나인 미신이며, 또 우리 자신이 완전히 빠져나와야 할 족쇄들 중의 하나일 뿐이다.

과 언어를 사용하고 있는 것이 그 증거이다.

이에 비해 나는 본성론(本性論) 또는 본유론(本有論) 또는 본질론(本質論)적인 사상가가 아니다.

그래서 나는 아트만이나 불성(거룩한 부처의 형상을 가지고 있는 마음)이나 여래장(모든 생명체에 내재해 있는 투명하고 형태가 없는 비물질적인 본질, 또는 개인 안에 이름없이 있는 존재의 궁극적인 본성)이나 진여자성(있는 그대로의 절대적인 자기 본성, 또는 본질이 없는 본질)이나 일심(청정무구한 전체성과 평등성을 지닌 마음)도 부정하는 사람이다.

나의 불교사상은 간단하다. 즉 불성(Buddha-Nature)은 실제로는 '없는 것'이다. 그러나 '있었으면 하는 것'이다. 그래서 불성이란 희망이요, 욕망이요, 고통이요, 윤회(반복적으로 돌고 도는 의식(意識))이다.

그래서 나는 시간을 초월한 영원성이란, 영원히 존재하고 싶은 두뇌의 욕망의 산물이라고 생각한다.

■ J.크리슈나무르티의 모순

생각할 수 없는 것을 생각하고,

인식될 수 없는 것을 인식하고,

공식화할 수 없는 것을 공식화하고,

타인과 의사소통 할 수 없는 것을 의사소통하는 것이

J.크리슈나무르티의 취미다. 이것은 분명히 모순이다.

■ 추상적 이론이란

실제의 구체적인 현실에 적용할 수 있는 이론도 있고, 적용할 수 없는 이론도 있다. 후자의 이론을 나는 추상적인 이론이라고 한다.

■ 불쾌한 진실

진실은 상극적인 흐름에서 노출된다. 그러므로 우리가 원하는 진실과 삶의 욕망은 정반대의 극단적인 흐름과 비균형에서만 나타난다.

■ 내 경험적인 진리

정의는 정의롭지 않은 것에서 나타난다.
진리는 진리가 아닌 것에서 나타난다.
깨달음은 깨달음이 아닌 것에서 나타난다.
자유는 자유가 아닌 것에서 나타난다.

■ 내부지향적인 사람과 외부지향적인 사람을 바라보며

나는 내부와 외부를 동시에 전체적으로 지향하는 사람이다.

■ 나에게

해외 선진국의 좋은 책이 번역되어 출판되기를 기다리지 말고, 네 스스로 좋은 책을 직접 써 보라.

■ 천성적인 것

꽃들은 누구를 위해 피는가? 종달새는 누구를 위해 지저귀는가? 나는 누구를 위해 글을 쓰는가?

■ 전문가가 되는 과정

그 어떤 일도 대략 30년 정도 반복적으로 학습하면 특기를 가진 전문가(Master)가 되는 법이다. 그러면 내 특기는 뭐지? 이런 글을 쓰는 것?

기인(奇人)들이 몸으로 보여주는 재주는 놀라운 것이다. 그러나 사상가(思想家)들이 언어로 보여주는 정신의 재주는 더 놀라운 것이다.

일종무종일(一終無終一)[36]

---

36) 일종무종일(一終無終一)이란 천부경에 나오는 문구로 '하나를 마치지만, 하나의 마침은 없다'는 뜻이다. 이 사상은 다음과 같이 말해질 수도 있다. 즉, 하나의 빛은 꺼지지만 빛 자체의 꺼짐은 없다 라는 것이다. 왜냐하면 빛은 태양계와 은하계와 우주에서 계속 날아오고 가고 하기 때문이다. 그런데 이 책에 수록된 나의 아포리즘(Aphorism)은 내 지성의 빛이다. 그리고 이 지성의 빛은 어둠이 없다면 불가능한 것이다. 성찰하건대, 빛과 태양은 시작이 있지만 우주의 어둠은 끝이 없다. 왜냐하면 빛과 태양은 부분이지만 어둠은 훨씬 더 큰 전체이기 때문이다. 현재 우리가 알고 있는 모든 것은 우주 빅뱅의 유출(流出)일 뿐이다. 이 원고는《나의 통찰명상 어록 (전10권 분량)》에서 아주 적은 일부분만을 별도로 떼어낸 것이다.